머리말

직업상담사는 구직자들이 적합한 일자리를 찾을 수 있도록 정보를 제공하거나, 심리검사 등을 통해 스스로 원하는 직업이 무엇인지 깨닫는 데 도움을 줄 뿐만 아니라, 구인을 원하는 업체에게 인력을 효율적으로 공급해 주는 역할을 수행하고 있습니다. 최근 취업난과 중소기업의 인력난이 가중되고 있는 현실에서 직업상담사의 활동영역은 앞으로 더 넓어질 전망입니다.

'직업상담사 2급 1차 필기 최종모의고사'는 직업상담사 자격증 취득의 첫 번째 관문인, 1차 필기시험에 대비하는 총 10회의 모의고사로 구성하였습니다. 1차 필기시험을 단기간에 통과하기 위해서는 이론서를 꼼꼼하게 보는 것도 중요하지만 모의고사 문제를 통해서 부족한 부분을 점검해 효율적으로 공부하는 것 또한 중요합니다. 직업상담사 2급 1차 필기 최종모의고사는 이론을 열심히 공부했고 기출문제도 살펴보았지만 문제를 푸는 데 어려움을 겪고 있는 분, 기출문제 이외에 더 많은 문제를 풀고 싶으신 분, 실제 시험을 보듯 모의고사를 풀어보고 싶으신 분들에게 최적의 문제집이 될 것입니다.

단순히 문제만 푸는 것에서 나아가 직업상담사 2급 1차 필기 최종모의고사에 수록된 빨간키를 활용해 공부하시면 실력을 점검하고 꼼꼼하게 개념을 정리할 수 있습니다.

시대에듀의 직업상담연구소는 여러분의 노력이 실제 시험장에서 최대한의 결과를 이끌어내는 데 도움이 되도록 노력하겠습니다. 수험생 여러분의 합격을 기원합니다.

편저자 올림

CBT 모의고사, 이제 선택이 아닌 **필수!**

이 책의 구성과 특징

『직업상담사 2급 1차 필기 최종모의고사』는 시험 준비에 필수적인 문제를 완벽하게 수록하였습니다.
그동안 출제되었던 기출문제를 파악해 시험의 출제율이 높은 문제만으로 구성했고, 해설을 충분히 수록했기에 다른 도서를 찾아보지 않아도 학습하는 데 어려움이 없도록 했습니다.
'빨간키'를 통해 기초적인 개념을 정리할 수 있고, 문제를 정확히 이해하고 있는지 또는 나중에 다시 확인할 문제인지를 파악할 수 있도록 '이해도 Check'에 표기를 한다면 능동적인 학습이 가능합니다.

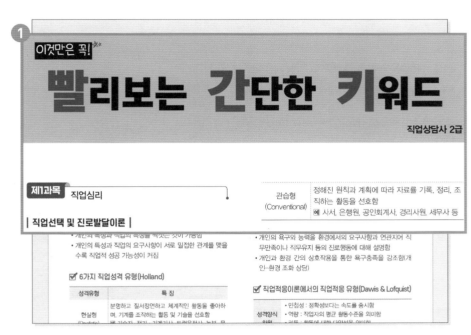

❶ 빨리보는 간단한 키워드

공부방향을 잡아라!

직업상담사 2급 시험을 준비할 때 전체적인 학습의 흐름을 파악하는 것은 필수입니다. '빨·간·키'를 통해 시험에 자주 출제되는 키워드와 학습 Point를 살펴보고 과목별로 어떤 부분을 핵심적으로 학습해야 하는지 살펴보세요. 이렇게 공부 방향을 잡고 학습하기 시작하면 직업상담사 시험의 유형을 쉽게 파악할 수 있습니다.

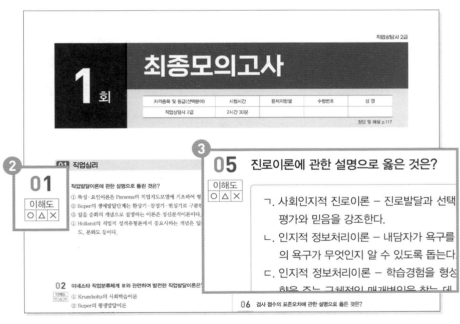

❷ 이해도 Check

나의 실력을 내가 Check한다!

문제를 풀면서 정확히 알고서 문제를 풀었는지, 애매하게 학습이 된 부분인지, 또는 나중에 다시 빠르게 확인할 문제인지, 다시 볼 때는 안 봐도 될 문제인지 등을 체크 하나로 정할 수 있습니다. 수동적인 학습에서 이젠 능동적인 학습으로, 남들과는 다른 학습법으로 앞서갈 수 있습니다.

❸ 알찬 모의고사

직업상담연구소가 기출문제를 철저히 분석했다!

기출문제가 중요하다고 해서, 모든 문제가 중요하지는 않습니다. 시험의 당락을 결정하는 문제, 정책의 흐름에 맞춰 출제되는 문제, 새롭게 출제되고 있는 이론의 문제 등 중요한 문제는 따로 있습니다. 이러한 분석을 직업상담연구소가 철저히 해 출제한 문제를 제1~10회 최종모의고사에서 만날 수 있습니다.

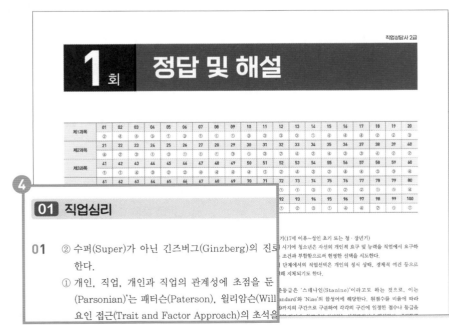

❹ 충실한 해설

해설을 해설답게, 문제 하나하나를 완벽히 분해했다!

아무리 어려운 문제라도, 잘 모르는 문제라도, 학습이 부족한 부분이라도 보충할 수 있도록 해설을 충분히 수록했습니다. 틀린 문제의 이론을 공부하기 위해 다른 책이 필요 없도록 수록한 해설로 학습에만 몰두할 수 있습니다.

자격시험안내(2급)

📋 **응시자격 :** 제한 없음

📋 **실시기관 및 원서접수 :** 한국산업인력공단(www.q-net.or.kr)

📋 **시험일정(2024년 기준)**

구 분	필기시험접수	필기시험	합격(예정)자 발표	실기시험접수	실기시험	최종 합격자 발표
제1회	1.23~1.26	2.15~3.7	3.13	3.26~3.29	4.27~5.17	6.18
제2회	4.16~4.19	5.9~5.28	6.5	6.25~6.28	7.28~8.14	9.10
제3회	6.18~6.21	7.5~7.27	8.7	9.10~9.13	10.19~11.8	12.11

※ 정확한 시험일정은 시행처인 한국산업인력공단의 확정공고를 필히 확인하시기 바랍니다.

📋 **시험방법 및 과목**

구 분	1차		2차	
시험형식	객관식 4지 택일형		필답형(서술형)+사례형	
출제범위	• 직업심리 • 직업상담 및 취업지원 • 직업정보	• 노동시장 • 고용노동관계법규(Ⅰ)	• 직업심리 • 직업상담 및 취업지원 ※ 4과목 출제(고용노동관계법규(Ⅰ) 제외)	• 직업정보 • 노동시장
문항 수	• 총 5과목 100문제 • 1~5과목 각각 20문제씩 출제		• 약 18문제 내외 • 1~2과목에서 약 70% 출제	
필기도구	CBT시험으로 필기도구는 필요 없어요.		검정색 필기구만 사용가능 • 답안 정정 시 수정테이프는 사용가능해요! • 지워지는 볼펜류는 사용할 수 없어요!	
시험시간	150분(2차 시험은 시간이 부족해서 답안을 작성하지 못하는 경우는 거의 없어요!)			
참 고	4과목 노동시장에서 계산문제가 등장하기도 하는데요, 시험장에 계산기를 지참해 가시면 수월하게 문제를 풀 수 있어요. 다만 부정행위 방지를 위해 계산기는 리셋된 상태거나, 메모리 칩이 없는 상태여야 합니다.			

📋 **합격점수**

❶ **1차 시험(필기)**

한 과목당 100점 만점(한 문제당 5점)으로 매 과목 40점 이상, 전 과목 평균 60점 이상을 맞아야 합격입니다.

❷ **2차 시험(실무)**

• 100점 만점으로 하여 60점 이상을 획득해야 합격입니다.

• 2차 시험은 서술형으로 작성하는 것이기 때문에 부분점수를 얻을 수도 있어 모르는 문제라고 포기하는 것보다는 아는 범위에서 적는 것이 중요합니다.

직업상담사 FAQ

합격의 공식 Formula of pass | 시대에듀 www.sdedu.co.kr

Q **직업상담사 시험은 많이 어렵나요? 1, 2차로 나눠진다고 들었는데, 최종합격까지 보통 어느 정도의 기간이 소요되는지 알고 싶습니다.**

개인별로 차이가 있을 수 있지만, 보통 1차 필기시험은 2~3개월, 실기시험까지는 총 6개월 정도의 시험 준비기간이 필요합니다. 물론 얼마나 열심히 공부하는지에 따라, 오프라인 강의 혹은 온라인 강의 수강 여부에 따라 그 기간은 차이가 있을 수 있겠지요.

Q **직업상담사 2급! 어떻게 준비해야 하는지 알려 주시면 감사하겠습니다.**

많은 합격자들의 수기를 보면 2급 한권으로 끝내기 도서로 기초를 다진 후 2차 기출문제해설 도서와 이론서로 2차 실무를 준비하시는 과정을 일반적으로 따르고 있는 것 같습니다. 아무래도 빠르고 효율적인 학습을 위해서는 동영상 학습과 연계하여 학습하시면 가장 좋지 않을까 생각합니다. 여기에 부족한 부분을 최종모의고사 문제집 등으로 보충하여 학습하시는 것을 추천해드립니다. 또한 1차 시험을 준비하시면서 공부하셨던 자료를 2차까지 그대로 활용하시는 것도 한 방법입니다. 특히 2차 실기시험의 정답이 공개되지 않고 있기 때문에, 출제자의 의도를 파악하는 데는 1차 기출문제에 실제로 나왔던 문제의 지문, 정답, 핵심 포인트가 큰 도움이 됩니다.

Q **작년에 교재를 구매했는데요. 시간이 흘러 한해 지나갔습니다. 올해 시작하려고 하는데 책을 다시 구매해야 하는 건지요?**

도서의 개정 정도는 수험생마다 느끼는 정도가 달라 일괄적으로 말씀드리기가 참 어렵습니다. 따라서 개정된 도서의 특징을 살펴보신 후 어디까지나 최종 선택은 독자님의 판단에 따라야 할 것으로 보입니다.

Q **직업상담사 필기시험에 합격하고 실기시험을 준비하고 있는데요. 2차 시험은 서술형으로 진행된다는데, 대체 무엇을 얼마나 써야 하나요? 솔직히 틀린 답만 아니라면 최대한 많이 쓰는 것이 좋지 않을까요?**

문제를 출제한 사람이 수험생에게 어떠한 답을 듣고 싶은가를 먼저 파악하고 요구하는 답안만 간략히 적으시면 됩니다. 직업상담사 2차 실기시험은 말 그대로 실무능력을 파악하는 것인데 마구 풀어 쓰는 형식으로는 그 능력을 측정할 수 없겠지요. 문항에 따라 다르겠지만 질문 하나당 5줄 이내에서 최대한의 핵심만 적는 연습을 해 두시기 바랍니다. 2차 시험의 핵심은 "제시되는 문제에 대한 핵심 용어가 들어가 있느냐"는 것이므로 무조건 많이 적는 것만이 능사는 아닙니다. 또한 한 항에 정답과 오답이 함께 기재되어 있을 경우 오답으로 처리된다는 점을 주의하시기 바랍니다.

Q **2차 실기시험을 처음 치르게 되었어요. 2차는 주관식이라던데, 필기구는 어떤 것을 사용해야 하나요? 혹시 답안을 작성하다가 틀리면 어떻게 하죠?**

직업상담사 2차 실기시험의 답안 작성은 검정색 필기구만 사용하실 수 있습니다. 연필로 적으신 후 볼펜으로 옮겨 쓰셔도 되지만, 답안지에 연필 자국이 남아 있으면 부정행위로 간주될 수 있으므로 주의하셔야 합니다. 답안을 수정해야 할 경우 수정테이프는 사용하실 수 있으며, 볼펜으로 2줄을 긋고 작성하시면 됩니다.

연도별 응시인원 및 합격률 현황

합격의 공식 Formula of pass ㅣ 시대에듀 www.sdedu.co.kr

📋 1차 시험(필기)

■ 응시 인원 ■ 합격자 수

(명)

년도	응시 인원	합격자 수
2012	21,876	8,747
2013	21,202	9,991
2014	21,381	11,223
2015	19,595	10,221
2016	20,516	10,289
2017	19,484	9,517
2018	23,328	12,235
2019	22,283	11,690
2020	19,074	11,827
2021	24,155	13,364
2022	18,059	8,778
2023	16,060	9,440

● 합격률

년도	합격률
2012	40.0
2013	47.1
2014	52.5
2015	52.2
2016	50.2
2017	48.8
2018	52.4
2019	52.5
2020	62.0
2021	55.3
2022	48.6
2023	58.8

📋 2차 시험(실무)

■ 응시 인원 ■ 합격자 수

(명)

년도	응시 인원	합격자 수
2012	14,047	2,403
2013	14,758	3,872
2014	15,152	4,011
2015	14,114	5,039
2016	13,762	5,313
2017	12,653	5,227
2018	14,504	6,955
2019	15,119	6,648
2020	15,701	7,241
2021	16,135	7,731
2022	13,011	4,937
2023	11,479	5,187

● 합격률

년도	합격률
2012	17.1
2013	26.2
2014	26.5
2015	35.7
2016	38.6
2017	41.3
2018	48.0
2019	44.0
2020	46.1
2021	47.9
2022	37.9
2023	45.2

14일 완성 학습과정표

빨리보는 간단한 키워드 - 빨·간·키

학습과정표

합격의 공식 Formula of pass ｜ 시대에듀 www.sdedu.co.kr

직업상담사 2급 1차 필기시험은 직업심리(20문제)/직업상담 및 취업지원(20문제)/직업정보(20문제)/노동시장(20문제)/고용노동관계법규(Ⅰ)(20문제)가 출제됩니다. 객관식 4지 택일형으로 총 100문제를 150분 안에 해결해야 하며 매 과목 40점 이상, 전 과목 평균 60점 이상을 획득해야 합격기준을 만족합니다.

14일 완성 학습과정표

학습일	날 짜	학습계획	과목별 점수					평균점수	이해도 Check 수		
			1과목	2과목	3과목	4과목	5과목		○	△	×
1일		제1회 최종모의고사									
2일		제2회 최종모의고사									
3일		제3회 최종모의고사									
4일		제4회 최종모의고사									
5일		제5회 최종모의고사									
6일		오답노트로 복습하기									
7일		이해도 Check 다시 보기									
8일		제6회 최종모의고사									
9일		제7회 최종모의고사									
10일		제8회 최종모의고사									
11일		제9회 최종모의고사									
12일		제10회 최종모의고사									
13일		오답노트로 복습하기									
14일		이해도 Check 다시 보기									

빨리보는 간단한 키워드

직업상담사 2급

제1과목 직업심리

직업선택 및 진로발달이론

☑ 특성-요인이론의 기본 가설(Klein & Weiner)
- 인간은 측정 가능한 독특한(고유한) 특성을 지님
- 직업은 그 성공을 위한 구체적인 특성을 지닐 것을 요구함
- 개인의 특성과 직업의 특성을 짝지을 것이 가능함
- 개인의 특성과 직업의 요구사항이 서로 밀접한 관계를 맺을수록 직업적 성공 가능성이 커짐

☑ 6가지 직업성격 유형(Holland)

성격유형	특징
현실형 (Realistic)	분명하고 질서정연하고 체계적인 활동을 좋아하며, 머리·기계를 조작하는 활동 및 기술을 선호함 예 기술자, 전기·기계기사, 트럭운전사, 농부, 목수 등
탐구형 (Investigative)	관찰적·상징적·체계적이며, 물리적·생물학적·문화적 현상의 창조적인 탐구활동을 선호함 예 화학자, 인류학자, 의사, 심리학자, 분자공학자 등
예술형 (Artistic)	예술적 창조와 표현, 변화와 다양성을 좋아하고 틀에 박힌 활동을 싫어함 예 작곡가, 무대감독, 미술가, 무용가, 디자이너 등
사회형 (Social)	타인의 문제를 듣고, 이해하고, 도와주고, 치료해 주는 활동을 선호함 예 사회복지사, 교사, 상담사, 직업상담원, 간호사 등
진취형 (Enterprising)	조직의 목적과 경제적 이익을 얻기 위해 타인을 통제·관리하는 일과 그 결과로 인한 위신·인정·권력을 선호함 예 정치가, 사업가, 기업경영인, 영업사원, 보험회사 계원 등
관습형 (Conventional)	정해진 원칙과 계획에 따라 자료를 기록·정리·조직하는 활동을 선호함 예 사서, 은행원, 공인회계사, 경리사원, 세무사 등

☑ 데이비스와 롭퀴스트(Dawis & Lofquist)의 직업적응이론
- 미네소타 직업분류체계 Ⅲ(MOCS Ⅲ)와 관련하여 발전함
- 개인의 욕구와 능력을 환경에서의 요구사항과 연관지어 직무만족이나 직무유지 등의 진로행동에 대해 설명함
- 개인과 환경 간의 상호작용을 통한 욕구충족을 강조함(개인-환경 조화 상담)

☑ 직업적응이론에서의 직업적응 유형(Dawis & Lofquist)

구분	내용
성격양식 차원	민첩성: 정확성보다는 속도를 중시함 역량: 작업자의 평균 활동수준을 의미함 리듬: 활동에 대한 다양성을 의미함 지구력: 다양한 활동수준의 기간을 의미함
적응방식 차원	융통성: 개인이 작업환경과 개인적 환경 간의 부조화를 참아내는 정도 끈기: 환경이 자신에게 맞지 않아도 개인이 얼마나 오랫동안 견디어 낼 수 있는지의 정도 적극성: 개인이 작업환경을 개인적 방식과 좀 더 조화롭게 만들어가려고 노력하는 정도 반응성: 개인이 작업성격의 변화로 인해 작업환경에 반응하는 정도

☑ 수퍼(Super)의 진로아치문 모델

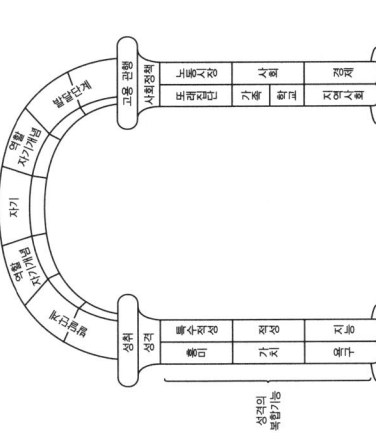

☑ 로(Roe)의 욕구이론
- 직업선택에서 개인의 욕구와 욕구의 초기 이동기 경험을 중시함
- 매슬로우(Maslow)의 욕구위계론을 토대로 직업과 기본욕구 만족의 관련성을 설명함
- 개인 욕구의 차이가 어린 시절의 부모-자녀 관계(혹은 양육방식)에서 기인한다고 주장함
- 개인이 가정의 사회경제적 배경 및 일반사회의 문화배경에 의해 영향을 받는다고 가정함
- 부모-자녀 관계유형을 '수용형', '정서집중형', '회피형'으로 분류함

☑ 욕구이론의 8×6 분류체계(Roe)

직업군 (8가지)	서비스직, 비즈니스직, 단체직, 기술직, 옥외활동직, 과학직, 예능직, 일반문화직
직업수준 (6가지)	고급 전문관리, 중급 전문관리, 준전문관리, 숙련, 반숙련, 비숙련

☑ 긴즈버그(Ginzberg)의 진로발달단계
- 환상기(6~11세 또는 이전)
- 잠정기(11~17세): 흥미단계, 능력단계, 가치단계, 전환단계
- 현실기(17세 이후~성인 초기 또는 청·장년기): 탐색단계, 구체화 단계, 특수화(정교화) 단계

☑ 수퍼(Super)의 진로발달이론
- 긴즈버그(Ginzberg)의 이론을 비판·보완한 이론임
- '성장기·탐색기·확립기·유지기·쇠퇴기'의 순환과 재순환 과정을 강조함
- 진로성숙은 생애단계 내에서의 성공적으로 수행된 발달과업을 통해 획득된다고 주장함
- '전 생애', '생애역할', '자아개념'을 강조함

☑ 고트프레드슨(Gottfredson)의 직업포부 발달단계

힘과 크기 지향성 (3~5세)	사고과정이 구체화되며, 어른이 된다는 것의 의미를 알게 됨
성역할 지향성 (6~8세)	자아개념이 성의 발달에 의해서 영향을 받게 됨
사회적 가치 지향성 (9~13세)	사회계층과 사회질서에 대한 개념이 발달하기 시작하면서 '상황 속 자아'를 인식하게 됨
내적, 고유한 자아 지향성 (14세 이후)	자아성찰과 사회계층에 대한 맥락에서 직업적 포부가 더 발달하게 됨

☑ 타이드만과 오하라(Tiedeman & O'Hara)의 진로발달이론
- 진로발달단계를 개인이 자아정체감을 지속적으로 구별해 내고 발달과제를 처리하는 과정으로 설명함
- 진로발달을 문화와 통합의 과정에 의해 직업정체감을 형성해 가는 과정으로 봄
- 직업정체감 형성과정(의사결정 과정)을 예상기(탐색-구체화-선택-명료화)와 실천기(순응-개혁-통합)로 구분함
- 에릭슨(Erikson)의 심리사회적 발달단계를 토대로 함

집단 내 규준의 종류

백분위 점수	원점수의 분포에서 100개의 동일한 구간으로 점수들을 분포하여 변환점수를 부여한 것
표준점수	원점수를 주어진 집단의 평균을 중심으로 표준편차를 단위를 사용하여 분포상 어느 위치에 해당하는가를 나타낸 것
표준등급	원점수를 비율에 따라 1~9까지의 구간으로 구분하여 각각의 구간에 일정한 점수나 등급을 부여한 것

신뢰도 추정방법

검사-재검사 신뢰도	동일한 검사를 동일한 수검자에게 일정한 시간 간격을 두고 두 번 실시하여 얻은 두 검사 점수의 상관계수를 비교함
동형검사 신뢰도	동일한 수검자에게 첫 번째 시행한 검사와 동등한 유형의 검사를 실시하여 두 검사 점수 간의 상관계수를 비교함
반분신뢰도	한 검사를 어떤 집단에 실시하고 그 검사의 문항을 동형이 되도록 두 개의 검사로 나눈 다음 두 검사 점수 간의 상관계수를 비교함

심리검사의 신뢰도에 영향을 주는 요인

- 개인차
- 문항 수
- 문항반응 수
- 검사유형
- 신뢰도 추정방법

타당도의 평가

내용타당도	검사의 문항들이 그 검사가 측정하고자 하는 내용 영역을 얼마나 잘 반영하고 있는지를 평가함
안면타당도	검사를 받는 사람들(일반인)에게 그 검사가 타당한 것처럼 보이는지를 평가함
준거타당도	어떤 심리검사가 특정 준거와 어느 정도 연관성이 있는지를 평가함
구성타당도	검사가 해당 이론적 개념의 구성인자들을 제대로 측정하고 있는 정도를 평가함

준거타당도의 분류

동시타당도 (공인타당도)	새로 제작한 검사의 타당도를 보장받고 있는 검사와의 유사성 혹은 연관성을 측정함
예언타당도 (예측타당도)	어떤 행위가 일어날 것이라고 예측한 것이 실제 대상자 또는 집단이 나타낸 행위 간의 관계를 측정함

구성타당도 분석(검증) 방법

수렴타당도 (집중타당도)	검사 결과가 이론적으로 해당 속성과 관련 있는 변수들과 어느 정도 높은 상관관계를 가지고 있는지를 측정함
변별타당도 (판별타당도)	검사 결과가 이론적으로 해당 속성과 관련 없는 변수들과 어느 정도 낮은 상관관계를 가지고 있는지를 측정함
요인분석	검사를 구성하는 문항들의 상관관계를 분석하여 상관이 높은 문항들을 묶어주는 통계적 방법

문항 난이도

전체 응답자 중 특정 문항을 맞힌 사람들의 비율

$$P = \frac{R}{N} \times 100$$

(단, 'R'은 어떤 문항에 정답을 한 수, 'N'은 총 사례 수)

심리검사 결과 해석 시 주요 유의사항

- 가능한 한 이해하기 쉬운 언어를 사용함
- 해석에 대한 내담자의 반응을 고려함
- 중립적이고 무비판적인 자세를 견지함
- 상담자의 주관적 판단을 배제함
- 검사점수를 그대로 전하기보다 진점수의 범위를 말해 줌
- 내담자와 함께 해석함

레빈슨(Levinson)의 인생주기 모형

- 초기 성인변화단계(17~22세)
- 초기 성인세계단계(22~28세)
- 30세 변화단계(28~33세)
- 정착단계(33~40세)
- 중년변화단계(40~45세)
- 중년 성인단계(45~50세)
- 50세 변화단계(50~55세)
- 중년기 마감단계(55~60세)
- 말기 성인변화단계(60~65세)
- 말기 성인단계(65세 이상)

크롬볼츠(Krumboltz)의 사회학습이론에서 진로결정의 영향요인

- 유전적 요인과 특별한 능력
- 환경조건과 사건
- 학습경험
- 과제접근기술

인지적 정보처리이론(CIP)의 정보처리 과정(진로문제 해결의 절차)

- 의사소통(Communication)
- 분석(Analysis)
- 통합 또는 종합(Synthesis)
- 가치부여 또는 평가(Valuing)
- 집행 또는 실행(Execution)

사회인지적 진로이론(SCCT)의 진로발달 결정요인

- 자기효능감 또는 자아효능감
- 결과기대 또는 성과기대
- 개인적 목표

가치중심적 진로접근 모형의 주요 명제

- 개인이 우선순위를 부여하는 가치들은 얼마 되지 않음
- 가치는 환경 속에서 가치를 담은 정보를 획득함으로써 학습됨
- 생애만족은 중요한 모든 가치들을 만족시키는 생애역할들에 의존함
- 생애역할에서의 성공은 학습된 기술, 인지적·정의적·신체적 적성 작성을 포함한 다양한 요인들에 의해 결정됨

알더퍼(Alderfer) ERG 이론의 욕구 범주

- 존재욕구(Existence)
- (인간)관계욕구(Relatedness)
- 성장욕구(Growth)

허즈버그(Herzberg) 2요인이론(동기-위생이론)

동기요인 (직무)	직무만족과 관련된 보다 직접적인 요인 / 예 직무 그 자체, 직무상의 성취, 직무성취에 대한 인정, 승진, 책임, 성장 및 발달 등
위생요인 (환경)	일과 관련된 환경요인 / 예 조직(회사)의 정책과 관리, 감독, 봉급, 개인 상호 간의 관계, 지위 및 안전, 근무환경 등

브룸(Vroom)의 기대이론

- 개인의 작업동기를 노력과 성과, 그리고 그에 대한 보상적 결과에 대한 믿음으로 설명함
- 주요 변수로 기대감, 유의성(유인가), 도구성(수단성)을 강조함
- 직무에서 열심히 일함으로써 긍정적 유인성이 높은 성과를 올릴 욕구 확률이 높다고 지각할 때 직업동기가 높아짐

| 직업상담 진단 |

심리검사의 사용목적에 따른 분류

규준참조검사 (상대평가)	개인의 점수를 유사한 다른 사람들의 점수와 비교해서 상대적으로 어떤 수준인지를 알아보는 검사 / 예 각종 심리검사, 선발검사 등
준거참조검사 (절대평가)	검사 점수를 다른 사람들과 비교하는 것이 아니라, 어떤 기준점수와 비교해서 이용하려는 검사 / 예 각종 국가자격시험 등

직업상담에 사용되는 주요 질적 측정도구

- 자기효능감 척도(자기효능감 측정)
- (직업)카드분류
- 직업가계도(제노그램)
- 역할놀이(역할극)

| 직업상담 초기면담 |

☑ 초기면담의 유형
- 내담자 대 상담자의 솔선수범 면담 : 내담자에 의해 시작된 면담, 상담자에 의해 시작된 면담
- 정보지향적 면담 : 탐색해 보기, 폐쇄형 질문, 개방형 질문
- 관계지향적 면담 : 재진술, 감정의 반영

☑ 초기면담의 주요 요소
- 신뢰관계 형성
- 언어적·비언어적 행동
- 즉시성
- 지면
- 리허설
- 감정이입
- 상담자 노출하기
- 유머
- 계약

☑ 생애진로사정(LCA)의 의의 및 특징
- 상담자가 내담자와 처음 만났을 때 이용할 수 있는 구조화된 면접기법
- 아들러(Adler)의 개인심리학(개인주의 심리학)에 기초
- 작업자, 학습자, 개인의 역할 등 생애역할에 대한 정보 탐색
- 비판단적·비위협적 대화 분위기로써 내담자와 긍정적인 관계 형성
- 인쇄물, 소책자, 지필도구 등 표준화된 진로사정 도구는 가급적 삼감

☑ 생애진로사정(LCA)의 구조
- 진로사정
- 전형적인 하루
- 강점과 장애
- 요 약

☑ 내담자의 정보 및 행동에 대한 이해와 해석 기법
- 가정 사용하기
- 의미 있는 질문 및 지시 사용하기
- 전이된 오류 정정하기
- 분류 및 재구성하기
- 저항감 재인식하기 및 다루기
- 근거 없는 믿음(신념) 확인하기
- 왜곡된 사고 확인하기
- 반성의 장 마련하기
- 변명에 초점 맞추기

☑ 상호역할관계 사정의 방법
- 질문을 통해 사정하기
- 동그라미로 역할관계 그리기
- 생애-개방연습으로 전환시키기

☑ 자기보고식 가치사정법
- 체크목록 가치에 순위 매기기
- 과거의 선택 회상하기
- 절정경험 조사하기
- 자유시간과 금전의 사용
- 백일몽 말하기
- 존경하는 사람 기술하기

☑ 수퍼(Super)의 흥미사정방법(기법)
- 표현된 흥미(Expressed Interest)
- 조작된 흥미(Manifest Interest)
- 조사된 흥미(Inventoried Interest)

☑ 코틀(Cottle)의 원형검사
- 원의 크기와 배치의 의미
  - 원의 크기 : 시간차원에 대한 상대적 친밀감
  - 원의 배치 : 시간차원의 연결 구조
- 원의 상대적 배치에 따른 시간관계성
  - 어떤 것도 접해 있지 않은 원 : 시간차원의 고립
  - 중복되지 않고 경계선에 접해 있는 원 : 시간차원의 연결
  - 부분적으로 중첩된 원 : 시간차원의 연합
  - 완전히 중첩된 원 : 시간차원의 통합

☑ 인지적 명확성을 위한 직업상담 과정

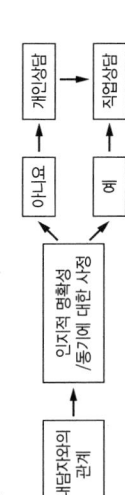

| 직업과 스트레스 |

☑ 셀리에(Selye)의 일반적응증후군(GAS)
경고(경계)단계 → 저항단계 → 소진(탈진)단계

☑ 여크스-도슨(Yerkes-Dodson)의 역U자형 가설
직무 스트레스가 너무 높거나 반대로 너무 낮은 경우 직무수행능력이 떨어짐

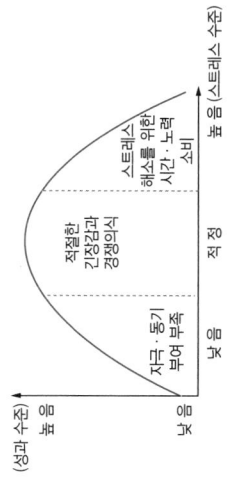

☑ 직무 관련 스트레스
- 직무 및 조직 관련 스트레스원 : 과제특성, 역할갈등, 역할모호성, 역할과다 또는 역할과소, 산업의 조직문화와 풍토 등
- 직무 관련 스트레스의 조절변인 : A/B 성격유형, 통제위치(통제 소재), 사회적 지원(사회적 지지) 등

☑ A형 성격유형 및 B형 성격유형의 주요 특징

A형 성격유형	• 시간의 절박감과 경쟁적 성취욕이 강함 • 일의 과정을 즐기지 못함 • 스트레스 상황에서 과제를 더 빨리 포기함
B형 성격유형	• 차분하고 평온함 • 시간에 대한 걱정이 덜함 • 일처리에 있어서 여유 있게 대처함

☑ 스트레스의 예방 및 대처를 위한 포괄적인 노력
- 가치관의 전환
- 과정중심적 사고방식
- 스트레스에 정면으로 도전하는 마음가짐
- 균형 있는 생활
- 규칙적인 취미·오락 활동
- 운동을 통한 스트레스 해소

☑ 한국판 웩슬러 성인용 지능검사(K-WAIS)의 구성

언어성 검사
- 기본지식
- 숫자 외우기
- 어휘문제
- 산수문제
- 이해문제
- 공통성 문제

동작성 검사
- 빠진 곳 찾기
- 차례 맞추기
- 토막짜기
- 모양 맞추기
- 바꿔쓰기

☑ 성격 5요인(Big-5) 검사의 성격차원
- 외향성
- 호감성(친화성)
- 성실성
- 정서적 불안정성
- 경험에 대한 개방성

☑ 직업선호도검사(VPI) L형의 하위검사
- (직업)흥미검사
- 성격검사
- 생활사검사

☑ 진로성숙도검사(CMI)의 태도척도와 능력척도

태도척도
- 결정성
- 참여도(관여도)
- 독립성
- 지향성(성향)
- 타협성

능력척도
- 자기평가
- 직업정보
- 목표선정
- 계획
- 문제해결

상담의 구조화를 위해 다루어야 할 요소
☑ 상담의 구조화를 위해 다루어야 할 요소
- 상담의 목표
- 상담의 성격(성질)
- 상담자 및 내담자의 역할과 책임
- 상담 절차 및 수단
- 상담 시간과 장소
- 상담비 등

☑ 윤리강령의 주요 내용
- 사회관계 : 자기가 실제로 갖추고 있는 자격 및 경험의 수준을 벗어나는 인상을 타인에게 주어서는 안 됨
- 전문적 태도 : 개인 문제 및 능력의 한계인 경우 다른 전문직 동료 및 관련 기관에게 의뢰해야 함
- 내담자의 복지 : 소속 기관 및 비전문인과의 갈등이 있을 경우 내담자의 복지를 우선적으로 고려해야 함

☑ 비밀보장의 한계
- 내담자가 자신이나 타인의 생명 혹은 사회의 안전을 위협하는 경우
- 내담자가 감염성이 있는 치명적인 질병이 있다는 확실한 정보를 가졌을 경우
- 미성년인 내담자가 학대를 당하고 있는 경우
- 내담자가 이중관계를 하는 경우
- 법적으로 정보의 공개가 요구되는 경우

직업상담 및 취업지원

| 직업상담의 개념 |

☑ 직업상담의 일반적인 목적 혹은 목표(Gysbers)
- 예언과 발달 – 능력과 적성발달에 대한 관심
- 처치와 자극 – 진로발달이나 직업문제에 대한 처치
- 결함과 유능(능력) – 경험보다 유능성에 초점을 맞추는 것

☑ 진로 및 직업상담의 기본 원리
- 진로와 직업선택, 직업적응에 초점을 맞추어 전개
- 상담자와 내담자 간의 라포(Rapport) 형성
- 인간의 성격 특성과 재능에 대한 이해
- 내담자의 전 생애적 발달과정 반영
- 개인의 의사결정에 대한 상담(지도) 과정 포함
- 진로발달이론에 근거
- 변화하는 직업세계에 대한 이해
- 각종 심리검사 결과를 기초로 합리적인 판단을 이끌어낼 수 있도록 조력
- 직업에 대한 차별적 진단 및 차별적 지원
- 상담윤리강령에 따라 전개

☑ 직업상담사의 주요 역할
- 직업정보의 수집 및 분석
- 구인·구직 정보제공
- 직업관련 심리검사의 실시 및 해석
- 내담자의 능력, 흥미 및 적성의 평가
- 직업적응, 경력개발 등 직업관련 상담
- 직업지도 프로그램 운영

☑ 직업상담의 5단계
관계형성(구조화) → 진단 및 측정 → 목표설정 → 개입(중재) → 평가

☑ 상담의 진행과정에 따른 일반적인 고려사항

초기 단계	상담관계 형성, 심리적 문제에의(내담자의 문제) 평가, 상담목표 및 전략 수립, 상담의 구조화 등
중기 단계	내담자의 문제해결을 위한 구체적인 시도, 내담자의 저항 해결, 내담자의 변화를 통한 상담과정 평가 등
종결 단계	합의한 목표달성, 상담종결 문제 다루기, 이별감정 다루기 등

☑ 윌리암슨(Williamson)의 직업선택 문제유형 분류
- 직업 무선택(미선택)
- 직업선택의 확신부족(불확실한 선택)
- 흥미와 적성의 불일치(모순 또는 차이)
- 현명하지 못한 직업선택(어리석은 선택)

☑ 보딘(Bordin)의 직업선택 문제유형 분류
- 의존성
- 정보의 부족
- 자아갈등(내적 갈등)
- 직업(진로)선택에 대한 불안
- 확신의 부족(결여) 또는 문제없음

☑ 크라이티스(Crites)의 직업선택 문제유형 분류
- 적응성(적응 문제) : 적응형, 부적응형
- 결정성(우유부단 문제) : 다재다능형, 우유부단형
- 현실성(비현실성 문제) : 비현실형, 강압형, 불충족형

☑ 상담면접의 주요 기법
- 공감 : 내담자가 전달하려는 내용에서 한 걸음 더 나아가 그 내면적 감정에 대해 반영함
- 요약과 재진술 : 내담자 이야기의 표면적 의미를 다른 말로 바꾸어서 표현
- 반영 : 내담자의 말과 행동에서 표현된 기본적인 감정, 생각, 태도 등을 다른 참신한 말로 부연함
- 수용 : 내담자의 이야기에 주의를 집중하고 있고, 내담자를 인격적으로 존중하고 있음을 보여줌
- 경청 : 내담자의 말과 행동에 선택적으로 주목함
- 명료화 : 어떤 문제의 밑바닥에 깔려 있는 혼란스러운 감정과 갈등을 가려내어 분명히 함
- 직면 : 내담자가 모르고 있거나 인정하기를 거부하는 생각과 느낌에 대해 주목하도록 함

| 직업상담의 이론 및 접근방법 |

☑ 정신분석적 상담의 의의 및 특징
- 인간을 생물학적 충동과 본능을 만족시키려는 욕망에 의해 동기화된 존재로 가정함
- 심리성적 결정론에 기초하며, 인생 초기의 발달 과정을 중시함
- 내담자의 심리적 장애의 근원을 과거 경험에서 찾고자 함
- 내담자의 무의식적 자료를 탐색하는 작업을 함
- 자유연상, 해석, 전이의 분석, 꿈의 분석, 훈습 등의 기법을 사용함

☑ 정신분석적 상담에서 다루는 주요 방어기제
- 합리화 : 여우와 신 포도
- 반동형성 : 미운 놈에게 떡 하나 더 준다.
- 전위(전치) : 종로에서 빰맞고 한강에서 눈 흘긴다.
- 대치 : 꿩 대신 닭
- 보상 : 작은 고추가 맵다.

☑ 개인주의 상담(개인심리학적 상담)의 의의 및 특징
- 인간의 성장가능성과 잠재력을 중시함
- 인간을 전체적 존재로 보며, 방어적 무의식 충동을 강조함
- 사회적 관계를 강조하며, 행동수정보다는 동기수정에 관심
- 열등감의 극복과 우월성의 추구를 강조함
- 상담은 내담자의 잘못된 가치와 목표를 수정하는 데 초점

☑ 실존주의 상담의 의의 및 특징
- 인간의 궁극적 관심사를 자유와 책임, 삶의 의미성, 죽음과 비존재, 진실성 등을 제시함
- 인간은 자유로운 존재인 동시에 자기 자신을 스스로 만들어가는 존재임을 가정함
- 내담자로 하여금 자신의 현재 상태에 대해 인식하고 피해자적 역할로부터 벗어날 수 있도록 조력함

☑ **내담자중심 상담(인간중심 상담)의 의의 및 특징**
• 인본주의 접근방법으로서 '비지시적 상담'으로도 불림
• 동일한 상담원리를 정상적이거나 정상에 있는 사람이나 정신적으로 부적응 상태에 있는 사람 모두에게 적용함
• 현상학적 장, 가치조건, 실현화 경향성 등을 강조함
• 자극적 경향, 감정이 반응, 명료화, 공감적 이해 등이 기법을 사용함

☑ **내담자중심 상담에서 강조하는 상담자의 기본 태도**
• 일치성과 진실성(진솔성)
• 공감적 이해와 경청
• 무조건적 긍정적 수용(관심) 또는 존중

☑ **형태주의 상담의 의의 및 특징**
• 게슈탈트(Gestalt) 상담으로도 불림
• '여기-지금(지금-여기)'에 대한 자각과 개인의 책임을 강조함
• 인간을 현재에 사고, 감정, 행동의 전체성과 통합을 추구하는 존재로 가정함
• 꿈 작업, 빈 의자 기법, 과장하기, 역할연기, 감정에 머무르기, 반대로 하기 등의 기법을 사용함

☑ **교류분석적 상담(의사교류분석 상담)의 의의 및 특징**
• 인간을 자율적인 존재, 자유로운 존재, 선택할 수 있는 존재 등으로 가정함
• 상담 과정에서 내담자의 성격 자아상태 분석을 실시하도록 조력함
• 내담자로 하여금 자각, 자발성, 친밀성의 능력 회복하도록 조력함
• 구조분석, (의사)교류분석, 리켓 및 게임 분석, (생활)각본 분석 등을 실시함

☑ **행동주의 상담의 의의 및 특징**
• 인간행동을 '자극-반응'으로 설명함
• 인간의 비정상적·부적응적 행동을 학습에 의해 획득·유지된 것으로 봄
• 상담자의 지시적이고 지시적인 역할을 강조함
• 내담자의 부적절한 행동을 밝혀서 제거하고, 보다 적절한 새로운 행동을 학습하도록 함

☑ **인지·정서·행동적 상담(REBT)의 의의 및 특징**
• 내담자의 비합리적 신념에 대한 논박을 통해 사고와 감정의 변화를 도모하고자 함
• 문제에 조건을 둔 시간제한적 접근으로, 교육적 접근을 강조함
• 행동에 대한 과거의 영향보다는 현재에 조절을 둠

☑ **인지·정서·행동적 상담(REBT)의 ABCDE(ABCDEF) 모델(모형)**
• A(Activating Event) : 선행사건
• B(Belief System) : 비합리적 신념체계
• C(Consequence) : 결과
• D(Dispute) : 논박
• E(Effect) : 효과
• F(Feeling) : 감정

☑ **인지치료의 의의 및 특징**
• 내담자의 역기능적·자동적인 사고 및 스키마, 신념 등을 수정하여 정서·행동이 변화를 도모함
• 치료 과정은 보통 단기기·적극적이고 구조화되어 있으며, 문제에 대한 보다 직접적 추상화, 현실적이고 교육적인 치료를 수행함
• 임의적 추론, 선택적 추상화, 과일반화, 개인화, 이분법적 사고 등 인지적 오류를 유발함을

☑ **특성-요인 직업상담의 의의 및 특징**
• 상담자 중심의 상담방법으로서, 과학적이고 합리적인 문제해결 방법을 따름
• 검사의 역할을 중시하여 검사를 효율적으로 사용함
• '진단 → 명료화 또는 해석 → 문제해결'의 과정으로 전개함
• 초기 단계에는 발달적 접근법과 내담자중심 접근법을, 중간 단계에는 정신역동적 접근법을, 마지막 단계에는 특성-요인 접근법과 행동주의적 접근법으로 접근함

☑ **특성-요인 직업상담의 과정(Williamson)**
분석 → 종합 → 진단 → 예후(처방) → 상담(치료) → 추수지도(사후지도)

☑ **정신역동적 직업상담의 상담기법(Bordin)**
• 명료화
• 비교
• 소망-방어체계에 대한 해석

☑ **발달적 직업상담의 6단계(Super)**
• 제1단계 : 문제 탐색 및 자아(자기)개념 묘사
• 제2단계 : 심층적 탐색
• 제3단계 : 자아수용 및 자아통찰
• 제4단계 : 현실검증
• 제5단계 : 태도와 감정의 탐색과 처리
• 제6단계 : 의사결정

☑ **행동주의 상담기법의 분류**

불안감소기법	학습촉진기법
체계적 둔감법	강화
금지조건형성(내적 금지)	변별학습
반조건형성(역조건형성)	사회적 모델링과 대리학습
홍수법	행동조성(조형)
혐오치료	토큰경제(상표제도) 등
주장훈련(주장적 훈련)	
자기표현훈련 등	

| 직업상담의 실제 |

☑ **몰입 모델(Flow Model)에서 진로문제 유형**
• 통합 : 문화 및 발달 집단 : 일상의 몰입 경험과 삶의 의미가 모두 높은 집단
• 통합 미발달 : 문화 발달 집단 : 일상의 몰입 경험은 높지만 삶의 의미가 낮은 집단
• 통합 발달 : 문화 미발달 집단 : 일상의 몰입 경험은 낮지만 삶의 의미가 높은 집단
• 통합 : 문화 미발달 집단 : 일상의 몰입 경험과 삶의 의미가 모두 낮은 집단

☑ **강점 분류체계(Peterson & Seligman)**
• 지혜 및 지식 : 창의성, 호기심, 개방성, 학구열, 지혜 등
• 용기 : 용감성, 끈기, 활력, 진실성 등
• 자애 : 사랑, 친절, 사회지능 등
• 절제 : 용서, 겸손, 신중성, 자기조절 등
• 정의 : 시민의식, 리더십, 공정성 등
• 초월성 : 감상력, 감사, 영성, 유머감각 등

☑ **SWOT 요소**
• 강점(Strength)
• 약점(Weakness)
• 기회(Opportunity)
• 위협(Threat)

☑ **상담목표 설정 시 고려사항**
• 목표는 구체적이어야 한다.
• 목표는 실현가능해야 한다.
• 목표는 내담자가 원하고 바라는 것이어야 한다.
• 내담자의 목표는 상담자의 기술이 입밥 가능해야 한다.
• 목표는 내담자의 문제와 내담자와 함께 설정해야 한다.

☑ **선택할 직업에 대한 평가과정으로서 요스트(Yost)가 제시한 방법**
• 원하는 성과연습
• 전반연습
• 대차대조연습
• 확률추정연습
• 미래를 내다보는 연습

진로의사결정의 과정(Gelatt)

☑ 진로의사결정의 과정(Gelatt)

목적(목표)의식 → 정보수집 → 대안열거 → 대안의 결과 예측
→ 대안의 실현 가능성 예측 → 가치평가 → 의사결정 → 평가 및 재투입

☑ 직업선택의 결정모형

기술적 직업 결정 모형	사람들이 일반적인 직업결정 방식을 나타내고자 시도한 이론모형 예 타이드만과 오하라(Tiedeman & O'Hara), 힐튼(Hilton), 브룸(Vroom), 슈(Hsu), 플레처(Fletcher) 등
처방적 직업 결정 모형	사람들로 하여금 직업을 결정하는 데 있어서 실수를 감소시키고 보다 나은 직업선택을 할 수 있도록 도우려는 의도에서 시도된 이론모형 예 카츠(Katz), 겔라트(Gelatt), 칼도와 쥐토우스키 (Kaldor & Zytowski) 등

☑ 6개의 생각하는 모자(Six Thinking Hats)
- 백색(하양) : 본인과 직업에 대한 사실들만을 고려함
- 적색(빨강) : 직관에 의존하고, 직감에 따라 행동함
- 흑색(검정) : 모든 일이 잘 안될 것으로 생각함
- 황색(노랑) : 모든 일이 잘될 것으로 생각함
- 녹색(초록) : 새로운 대안들을 찾으려 노력하고, 문제들을 다른 각도에서 바라봄
- 청색(파랑) : 합리적으로 생각함(사회지도자서의 역할 반영)

☑ GROW 코칭 모델의 단계
- 목표(Goal)
- 현실(Reality)
- 대안(Option)
- 실행의지(Will)

☑ 진로동기 요소
- 진로탄력성(Career Resilience)
- 진로통찰력(Career Insight)
- 진로정체성(Career Identity)

☑ 구직능력과 구직의욕에 따른 내담자 유형 분류 판단

고능력·고의욕	빠른 취업 지원 직업정보 제공, 취업알선 등
고능력·저의욕	의욕 향상 지원 집단상담 프로그램 등 의욕 증진 서비스 제공
저능력·고의욕	능력 향상 지원 직업훈련 취업능력 등 구직기술 향상 서비스 제공
저능력·저의욕	심층 지원형 심층상담 등 일차 서비스 제공

☑ 구직역량의 구성요소

구직 지식	자기 이해, 구직 희망 분야 이해, 전문지식, 외국어 능력, 구직 일반 상식 등
구직 기술	구직 의사결정 능력, 구직 정보탐색 능력, 인적 네트워크 활용 능력, 구직 서류 작성 능력, 구직 의사소통 능력 등
구직 태도	긍정적 가치관, 도전정신, 글로벌 마인드, 직업윤리 등
직무 적응군	직무 및 조직 몰입, 현장 직무수행 능력, 대인관계 능력, 문제해결 능력, 자원활용 능력, 자기 관리 및 개발 능력 등

☑ 취업효능감의 구성요소
- 개인적 수행성취(성취경험)
- 간접경험(대리경험)
- 사회적 설득(언어적 설득)
- 생리적 상태의 반응(정서적 안정)

☑ 면접 지원에서 지원자 직합성의 3요소(3C)
- 인성(Character)
- 직무 적합성(Competency)
- 조직 적합성(Commitment)

☑ 여성의 직업복귀 동기에 영향을 미치는 주요 요인
- 성역할과 직업적 고정관념
- 낮은 자기효능감
- 일과 가정에서의 다중 역할
- 수학 및 과학기술 영역에 대한 비교적 낮은 흥미와 회피

프로그램 운영 및 행정

☑ 진로준비 행동의 주요 요소
- 정보수집
- 도구 획득
- 실행력

☑ 의사결정의 유형(Harren)
- 합리적 유형 : 신중하면서 논리적으로 의사결정을 수행함
- 직관적 유형 : 현재의 감정에 주의를 기울이면서 정서적 자각을 사용함
- 의존적 유형 : 의사결정에 대한 개인적 책임을 부정하고 그 책임을 외부로 돌림

☑ 진로자본의 3가지 핵심역량
- 진로성숙역량(Knowing-Why)
- 전문지식역량(Knowing-How)
- 인적관계역량(Knowing-Who)

☑ 여성의 진로장벽(O'Leary)

내적 장벽 (내적 요인)	실패에 대한 두려움 낮은 자존감 역할갈등 성공에 대한 두려움 직업 승진에서 자격된 결과들 결과대와 관련된 유인가
외적 장벽 (외적 요인)	사회적 성역할에 대한 고정관념 관리직 여성에 대한 태도 여성의 능력에 대한 태도 남성 관리 모형의 우형

☑ 인적자원 개발의 특성
- 의도적·계획적·조직적 학습
- 제한된 특정 기간
- 현재 또는 미래 직무와의 관련성
- 직무성과의 향상 가능성 증대
- 개인과 조직의 기능성 증대

☑ 집단상담의 주요 장점
- 시간과 경제적인 측면에서 효율적임
- 내담자들이 개인상담보다 더 쉽게 받아들이는 경향이 있음
- 개인탐색을 도와 개인의 성장과 발달을 촉진시킴
- 구체적인 실천의 경험 및 현실검증의 기회를 가짐
- 타인과 상호교류를 할 수 있는 능력이 개발됨
- 개인성이 좁으나 풍부한 학습 경험을 제공함

☑ Butcher(부처)의 집단직업상담을 위한 3단계 모델

탐색 → 전환 → 행동

☑ 효과적인 집단상담을 위한 주요 고려사항
- 집단발달 과정 촉진을 위해 이질적으로 게임을 활용함
- 매 회기가 끝난 후 경험보고서를 쓰도록 함
- 집단상담자가 반드시 있을 필요는 없음
- 장소는 가능하면 신체활동이 자유로운 크기가 좋음
- 직업성숙도가 낮고 많은 도움을 빠른 시간 내에 필요로 하는 사람들에게 효과적임
- 생애주기를 고려해야 함
- 상담과정에서 이루어진 토의내용에 대해 비밀을 유지하도록 독려함

☑ 사이버 직업상담의 기법
- 주요 진로논점 파악하기
- 핵심 진로논점 분석하기
- 진로논점 유형 정하기
- 답변내용 구성하기
- 직업정보 가공하기
- 답변 작성하기

☑ 관계의 친밀도에 따른 협의의 수준

통합(Consolidation)
응합(Convergence)
협업(Collaboration)
조정(Coordination)
협력(Cooperation)
의사소통(Communication)

강 함 ↔ 약 함

☑ 공식적 네트워크와 비공식적 네트워크의 특성

공식적 네트워크	비공식적 네트워크
인위적 조직	자연발생적 조직
수직적 관계	수평적 관계
능률의 논리 추구	인간의 감정 추구
전체적 질서 강조	부분적 질서 추구
공식 목적 추구	사적 목적 추구
조직도 권위적 의사결정 중시	개인의 요구 및 동기 중시
기업, 공공기관 등	동아리, 사적모임 등

☑ 직업상담 행정의 기술(Katz)
- 사무처리기술
- 인화적 기술
- 구성적 기술

☑ 직업상담의 행정관리
- 인력 관리 : 조직 구성원 간 협동적인 업무수행 유기적인 관계 구축을 지원함
- 실적 관리 : 직업상담의 실적 결과물들을 체계적으로 보관·관리·평가함
- 사무 관리 : 직업상담 과정에서 생산되는 정보를 효율적으로 관리함
- 시설 관리 : 내담자가 편안함을 느낄 수 있는 상담실 환경을 조성함
- 전산망 관리 : 내담자에 대한 정보보호를 위한 시스템을 구축함

☑ 행사 조직의 유형 분류
- 단순운영 조직 : 소수의 인원으로 운영되는 조직
- 네트워크 조직 : 외부 위탁이나 전략적 제휴 등 외부 전문가를 활용하는 조직
- 기능조직 : 기능의 세분화에 따라 각 부서가 서로 다른 업무를 수행하는 조직
- 프로그램 중심 조직 : 프로그램이 독립된 장소에서 신별적으로 운영되는 경우 적합한 조직
- 프로젝트팀 조직 : 대규모 행사에 대응하기 위해 임시적으로 구성하는 조직

☑ 온라인 홍보의 주요 특징
- 실시간 쌍방향 커뮤니케이션이 가능함
- 시간과 공간의 제약을 받지 않음
- 홍보 내용을 실시간으로 변경할 수 있음
- 홍보 효과를 실시간으로 측정할 수 있음

제3과목 직업정보

| 직업 및 산업분류의 활용 |

☑ 한국표준직업분류(제8차)의 직업 성립 요건
- 계속성
- 경제성
- 윤리성
- 사회성

☑ 한국표준직업분류(제8차)의 직업으로 보지 않는 활동
- 이자, 주식배당, 임대료 등과 같은 자산 수입이 있는 경우
- 사회보장이나 민간보험에 의한 수입이 있는 경우
- 배당금이나 주식투자에 의한 수입이 있는 경우
- 예·적금 인출, 보험금 수취, 차용 또는 토지나 금융자산을 매각하여 수입이 있는 경우
- 자기 집의 가사 활동에 전념하는 경우
- 교육기관에 재학하며 학습에만 전념하는 경우
- 무급 봉사적인 일에 종사하는 경우
- 사회복지시설 수용자의 시설 내 경제활동
- 법률에 의한 강제노동을 하는 경우
- 도박, 강도, 절도, 사기, 매춘, 밀수와 같은 불법적인 활동

☑ 한국표준산업분류(제11차)의 분류 기준
- 산출물의 특성
- 투입물의 특성
- 생산활동의 일반적인 결합형태

☑ 한국표준산업분류(제11차)의 통계단위

구분	하나 이상 장소	단일 장소
하나 이상 산업활동	기업집단 단위 / 기업 단위	지역 단위
단일 산업활동	활동유형 단위	사업체 단위

☑ 한국표준산업분류(제11차)의 주요 산업분류 적용원칙
- 생산단위는 산출물, 투입물, 생산공정 등을 함께 고려하여 결정함
- 복합적인 활동단위는 대·중·소·세·세세분류 단계 항목으로 순차적으로 결정함
- 산업활동이 결합되어 있는 경우 그 활동단위의 주된 활동에 따라서 분류
- 수수료 또는 계약에 의한 활동단위는 자기계정과 자기책임하에 생산단위와 같은 항목에 분류
- 공식적/비공식적 생산물, 합법적/불법적 생산물을 달리 분류하지 않음

| 직업정보 수집 |

☑ 직업정보의 기능(Brayfield)
- 정보적 기능
- 재조정 기능
- 동기화 기능

☑ 경제활동인구조사(통계청)
- 15세 이상 인구 수 = 경제활동 인구 수 + 비경제활동 인구 수
- 경제활동 인구 수 = 취업자 수 + 실업자 수
- 경제활동참가율(%) = $\dfrac{\text{경제활동 인구 수}}{\text{15세 이상 인구 수}} \times 100$
- 실업률(%) = $\dfrac{\text{실업자 수}}{\text{경제활동 인구 수}} \times 100$
- 고용률(%) = $\dfrac{\text{취업자 수}}{\text{15세 이상 인구 수}} \times 100$

☑ 한국표준직업분류(제8차)의 대분류별 직능수준

대분류	대분류 항목	직능수준
1	관리자	제4직능수준 혹은 제3직능수준 필요
2	전문가 및 관련 종사자	제4직능수준 혹은 제3직능수준 필요
3	사무 종사자	제2직능수준 필요
4	서비스 종사자	제2직능수준 필요
5	판매 종사자	제2직능수준 필요
6	농림어업 숙련 종사자	제2직능수준 필요
7	기능원 및 관련 기능 종사자	제2직능수준 필요
8	장치·기계 조작 및 조립 종사자	제2직능수준 필요
9	단순 노무 종사자	제1직능수준 필요
A	군인	제2직능수준 이상 필요

☑ 한국표준직업분류(제8차)의 직업분류 원칙

일반원칙	포괄성의 원칙 / 배타성의 원칙
순차배열 원칙	한국표준산업분류(KSIC) / 특수-일반분류 / 고용주체 수의 직능수준·직능유형 고려
포괄적인 업무의 분류원칙	주된 직무 우선 원칙 / 최상급 직능수준 우선 원칙 / 생산업무 우선 원칙
다수 직업 종사자의 분류원칙	취업시간 우선의 원칙 / 수입 우선의 원칙 / 조사 시 최근의 직업 원칙

☑ 한국표준산업분류(제11차)의 주요 정의
- 산업 : 유사한 성질을 갖는 산업활동에 주로 종사하는 생산 단위의 집합
- 산업활동 : 각 생산단위가 자원을 투입하여 재화나 서비스를 생산 또는 제공하는 일련의 활동

☑ 질문지법(설문지법)의 질문 문항 순서 결정
- 민감한 질문, 개방형 질문은 후반부에 배치
- 계속적인 기억이 필요한 질문들은 전반부에 배치
- 질문 문항들을 논리적 순서에 따라 자연스럽게 배치
- 응답의 신뢰도를 묻는 질문 문항들은 분리하여 배치
- 특별한 질문은 일반질문 뒤에 배치

☑ 『2020 한국직업사전』의 구성
- 직업코드
- 본직업명
- 직무개요
- 수행직무
- 부가 직업정보

☑ 『2020 한국직업사전』의 부가 직업정보

정규교육	해당 직업의 직무를 수행하는 데 필요한 일반적인 정규교육수준(해당 종사자의 평균 학력을 나타내는 것이 아님)
숙련기간	정규교육과정을 이수한 후 해당 직업의 직무를 평균 수준으로 스스로 수행하기 위하여 필요한 각종 교육, 훈련, 숙련기간(향상훈련은 포함되지 않음)
직무기능	해당 직업 종사자가 직무를 수행하는 과정에서 자료(Data), 사람(People), 사물(Thing)과 맺는 관련 특성
작업강도	아주 가벼운 작업, 가벼운 작업, 보통 작업, 힘든 작업, 아주 힘든 작업
육체활동	균형감각, 웅크림, 손 사용, 언어력, 청각, 시각
작업장소	실내, 실외, 실내·외
작업환경	저온, 고온, 다습, 소음·진동, 위험내재, 대기환경미흡
유사명칭	본 직업명을 명칭만 다르게 부르는 것(직업 수 집계 제외)
관련직업	본 직업명과 기본적인 직무에 있어서 공통점이 있으나 직업의 범위, 대상 등에 따라 나누어지는 직업(직업 수 집계에 포함)
자격·면허	국가자격 및 면허(민간자격 제외)
한국표준산업분류코드	한국표준산업분류(KSIC)의 소분류(3-Digits) 산업 기준
한국표준직업분류코드	한국고용직업분류(KECO) 세분류 코드(4-Digits)에 해당하는 한국표준직업분류(KSCO)의 세분류 코드
조사연도	해당 직업의 직무조사가 실시된 연도

☑ 『2021~2023 한국직업전망 : 일자리 전망 통합본」의 특징
- 2021 한국직업전망부터 직종을 나누어서 매년 발간
- 향후 10년간의 일자리 전망 포함
- 한국고용직업분류(KECO)의 세분류 직업에 기초
- 승진을 통해 진입하게 되는 관리직은 제외
- 정량적 전망과 정성적 전망을 종합적으로 분석

☑ 국가직무능력표준(NCS)의 능력단위

NCS — 능력단위 — 능력단위요소 — 수행준거 / 지식·기술·태도 … 작업범위 및 작업상황 / 평가지침 / 직업기초능력

☑ 국민내일배움카드의 지원제외 대상(일부)
- 현직 공무원 및 사립학교교직원
- 현직 군인
- 만 75세 이상인 사람
- 외국인근로자(단, 고용보험 피보험자는 지원대상에 포함)
- 중앙행정기관 또는 지방자치단체로부터 훈련비를 지원받는 훈련(훈련을 수료하는 사람에 참여하는 사람)
- 생계급여 수급자(단, 조건부수급자는 지원대상에 포함)
- 초·중등교육법에 따른 학교에 재학생(단, 고등학교 3학년에 재학 중인 사람은 지원대상에 포함) 등

☑ 기술·기능 분야 국가기술자격 등급별 검정기준
- 기술사: 고도의 전문지식
- 기능장: 최상급 숙련기능
- 기사: 공학적 기술이론
- 산업기사: 기술기초이론+숙련기능
- 기능사: 숙련기능

☑ 워크넷(직업·진로) 제공 직업선호도검사의 하위검사
- L(Long)형: 흥미검사, 성격검사, 생활사검사
- S(Short)형: 흥미검사

☑ 워크넷(직업·진로) 제공 학과정보의 학과 계열
- 인문계열
- 사회계열
- 교육계열
- 자연계열
- 공학계열
- 의약계열
- 예체능계열

☑ Q-Net에서 제공하는 자격정보

국가자격	국가기술자격제도, 국가자격종목별상세정보, 비상대비자원관리법, 자격종목변천일람표
민간자격	민간자격 등록제도, 민간자격 국가공인제도, 사업주 자격제도
외국자격	국가별 자격제도 운영현황(일본, 독일, 영국, 호주, 미국, 프랑스)

☑ 취업, 훈련 및 자격 관련 주요 사이트의 운영주체
- 직업훈련포털(HRD-Net): 한국고용정보원
- 월드잡플러스(WORLD JOB+): 한국산업인력공단
- 커리어넷(CareerNet): 한국직업능력연구원
- 민간자격정보서비스(PQI): 한국직업능력연구원
- 일모아(ILMOA): 한국고용정보원
- 외국인고용관리시스템(EPS): 한국고용정보원
- 공용데이터포털(DATA): 한국지능정보사회진흥원

직업정보 제공 Ⅰ

☑ 민간직업정보의 주요 특징
- 한시적으로 신속하게 생산되어 운영됨
- 상대적으로 단기간에 조사되어 집중적으로 제공됨
- 특정한 목적에 맞게 해당 분야 및 직종이 제한적으로 선택됨
- 정보생산자의 임의적 기준 또는 시사적인 관심이나 흥미를
- 유료로
- 정보 자체의 효과가 큰 반면 부가적인 파급효과는 적음
- 다른 직업정보와의 비교가 직접적 활용성이 낮음
- 보통 유료로 제공됨

☑ 국가기술자격 주요 서비스 분야의 응시자격
[직업상담사, 사회조사분석사, 전자상거래관리사]

1급	2급 자격 취득 후 실무경력 2년 이상 / 실무경력 3년 이상
2급	제한 없음

[소비자전문상담사]

1급	2급 자격 취득 후 실무경력 2건 이상 / 실무경력 3건 이상 / 외국에서 동일한 종목에 해당하는 자격 취득
2급	제한 없음

[컨벤션기획사]

1급	2급 자격 취득 후 동일 또는 유사 직무분야에서 실무경력 4년 이상 / 동일 또는 유사 직무분야에서 실무경력 5년 이상 / 외국에서 동일한 종목에 해당하는 자격 취득
2급	제한 없음

☑ 실기시험만 시행할 수 있는 국가기술자격 종목

사무	한글속기1·2·3급	
건축	가구제작기능사 / 맹장기능사 / 비계기능사 / 유리시공기능사 / 철근기능사	건축도장기능사 / 도배기능사 / 방수기능사 / 온수온돌기능사 / 조적기능사 / 타일기능사 / 석공기능사
토목	도화기능사 / 지도제작기능사	항공사진기능사
판금·제관·새시	금속재창호기능사	

☑ 워크넷 채용정보 상세검색 시 선택할 수 있는 기업형태
- 대기업
- 공무원(공기업/공공기관)
- 강소기업
- 코스피/코스닥
- 중견기업
- 외국계기업
- 일학습병행기업
- 벤처기업
- 청년친화강소기업
- 가족친화인증기업

노동수요곡선의 변화

- **노동수요의 변화** : 노동수요의 결정요인 중 임금을 제외한 요인의 변화(→노동수요곡선 자체의 이동)(3째)
- **노동수요량의 변화** : 노동수요의 결정요인 중 임금의 변화(→노동수요곡선상의 수점 이동)

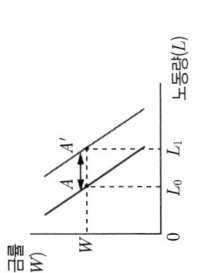

노동수요곡선의 변화

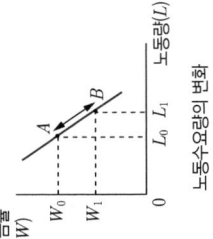

노동수요량의 변화

한계기술대체율

- 등량곡선에서 두 투입요소(노동과 자본) 가운데 하나의 투입요소가 한 단위 증가함에 따라 대체되는 다른 투입요소 간의 비율(→ 대체의 원리)

노동수요의 임금탄력성

- 임금률 1%의 변화에 의해 유발되는 노동수요의 변화율을 말함

$$\text{노동수요의 (임금)탄력성} = \frac{\text{노동수요량의 변화율(\%)}}{\text{임금의 변화율(\%)}}$$

- 일반적으로 임금이 상승하면 노동에 대한 수요가 감소하므로 노동수요의 임금탄력성은 부(-)의 값을 갖게 됨
- 노동수요의 임금탄력성의 절댓값이 클수록 임금변화에 대한 고용변화의 정도가 큼

- 노동수요 임금탄력성 > 1 : 단위 탄력적
- 노동수요 임금탄력성 = 1 : 단위 탄력적
- 노동수요 임금탄력성 < 1 : 단위 비탄력적

- 탄력성이 값이 무한대이면 '완전 탄력적', 노동수요곡선은 수평이 됨
- 탄력성이 값이 0이면 '완전 비탄력적', 노동수요곡선은 수직이 됨

기업의 이윤극대화 노동수요 산출을 위한 주요 공식

- 노동의 평균생산물(AP_L) = 총생산량(TP) / 노동투입량(L)
- 노동의 한계생산물(MP_L) = 총생산량의 증가분(ΔTP) / 노동투입량의 증가분(ΔL)
- 노동의 한계생산물가치($VMP_L = P \cdot MP_L$) = 임금률(W)
- 노동의 한계수입생산물(MRP_L) = 노동의 한계생산물(MP_L) · 한계수입(MR)

노동수요의 임금탄력성 결정요인(힉스-마샬의 법칙)

- **생산물 수요의 탄력성** : 생산물의 수요가 탄력적일수록 노동수요도 더 탄력적이 됨
- **총생산비에 대한 노동비용의 비중** : 총생산비에서 차지하는 노동비용의 비중이 클수록 노동수요도 더 탄력적이 됨
- **노동의 대체가능성** : 노동과 다른 생산요소 간의 대체가 용이할수록 노동수요도 더 탄력적이 됨
- **노동 이외의 생산요소의 공급탄력성** : 노동 이외의 생산요소의 공급탄력성이 클수록 노동수요도 더 탄력적이 됨

준고정비용과 기업의 선택

- 준고정비용은 '근로자에 대한 투자'와 '부가급여'로 구분됨
- 준고정비용 증가 시 고용 수준 ↓, 초과근로시간 ↑

공공직업정보의 주요 특징

- 비영리기관에서 공익적 목적으로 생산·제공됨
- 특정한 시기에 국한되지 않고 지속적으로 조사·분석하여 제공됨
- 전체 산업 및 업종에 걸친 직종을 대상으로 함
- 국내 또는 국제적으로 인정되는 객관적인 기준에 근거함
- 보편적인 항목으로 이루어진 기초적인 직업정보체계로 구성됨
- 관련 직업정보 간의 비교·활용이 용이함
- 광범위한 이용가능성에 따라 직접적·객관적인 평가가 가능함
- 무료로 제공됨

직업정보의 주요 유형별 특징

유형(종류)	비 용	학습자 참여도	접근성
인쇄물	저	수 동	용이
시청각자료	고	수 동	제한적
면접	저	적 극	제한적
관찰	고	수 동	제한적
직업경험	고	적 극	제한적
직업체험	고	적 극	제한적

직업정보(고용정보)의 처리과정

수집 → 분석 → 가공 → 체계화 → 제공 → 축적 → 평가

직업정보 분석 시 주요 유의사항

- 정보의 분석 목적을 명확히 하며, 변화의 동향에 유의함
- 동일한 정보 종류라도 다각적이고 종합적인 분석을 시도하여 해석을 풍부히 함
- 전문가나 전문기관에 의해 분석함
- 직업정보의 생산일, 자료출처, 조사 대상, 자료의 양 등을 검토함
- 목적에 맞도록 분석하며, 객관성·정확성을 갖춘 최신자료를 선정함
- 숫자로 표현할 수 없는 정보라 하더라도 이를 삭제 혹은 배제하지 않음
- 직업정보원과 제공원을 제시함

공공직업정보 가공 시 주요 유의사항

- 이용자의 수준에 부합하는 언어로 가공함
- 정보의 생명력을 측정하여 활용방법을 선정함
- 가장 최신의 자료를 활용하되 표준화된 정보를 활용함
- 직업에 대한 장·단점을 편견 없이 제공함
- 객관성을 잃은 정보나 문자, 어투는 삼감
- 효율적인 정보제공을 위해 시각적 효과를 부가함
- 정보제공 방법에 적절한 형태로 제공함

직업정보의 일반적인 평가 기준(Hoppock)

- 언제 만들어진 것인가?
- 어느 곳을 대상으로 한 것인가?
- 누가 만든 것인가?
- 어떤 목적으로 만든 것인가?
- 자료를 어떤 방식으로 수집하고 제시했는가?

제4과목 노동시장

| 노동시장의 이해 |

노동수요의 특징

- **유량(Flow)의 개념** : 노동수요는 일정 기간 동안 기업에서 고용하고자 하는 노동의 양을 의미함
- **파생수요(유발수요)** : 노동수요는 소비자들의 상품에 대한 수요에 의해 파생 혹은 유발됨
- **결합수요** : 노동수요는 상품의 생산과 관련된 다른 생산요소 발달정도 및 이용가능성의 여부 등과 연관됨

노동수요의 결정요인

- 노동의 가격(임금)
- 상품(서비스)에 대한 소비자의 수요
- 다른 생산요소의 가격변화
- 노동생산성의 변화
- 생산기술의 진보

노동공급의 결정요인

- 인구 또는 생산가능인구의 크기(인구 수)
- 경제활동참가율
- 노동시간(노동공급시간)
- 노동력의 질(노동인구의 교육정도)
- 일에 대한 노력의 강도
- 임금지불방식
- 동기부여와 사기

노동공급의 경제활동참가율을 높이는 요인

- 법적·제도적 장치의 확충(보육 및 교육복지설의 증대)
- 시장임금의 상승
- 남편(배우자) 소득의 감소
- 자녀수의 감소(출산율 저하)
- 가계생산기술의 향상(노동절약적 가계생산의 향상)
- 고용상의 유연화(노동시간제근무 또는 단시간근무 기회의 확대)
- 여성의 높은 교육수준

여가-소득 간의 무차별곡선

개인이 노동시장에서의 노동공급을 포기하는 경우 여가-소득 간의 무차별곡선이 수직에 가까운 경우

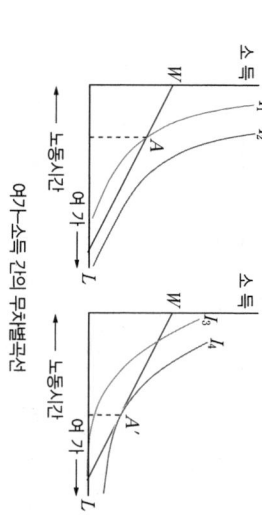

후방굴절 노동공급곡선

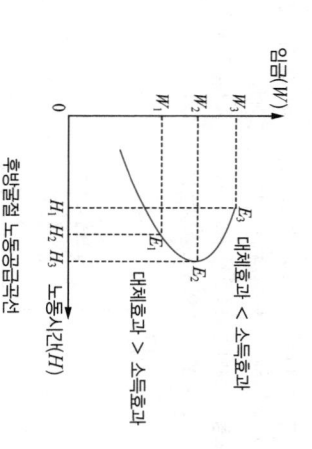

임금 1%의 변화에 의해 규율되는 노동공급의 변화율을 말함

$$\text{노동공급의 임금탄력성} = \frac{\text{노동공급량의 변화율(\%)}}{\text{임금의 변화율(\%)}}$$

유도되는 임금탄력성

- 노동공급의 증가율이 임금상승률보다 높은 경우 노동공급은 '탄력적'이 됨
- 노동공급의 증가율이 임금상승률보다 낮은 경우 노동공급은 '비탄력적'이 됨
- 탄력성의 값이 무한대이면 '완전 탄력적', 노동공급곡선은 수평이 됨
- 탄력성의 값이 0이면 '완전 비탄력적', 노동공급곡선은 수직이 됨

노동공급의 임금탄력성 결정요인

- 인구 수
- 노동조합의 결성비 교섭력의 정도
- 여성취업기회의 창출 가능성 여부
- 파트타임 근무제도의 보급 정도
- 노동의 동질성 정도
- 고용제도의 개선 정도
- 산업구조의 변화 등

노동공급의 대체효과와 소득효과

- **대체효과**: 임금 상승 시 여가시간은 감소하지만 노동시간은 증가하는 효과
- **소득효과**: 임금 상승 시 여가시간은 증가하지만 노동시간은 감소하는 효과

| 임금관리에 관한 주요 이론 |

내부노동시장의 형성요인

- 숙련의 특수성(기능의 특수성)
- 현장훈련
- 기업 내의 관습(위계식 직무서열)
- 장기근속과 기업의 규모(장기근속 가능성)

인력유입의 유연성 확보를 위한 기업의 인적자원관리 정책

외부적	수량적 유연성	신규채용 축소, 명예퇴직, 희망퇴직, 유연한 정리해고 절차 등 근로자 수의 조정, 계약근로, 재택근로, 파트타임 등 고용형태의 다양화
내부적	수량적 유연성	변형근로시간제, 탄력적 근무시간제, 변형근무제, 교대근무제 등에 의한 작무량, 휴식 또는 제고용 보장
	임금 유연성	임금구조를 개인 혹은 집단별의 능력 및 성과와 연계하여 결정하는 임금체계 및 임금형태로의 전환
	기능적 유연성	배치, 이동, 인재개발시 혹은 용역업체로부터 파견 근로자의 사용 지수적 사내직업훈련 또는 일반교육 등

경쟁노동시장 경제이론의 기본 가정

- 노동자 개인이나 개별고용주는 시장임금에 이무런 영향력을 행사하지 못함
- 노동시장의 진입과 퇴출이 자유로움
- 노사 간의 단체가 정보를 완전히 가짐
- 노동자와 고용주는 모두 완전경쟁적 기점
- 직무의 성격은 모두 동일하며, 임금의 차이만 존재함
- 모든 노동자는 동질적임
- 모든 직무의 공석은 외부노동시장을 통해서 채워짐

임금의 체계와 구성

- 임금수준의 적정성
- 임금체계의 공정성
- 임금형태의 합리성

평균임금과 통상임금

평균임금	이를 산정하여야 할 사유가 발생한 날 이전 3개월 동안에 그 근로자에게 지급된 임금의 총액을 그 기간의 총일수로 나눈 금액
통상임금	근로자에게 정기적·일률적으로 소정근로 또는 총 근로에 대하여 지급하기로 정한 시간급금액, 주급금액, 월급금액 또는 도급금액의 산정기초

이중노동시장의 특징

1차 노동시장	고임금, 고용의 안정성, 승진 및 승급 기회의 평등(공평성), 직업안정성, 양호한 근로조건
2차 노동시장	저임금, 고용 불안정(높은 노동이동), 승진 및 승급 기회의 결여, 열악한 근로조건, 지역적인 관리감독 등

☑ 이중임금(보상요구임금, 유보임금)

노동을 시장에 공급하기 위해 노동자가 요구하는 최소한의 주관적 요구임금 수준

$$이중임금 충족률(\%)=\frac{제시임금}{이중임금}\times100$$

☑ 임금체계의 주요 특징

임금체계	급여결정 기준	주요 장점	주요 단점
연공급	근속수, 학력, 연령, 성별 등	장기근속에 따른 생활안정, 귀속의식	무사안일주의, 적당주의
직능급	근로자 개인의 직무수행능력	능력에 따른 동일한 기회보장	직종구분·직능 평가·능력개발 이 전제됨
직무급	근로자 개인이 수행하는 직무	개인별 임금차이 불만의 해소	직무평가가 불가능에 따른 노조의 저항

☑ 성과급 제도의 장·단점

장점
• 근로자의 동기를 유발함
• 근로의 능률을 자극할 수 있음

단점
• 근로자의 수입이 불안정함
• 작업장에만 치중하여 제품 품질이 소홀해짐

☑ 연봉제의 장·단점

장점
• 동기부여 및 조직의 활성화를 유도함
• 개인의 생산성 향상, 전문성 촉진에 유리함
• 과감한 인재기용에 유리함
• 임금관리의 효율성을 증대시킴

단점
• 평가결과에 객관성과 공정성에 대한 시비가 제기됨
• 연봉액이 삭감될 경우, 사기가 저하될 수 있음
• 종업원 상호 간의 불필요한 경쟁이나 위화감이 조성됨

☑ 생산성 임금제에서 임금결정 방식

명목생산성 증가율을 산정할 때 실질생산성 증가율에 가격 증가율(=물가상승률)을 반영함

명목생산성 증가율
=(실질생산성 증가율+가격 증가율(물가상승률))

☑ 노동수요 특성별 임금격차의 요인

경쟁적 요인	• 인적자본량 • 근로자의 생산적 격차(뒤이지 않는 질적 차이) • 보상적 임금격차 • 기업의 효율성 임금정책(효율성임금정책) • 시장의 단기적 불균형(신축적임금의 불균형)
비경쟁적 요인 (경쟁 외적 요인)	• 시장지배력 및 독점지대의 배당 • 노동조합의 효과 • 비효율적 연공급제도

☑ 임금이 하방경직적인 이유

• 화폐환상
• 장기 근로(노동)계약
• 강력한 노동조합의 존재
• 노동자의 역선택 발생 가능성
• 최저임금제의 실시
• 대기업의 효율성 임금정책에 따른 고임금 지급

☑ 보상적 임금격차의 발생 원인

• 고용의 안정성 여부(금전적 위험 위험)
• 작업의 쾌적성 정도(비금전적 차이)
• 교육훈련 비용의 여부(교육훈련의 차이)
• 책임의 정도
• 성공 또는 실패의 가능성

☑ 고임금이 고생산성을 가져오는 원인

• 노동자의 기업에 대한 충성심과 귀속감 증대
• 직장상실비용 증대에 따른 작업 중 태만 방지
• 신규노동자의 채용 및 훈련비용 감소
• 대규모 사업장에서 통제상실의 사전 방지
• 양질의 노동자 고용

☑ 최저임금제도의 목적(기대효과)

• 소득분배의 개선(산업간 간, 직종 간 임금격차 해소)
• 노동력의 질적 향상
• 기업의 근대화 및 산업구조의 고도화 촉진
• 공정경쟁의 확보
• 산업평화의 유지
• 경기 활성화에 기여(유효수요의 창출)
• 복지국가의 실현

| 실업의 제개념 |

☑ 필립스 곡선(Phillips Curve)

인플레이션율과 실업률 간에 역의 상관관계(상충관계)를 설명함

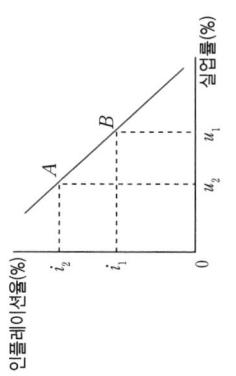

필립스 곡선

☑ 실업의 유형 및 주요 대책

• 마찰적 실업(탐색적 실업)

원인	직업정보의 부족, 불완전한 노동시장 정보
대책	구인·구직에 대한 전국적인 전산망 연결, 구인·구직 정보제공시스템의 효율성 제고, 직업안내 및 직업상담 등 직업선상기관의 활성화 등

• 구조적 실업

원인	경제구조 자체의 변화, 지역 간(산업 간) 노동력 수급의 불균형
대책	산업구조 변화예측에 따른 인력수급정책, 노동자의 전직과 관련된 재훈련, 지역 간 이동을 촉진시키는 지역이주금 보조 등

• 경기적 실업(유효수요부족실업)

원인	경기후퇴(불경기)에 따른 총수요 감소
대책	재정금융정책을 통한 총수요 증대정책(유효수요의 확대), 세출확대 등, 세율 인하 등이 경기활성화 정책, 공공사업 등이 고용창출사업 확대 등

☑ 실망노동자효과와 부가노동자효과

실망노동자효과	경기침체로 취업이 기회를 얻지 못한 실망근로자 구직 활동을 단념하여 비경제활동인구로 전략 → 실업자 수는 과소평가
부가노동자효과	가구주의 실직으로 주부나 학생 등 2차적 노동이 구직활동을 함으로써 경제활동인구로 전환 → 실업자 수는 과대평가

☑ 실업의 사회적 대책으로서 인력정책과 소득정책

인력정책	• 인적자원 양성으로 노동공급 부족문제를 극복하고 우수한 노동력을 확보함 • 주로 구조적 실업문제를 해결하기 위한 정책으로, 인플레이션을 유발하지 않음
소득정책	• 정부가 인위적으로 물가 및 임금의 의도 적 상승을 억제함 • 소득분배의 불평등, 성장산업의 위축, 행정적 관리 비용의 증가 등 부작용을 초래함

☑ 노동시장정책의 분류

• 적극적 노동시장정책 : 취업알선, 직업훈련, 청년대책, 고용보조금, 장애인 대책 등
• 소극적 노동시장정책 : 실업보조금(실업급여 등), 조기퇴직 보조금 등

제5과목 고용노동관계법규(I)

|노동법과 노동기본권|

✓ 노동기본권

근로의 권리 (근로권)	모든 국민은 근로의 권리를 가진다(헌법 제32조 제항).
근로3권 (노동3권)	근로자는 근로조건의 향상을 위하여 자주적인 단결권·단체교섭권 및 단체행동권을 가진다(헌법 제33조 제항).

✓ 근로의 권리의 내용

본원적 내용	근로기회청구권, 생활비지급청구권
보충적 내용	국가의 고용증진의 의무, 작업임금의 보장, 근로조건의 법정주의 및 여성근로자의 보호 및 차별대우 금지, 연소근로자의 특별보호, 국가유공자 등의 우선보장

✓ 근로3권의 기능
- 근로의 생존들을 허용함으로써 자본주의경제의 이념적 기초 제공함
- 근로자의 계급적 투쟁을 통하여 생활무능력자에 대한 국가적 보호 의무를 감소시킴

✓ 근로3권의 제한
- 국가인전보장·질서유지·공공복리를 위하여 필요한 경우 법률로써 제한함
- 공무원인 근로자는 법률이 정하는 자에 한하여 근로3권을 가짐
- 법률이 정하는 주요방위산업체에 종사하는 근로자의 단체행동권은 법률이 정하는 바에 의하여 이를 제한하거나 인정하지 아니할 수 있음

|근로기준법|

✓ 근로자와 단시간근로자의 정의(법 제2조)

근로자	직업의 종류와 관계없이 임금을 목적으로 사업이나 사업장에 근로를 제공하는 사람
단시간 근로자	1주 동안의 소정근로시간이 그 사업장에서 같은 종류의 업무에 종사하는 통상근로자의 1주 동안의 소정근로시간에 비하여 짧은 근로자

✓ 기본원리
- 최저 근로조건의 보장(법 제3조)
- 근로조건의 노사대등 결정(법 제4조)
- 균등한 처우(법 제6조)
- 강제근로의 금지(법 제7조)
- 폭행의 금지(법 제8조)
- 중간착취의 배제(법 제9조)
- 공민권 행사의 보장(법 제10조)

✓ 근로조건의 명시사항(법 제17조)
- 임금(구성항목·계산방법·지급방법)
- 소정근로시간
- 휴일(주휴일)
- 연차 유급휴가
- 취업의 장소와 종사하여야 할 업무에 관한 사항
- 취업규칙에서 정한 사항
- 기숙사 규칙에서 정한 사항

✓ 금지·제한
- 위약 예정의 금지(법 제20조)
- 전차금 상계의 금지(법 제21조)
- 강제 저금의 금지(법 제22조)
- 해고 등의 제한(법 제23조)

✓ 해고(법 제24조 내지 제27조)
- 긴박한 경영상의 필요가 있어야 함
- 해고를 하려는 날의 50일 전까지 노동조합 또는 근로자대표에 통보하고 성실하게 협의하여야 함
- 해고 30일 전에 예고를 하며, 해고사유와 해고시기를 서면으로 통지하여야 함

|최저임금|

✓ 적용 범위(법 제3조)
- 근로자를 사용하는 모든 사업 또는 사업장에 적용함
- 동거하는 친족만을 사용하는 사업(장)과 가사 사용인, 선원과 선원을 사용하는 선박의 소유자는 적용하지 아니함

✓ 최저임금의 효력(법 제6조 및 제7조)
- 적용 대상 근로자에게 최저임금액 이상의 임금을 지급함
- 정신 또는 신체의 장애가 업무 수행에 직접적으로 현저한 지장을 주는 것이 명백한 사람으로서 고용노동부장관의 인가를 받은 사람은 적용 제외할 수 있음

✓ 최저임금에 산입하지 아니하는 임금(시행규칙 제2조)
- 연장근로 또는 휴일근로에 대한 임금
- 연장·야간 또는 휴일 근로에 대한 가산임금
- 연차 유급휴가의 미사용수당
- 유급으로 처리되는 휴일에 대한 임금(단, 주휴일은 제외) 등

✓ 최저임금의 결정 및 고시(법 제8조 및 제10조)
- 고용노동부장관은 최저임금위원회의 심의·의결을 거쳐 매년 8월 5일까지 최저임금을 결정하여야 함
- 고용노동부장관은 최저임금을 결정한 때에는 지체 없이 그 사유와, 고시된 최저임금은 다음 연도 1월 1일부터 효력이 발생함

✓ 최저임금위원회(법 제14조 내지 제17조)
- 근로자위원 9명, 사용자위원 9명, 공익위원 9명으로 구성함
- 위원장과 부위원장은 각 1명을 두되, 공익위원 중에서 위원회가 선출함
- 위원의 임기는 3년으로 하되, 연임할 수 있음
- 회의는 고용노동부장관이 소집을 요구하는 경우, 재적위원 3분의 1 이상이 소집을 요구하는 경우, 위원장이 필요하다고 인정하는 경우 위원장이 소집함

✓ 최저임금 현황

연도	2023년	2024년	2025년
시급	9,620원	9,860원	10,030원
인상률	5.0%	2.5%	1.7%

✓ 이행강제금(법 제33조)
- 사용자가 노동위원회의 구제명령을 서면으로 통지받은 날부터 30일 이내에 이행하지 아니하는 경우 2천만원 이하의 이행강제금을 부과함
- 매년 2회의 범위에서 구제명령이 이행될 때까지 반복하여 부과·징수할 수 있음(단, 2년 초과 금지)
- 구제명령을 이행하기 전에 이미 부과된 이행강제금은 징수하여야 함

✓ 임금 지급의 원칙(법 제43조)
- 통화불·직접불·전액불 원칙
- 매월 1회 이상 정기불 원칙

✓ 여성과 소년(법 제64조 내지 제68조)
- 원칙적으로 15세 미만인 사람은 근로자로 사용하지 못함
- 13세 이상 15세 미만인 자가 취직인허증을 받은 경우 사용 가능함(단, 예술공연 참가의 경우 13세 미만도 사용 가능함)
- 친권자나 후견인은 미성년자의 근로계약을 대리할 수 없음
- 미성년자는 독자적으로 임금을 청구할 수 있음

✓ 취업규칙(법 제93조 및 제94조)
- 상시 10명 이상의 근로자를 사용하는 사용자가 작성하여 고용노동부장관에게 신고함
- 업무의 시작과 종료 시각, 휴게시간, 휴일, 휴가, 임금의 결정·계산·지급 방법, 임금의 산정기간·지급시기 및 승급에 관한 사항 등이 포함됨
- 취업규칙의 작성 또는 변경 시 노동조합이나 근로자 과반수의 의견을 들어야 함(단, 근로자에게 불리하게 변경하는 경우 동의를 받아야 함)

☑ 용어의 정의(법 제2조)
• 실업 : 근로의 의사와 능력이 있음에도 불구하고 취업하지 못한 상태에 있는 것
• 실업의 인정 : 직업안정기관의 장이 수급자격자가 실업한 상태에서 적극적으로 직업을 구하기 위하여 노력하고 있다고 인정하는 것
• 일용근로자 : 1개월 미만 동안 고용되는 사람

☑ 적용 범위(법 제8조 및 제10조)
• 근로자를 사용하는 모든 사업 또는 사업장에 적용함
• 다음의 사람에게는 적용하지 아니함
  - 1개월간 소정근로시간이 60시간 미만이거나 1주간의 소정근로시간이 15시간 미만인 근로자(단, 3개월 이상 계속하여 근로를 제공하는 근로자와 일용근로자는 적용 대상에 포함)
  - 국가공무원과 지방공무원(단, 별정직공무원 및 임기제공무원의 경우 실업급여에 한정하여 가입 가능)
  - 사립학교교직원
  - 별정우체국 직원
  - 농업·임업 및 어업 중 법인이 아닌 자가 상시 4명 이하의 근로자를 사용하는 사업에 종사하는 근로자(단, 본인의 의사에 따라 가입 가능)

☑ 피보험자격의 상실일(법 제14조)
• 근로자인 피보험자가 적용 제외 근로자에 해당하게 된 경우
  : 그 적용 제외 대상자가 된 날
• 보험관계가 소멸한 경우 : 그 보험관계가 소멸한 날
• 근로자인 피보험자가 이직한 경우 : 이직한 날의 다음 날
• 근로자인 피보험자가 사망한 경우 : 사망한 날의 다음 날
• 자영업자인 피보험자의 경우 : 그 보험관계가 소멸한 날

☑ 실업급여의 종류(법 제37조)

실업급여 ┬ 구직급여
　　　　　└ 취업촉진 수당 ┬ 조기(早期)재취업 수당
　　　　　　　　　　　　　├ 직업능력개발 수당
　　　　　　　　　　　　　├ 광역 구직활동비
　　　　　　　　　　　　　└ 이주비

☑ 구직급여의 주요 수급요건(법 제40조)
• 법령에 따른 기준기간(원칙상 이직일 이전 18개월) 동안의 피보험 단위기간이 합산하여 180일 이상일 것
• 근로의 의사와 능력이 있음에도 불구하고 취업(영리를 목적으로 사업을 영위하는 경우를 포함)하지 못한 상태에 있을 것
• 이직사유가 수급자격의 제한 사유에 해당하지 아니할 것
• 재취업을 위한 노력을 적극적으로 할 것

☑ 구직급여의 소정급여일수(법 제50조)

구분		피보험기간			
		1년 미만	1년 이상 3년 미만	3년 이상 5년 미만	5년 이상 10년 미만	10년 이상
이직일 현재 연령	50세 미만	120일	150일	180일	210일	240일
	50세 이상	120일	180일	210일	240일	270일

* 단, 장애인은 50세 이상인 것으로 보아 위 표를 적용

☑ 육아휴직 급여 및 육아기 근로시간 단축급여(법 제70조 및 제73조의2)
• 육아휴직 또는 육아기 근로시간 단축을 시작한 날 이후 1개월부터 끝난 날 이후 12개월 이내에 신청하여야 함
• 그 사업에서 이직하거나 취업을 한 경우 급여 지급이 제한됨
• 피보험자가 사업주로부터 해당 사유로 금품을 지급받은 경우 그 급여를 감액하여 지급할 수 있음

☑ 용어의 정의(법 제2조의2)
• 직업소개 : 구인자와 구직자 간에 고용계약이 성립되도록 알선하는 것
• 직업지도 : 직업선택상담, 직업정보의 제공, 직업상담, 실습, 권유 또는 조언, 그 밖에 직업에 관한 지도
• 근로자공급사업 : 공급계약에 따라 근로자를 타인에게 사용하게 하는 사업(단, 근로자파견사업은 제외)

☑ 고용서비스 우수기관 인증(법 제4조의5)
• 인증권자 : 고용노동부장관(한국고용정보원 등에 위탁)
• 유효기간 : 인증일부터 3년
• 재인증 신청 : 유효기간 만료 60일 전까지
• 인증 취소 : 거짓이나 그 밖에 부정한 방법으로 인증을 받은 경우, 1년 이상 계속 사업 실적이 없는 경우, 인증기준을 충족하지 못하게 된 경우, 폐업한 경우 등

☑ 직업안정기관의 장이 구인신청의 수리를 거부할 수 있는 경우(법 제8조)
• 구인신청의 내용이 법령을 위반한 경우
• 통상적인 근로조건에 비하여 현저하게 부적당하다고 인정되는 경우
• 구인조건을 밝히기를 거부하는 경우
• 명단이 공개 중인 체불사업주인 경우

☑ 직업소개의 원칙 및 준수사항(법 제11조, 시행령 제7조 및 제8조)
• 구직자에게는 그 능력에 알맞은 직업을 소개하도록 노력하여야 함
• 구인자에게는 구인조건에 적합한 구직자를 소개하도록 노력하여야 함
• 구직자가 취업할 수 있는 지역에서 직업을 소개하도록 노력하여야 함
• 구인자 또는 구직자 어느 한쪽의 이익에 치우치지 아니하도록 중립적인 태도를 유지하여야 함
• 구직자에게 직무의 내용, 근로시간, 임금 등 근로조건을 상세히 설명함
• 구인자는 그 채용여부를 직업안정기관의 장에게 통보하여야 함

☑ 직업안정기관의 장 외의 자가 행하는 직업안정사업의 규제방식
• 국내 무료직업소개사업 : 특별자치도지사·시장·군수 및 구청장에게 신고
• 국외 무료직업소개사업 : 고용노동부장관에게 신고
• 국내 유료직업소개사업 : 특별자치도지사·시장·군수 및 구청장에게 등록
• 국외 유료직업소개사업 : 고용노동부장관에게 등록
• 직업정보제공사업 : 고용노동부장관에게 신고
• 국내 취업자 모집 : 고용노동부장관에게 신고
• 근로자공급사업 : 고용노동부장관의 허가

☑ 겸업 금지 사업(법 제26조 및 시행령 제29조)
• 결혼중개업
• 숙박업
• 다류(茶類)를 조리·판매·배달하는 영업(단, 다류를 배달·판매하면서 소요 시간에 따라 대가를 받는 형태로 영업하는 경우는 제외)

☑ 근로자공급사업의 허가를 받을 수 있는 자의 범위(법 제33조)

국내 근로자 공급사업	"노동조합 및 노동관계조정법"에 따른 노동조합
국외 근로자 공급사업	국내에서 제조업·건설업·용역업, 그 밖의 서비스업을 하고 있는 자 또는 연예인을 대상으로 하는 국외 근로자공급사업의 허가를 받을 수 있는 자는 "민법"에 따른 비영리법인으로 함

☑ 정부 등의 비치 기간(시행규칙 제26조 및 제40조)
• 유료직업소개사업의 장부 비치 기간 : 2년
• 근로자공급사업의 장부 비치 기간 : 3년

- 심사 대상 : 피보험자의 취득·상실에 대한 확인, 실업급여 및 육아휴직 급여와 출산전후휴가 급여 등에 관한 처분 등
- 심사의 청구 : 확인 처분이 있음을 안 날부터 90일 이내에 고용보험심사관에게 청구
- 재심사의 청구 : 심사청구에 대한 결정이 있음을 안 날부터 90일 이내에 고용보험심사위원회에 청구

국민 평생 직업능력 개발법

☑ 직업능력개발훈련시설을 설치할 수 있는 공공단체의 범위(시행령 제2조)

- 한국산업인력공단(한국산업인력공단의 출연·설립·학교법인 포함)
- 한국장애인고용공단
- 근로복지공단

☑ 직업능력개발훈련의 중요사항이야 할 대상(법 제3조)

- 고용주·장애인
- 기초생활 수급자 등
- 국가유공자와 그 유족 또는 가족
- 보훈보상대상자와 그 유족 또는 가족
- 5·18민주유공자와 그 유족 또는 가족
- 제대군인 및 전역예정자
- 여성근로자
- 중소기업의 근로자
- 일용근로자, 단시간근로자, 기간을 정하여 근로계약을 체결한 근로자, 일시적 사업에 고용된 근로자
- 파견근로자
- 학교 밖 청소년

☑ 직업능력개발훈련의 구분(시행령 제3조)

- 훈련의 목적 : 양성훈련, 향상훈련, 전직훈련
- 훈련의 실시방법 : 집체훈련, 현장훈련, 원격훈련, 혼합훈련

☑ 훈련계약과 권리·의무(법 제9조)

- 사업주는 직업능력개발훈련을 받은 사람이 훈련을 이수한 후 사업주가 지정하는 업무에 일정 기간 종사하도록 할 수 있음 (단, 5년 이내, 3배 초과금지)
- 훈련계약을 체결하지 아니한 경우 고용근로자가 받은 직업능력개발훈련에 대하여는 그 근로자가 근로를 제공한 것으로 봄
- 기준근로시간 외의 훈련시간에 대하여 생산시설을 이용하거나 근로를 하는 경우에는 작업시간으로 보되, 연장근로와 야간근로에 해당하는 임금을 지급하지 아니할 수 있음

☑ 재해 위로금(법 제11조)

- 직업능력개발훈련을 실시하는 자는 해당 훈련시설에서 직업능력개발훈련 중 그 직업능력개발훈련으로 인하여 재해를 입은 국민에게 재해 위로금을 지급하여야 함. 「산업재해보상보험법」의 적용을 받는 사람은 제외
- 위탁에 의한 직업능력개발훈련의 경우 그 위탁자가 재해 위로금을 부담하되, 위탁받은 자의 책임 있는 사유로 인한 재해의 경우 위탁받은 자가 재해 위로금을 지급하여야 함

☑ 직업능력개발훈련교사의 결격사유(법 제34조)

- 피성년후견인·피한정후견인
- 금고 이상의 실형을 선고받고 그 집행이 끝나거나(끝난 것으로 보는 경우를 포함) 면제된 날부터 2년이 지나지 아니한 사람
- 금고 이상의 형의 집행유예를 선고받고 그 유예기간 중에 있는 사람
- 법원의 판결에 따라 자격이 상실되거나 정지된 사람
- 성폭력범죄로 100만원 이상의 벌금형을 선고받고 확정된 후 2년이 지나지 아니한 사람
- 직업능력개발훈련교사의 자격이 취소된 후 3년이 지나지 아니한 사람

남녀고용평등과 일·가정 양립 지원에 관한 법률

☑ 차별에 해당하지 않는 경우(법 제2조)

- 직무의 성격에 비추어 특정 성이 불가피하게 요구되는 경우
- 여성 근로자의 임신·출산·수유 등 모성보호를 위한 조치를 하는 경우
- 적극적 고용개선조치를 하는 경우

☑ 직장 내 성희롱 예방 교육(시행령 제3조)

- 사업주는 직장 내 성희롱 예방을 위한 교육을 연 1회 이상 하여야 함
- 직원연수·조회·회의, 인터넷 등 정보통신망을 이용한 사이버 교육 등을 통하여 실시할 수 있음단, 근로자에게 교육 내용이 제대로 전달되었는지 확인하기 곤란한 경우 예방 교육을 한 것으로 보지 않음
- 상시 10명 미만의 근로자를 고용하거나 한 성(性)으로 구성된 사업의 사업주는 근로자가 알 수 있도록 교육자료 또는 홍보물을 게시·배포하는 방법으로 예방 교육을 할 수 있음

☑ 남녀의 평등한 기회보장 및 대우

- 모집과 채용(법 제7조)
- 임금(법 제8조)
- 임금 외의 금품 등(법 제9조)
- 교육·배치 및 승진(법 제10조)
- 정년·퇴직 및 해고(법 제11조)

☑ 육아기 근로시간 단축(법 제19조의2 및 제19조의3)

- 만 8세 이하 또는 초등학교 2학년 이하의 자녀를 양육하는 근로자를 대상으로 함
- 육아기 근로시간 단축은 주당 15시간 이상이어야 하고 35시간을 넘어서는 안 됨
- 단축 후 근로시간은 15시간 이상 35시간 이내로 함
- 육아기 근로시간 단축을 한 근로자에 대하여 정하는 근로조건을 하는 경우

☑ 육아휴직(법 제19조)

- 임신 중인 여성 근로자, 만 8세 이하 또는 초등학교 2학년 이하의 자녀를 양육하는 근로자를 대상으로 함
- 육아휴직의 기간은 1년 이내로 함
- 육아휴직 기간은 근속기간에 포함됨단, 기간제근로자 또는 파견근로자의 기간은 육아휴직 기간을 사용기간 또는 근로자파견 기간에서 제외됨

☑ 모성보호

- 출산전후휴가 등에 대한 지원(법 제18조)
- 배우자 출산휴가(법 제18조의2)
- 난임치료휴가(법 제18조의3)

구직자 취업촉진 및 생활안정지원에 관한 법률

☑ 취업지원서비스 수급 요건(법 제6조)

다음의 요건을 모두 갖출 것

- 근로능력과 구직의사가 있음에도 취업하지 못한 상태일 것
- 취업지원을 신청할 당시 15세 이상 64세 이하일 것단, 병역의 의무에서 15세 이상 69세 이하로 정하고 있음
- 가구단위의 월평균 총소득이 기준 중위소득의 100분의 60 이하일 것단, 15세 이상 34세 이하(병역의무 이행한 경우 3년의 범위에서 18개월까지 가산)인 사람은 기준 중위소득의 100분의 120 이하일 것

☑ 처리 제한 고유식별정보(시행령 제19조)
- 주민등록법에 따른 주민등록번호
- 여권법에 따른 여권번호
- 도로교통법에 따른 운전면허의 면허번호
- 출입국관리법에 따른 외국인등록번호

☑ 개인정보 유출 등의 신고(시행령 제40조)
다음의 경우 72시간 이내에 개인정보 보호위원회 또는 한국인 터넷진흥원에 개인정보 유출 등의 신고를 하여야 함
- 1천명 이상의 정보주체에 관한 개인정보가 유출 등이 된 경우
- 민감정보 또는 고유식별정보가 유출 등이 된 경우
- 개인정보처리시스템 또는 개인정보취급자가 개인정보 처리에 이용되는 정보기기에 대한 외부로부터의 불법 적인 접근에 의해 개인정보가 유출 등이 된 경우

☑ 개인정보 분쟁조정위원회(법 제40조)
- 위원장 1명을 포함한 30명 이내의 위원으로 구성함
- 위원은 위원 중 공무원이 아닌 사람으로 개인정보 보호위 원회 위원장이 위촉함
- 위원장과 위촉위원의 임기는 2년으로 하되, 1차에 한하여 연임할 수 있음

☑ 과태료(법 제17조)

500만원 이하	- 정당한 사유 없이 채용광고의 내용 또는 근로조건 을 변경한 구인자 - 지식재산권을 자신에게 귀속하도록 하는 구인자 - 구직자에 대하여 그 직무의 수행에 필요하지 아니 한 개인정보를 기초심사자료에 기재하도록 요구하 거나 입증자료로 수집한 구인자
300만원 이하	- 채용서류 보관의무를 이행하지 아니한 구인자 - 채용서류의 반환 등에 따른 구직자에 대한 고지의 무를 이행하지 아니한 구인자 - 채용심사비용 등에 관한 시행령을 이행하지 아니 한 구인자

개인정보 보호법

☑ 개인정보 보호위원회(법 제7조 및 제7조의2)
- 국무총리 소속으로 둠
- 상임위원 2명(위원장 1명, 부위원장 1명)을 포함한 9명의 위 원으로 구성함
- 위원의 임기는 3년으로 하되, 한 차례만 연임할 수 있음
- 대한민국 국민이 아닌 사람, 공무원으로 임용될 수 없는 사 람, 정당의 당원은 위원이 될 수 없음

☑ 개인정보 보호 기본계획 및 시행계획(법 제9조 및 제10조)
- 기본계획 : 개인정보 보호위원회가 3년마다 관계 중앙행정 기관의 장과 협의하여 수립함
- 시행계획 : 중앙행정기관의 장이 매년 작성하여 개인정보 보호위원회에 제출하고, 개인정보 보호위원회의 심의·의 결을 거쳐 시행함

☑ 처리 제한 민감정보(법 제23조 및 시행령 제18조)
- 사상·신념, 노동조합·정당의 가입·탈퇴, 정치적 견해에 관한 정보
- 건강, 성생활 등에 관한 정보
- 유전자검사 등의 결과로 얻어진 유전정보
- 범죄경력자료에 해당하는 정보
- 개인의 신체적, 생리적, 행동적 특징에 관한 정보로서 특정 개인을 알아볼 목적으로 일정한 기술적 수단을 통해 생성 한 정보
- 인종이나 민족에 관한 정보

☑ 구직촉진수당의 수급 요건(법 제7조)
다음의 요건을 모두 갖출 것
- 취업지원서비스의 수급 요건을 갖출 것
- 가구단위의 월평균 총소득이 기준 중위소득의 100분의 60 이내의 범위에서 대통령령으로 정하는 수준(→기 준중위소득 100분의 60) 이하일 것
- 가구원이 소유하고 있는 토지·건물·자동차 등 재산 의 합계액이 6억원 이내의 범위에서 대통령령으로 정 하는 금액(→4억원, 단 15세 이상 34세 이하는 5억원) 이하일 것
- 취업지원 신청일 이전 2년 이내의 범위에서 취업한 기간을 모두 더하여 100일 또는 800시간 이상 취업한 사실이 있을 것

☑ 취업지원의 유예 신청 요건(법 제11조 및 시행규칙 제6조)
- 본인이 임신하거나 출산 후 90일이 지나지 아니한 경우
- 본인 또는 배우자의 질병에 걸렸거나 부상을 당한 경우
- 본인 또는 배우자의 직계존비속이 질병에 걸렸거나 부상을 당한 경우
- "병역법"에 따른 의무복무를 하는 경우
- 6개월 미만 단기 국외에 머무는 경우
- 천재지변 또는 이에 준하는 재난이 발생한 경우
- 감염병 확산으로 인해 경계 이상의 위기경보가 발령된 경우
- 천재지변 등에 준하는 경우로서 고용노동부장관이 인정하 는 경우

☑ 취업지원서비스 등
- 취업활동계획(법 제2조)
- 취업지원 프로그램(법 제3조)
- 구직활동지원 프로그램(법 제4조)
- 취업활동비용의 지원(법 제6조)
- 취업성공수당의 지급(법 제7조)

☑ 수급권 보호를 위한 조치
- 수급권계좌의 신청(법 제22조)
- 압류 등의 금지(법 제23조)
- 공과금의 면제(법 제25조)

☑ 취업지원의 종료 사유(법 제29조)
- 취업지원서비스기간이 만료된 경우 : 만료된 날의 다음 날
- 취업지원서비스기간 중 취업한 경우 : 취업한 날 또는 영리 목적으로 사업을 하기 시작한 날
- 구직촉진수당의 지급기간이 최종 화료된 경우 : 최종 화료 된 지급기간의 마지막 날의 다음 날

채용절차의 공정화에 관한 법률

☑ 용어의 정의(법 제2조)
- 기초심사자료 : 응시원서, 이력서, 자기소개서 등
- 입증자료 : 학위증명서, 경력증명서, 자격증명서 등
- 심층심사자료 : 작품집, 연구실적물 등

☑ 적용범위(법 제3조)
- 상시 30명 이상의 근로자를 사용하는 사업(장)에 적용함
- 국가 및 지방자치단체가 공무원을 채용하는 경우에는 적용 하지 아니함

☑ 채용절차의 공정성 침해 행위의 금지
- 거짓 채용광고 등의 금지(법 제4조)
- 채용강요 등의 금지(법 제4조의2)
- 출신지역 등 개인정보 요구 금지(법 제4조의3)
- 채용서류의 거짓 작성 금지(법 제5조)
- 채용심사비용의 부담금지(법 제6조)

☑ 채용서류의 반환 등(법 제11조 및 시행령 제2조)
- 구인자는 구직자가 반환 청구를 한 날부터 14일 이내에 구 직자에게 채용서류를 발송하거나 전달하여야 함
- 홈페이지 또는 전자우편으로 제출된 경우나 구직자가 구인 자의 요구 없이 자발적으로 제출한 경우 반환 의무 없음
- 채용서류의 반환에 소요되는 비용은 원칙적으로 구인자가 부담함

직업상담사 2급

최종모의고사

문제편

최종모의고사

자격종목 및 등급(선택분야)	시험시간	문제지형별	수험번호	성 명
직업상담사 2급	2시간 30분			

정답 및 해설 p.117

01 직업심리

01 직업발달이론에 관한 설명으로 틀린 것은?

① 특성-요인이론은 Parsons의 직업지도모델에 기초하여 형성되었다.
② Super의 생애발달단계는 환상기-잠정기-현실기로 구분한다.
③ 일을 승화의 개념으로 설명하는 이론은 정신분석이론이다.
④ Holland의 직업적 성격유형론에서 중요시하는 개념은 일관도, 일치도, 분화도 등이다.

02 미네소타 직업분류체계 Ⅲ와 관련하여 발전한 직업발달이론은?

① Krumboltz의 사회학습이론
② Super의 평생발달이론
③ Ginzberg의 발달이론
④ Lofquist와 Dawis의 직업적응이론

03 Ginzberg의 진로발달 3단계가 아닌 것은?

① 잠정기(Tentative Phase)
② 환상기(Fantasy Phase)
③ 현실기(Realistic Phase)
④ 탐색기(Exploring Phase)

04 다음에 해당하는 규준은?

학교에서 실시하는 성취도검사나 적성검사의 점수를 정해진 범주에 집어넣어 학생들 간의 점수차가 작을 때 생길 수 있는 지나친 확대해석을 미연에 방지할 수 있다.

① 백분위 점수
② 표준점수
③ 표준등급
④ 학년규준

05 진로이론에 관한 설명으로 옳은 것은?

ㄱ. 사회인지적 진로이론 – 진로발달과 선택에서 진로와 관련된 자신에 대한 평가와 믿음을 강조한다.
ㄴ. 인지적 정보처리이론 – 내담자가 욕구를 분류하고 지식을 획득하여, 자신의 욕구가 무엇인지 알 수 있도록 돕는다.
ㄷ. 인지적 정보처리이론 – 학습경험을 형성하고 진로행동에 단계적으로 영향을 주는 구체적인 매개변인을 찾는 데 목표를 둔다.
ㄹ. 가치중심적 진로이론 – 흥미와 가치가 진로결정 과정에서 가장 중요한 작용을 한다.

① ㄱ, ㄴ
② ㄱ, ㄷ
③ ㄴ, ㄹ
④ ㄷ, ㄹ

06 검사 점수의 표준오차에 관한 설명으로 옳은 것은?

① 검사의 표준오차는 클수록 좋다.
② 검사의 표준오차는 검사 점수의 타당도를 나타내는 수치다.
③ 표준오차를 고려할 때 오차 범위 안의 점수 차이는 무시해도 된다.
④ 검사의 표준오차는 표준편차의 다른 표현이다.

07 스트레스에 관한 설명으로 옳은 것은?

① 스트레스에 대한 일반적응증후는 경계, 저항, 탈진 단계로 진행된다.
② 1년간 생활변동단위(Life Change Unit)의 합이 90인 사람은 대단히 심한 스트레스를 겪는 사람이다.
③ A유형의 사람은 B유형의 사람보다 스트레스에 더 인내력이 있다.
④ 사회적 지지가 스트레스의 대처와 극복에 미치는 영향력은 거의 없다.

08 심리검사에 관한 설명으로 틀린 것은?

① 대부분의 심리검사는 준거참조검사이다.
② 측정의 오차가 작을수록 신뢰도는 높은 경향이 있다.
③ 검사의 신뢰도가 높으면 타당도도 높게 나타나지만 항상 그런 것은 아니다.
④ 검사가 측정하고자 하는 심리적 구인(구성개념)을 정확하게 측정하는 것은 타당도의 개념이다.

09 검사-재검사를 통해 신뢰도를 추정할 경우 충족되어야 할 조건이 아닌 것은?

이해도 ○△×

① 두 검사가 근본적으로 측정하려 하는 영역에서 동일한 내용이 표집되어야 한다.
② 측정내용 자체는 일정 시간이 경과하더라도 변하지 않는다.
③ 점수에 영향을 미치지 않는다는 확신이 있어야 한다.
④ 어떤 학습활동이 두 번째 검사의 점수에 영향을 미치지 않는다.

10 어떤 검사가 측정하고 있는 것이 이론적으로 관련이 깊은 속성과는 실제로 높은 상관관계를 보이고, 관계가 없는 것과는 낮은 상관관계를 보이는 타당도는 어떤 것인가?

이해도 ○△×

① 준거관련 타당도
② 동시타당도
③ 수렴 및 변별 타당도
④ 예언타당도

11 Ginzberg가 제시한 진로발달단계에 해당되지 않는 것은?

이해도 ○△×

① 현실기
② 잠정기
③ 성숙기
④ 환상기

12 진로성숙도검사(CMI) 중 태도척도의 하위영역과 문항의 예가 틀리게 연결된 것은?

이해도 ○△×

① 결정성(Decisiveness) – 나는 선호하는 진로를 자주 바꾸고 있다.
② 관여도(Involvement) – 나는 졸업할 때까지는 진로선택 문제에 별로 신경을 쓰지 않을 것이다.
③ 타협성(Compromise) – 나는 부모님이 정해주시는 직업을 선택하겠다.
④ 지향성(Orientation) – 일하는 것이 무엇인지에 대해 생각한 바가 거의 없다.

13 작업자 중심 직무분석에 관한 설명으로 틀린 것은?

이해도 ○△×

① 직무를 수행하는 데 요구되는 인간의 재능들에 초점을 두어서 지식, 기술, 능력, 경험과 같은 작업자의 개인적 요건들에 의해 직무가 표현된다.
② 직책분석설문지(PAQ)를 통해 직무분석을 실시할 수 있다.
③ 각 직무에서 이루어지는 과제나 활동들이 서로 다르기 때문에 분석하고자 하는 직무 각각에 대해 표준화된 분석도구를 만들 수 없다.
④ 직무분석으로부터 얻어진 결과는 작업자 명세서를 작성할 때 중요한 정보를 제공한다.

14 과업 지향적 직무분석방법 중 기능적 직무분석의 세 가지 차원이 아닌 것은?

이해도 ○△×

① 기술(Skill)
② 자료(Data)
③ 사람(People)
④ 사물(Thing)

15 직업선호도 검사에 관한 설명으로 틀린 것은?

이해도 ○△×

① 직업흥미검사, 성격검사, 생활사검사로 구성되어 있다.
② 직업흥미검사는 Holland의 모형을 기초로 개발한 검사이다.
③ 생활사검사는 개인의 과거 또는 현재의 생활특성을 파악한다.
④ 직업흥미 유형을 크게 현실형, 사회형, 탐구형, 예술형, 인내형, 진취형으로 구분한다.

16 다음 중 Maslow의 욕구위계이론과 가장 유사성이 많은 직무동기이론은?

이해도 ○△×

① 기대-유인가 이론
② Adams의 형평이론
③ Locke의 목표설정이론
④ Alderfer의 존재-관계-성장이론

17 심리검사 중 질적 측정도구에 해당하지 않는 것은?

이해도 ○△×

① 역할놀이
② 제노그램
③ 카드분류
④ 경력진단검사

18 직무명세서에 관한 설명으로 옳은 것은?

이해도 ○△×

① 분석대상이 되는 직무에서 어떤 활동이나 과제가 이루어지고 작업조건이 어떠한지를 알아내서 그러한 것들을 기술해 놓은 것이다.
② 직무를 수행하는 사람에게 요구되는 지식, 기술, 능력 등과 같은 인간적 요건이 무엇인지에 관한 정보를 제시해 놓은 것이다.
③ 분석자가 직접 사업장을 방문하여 작업자가 하는 직무활동을 상세하게 관찰하여 그 결과를 기술하여 놓은 것이다.
④ 각 직무에 대하여 공정하고 적절한 임금수준을 결정하기 위하여 각 직무의 내용과 성질을 고려하여 직무들 간의 상대적인 가치를 결정하여 놓은 것이다.

19 Erikson의 심리사회적 발달이론에서 청소년기에 해당하는 과업은?

① 근면성 대 열등감
② 자아정체성 대 역할혼란
③ 친밀감 대 고립감
④ 생산성 대 침체감

20 직무스트레스에 대한 대처 방안 중의 하나로 이솝우화에 나오는 여우와 신 포도 이야기처럼 생각하는 것은?

① 투사(Projection)
② 억압(Repression)
③ 합리화(Rationalization)
④ 주지화(Intellectualization)

02 직업상담 및 취업지원

21 정신역동적 직업상담에서 Bordin이 제시한 진단 범주가 아닌 것은?

① 의존성
② 자아갈등
③ 정보의 부족
④ 개인의 흥미

22 직업상담 과정의 구조화 단계에서 상담자의 역할에 관한 설명으로 옳은 것은?

① 내담자에게 상담자의 자질, 역할, 책임에 대해서 미리 알려줄 필요가 없다.
② 내담자에게 검사나 과제를 잘 이해할 것을 기대하고 있다는 것을 분명히 밝힌다.
③ 상담 중에 얻은 내담자에 대한 비밀을 지키는 것은 당연하므로 사전에 이것을 밝혀두는 것은 오히려 내담자를 불안하게 만든다.
④ 상담 과정은 예측할 수 없으므로 상담 장소, 시간, 상담의 지속 등에 대해서 미리 합의해서는 안 된다.

23 공감적 이해 과정에 대한 설명으로 틀린 것은?

① 공감적 이해를 위해서는 내담자의 입장에서 느끼고 생각해야 한다.
② 공감적 이해는 내담자의 자기 탐색과 수용을 촉진시킨다.
③ 공감적 이해를 위해서는 상담자는 자신의 가치관이나 정체감을 내담자에게 맞추어 수용해야 한다.
④ 공감적 이해란 지금-여기에서의 내담자의 감정과 경험을 정확하게 이해하는 것이다.

24 다음 내담자를 상담할 경우 가장 먼저 해야 할 것은?

> 갑자기 구조조정 대상이 되어 직장을 떠난 40대 후반의 남성이 상담을 받으러 왔다. 전혀 눈 마주침도 못하며, 상당히 위축되어 있는 상태이고 미래에 대한 불안감을 호소하고 있다.

① 관계형성
② 상담자의 전문성 소개
③ 상담 구조 설명
④ 상담목표 설정

25 직업상담사의 윤리강령에 관한 설명으로 가장 거리가 먼 것은?

① 상담자는 상담에 대한 이론적, 경험적 훈련과 지식을 갖춘 것을 전제로 한다.
② 상담자는 내담자의 성장, 촉진과 문제 해결 및 방안을 위해 시간과 노력상의 최선을 다한다.
③ 상담자는 자신의 능력 및 기법의 한계 때문에 내담자의 문제를 다른 전문직 동료나 기관에 의뢰해서는 안 된다.
④ 상담자는 내담자가 이해, 수용할 수 있는 한도 내에서 기법을 활용한다.

26 직업상담 중 대본분석 평가항목이나 질문지를 사용하고, 게임과 삶의 위치분석, 가족모델링 등의 상담기법을 활용하는 것은?

① 교류분석적 상담
② 실존주의 상담
③ 형태주의 상담
④ 개인주의 상담

27 진로개발프로그램을 운영하는 방법의 하나인 집단진로상담에 관한 설명으로 옳은 것은?

① 참여하고자 하는 학생들 중 사전조사를 통해서 책임의식이 있는 학생들로 선발한다.
② 참여하는 학생들은 목표와 기대가 동일하기 때문에 개인차를 고려하지 않는다.
③ 프로그램 단계별로 나타나는 집단의 역동성은 문제를 복잡하게 만들기 때문에 무시하는 것이 좋다.
④ 다양한 정보습득과 경험을 해야 하기 때문에 참여 학생들은 진로발달상 이질적일수록 좋다.

28 직업상담 시 내담자의 표현을 분류하고 재구성하기 위해 사용하는 역설적 의도의 원칙이 아닌 것은?

① 재구성 계획하기
② 저항하기
③ 시간 제한하기
④ 변화 꾀하기

29 Crites의 분류유형 중 가능성이 많아서 흥미를 느끼는 직업들과 적성에 맞는 직업들 사이에서 결정을 내리지 못하는 유형은?

① 부적응형
② 우유부단형
③ 다재다능형
④ 비현실형

30 행동주의 상담에서 문제행동에 대한 대안 행동이 거의 없거나 효과적인 강화인자가 없을 때 유용한 기법으로서 파괴적이고 폭력적인 행동을 수정하는 데 효과적인 것은?

① 과잉교정
② 모델링
③ 반응가
④ 자기지시기법

31 자기인식이 부족한 내담자를 사정할 때 인지에 대한 통찰을 재구조화하거나 발달시키는 데 적합한 방법은?

① 직면이나 논리적 분석을 해 준다.
② 불안에 대처하도록 심호흡을 시킨다.
③ 은유나 비유를 사용한다.
④ 사고를 재구조화한다.

32 포괄적 직업상담 과정에 대한 설명으로 틀린 것은?

① 내담자가 직업선택에서 가졌던 문제들을 상담한다.
② 내담자가 자신의 내부와 주변에서 일어나는 일들을 충분히 자각하게 한다.
③ 직업심리검사를 통해 내담자의 문제를 명료화한다.
④ 상담과 검사를 통해 얻어진 자료를 바탕으로 직업정보를 제공한다.

33 Williamson의 특성-요인 진로상담 과정을 바르게 나열한 것은?

ㄱ. 진단단계	ㄴ. 분석단계
ㄷ. 예측단계	ㄹ. 종합단계
ㅁ. 상담단계	ㅂ. 추수지도단계

① ㄱ → ㄴ → ㄷ → ㄹ → ㅂ → ㅁ
② ㄱ → ㄷ → ㄴ → ㄹ → ㅁ → ㅂ
③ ㄴ → ㄱ → ㄹ → ㄷ → ㅂ → ㅁ
④ ㄴ → ㄹ → ㄱ → ㄷ → ㅁ → ㅂ

34 비지시적 상담을 원칙으로 자아와 일에 대한 정보 부족 혹은 왜곡에 초점을 맞춘 직업상담은?

① 정신분석 직업상담
② 내담자중심 직업상담
③ 행동적 직업상담
④ 발달적 직업상담

35 내담자중심 상담의 상담목표가 아닌 것은?

① 내담자의 내적 기준에 대한 신뢰를 증가시키도록 도와주는 것
② 경험에 보다 개방적이 되도록 도와주는 것
③ 지속적인 성장 경향성을 촉진시켜 주는 것
④ 내담자의 자유로운 선택과 책임의식을 증가시켜 주는 것

36 내담자의 인지적 명확성을 위한 직업상담 과정을 바르게 나열한 것은?

① 내담자와의 관계 → 진로와 관련된 개인적 사정 → 직업선택 → 정보통합과 선택
② 직업탐색 → 내담자와의 관계 → 정보통합과 선택 → 직업 선택
③ 내담자와의 관계 → 인지적 명확성/동기에 대한 사정 → 예/아니요 → 개인상담/직업상담
④ 개인상담/직업상담 → 내담자와의 관계 → 인지적 명확성/동기에 대한 사정 → 예/아니요

37 직업상담의 과정을 순서대로 바르게 나열한 것은?

① 관계형성 - 진단 및 측정 - 개입 - 목표설정 - 평가
② 관계형성 - 목표설정 - 진단 및 측정 - 개입 - 평가
③ 관계형성 - 진단 및 측정 - 목표설정 - 개입 - 평가
④ 관계형성 - 목표설정 - 개입 - 진단 및 측정 - 평가

38 내담자가 자기지시적인 삶을 영위하고 상담자에게 의존하지 않게 하기 위해 상담사가 내담자와 지식을 공유하며 자기강화 기법을 적극적으로 활용하는 행동주의 상담기법은?

① 모델링
② 과잉교정
③ 내현적 가감법
④ 자기관리 프로그램

39 Beck의 인지행동 상담에서 사용하는 주된 상담기법이 아닌 것은?

① 정서적 기법
② 반응적 기법
③ 언어적 기법
④ 행동적 기법

40 인지적 왜곡의 유형 중 상황이 긍정적인 양상을 여과하는 데 초점이 맞추어져 있고 극단적으로 부정적인 세부사항에 머무르는 것은?

① 자의적 추론
② 선택적 추상
③ 긍정 격하
④ 잘못된 명명

03 직업정보

41 낮에는 제조업체에서 금형공으로 일하고, 밤에는 대리운전을 하는 경우, 한국표준직업분류에서 직업을 결정하는 일반적 원칙이 아닌 것은?

① 주된 직무 우선 원칙
② 취업시간 우선의 원칙
③ 수입 우선의 원칙
④ 조사 시 최근의 직업 원칙

42 공공직업정보와 비교하여 민간직업정보의 특성에 관한 설명으로 옳은 것은?

① 정보생산자의 임의적 기준이나 관심 위주로 직업을 분류한다.
② 특정 시기에 국한하지 않고 전체 산업 및 업종에 걸쳐진 직종을 대상으로 한다.
③ 국내 또는 국제적으로 인정된 분류체계에 근거한다.
④ 광범위한 이용가능성에 따라 직접적이고 객관적인 평가가 가능하다.

43 다음 고용안정사업 중 성격이 다른 하나는?

① 고용환경개선지원금
② 일자리함께하기지원금
③ 시간제일자리지원금
④ 고용유지지원금

44 직업정보를 제공하는 유형별 방식의 설명이다. (　　　)에 알맞은 것은?

종 류	비 용	학습자 참여도	접근성
인쇄물	(ㄱ)	수동	용이
면 접	저	(ㄴ)	제한적
직업경험	고	적극	(ㄷ)

① ㄱ : 고, ㄴ : 적극, ㄷ : 용이
② ㄱ : 고, ㄴ : 수동, ㄷ : 제한적
③ ㄱ : 저, ㄴ : 적극, ㄷ : 제한적
④ ㄱ : 저, ㄴ : 수동, ㄷ : 용이

45 한국표준산업분류의 분류구조 및 부호체계에 관한 설명으로 옳은 것은?

① 부호처리를 할 경우에는 알파벳 문자와 아라비아 숫자를 함께 사용토록 했다.
② 권고된 국제분류 ISIC Rev.4를 기본체계로 하였으나, 국내 실정을 고려하여 독자적으로 분류항목과 분류부호를 설정하였다.
③ 중분류의 번호는 001부터 999까지 부여하였으며, 대분류별 중분류 추가 여지를 남겨놓기 위하여 대분류 사이에 번호 여백을 두었다.
④ 소분류 이하 모든 분류의 끝자리 숫자는 01에서 시작하여 99에서 끝나도록 하였다.

46 다음은 한국직업사전에서 해당 직업의 직무를 수행하는 데 필요한 일반적인 정규교육수준에 대한 설명이다. (　　　)에 알맞은 것은?

(ㄱ) : 9년 초과~12년 이하(고졸 정도)
(ㄴ) : 14년 초과~16년 이하(대졸 정도)

① ㄱ : 수준 2, ㄴ : 수준 4
② ㄱ : 수준 3, ㄴ : 수준 5
③ ㄱ : 수준 4, ㄴ : 수준 6
④ ㄱ : 수준 5, ㄴ : 수준 7

47 워크넷에서 채용정보 상세검색 시 선택할 수 있는 기업형태가 아닌 것은?

① 대기업
② 일학습병행기업
③ 가족친화인증기업
④ 다문화가정지원기업

48 한국표준직업분류에서 직업의 성립조건에 해당하지 않는 것은?

① 경제성
② 윤리성
③ 사회성
④ 우연성

49 워크넷에서 제공하는 채용정보 중 기업형태별 검색에 해당하지 않는 것은?

① 중견기업
② 공기업
③ 외국계기업
④ 금융권기업

50 일반적인 직업정보 처리과정을 바르게 나열한 것은?

① 수집 → 제공 → 분석 → 가공 → 평가
② 수집 → 가공 → 제공 → 분석 → 평가
③ 수집 → 평가 → 가공 → 제공 → 분석
④ 수집 → 분석 → 가공 → 제공 → 평가

51 한국표준직업분류의 대분류에서 제4직능수준 혹은 제3직능수준을 필요로 하는 것은?

① 관리자
② 사무 종사자
③ 서비스 종사자
④ 기능원 및 관련 기능 종사자

52 직업정보의 일반적인 평가 기준과 가장 거리가 먼 것은?

① 어떤 목적으로 만든 것인가
② 얼마나 비싼 정보인가
③ 누가 만든 것인가
④ 언제 만들어진 것인가

53 워크넷에서 검색할 수 있는 우대 채용정보의 분류가 아닌 것은?

① 청년층 우대 채용정보
② 장년 우대 채용정보
③ 여성 우대 채용정보
④ 이주민 우대 채용정보

54 통계청 경제활동인구조사에서 사용하는 용어에 관한 설명으로 틀린 것은?

① 잠재취업가능자 : 비경제활동인구 중에서 지난 4주간 구직활동을 하였으나, 조사대상주간에 취업이 가능하지 않은 자
② 고용률 : 만 15세 이상 인구 중 취업자가 차지하는 비율
③ 취업자 : 조사대상주간 중 수입을 목적으로 18시간 이상 일한 자
④ 자영업자 : 고용원이 있는 자영업자 및 고용원이 없는 자영업자를 합친 개념

55 다음에서 설명하고 있는 것은?

> 한국표준산업분류상 통계단위 중 하나로 "재화 및 서비스를 생산하는 법적 또는 제도적 단위의 최소결합체로서 자원배분에 관한 의사결정에서 자율성을 갖고 있으며, 재무 관련 통계작성에 가장 유용하다."

① 산 업　　　　　　　② 기업체
③ 산업활동　　　　　④ 사업체

56 한국표준산업분류(제11차)의 개정 내용에 관한 설명으로 틀린 것은?

① 농업, 임업 및 어업 : 콩나물 재배업은 기타 시설작물 재배업으로 통합하였다.
② 건설업 : 건물용 기계·장비 설치 공사업은 건물용 기계·장비 설치 공사업과 승강설비 설치 공사업으로 세분하였다.
③ 숙박 및 음식점업 : 기타 일반 및 생활 숙박시설 운영업은 야영장업과 기타 일반 및 생활 숙박시설 운영업으로 세분하였다.
④ 예술, 스포츠 및 여가관련 서비스업 : 카지노 운영업과 기타 사행시설 관리 및 운영업은 기타 사행시설 관리 및 운영업으로 통합하였다.

57 한국표준직업분류에서 다음에 해당하는 직업분류 원칙은?

> 교육과 진료를 겸하는 의과대학 교수는 강의, 평가, 연구 등과 진료, 처치, 환자상담 등의 직무내용을 파악하여 관련 항목이 많은 분야로 분류한다.

① 취업 시간 우선 원칙
② 최상급 직능수준 우선 원칙
③ 조사 시 최근의 직업 원칙
④ 주된 직무 우선 원칙

58 한국표준산업분류의 분류목적에 관한 설명으로 틀린 것은?

① 산업활동에 의한 통계 자료의 수집, 제표, 분석 등을 위해서 활동 카테고리를 제공한다.
② 일반 행정 및 산업정책 관련 법령에서 적용대상 산업영역을 한정하는 기준으로 준용된다.
③ 취업알선을 위한 구인ㆍ구직안내 기준으로 사용된다.
④ 산업통계 자료의 정확성, 비교성을 위하여 모든 통계작성기관이 의무적으로 사용해야 한다.

59 한국직업전망의 직업별 정보 구성체계에 해당하지 않는 것은?

① 하는 일
② 근무환경
③ 산업전망
④ 관련 정보처

60 한국표준직업분류의 직업분류 원칙에 대한 설명으로 틀린 것은?

① 동일하거나 유사한 직무는 어느 경우에든 같은 단위직업으로 분류한다.
② 2개 이상의 직무를 수행하는 경우는 수행되는 직무내용과 관련 분류항목에 명시된 직무내용을 비교ㆍ평가하여 관련 직무 내용상의 상관성이 가장 높은 항목에 분류한다.
③ 수행된 직무가 상이한 수준의 훈련과 경험을 통해 얻어지는 직무능력을 필요로 한다면, 가장 높은 수준의 직무능력을 필요로 하는 일에 분류한다.
④ 재화의 생산과 공급이 같이 이루어지는 경우는 공급단계에 관련된 업무를 우선적으로 분류한다.

04 노동시장

61 어느 국가의 생산가능인구의 구성비가 다음과 같을 때 이 국가의 실업률은?

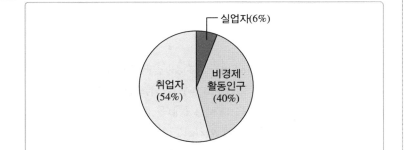

① 6.0%
② 10.0%
③ 11.1%
④ 13.2%

62 노동시장에서의 차별로 인해 발생하는 임금격차에 대한 설명으로 틀린 것은?

① 직장 경력의 차이에 따른 인적자본 축적의 차이로는 임금격차를 설명할 수 없다.
② 경쟁적인 시장경제에서는 고용주에 의한 차별이 장기간 지속될 수 없다.
③ 소비자의 차별적인 선호가 있다면 차별적인 임금격차가 지속될 수 있다.
④ 정부가 차별적 임금을 지급하도록 강제하는 경우에는 경쟁시장에서도 임금격차가 지속될 수 있다.

63 경쟁시장에서 이윤을 극대화하는 어느 기업은 노동자에게 하루에 50,000원의 임금을 지급하고 있으며, 현재 14명을 고용하고 있다. 이 회사 제품은 개당 100원에 팔리고 있다고 하면, 14번째 노동자는 하루에 몇 개를 생산해야 하는가?

① 50개
② 500개
③ 1,000개
④ 주어진 정보로는 알 수 없다.

64 개별기업수준에서 노동에 대한 수요곡선을 이동시키는 요인이 아닌 것은?

① 기술의 변화
② 임금의 변화
③ 자본의 가격 변화
④ 최종생산물가격의 변화

65 노동수요의 탄력성에 관한 설명으로 틀린 것은?

① 생산물에 대한 수요가 탄력적일수록 노동수요도 탄력적으로 된다.
② 총생산비에 대한 노동비용의 비중이 클수록 노동수요는 비탄력적으로 된다.
③ 노동을 다른 생산요소로 대체하는 것이 용이할수록 노동수요는 탄력적으로 된다.
④ 노동 이외 생산요소의 공급탄력성이 작을수록 노동수요는 비탄력적으로 된다.

66 다른 조건이 동일한 상태에서 만약 여성의 경제활동참가가 높아진다면 노동시장에서 균형임금과 균형고용량은 어떻게 달라지는가?

① 균형임금 상승, 균형고용량 증가
② 균형임금 상승, 균형고용량 하락
③ 균형임금 하락, 균형고용량 증가
④ 균형임금 하락, 균형고용량 하락

67 인적자본이론에 관한 설명으로 가장 거리가 먼 것은?

이해도 O△X

① 일반적으로 능력이 높은 사람일수록 인적자본투자를 더 많이 한다.
② 부모가 부자일수록 자녀의 인적자본투자가 많아진다.
③ 교육과 훈련이 생산성 증대를 가져오고, 이것이 보다 높은 노동이익을 가져온다는 점이 실증적으로 입증되었다.
④ 인적자본투자량은 내부수익률과 시장이자율의 비교에 의해 결정된다.

68 다음 노동수요곡선에 대한 설명으로 틀린 것은?

이해도 O△X

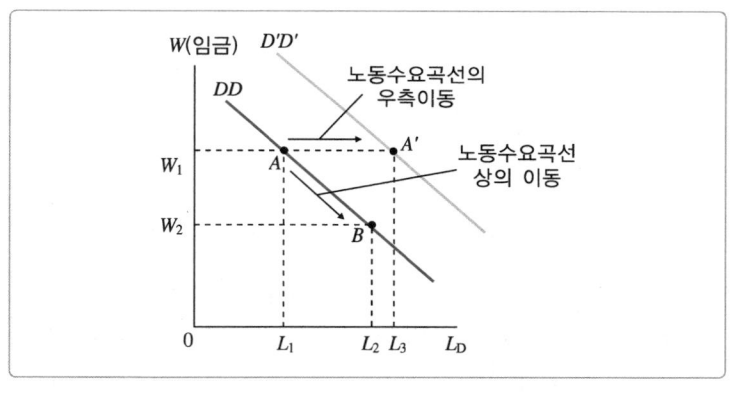

① 임금이 하락하면 고용량이 증가하고 임금이 상승하면 고용량이 감소함을 DD처럼 표시할 수 있다.
② 임금이 W_1일 때 노동수요량은 L_1이며 임금이 W_2로 하락할 때 노동수요량은 L_2로 증가한다.
③ 수요곡선인 DD는 임금과 기업의 고용량 간에 정의 관계가 성립함을 의미하는 것이다.
④ 기업 판매상품의 수요가 증대하면 노동수요곡선 전체가 우측으로 이동한다.

69 연공급의 특징과 가장 거리가 먼 것은?

이해도 O△X

① 기업에 대한 귀속의식 제고
② 전문기술인력 확보 곤란
③ 근로자에 대한 교육훈련의 효과 제고
④ 인건비 부담의 감소

70 임금교섭의 과학화 · 합리화를 위해 의존성이 높아져야 할 부분으로 가장 적합한 것은?

이해도 O△X

① 노동조합
② 사용자측
③ 노동시장요인
④ 정부중재

71 임금체계에 관한 설명으로 틀린 것은?

이해도 O△X

① 직능급은 개인의 직무수행능력을 고려하여 임금을 관리하는 체계이다.
② 속인급은 연령, 근속, 학력에 따라 임금을 결정하는 체계이다.
③ 직무급은 직무분석과 직무평가를 기초로 직무의 상대적 가치에 따라 임금을 결정하는 체계이다.
④ 연공급은 근로자의 생산성에 바탕을 둔 임금체계이다.

72 한국의 임금 패리티(Parity)지수는 100이고 일본의 임금 패리티지수를 80이라 가정할 때의 설명으로 옳은 것은?

이해도 O△X

① 국민소득을 감안한 한국의 임금수준이 일본보다 높다.
② 한국의 생산성과 삶의 질이 일본보다 낮다.
③ 국민소득을 감안한 한국의 임금수준이 일본보다 낮다.
④ 한국의 생산성과 삶의 질이 일본보다 높다.

73 시장경제를 채택하고 있는 국가의 노동시장에서 직종별 임금격차가 존재하는 이유와 가장 거리가 먼 것은?

이해도 O△X

① 직종 간 정보의 흐름이 원활하기 때문이다.
② 직종에 따라 근로환경의 차이가 존재하기 때문이다.
③ 직종에 따라 노동조합 조직률의 차이가 존재하기 때문이다.
④ 노동자들의 특정 직종에 대한 회피와 선호가 다르기 때문이다.

74 최저임금제도의 기본취지 및 기대효과와 가장 거리가 먼 것은?

이해도 O△X

① 저임금 노동자의 생활보호
② 산업평화의 유지
③ 유효수요의 억제
④ 산업 간 · 직업 간 임금격차의 축소

75 다음 중 노동정책이나 제도에 관한 설명으로 틀린 것은?

이해도 O△X

① 소득정책은 근로자들의 소득을 증진시키기 위한 정책이다.
② 직업훈련정책은 주로 구조적 실업 문제를 해결하기 위한 정책이다.
③ 최저임금제는 저임금근로자의 생활안정을 위한 것이다.
④ 알선은 노사 자율적 해결을 강조하는 노동쟁의 조정제도이다.

76 다음 중 실질임금의 정의로 가장 옳은 것은?

이해도 O△X

① 한 가구의 총 임금을 말한다.
② 물가 수준을 반영하여 구매력으로 평가한 임금을 말한다.
③ 세금공제 후 노동자가 실제 지급받는 임금을 말한다.
④ 작업시간과 작업의 난이도를 반영한 임금을 말한다.

77 노동공급의 탄력성 값이 0인 경우 노동공급곡선의 형태는?

① 수평이다.
② 수직이다.
③ 우상향이다.
④ 후방굴절형이다.

78 베버리지 곡선(Beveridge Curve)이 원점에서 멀어질 때 발생하는 실업의 유형은?

① 구조적 실업
② 마찰적 실업
③ 경기적 실업
④ 계절적 실업

79 임금체계를 구성하는 다음의 요소들 가운데 일반적으로 가장 중요시되는 항목은?

① 기본급
② 상여금
③ 수 당
④ 성과급

80 고임금 · 저인건비 전략에 대한 설명과 가장 거리가 먼 것은?

① 개별임금은 많이 주고 전체인건비는 낮추는 전략이다.
② 고생산성이 뒷받침되어야 한다.
③ 인력의 정예화가 필요하다.
④ 인건비 절약을 가장 중요시하는 전략이다.

05 노동관계법규(Ⅰ)

81 헌법상 노동3권에 해당되지 않는 것은?

① 단체교섭권
② 평등권
③ 단결권
④ 단체행동권

82 헌법상 근로권의 내용에 대한 설명으로 틀린 것은?

① 모든 국민은 근로의 권리와 함께 근로의 의무를 진다.
② 최저임금제는 법률에 의하여 시행된다.
③ 근로의 권리의 행사를 위한 입법으로는 직업안정법, 근로자 직업 능력 개발법 등이 있다.
④ 법인도 근로권의 주체로서 보호받을 수 있다.

83 헌법상 근로기본권에 관한 설명으로 틀린 것은?

① 국가는 사회적 · 경제적 방법으로 근로자의 고용의 증진과 적정임금의 보장에 노력하여야 한다.
② 국가는 법률이 정하는 바에 의하여 최저임금제를 시행하여야 한다.
③ 국가유공자 · 상이군경 및 전몰군경의 유가족은 법률이 정하는 바에 의하여 우선적으로 근로의 기회를 부여받는다.
④ 여자의 근로는 고용 · 임금 및 근로조건에 있어서 부당한 차별을 받지 아니하며 특별한 보호를 받지 아니한다.

84 헌법상 근로의 특별한 보호 또는 우선적인 근로기회 보장의 대상자로서 명시되어 있지 않은 것은?

① 여 자
② 연소자
③ 실업자
④ 국가유공자

85 다음 (　　)에 알맞은 것은?

> 근로기준법상 야간근로는 (ㄱ)부터 다음 날 (ㄴ) 사이의 근로를 말한다.

① ㄱ : 오후 8시, ㄴ : 오전 4시
② ㄱ : 오후 10시, ㄴ : 오전 6시
③ ㄱ : 오후 12시, ㄴ : 오전 6시
④ ㄱ : 오후 6시, ㄴ : 오전 4시

86 직업안정법령상 직업안정기관의 장의 직업소개에 대한 설명으로 틀린 것은?

① 구직자에게는 그 능력에 알맞은 직업을 소개하도록 노력하여야 한다.
② 구인자에게는 구인조건에 적합한 구직자를 소개하도록 노력하여야 한다.
③ 가능하면 구직자가 통근할 수 있는 지역에서 직업을 소개하도록 노력하여야 한다.
④ 구인자와 구직자의 이익이 충돌할 경우에는 구직자의 이익을 우선할 수 있도록 노력하여야 한다.

87 남녀고용평등과 일·가정 양립 지원에 관한 법률의 목적으로 명시되어 있지 않은 것은?

① 여성 고용 촉진
② 가사노동 가치의 존중
③ 모성 보호 촉진
④ 고용에서 남녀의 평등한 기회와 대우 보장

88 근로기준법상 임금 지급 원칙이 아닌 것은?

① 통화불의 원칙
② 정액불의 원칙
③ 직접불의 원칙
④ 정기불의 원칙

89 근로기준법상 평균임금에 의해 계산되는 것은?

① 야간근로수당
② 연장근로수당
③ 휴업수당
④ 휴일근로수당

90 근로기준법령상 취업규칙에 관한 설명으로 틀린 것은?

① 상시 10명 이상의 근로자를 사용하는 사용자는 취업규칙을 작성하여 고용노동부장관에게 신고하여야 한다.
② 사용자는 취업규칙의 작성 시 해당 사업장에 근로자의 과반수로 조직된 노동조합이 있는 경우에는 그 노동조합의 동의를 받아야 한다.
③ 고용노동부장관은 법령이나 단체협약에 어긋나는 취업규칙의 변경을 명할 수 있다.
④ 취업규칙에서 정한 기준에 미달하는 근로조건을 정한 근로계약은 그 부분에 관하여는 무효로 한다.

91 근로기준법상 균등처우의 원칙에서 근로에 대한 차별이 금지되는 사유가 아닌 것은?

① 나 이
② 신 앙
③ 사회적 신분
④ 국 적

92 다음 중 최저임금법에 대한 설명으로 가장 옳은 것은?

① "임금"이란 「근로기준법」 제2조에 따른 임금을 말한다.
② 「선원법」의 적용을 받는 선원에게도 적용한다.
③ 「기간제 및 단시간근로자 보호 등에 관한 법률」의 적용을 받는 단시간근로자에게는 적용하지 아니한다.
④ 최저임금은 사업의 종류와 지역을 구분하여 정하여야 한다.

93 다음 중 보기의 빈칸에 들어갈 내용으로 옳은 것은?

> 고용노동부장관은 관계 중앙행정기관의 장과 협의하여 구직자의 취업을 지원하기 위한 구직자 취업지원 기본계획을 (   ) 수립하고 시행하여야 한다.

① 3년마다
② 5년마다
③ 매 년
④ 격년으로

94 남녀고용평등과 일·가정 양립 지원에 관한 법률상 고용에 있어서 남녀의 평등한 기회와 대우를 보장하여야 할 사항으로 명시되어 있지 않은 것은?

① 모집과 채용
② 임 금
③ 근로시간
④ 교 육

95 남녀고용평등과 일·가정 양립 지원에 관한 법률이 규정하고 있는 내용이 아닌 것은?

① 육아휴직 급여
② 출산전후휴가에 대한 지원
③ 배우자 출산휴가
④ 직장어린이집 설치 및 지원

96 다음 중 채용절차의 공정화에 관한 법률에 대한 설명으로 옳지 않은 것은?

① 이 법은 채용절차에서의 최소한의 공정성을 확보하기 위한 사항을 정한다.
② 누구든지 채용의 공정성을 침해하는 부당한 청탁, 압력, 강요 등의 행위를 할 수 없다.
③ 구직자는 구인자에게 제출하는 채용서류를 거짓으로 작성하여서는 아니 된다.
④ 이 법은 지방자치단체가 공무원을 채용하는 경우에도 적용한다.

97 고용보험법상 심사 및 재심사의 청구에 관한 설명으로 틀린 것은?

이해도
ㅇ △ ✕

① 피보험자격의 취득·상실에 대한 확인 등에 이의가 있는 자는 고용보험심사관에게 심사를 청구할 수 있고, 그 결정에 이의가 있는 자는 고용보험심사위원회에 재심사를 청구할 수 있다.

② 심사청구인은 법정대리인 외에 변호사나 공인노무사를 대리인으로 선임할 수 있다.

③ 고용보험심사관은 심사의 청구에 대한 심리(審理)를 마쳤을 때에는 원처분 등의 전부 또는 일부를 취소하거나 심사청구의 전부 또는 일부를 기각한다.

④ 결정의 효력은 심사청구인 및 직업안정기관의장이 결정서의 정본을 받은 날부터 발생하며 결정은 원처분 등을 행한 직업안정기관의 장을 기속(羈束)한다.

98 남녀고용평등과 일·가정 양립 지원에 관한 법률상 남녀의 평등한 기회 보장 및 대우에 관한 설명으로 옳은 것은?

이해도
ㅇ △ ✕

① 사업주는 여성 근로자를 모집·채용할 때 그 직무의 수행에 필요한 경우라 하더라도 용모·키·체중 등의 신체적 조건을 제시하거나 요구하여서는 아니 된다.

② 사업주는 동일한 사업 내의 동일 가치 노동에 대하여는 동일한 임금을 지급하여야 하며, 동일 가치 노동의 기준은 직무 수행에서 요구되는 기술, 노력, 책임 및 작업 조건 등으로 한다.

③ 사업주가 임금차별을 목적으로 설립하였더라도 별개의 사업은 동일한 사업으로 볼 수 없다.

④ 사업주는 근로자의 해고에서 남녀를 차별하여서는 아니 되나 정년·퇴직의 경우 차별이 있더라도 남녀차별로 보지 아니한다.

99 남녀고용평등과 일·가정 양립 지원에 관한 법령상 육아휴직에 관한 설명으로 옳은 것은?

이해도
ㅇ △ ✕

① 사업주는 근로자가 만 8세 이하 또는 초등학교 2학년 이하의 자녀의 양육을 위하여 육아휴직을 신청하는 경우 이를 허용해야 한다.

② 육아휴직 기간은 6개월 이내로 하되, 해당 영아가 생후 1년이 되는 날을 경과할 수 없다.

③ 육아휴직을 시작하려는 날의 전날까지 해당 사업에서의 계속 근로기간이 1년 미만인 근로자에게도 육아휴직을 허용해야 한다.

④ 사업주는 육아휴직을 마친 후에는 휴직 전과 같은 업무 또는 같은 수준의 임금을 지급하는 직무에 복귀시켜야 하며 육아휴직 기간은 근속기간에 포함하지 않는다.

100 다음 중 개인정보 보호법상 용어에 대한 설명으로 옳지 않은 것은?

이해도
ㅇ △ ✕

① 개인정보 – 성명이나 주민등록번호, 법인 또는 단체의 소재지 주소 등을 통하여 알아볼 수 있는 자연인, 법인 또는 단체에 관한 정보

② 처리 – 개인정보의 수집, 생성, 연계, 연동, 기록, 저장, 보유, 가공, 편집, 검색, 출력, 정정, 복구, 이용, 제공, 공개, 파기 등의 행위

③ 정보주체 – 처리되는 정보에 의하여 알아볼 수 있는 사람으로서 그 정보의 주체가 되는 사람

④ 개인정보처리자 – 업무를 목적으로 개인정보파일을 운용하기 위하여 스스로 또는 다른 사람을 통하여 개인정보를 처리하는 공공기관, 법인, 단체 및 개인 등

2회 최종모의고사

자격종목 및 등급(선택분야)	시험시간	문제지형별	수험번호	성 명
직업상담사 2급	2시간 30분			

정답 및 해설 p.127

01 직업심리

01 직무분석을 위해 면접을 실시할 때 유의해야 할 사항이 아닌 것은?

이해도 ○△✕

① 면접 대상자들의 상사를 통하여 대상자들에게 면접을 한다는 사실과 일정을 알려주도록 한다.
② 보다 정확한 정보를 얻기 위하여 응답자들이 가급적 "예" 또는 "아니요"로 답하도록 한다.
③ 노사 간의 불만이나 갈등에 관한 주제에 어느 한쪽의 편을 들지 않는다.
④ 작업자가 방금 한 이야기를 요약하거나 질문을 반복함으로써 작업자와의 대화가 끊기지 않도록 한다.

02 직위분석질문지(PAQ)에 관한 설명으로 틀린 것은?

이해도 ○△✕

① 작업자 중심 직무분석의 대표적인 예이다.
② 직무수행에 요구되는 인간의 특성들을 기술하는 데 사용되는 194개의 문항으로 구성되어 있다.
③ 직무수행에 관한 6가지 주요 범주는 정보입력, 정신과정, 작업결과, 타인들과의 관계, 직무맥락, 직무요건 등이다.
④ 비표준화된 분석도구이다.

03 경력개발을 위한 교육훈련을 실시할 때 가장 먼저 고려해야 하는 사항은?

이해도 ○△✕

① 사용 가능한 훈련방법에는 어떤 것들이 있는지에 대한 고찰
② 현 시점에서 어떤 훈련이 필요한지에 대한 요구분석
③ 훈련프로그램의 효과를 평가하고 개선할 수 있는 방안을 계획하고 수립
④ 훈련방법에 따른 구체적인 프로그램 개발

04 직무분석을 실시할 때 분석할 대상 직업에 대한 자료가 부족하여 실시하는 최초분석법의 분석방법이 아닌 것은?

이해도 ○△✕

① 면담법
② 체험법
③ 비교확인법
④ 설문법

05 신입사원을 대상으로 부서 배치 후 6개월 이내에 자신이 도달하고 싶은 미래의 모습을 경력목표로 정하고 목표에 도달하기 위한 계획을 작성, 제출하도록 하여 자율적으로 경력목표를 달성할 수 있도록 지원하는 것은?

이해도 ○△✕

① 경력워크숍
② 직무순환
③ 사내공모제
④ 조기발탁제

06 Williamson의 진로선택 유형진단 중 '어리석은 선택'과 관련된 요인을 모두 고른 것은?

이해도 ○△✕

> ㄱ. 목표와 맞지 않는 적성
> ㄴ. 흥미와 관계없는 목표
> ㄷ. 무선택
> ㄹ. 특권에 대한 갈망

① ㄱ, ㄴ, ㄷ
② ㄱ, ㄴ, ㄹ
③ ㄱ, ㄷ, ㄹ
④ ㄴ, ㄷ, ㄹ

07 Super가 제시한 진로발달단계를 순서대로 바르게 나열한 것은?

이해도 ○△✕

> ㄱ. 성장(Growth)
> ㄴ. 탐색(Exploratory)
> ㄷ. 유지(Maintenance)
> ㄹ. 쇠퇴(Decline)
> ㅁ. 확립(Establishment)

① ㄴ → ㄱ → ㅁ → ㄷ → ㄹ
② ㄱ → ㄴ → ㄷ → ㅁ → ㄹ
③ ㄴ → ㅁ → ㄱ → ㄷ → ㄹ
④ ㄱ → ㄴ → ㅁ → ㄷ → ㄹ

08 경력개발 프로그램을 설계할 때 누구를 대상으로 어떤 경력평가 프로그램을 만들지 알아보는 평가는?

① 슈퍼(Super) 평가
② 니즈평가
③ 직무평가
④ 조직평가

09 내담자의 적성과 흥미 또는 성격이 직업적 요구와 달라 생긴 직업적응문제를 해결하는 데 가장 적합한 방법은?

① 스트레스 관리 방안 모색
② 직업전환
③ 인간관계 개선 프로그램 제공
④ 갈등관리 프로그램 제공

10 직업지도 시 직업적응 단계에서 이루어지는 것이 아닌 것은?

① 직업생활에 적응하기 위하여 노력한다.
② 여러 가지 직업 중에서 장·단점을 비교한다.
③ 직업전환 및 실업위기에 대응하기 위한 자기만의 계획을 갖는다.
④ 은퇴 후의 생애설계를 한다.

11 스트레스 요인과 상황에 관한 설명으로 틀린 것은?

① 좌절(Frustration) - 원하는 목표가 지연되거나 차단될 때이다.
② 과잉부담(Overload) - 개인의 능력을 벗어난 일이나 요구일 때이다.
③ 갈등(Conflict) - 두 가지의 긍정적인 일들이 갈등을 일으킬 때이다.
④ 생활의 변화(Life Change) - 부정적인 사건이 제한된 시간 내에 많을 때이다.

12 스트레스에 대처하기 위한 포괄적인 노력과 가장 거리가 먼 것은?

① 과정중심적 사고방식에서 목표지향적 초고속 사고로 전환해야 한다.
② 가치관을 전환해야 한다.
③ 스트레스에 정면으로 도전하는 마음가짐이 있어야 한다.
④ 균형 있는 생활을 해야 한다.

13 직업발달을 탐색-구체화-선택-명료화-순응-개혁-통합의 직업정체감 형성과정으로 설명한 것은?

① Super의 발달이론
② Ginzberg의 발달이론
③ Tiedeman과 O'Hara의 발달이론
④ Gottfredson의 발달이론

14 원점수가 가장 높은 사람부터 낮은 사람까지 순서대로 나열한 것은?

> ㄱ. 원점수 65점
> ㄴ. 백분위 점수 70점
> ㄷ. 표준점수(Z점수) 1점
> ㄹ. T점수 75점
> ※ 평균 50, 표준편차 10

① ㄴ - ㄱ - ㄹ - ㄷ
② ㄴ - ㄷ - ㄱ - ㄹ
③ ㄹ - ㄱ - ㄷ - ㄴ
④ ㄹ - ㄴ - ㄱ - ㄷ

15 Selye가 제시한 스트레스의 단계에 해당하지 않는 것은?

① 경계단계(Alarm Stage)
② 저항단계(Resistance Stage)
③ 재발단계(Recurrence Stage)
④ 탈진단계(Exhaustion Stage)

16 경력진단검사에 관한 설명으로 틀린 것은?

① 경력결정검사(CDS)는 경력관련 의사결정 실패에 관한 정보를 제공하기 위해 개발되었다.
② 개인직업상황검사(MVS)는 직업적 정체성 형성여부를 파악하기 위한 것이다.
③ 경력개발검사(CDI)는 경력관련 의사결정에 대한 참여 준비도를 측정하기 위한 것이다.
④ 경력태도검사(CBI)는 직업선택에 필요한 정보 및 환경, 개인적인 장애가 무엇인지를 알려준다.

17 직업에 관련된 흥미를 측정하는 직업흥미검사가 아닌 것은?

① Strong Interest Inventory
② Vocational Preference Inventory
③ Kuder Interest Inventory
④ California Psychological Inventory

18 진로선택 사회학습이론에 관한 설명으로 틀린 것은?

① 유전적 요인과 특별한 능력이 진로결정 과정에서 미치는 영향을 고려하지 않았다.
② 진로선택 결정에 영향을 미치는 삶의 사건들에 관심을 두고 있다.
③ 전체 인생에서 각 개인의 독특한 학습 경험이 진로선택을 이끄는 주요한 영향요인을 발달시킨다고 보았다.
④ 개인의 신념과 일반화는 사회학습 모형에서 매우 중요하다고 보았다.

19 스트레스에 관한 설명으로 옳은 것은?

이해도 ○△×
① 스트레스 수준과 수행은 U형 관계를 가진다.
② B유형 행동은 관상동맥성 질환과 밀접한 관련이 있다.
③ 외적 통제자는 스트레스 상황에 노출되더라도 크게 위험을 느끼지 않는다.
④ 코티졸은 부신피질에서 방출하는 스트레스 통제 호르몬이다.

20 Seeman의 개념적 틀을 이용하여 Blauner가 규정한 비소외적 상태에 해당되지 않는 것은?

이해도 ○△×
① 목 적　　　　　　② 자유와 통제
③ 사회적 통합　　　④ 자기실현

02 직업상담 및 취업지원

21 Bordin의 분류에서 다음에 해당하는 직업 문제의 심리적 원인은?

이해도 ○△×

> 한 개인이 어떤 일을 하고 싶은데 중요한 타인이 다른 일을 해 주기를 원하거나, 직업들과 관련된 긍정적 유인가와 부정적인 유인가 사이에서 내적 갈등을 경험하고 있다.

① 직업선택에 대한 불안　　② 정보의 부족
③ 의존성　　　　　　　　　④ 자아갈등

22 직업상담의 과정을 진단, 문제분류, 문제구체화, 문제해결의 단계로 구분한 학자는?

이해도 ○△×
① Crites　　　　② Krumboltz
③ Super　　　　④ Gysbers

23 Super의 발달적 직업상담에서 의사결정에 이르는 단계를 바르게 나열한 것은?

이해도 ○△×

> ㄱ. 문제탐색　　　　　　　ㄴ. 태도와 감정의 탐색과 처리
> ㄷ. 심층적 탐색　　　　　　ㄹ. 현실검증
> ㅁ. 자아수용　　　　　　　ㅂ. 의사결정

① ㄱ → ㄴ → ㄷ → ㄹ → ㅁ → ㅂ
② ㄱ → ㄷ → ㄴ → ㄹ → ㅁ → ㅂ
③ ㄱ → ㄷ → ㅁ → ㄹ → ㄴ → ㅂ
④ ㄱ → ㄷ → ㄹ → ㅁ → ㄴ → ㅂ

24 생애진로사정의 구조에 포함되지 않는 것은?

이해도 ○△×
① 진로사정
② 강점과 장애
③ 훈련 및 평가
④ 전형적인 하루

25 정신역동 상담이론에 관한 설명으로 옳은 것은?

이해도 ○△×
① 정신분석에서 해석은 목적지향적으로 이루어진다.
② 개인심리학에서는 내담자의 심리내적인 갈등이 가장 중시된다.
③ 정신분석에서 내담자가 상담자에게 느끼는 모든 감정은 전이의 표현이다.
④ 개인심리학에서 상담자는 내담자에 대한 광범위한 격려의 사용을 권장한다.

26 직업상담의 과정 중 역할사정에서 상호역할관계를 사정하는 방법이 아닌 것은?

이해도 ○△×
① 질문을 통해 사정하기
② 동그라미로 역할관계 그리기
③ 역할의 위계적 구조 작성하기
④ 생애−계획연습으로 전환시키기

27 집단상담의 특징에 관한 설명으로 틀린 것은?

이해도 ○△×
① 집단상담은 상담사들이 제한된 시간 내에 적은 비용으로 보다 많은 내담자들에게 접근하는 것을 가능하게 한다.
② 효과적인 집단에는 언제나 직접적인 대인적 교류가 있으며 이것이 개인적 탐색을 도와 개인의 성장과 발달을 촉진시킨다.
③ 집단은 집단과정의 다양한 문제에 많은 시간을 사용하게 되어 내담자의 개인적인 문제를 등한시할 수 있다.
④ 집단에서는 구성원 각자의 사적인 경험을 구성원 모두가 공유하지 않기 때문에 비밀유지가 쉽다.

28 내담자의 인지적 명확성을 사정할 때 고려할 사항이 아닌 것은?

이해도 ○△×
① 직장을 처음 구하는 사람과 직업전환을 하는 사람의 직업상담에 관한 접근은 동일하게 해야 한다.
② 직장인으로서의 역할이 다른 생애역할과 복잡하게 얽혀있는 경우 생애역할을 함께 고려한다.
③ 직업상담에서는 내담자의 동기를 고려하여 상담이 이루어져야 한다.
④ 우울증과 같은 심리적 문제로 인지적 명확성이 부족한 경우 진로문제에 대한 결정은 당분간 보류하는 것이 좋다.

29 대안개발과 의사결정 시 사용하는 인지적 기법으로 다음 설명에 해당하는 인지치료 과정의 단계는?

> 상담자는 두 부분의 개입을 하게 된다. 첫 번째는 낡은 사고에 대한 평가이며, 두 번째는 낡은 사고나 새로운 사고의 적절성을 검증하는 실험을 해 보는 것이다. 의문문 형태의 개입은 상담자가 정답을 제시하기 보다는 내담자 스스로 해결방법을 다가가도록 유도한다.

① 2단계
② 3단계
③ 4단계
④ 5단계

30 상담 윤리강령의 역할과 기능을 모두 고른 것은?

> ㄱ. 내담자의 복리 증진
> ㄴ. 지역사회의 도덕적 기대 존중
> ㄷ. 전문직으로서의 상담기능 보장
> ㄹ. 상담자 자신의 사생활과 인격 보호
> ㅁ. 직무수행 중의 갈등 해결 지침 제공

① ㄱ, ㄴ, ㄷ
② ㄴ, ㄷ, ㄹ
③ ㄱ, ㄴ, ㄹ, ㅁ
④ ㄱ, ㄴ, ㄷ, ㄹ, ㅁ

31 초기면담의 한 유형인 정보지향적 면담에서 주로 사용하는 기법이 아닌 것은?

① 폐쇄형 질문
② 개방형 질문
③ 탐색하기
④ 감정이입하기

32 진로상담 시 사용하는 가계도(Genogram)에 관한 설명으로 틀린 것은?

① 가족의 미완성된 과제를 발견할 수 있으며 그것은 개인에게 심리적인 압박으로 작용할 것이다.
② 3세대 내에 포함된 가족들이 가장 선호한 직업이 내담자에게도 무난한 직업이 될 것이다.
③ 가족은 개인이 직업을 선택하는 방식이나 자신을 지각하는 데 영향을 미칠 것이다.
④ 가계도는 직업선택과 관련된 무의식적 과정을 밝히는 데 도움이 될 것이다.

33 행동적 상담기법 중 불안을 감소시키는 방법으로 이완법과 함께 쓰이는 방법은?

① 강 화
② 변별학습
③ 사회적 모델링
④ 체계적 둔감화

34 상담사의 윤리적 태도와 행동으로 옳은 것은?

① 내담자와 상담관계 외에도 사적으로 친밀한 관계를 형성한다.
② 과거 상담사와 성적 관계가 있었던 내담자라도 상담관계를 맺을 수 있다.
③ 내담자의 사생활과 비밀보호를 위해 상담 종결 즉시 상담기록을 폐기한다.
④ 비밀보호의 예외 및 한계에 관한 갈등상황에서는 동료 전문가의 자문을 구한다.

35 다음 중 내담자의 동기와 역할을 사정함에 있어서 자기보고법이 적합한 내담자는?

① 인지적 명확성이 낮은 내담자
② 인지적 명확성이 높은 내담자
③ 흥미가치가 낮은 내담자
④ 흥미가치가 높은 내담자

36 6개의 생각하는 모자(Six Thinking Hats)는 직업상담의 중재와 관련된 단계들 중 무엇을 위한 것인가?

① 직업정보의 수집
② 의사결정의 촉진
③ 보유기술의 파악
④ 시간관의 개선

37 내담자의 작업에 관한 상호역할관계의 사정방법 중 질문을 통해 사정하는 방법에 해당하지 않는 것은?

① 개개 역할에 소요되는 시간의 양을 추정하기
② 내담자가 개입하고 있는 생애역할들을 나열하기
③ 내담자에게 삶에서의 역할들을 원으로 그리기
④ 내담자의 가치들을 이용해서 순위 정하기

38 정신분석적 상담에서 훈습의 단계에 해당하지 않는 것은?

이해도 ○△×
① 환자의 저항
② 분석의 시작
③ 분석자의 저항에 대한 해석
④ 환자의 해석에 대한 반응

39 게슈탈트 상담의 상담기법으로 적절하지 않은 것은?

이해도 ○△×
① 꿈을 이용한 작업
② 자기 부분들과의 대화를 통한 자각
③ 자각을 증가시키기 위한 숙제의 사용
④ 상담사–내담자 사이에 드러나는 전이의 분석

40 카운슬러 윤리강령을 기반으로 한 직업상담사의 기본윤리로 가장 적합한 것은?

이해도 ○△×
① 상담자는 내담자가 이해하고 수용할 수 있는 한도 내에서 상담기법을 활용한다.
② 상담자는 내담자 개인이나 사회에 위험이 있다고 판단이 될지라도 개인의 정보를 보호해 줄 수 있는 포용력이 있어야 한다.
③ 상담자는 내담자가 도움을 받지 못하는 상담임이 확인된 경우라도 초기 구조화한 대로 상담을 지속적으로 진행하여야 한다.
④ 내담자에 대한 정보가 교육장면이나 연구장면에서 필요할 경우 내담자와 합의한 후 개인정보를 밝혀 활용하면 된다.

03 직업정보

41 워크넷에서 채용정보검색 조건에 해당하지 않는 것은?

이해도 ○△×
① 소정근로시간
② 고용형태
③ 희망직종
④ 희망임금

42 국가기술자격 종목과 그 직무분야의 연결이 틀린 것은?

이해도 ○△×
① 직업상담사 2급 – 사회복지 · 종교
② 소비자전문상담사 2급 – 경영 · 회계 · 사무
③ 세탁기능사 – 경비 · 청소
④ 컨벤션기획사 2급 – 이용 · 숙박 · 여행 · 오락 · 스포츠

43 워크넷에 대한 설명으로 틀린 것은?

이해도 ○△×
① 워크넷은 개인구직자와 구인기업을 위한 취업지원 또는 채용지원 서비스를 제공할 뿐만 아니라, 고용센터 직업상담원이나 지자체 취업알선담당자 등의 취업알선업무 수행을 지원하기 위한 내부 취업알선 시스템이기도 하다.
② 워크넷은 여성, 장년, 장애인, 청년 등 취약계층을 위한 우대채용정보를 제공한다.
③ 워크넷은 구인 · 구직 관련 서비스 외에 직업 및 진로 정보도 제공한다.
④ 워크넷은 정부에서 운영하는 취업정보 사이트이기 때문에 고용센터 등 공공직업안정기관에서 생산한 구인 · 구직 정보만 제공한다.

44 국가 직업훈련에 관한 정보를 검색할 수 있는 정보망은?

이해도 ○△×
① JT–Net
② T–Net
③ HRD–Net
④ Training–Net

45 서비스 분야 국가기술자격의 단일등급에 해당하지 않는 직종은?

이해도 ○△×
① 스포츠경영관리사
② 텔레마케팅관리사
③ 게임그래픽전문가
④ 전자상거래관리사

46 워크넷에서 제공하는 학과정보 중 자연계열에 해당하지 않는 것은?

이해도 ○△×
① 안경광학과
② 생명과학과
③ 수학과
④ 지구과학과

47 한국표준직업분류에서 다음에 해당되는 직능수준은?

이해도 ○△×

복잡한 과업과 실제적인 업무를 수행할 정도의 전문인 지식을 보유하고 수리계산이나 의사소통 능력이 상당히 높아야 한다. 이러한 수준의 직업에 종사하는 자는 일정한 보충적 직무훈련 및 실습과정이 요구될 수 있으며, 정규훈련 과정의 일부를 대체할 수도 있다.

① 제1직능수준
② 제2직능수준
③ 제3직능수준
④ 제4직능수준

48 직업정보 수집방법으로 면접법에 관한 설명으로 가장 적합하지 않은 것은?

① 표준화 면접은 비표준화 면접보다 타당도가 높다.
② 면접법은 질문지법보다 응답범주의 표준화가 어렵다.
③ 면접법은 질문지법보다 제3자의 영향을 배제할 수 있다.
④ 표준화 면접에는 개방형 및 폐쇄형 질문을 모두 사용할 수 있다.

49 한국표준산업분류(2024)에서 하나 이상의 장소에서 이루어지는 단일 산업활동의 통계단위는?

① 기업집단 단위
② 기업체 단위
③ 활동유형 단위
④ 지역 단위

50 한국직업사전의 부가 직업정보 중 작업강도에 관한 설명으로 옳은 것은?

① 작업강도는 해당 직업의 직무를 수행하는 데 필요한 육체적 힘의 강도를 나타낸 것으로 3단계로 분류하였다.
② 작업강도는 심리적 · 정신적 노동강도는 고려하지 않았다.
③ 보통 작업은 최고 40kg의 물건을 들어 올리고 20kg 정도의 물건을 빈번히 들어 올리거나 운반한다.
④ 운반이란 물체를 주어진 높이에서 다른 높이로 올리거나 내리는 작업을 의미한다.

51 직업정보의 일반적인 정보관리 순서로 가장 적합한 것은?

① 수집 → 분석 → 가공 → 체계화 → 제공 → 평가
② 수집 → 제공 → 분석 → 가공 → 평가 → 체계화
③ 수집 → 분석 → 평가 → 가공 → 제공 → 체계화
④ 수집 → 분석 → 체계화 → 제공 → 가공 → 평가

52 직업정보 수집을 위해 질문지를 마련할 때 문항 작성 및 배열의 원칙과 가장 거리가 먼 것은?

① 개인 사생활에 관한 질문과 같이 민감한 질문은 가급적 뒤로 배치하는 것이 좋다.
② 질문 내용은 가급적 구체적인 용어로 표현하는 것이 좋다.
③ 특수한 것을 먼저 묻고 그 다음에 일반적인 것을 질문하도록 하는 것이 좋다.
④ 질문은 논리적인 순서에 따라 자연스럽게 배치하는 것이 좋다.

53 직업정보 제공에 관한 설명으로 옳은 것은?

① 모든 내담자에게 직업정보를 우선적으로 제공한다.
② 직업상담사는 다양한 직업정보를 제공하기 위해 지속적으로 노력한다.
③ 진로정보 제공은 직업상담의 초기단계에서 이루어지며, 이 경우 내담자의 피드백은 고려하지 않는다.
④ 내담자가 속한 가족, 문화보다는 표준화된 정보를 우선적으로 고려하여 정보를 제공한다.

54 구인 · 구직 통계가 다음과 같을 때 구인배수는?

구 분	신규구인인원	신규구직건수	취업건수
2024년 5월	210,000	324,000	143,000

① 0.44
② 0.65
③ 1.54
④ 3.73

55 한국표준산업분류(제11차) 중 제조업의 대분류별 개정 내용으로 틀린 것은?

① 배합 사료 제조업은 반려동물용 사료 제조업과 배합 사료 제조업으로 세분하였다.
② 산업용 가스 제조업은 수소 제조업과 산소, 질소 및 기타 산업용 가스 제조업으로 세 분하였다.
③ 생물학적 제제 제조업은 기초 의약 물질 제조업과 체외 진단 시약 제조업으로 세분하였다.
④ 축전지 제조업은 일반 이차전지 제조업과 기타 이차전지 제조업으로 세분하였다.

56 국가기술자격 산업기사 등급의 응시자격 기준으로 틀린 것은?

① 고용노동부령으로 정하는 기능경기대회 입상자
② 동일 및 유사 직무분야의 산업기사 수준 기술훈련과정 이수자 또는 그 이수예정자
③ 응시하려는 종목이 속하는 동일 및 유사 직무분야의 다른 종목의 산업기사 등급 이상의 자격을 취득한 사람
④ 응시하려는 종목이 속하는 동일 및 유사 직무분야에서 1년 이상 실무에 종사한 사람

57 한국표준산업분류(2024)의 적용 원칙에 대한 설명으로 틀린 것은?

이해도 ○△×

① 생산단위는 산출물뿐만 아니라 투입물과 생산공정 등을 함께 고려하여 그들의 활동을 가장 정확하게 설명된 항목에 분류해야 한다.
② 복합적인 활동단위는 우선적으로 세세분류를 정확히 결정하고, 순차적으로 세, 소, 중, 대분류 단계 항목을 결정하여야 한다.
③ 산업활동이 결합되어 있는 경우에는 그 활동단위의 주된 활동에 따라서 분류하여야 한다.
④ 공식적 생산물과 비공식적 생산물, 합법적 생산물과 불법적인 생산물을 달리 분류하지 않는다.

58 다음 중 등록민간자격의 상세한 종목별 자격정보를 제공하는 정보망은?

이해도 ○△×

① hrd.go.kr
② pqi.or.kr
③ ilmoa.go.kr
④ career.or.kr

59 직업정보에 대한 설명으로 틀린 것은?

이해도 ○△×

① 직업정보는 경험이 부족한 내담자들에게 다양한 직업을 접할 기회를 제공한다.
② 직업정보는 '수집 → 체계화 → 분석 → 가공 → 제공 → 축적 → 평가' 등의 단계를 거쳐 처리된다.
③ 직업정보를 수집할 때는 항상 최신의 자료인지 확인한다.
④ 동일한 정보라 할지라도 다각적인 분석을 시도하여 해석을 풍부히 한다.

60 한국직업사전에서 다음에 해당하는 작업강도는?

이해도 ○△×

> 최고 40kg의 물건을 들어 올리고 20kg 정도의 물건을 빈번히 들어 올리거나 운반한다.

① 가벼운 작업
② 보통 작업
③ 힘든 작업
④ 아주 힘든 작업

---

04 노동시장

61 다음은 어떤 형태의 능률급인가?

이해도 ○△×

> • 1886년 미국의 토웬(Henry R. Towen)이 제창
> • 경영활동에 의해 발생한 이익을 그 이익에 관여한 정도에 따라 배분하는 제도
> • 기본취지는 작업비용으로 달성된 이익을 노동자에게 환원하자는 것

① 표준시간제
② 이익분배제
③ 할시제
④ 테일러제

62 실업대책에 관한 설명으로 틀린 것은?

이해도 ○△×

① 일반적으로 실업대책은 고용안정정책, 고용창출정책, 사회안전망 형성정책으로 구분된다.
② 직업훈련의 효율성 제고는 고용안정정책에 해당한다.
③ 고용창출정책은 실업률로부터 탈출을 촉진하는 정책이다.
④ 공공부문 유연성 확립은 사회안전망 형성정책에 해당한다.

63 정보의 유통장애와 가장 관련이 높은 실업은?

이해도 ○△×

① 마찰적 실업
② 경기적 실업
③ 구조적 실업
④ 잠재적 실업

64 마찰적 실업을 해소하기 위한 정책이 아닌 것은?

이해도 ○△×

① 구인 및 구직에 대한 전국적 전산망 연결
② 직업안내와 직업상담 등 직업알선기관에 의한 효과적인 알선
③ 고용실태 및 전망에 관한 자료제공
④ 노동자의 전직과 관련된 재훈련 실시

65 구인처에서 요구하는 기술을 갖춘 근로자가 없어서 발생하는 실업은?

이해도 ○△×

① 구조적 실업
② 잠재적 실업
③ 마찰적 실업
④ 자발적 실업

66 다음 중 사용자가 부가급여를 선호하는 이유와 가장 거리가 먼 것은?

이해도 ○△×

① 절세(節稅) 효과를 기대할 수 있다.
② 양질의 근로자를 유치할 수 있다.
③ 근로자의 장기근속을 유도한다.
④ 퇴직금 부담이 감소한다.

67 다음 중 시장경제를 채택하고 있는 국가의 노동시장에서 직종별 임금격차가 존재하는 이유와 가장 거리가 먼 것은?

이해도 ○△×

① 직종 간 정보의 흐름이 원활하기 때문이다.
② 직종에 따라 근로환경의 차이가 존재하기 때문이다.
③ 직종에 따라 노동조합 조직률의 차이가 존재하기 때문이다.
④ 노동자들의 특정 직종에 대한 회피와 선호가 다르기 때문이다.

68 다음 중 직능급 임금체계의 특징에 대한 설명으로 옳은 것은?

이해도 ○△×

① 조직의 안정화에 따른 위계질서 확립이 용이하다.
② 직무에 상응하는 임금을 지급한다.
③ 학력과 직종에 관계없이 능력에 따라 임금을 지급한다.
④ 무사안일주의 또는 적당주의를 초래할 수 있다.

69 다음 중 노동수요의 결정요인으로 옳은 것은?

이해도 ○△×

① 노동과 관련된 타 생산요소의 가격변화
② 인구의 규모와 구조
③ 노동에 대한 노력의 강도
④ 임금지불방식

70 실업정책은 크게 고용안정정책, 고용창출정책, 사회안전망정책으로 구분할 수 있다. 다음 중 사회안전망정책에 해당하는 것은?

이해도 ○△×

① 직업훈련의 효율성 제고
② 취업알선 등 고용서비스 제공
③ 창업을 위한 인프라 구축
④ 실업급여

71 다음 중 노동수요곡선을 이동(Shift)시키는 요인에 해당하지 않는 것은?

이해도 ○△×

① 임금의 변화
② 생산성의 변화
③ 제품 생산기술의 발전
④ 최종상품에 대한 수요의 변화

72 디지털 카메라의 등장으로 기존의 필름산업이 쇠퇴하여 필름산업 종사자들이 일자리를 잃을 때 발생하는 실업은?

이해도 ○△×

① 구조적 실업
② 계절적 실업
③ 경기적 실업
④ 마찰적 실업

73 A국가의 전체 인구 5,000만명 중 은퇴한 노년층과 15세 미만 유년층이 각각 1,000만명이다. 또한, 취업자가 1,500만명이고 실업자는 500만명이라고 한다. 이 국가의 실업률(ㄱ)과 경제활동참가율(ㄴ)은?

이해도 ○△×

① ㄱ － 25%, ㄴ － 40%
② ㄱ － 25%, ㄴ － 50%
③ ㄱ － 33%, ㄴ － 40%
④ ㄱ － 33%, ㄴ － 50%

74 다음 중 보기의 현상을 설명하는 실업의 종류와 대책을 연결한 것으로 옳은 것은?

이해도 ○△×

> 성장산업에서는 노동에 대한 초과수요로 인해 노동력의 부족현상이 야기되고, 사양산업에서는 노동에 대한 초과공급으로 인해 노동력의 과잉현상이 야기되고 있다.

① 마찰적 실업 － 구인 · 구직 정보망 확충
② 경기적 실업 － 유효수요의 증대
③ 구조적 실업 － 인력정책
④ 기술적 실업 － 기술혁신

75 최저임금제의 도입이 근로자에게 유리하게 될 가능성이 높은 경우는?

이해도 ○△×

① 노동시장이 수요독점 상태일 경우
② 최저임금과 한계요소비용이 일치할 경우
③ 최저임금이 시장균형 임금수준보다 낮을 경우
④ 노동시장이 완전경쟁상태일 경우

76 외국인 노동자들의 모든 근로가 합법화되었을 때 외국인 노동수요의 임금탄력성이 0.6이고 임금이 15% 상승하면, 외국인 노동자들에 대한 수요는 몇 % 감소하는가?

이해도 ○△×

① 6%
② 9%
③ 12%
④ 15%

77 성과급 제도의 장점으로 가장 적합한 것은?

이해도 ○△✕

① 직원 간 화합이 용이하다.
② 근로의 능률을 자극할 수 있다.
③ 임금의 계산이 간편하다.
④ 확정적 임금이 보장된다.

78 다음 중 경기침체 시 실업률이 높아질 때 경제활동인구가 감소되는 효과는?

이해도 ○△✕

① 대체효과(Substitution Effect)
② 부가노동자효과(Added Worker Effect)
③ 대기실업효과(Wait-unemployment Effect)
④ 실망노동자효과(Discouraged Worker Effect)

79 임금체계의 유형 중 연공급의 단점에 대한 설명으로 틀린 것은?

이해도 ○△✕

① 위계질서의 확립이 어렵다.
② 동기부여 효과가 미약하다.
③ 비합리적인 인건비 지출을 하게 된다.
④ 능력·업무와의 연계성이 미약하다

80 내부노동시장이 형성되는 요인과 가장 거리가 먼 것은?

이해도 ○△✕

① 숙련의 특수성
② 교육수준
③ 현장훈련
④ 관 습

05 노동관계법규(Ⅰ)

81 다음 중 최저임금법상 최저임금의 결정기준으로 명시된 것이 아닌 것은?

이해도 ○△✕

① 노동생산성
② 소득분배율
③ 유사 근로자의 임금
④ 직무 수행에 요구되는 작업조건

82 다음은 최저임금법령상 수습 중에 있는 근로자(단, 단순노무업무로 고용노동부장관이 정하여 고시한 직종에 종사하는 근로자는 제외)에 대한 최저임금액의 내용이다. 보기의 빈칸에 들어갈 내용을 순서대로 올바르게 나열한 것은?

이해도 ○△✕

> (ㄱ)년 이상의 기간을 정하여 근로계약을 체결하고 수습 중에 있는 근로자로서 수습을 시작한 날부터 (ㄴ)개월 이내인 사람에 대하여는 시간급 최저임금액에서 100분의 (ㄷ)을 뺀 금액을 그 근로자의 시간급 최저임금액으로 한다.

① ㄱ : 1, ㄴ : 2, ㄷ : 5
② ㄱ : 1, ㄴ : 3, ㄷ : 10
③ ㄱ : 2, ㄴ : 3, ㄷ : 5
④ ㄱ : 2, ㄴ : 3, ㄷ : 10

83 다음 중 구직자 취업촉진 및 생활안정지원에 관한 법률에 대한 설명으로 옳지 않은 것은?

이해도 ○△✕

① 생활이 어려운 사람에게 필요한 급여를 실시하여 이들의 최저생활을 보장하고 자활을 돕는 것을 목적으로 한다.
② "취업지원"이란 수급자의 취업활동에 도움이 될 수 있는 취업지원서비스 및 구직촉진수당을 지급하는 것을 말한다.
③ 국가와 지방자치단체는 수급자격자가 구직 중 생활이 안정될 수 있도록 필요한 시책을 수립·시행하여야 한다.
④ 수급자격자는 취업활동계획 등에 따른 구직활동을 성실히 이행하여야 한다.

84 남녀고용평등과 일·가정 양립 지원에 관한 법령상 ( )에 들어갈 숫자가 순서대로 나열된 것은?

이해도 ○△✕

> • 사업주는 근로자가 배우자 출산휴가를 청구하는 경우에 ( )일의 휴가를 주어야 한다.
> • 배우자 출산휴가는 근로자의 배우자가 출산한 날부터 ( )일이 지나면 청구할 수 없다.

① 10, 60
② 10, 90
③ 15, 60
④ 15, 90

85 직업안정법상 직업안정기관에서 하는 업무가 아닌 것은?

이해도 ○△✕

① 고용정보의 제공
② 직업소개
③ 직업지도
④ 근로자 파견

86 근로기준법상 임금에 관한 설명으로 틀린 것은?

① 임금은 원칙적으로 통화(通貨)로 직접 근로자에게 그 전액을 지급하여야 한다.

② 사용자는 근로자가 출산, 질병, 재해 등 비상(非常)한 경우의 비용에 충당하기 위하여 임금 지급을 청구하면 지급기일 전이라도 향후 제공할 근로에 대한 임금을 지급하여야 한다.

③ 임금은 원칙적으로 매월 1회 이상 일정한 날짜를 정하여 지급하여야 한다.

④ 사업이 한 차례 이상의 도급에 따라 행하여지는 경우에 하수급인(下受給人)이 직상(直上) 수급인의 귀책사유로 근로자에게 임금을 지급하지 못한 경우에는 그 직상 수급인은 그 하수급인과 연대하여 책임을 진다.

87 직업안정법상 구인 · 구직의 신청에 관한 설명으로 옳은 것은?

① 국외 취업희망자의 구직신청의 유효기간은 1년으로 한다.

② 직업안정기관의 장은 관할구역의 읍 · 면 · 동사무소에 구인신청서와 구직신청서를 갖추어 두어 구인자 · 구직자의 편의를 도모하여야 한다.

③ 직업안정기관의 장은 접수된 구인신청서 및 구직신청서를 3년간 관리 · 보관하여야 한다.

④ 수리된 구인신청의 유효기간은 3개월이다.

88 직업안정법령의 내용에 대한 설명으로 틀린 것은?

① 고용노동부장관이 유료직업소개사업의 요금을 결정하고자 하는 경우에는 고용정책기본법에 따른 고용정책심의회의 심의를 거쳐야 한다.

② 근로자공급사업 허가의 유효기간은 3년으로 한다.

③ 국내 무료직업소개사업을 하고자 하는 자가 둘 이상의 시 · 군 · 구에 사업소를 두고자 하는 때에는 주된 사업소의 소재지를 관할하는 직업안정기관에 등록하여야 한다.

④ 신문 · 잡지, 기타 간행물에 구인을 가장하여 물품판매, 수강생 모집, 직업소개, 부업알선, 자금모금 등을 행하는 광고는 거짓 구인광고의 범위에 해당한다.

89 근로기준법상 근로시간과 휴게시간에 관한 설명으로 틀린 것은?

① 1주간의 근로시간은 휴게시간을 제외하고 40시간을 초과할 수 없다.

② 1일의 근로시간은 휴게시간을 제외하고 8시간을 초과할 수 없다.

③ 사용자는 근로시간이 4시간인 경우에는 30분 이상, 8시간인 경우에는 1시간 이상의 휴게시간을 근로시간 이후에 주어야 한다.

④ 휴게시간은 근로자가 자유롭게 이용할 수 있다.

90 직업안정법상 유료직업소개사업에 관한 설명으로 틀린 것은?

① 국외 유료직업소개사업을 하려는 자는 고용노동부장관에게 등록하여야 한다.

② 유료직업소개사업을 하는 자는 고용노동부장관이 결정 · 고시한 요금 외의 금품을 받아서는 아니 되나 고용노동부령으로 정하는 고급 · 전문인력을 소개하는 경우에는 당사자 사이에 정한 요금을 구인자로부터 받을 수 있다.

③ 유료직업소개사업을 하는 자는 구직자에게 제공하기 위하여 구인자로부터 선급금을 받아 구직의 편의를 도모할 수 있다.

④ 유료직업소개사업을 하는 자는 구직자의 연령을 확인하여야 하며, 18세 미만의 구직자를 소개하는 경우에는 친권자나 후견인의 취업동의서를 받아야 한다.

91 고용보험법상 피보험자격에 관한 설명으로 틀린 것은?

① 「고용보험 및 산업재해보상보험의 보험료징수 등에 관한 법률」의 규정에 따른 보험관계 성립일 전에 고용된 근로자의 경우에는 그 보험관계가 성립한 날의 다음날에 그 피보험자격을 취득한다.

② 피보험자가 이직한 경우에는 이직한 날의 다음날에 그 피보험자격을 상실한다.

③ 근로자가 보험관계가 성립되어 있는 둘 이상의 사업에 동시에 고용되어 있는 경우에는 고용노동부령으로 정하는 바에 따라 그중 한 사업의 근로자로서의 피보험자격을 취득한다.

④ 피보험자 또는 피보험자였던 사람은 언제든지 고용노동부장관에게 피보험자격의 취득 또는 상실에 관한 확인을 청구할 수 있다.

92 고용보험법령상 실업급여에 관한 설명으로 틀린 것은?

① 실업급여로서 지급된 금품에 대하여는 국가나 지방자치단체의 공과금을 부과하지 아니한다.

② 실업급여를 받을 권리는 양도하거나 담보로 제공할 수 없다.

③ 실업급여수급계좌의 해당 금융기관은 이 법에 따른 실업급여만이 실업급여수급계좌에 입금되도록 관리하여야 한다.

④ 구직급여에는 조기재취업 수당, 직업능력개발 수당, 광역 구직활동비, 이주비가 있다.

93 고용보험법상 구직급여의 산정 기초가 되는 임금일액의 산정방법으로 틀린 것은?

① 수급자격의 인정과 관련된 마지막 이직 당시 산정된 평균임금을 기초일액으로 한다.

② 마지막 사업에서 이직 당시 일용근로자였던 자의 경우에는 산정된 금액이 근로기준법에 따른 그 근로자의 통상임금보다 적을 경우에는 그 통상임금액을 기초일액으로 한다.

③ 기초일액을 산정하는 것이 곤란한 경우와 보험료를 고용산재보험료 징수법에 따른 기준보수를 기준으로 낸 경우에는 기준보수를 기초일액으로 한다.

④ 산정된 기초일액이 그 수급자격자의 이직 전 1일 소정근로시간에 이직일 당시 적용되던 최저임금법에 따른 시간 단위에 해당하는 최저임금액을 곱한 금액보다 낮은 경우에는 최저기초일액을 기초일액으로 한다.

94 근로기준법의 기본원칙에 관한 설명으로 틀린 것은?

① 근로기준법에서 정하는 근로조건은 최저기준이므로 근로관계 당사자는 이 기준을 이유로 근로조건을 낮출 수 없다.

② 근로조건은 근로자와 사용자가 동등한 지위에서 사용자의 의사에 따라 결정하여야 한다.

③ 근로자와 사용자는 각자가 단체협약, 취업규칙과 근로계약을 지키고 성실하게 이행할 의무가 있다.

④ 사용자는 근로자에 대하여 남녀의 성(性)을 이유로 차별적 대우를 하지 못하고, 국적·신앙 또는 사회적 신분을 이유로 근로조건에 대한 차별적 처우를 하지 못한다.

95 고용보험법령상 고용보험기금의 용도에 해당하지 않는 것은?

① 일시 차입금의 상환금과 이자
② 실업급여의 지급
③ 보험료의 반환
④ 국민건강 보험료의 지원

96 다음 (   )에 알맞은 것은?

고용보험법상 육아휴직 급여를 지급받으려는 사람은 육아휴직을 시작한 날 이후 1개월부터 육아휴직이 끝난 날 이후 (   ) 이내에 신청하여야 한다. 다만, 해당 기간에 대통령령으로 정하는 사유로 육아휴직 급여를 신청할 수 없었던 사람은 그 사유가 끝난 후 30일 이내에 신청하여야 한다.

① 1개월
② 3개월
③ 6개월
④ 12개월

97 남녀고용평등과 일·가정 양립 지원에 관한 법령상 직장 내 성희롱의 금지 및 예방에 관한 설명으로 틀린 것은?

① 사업주는 직장 내 성희롱 예방을 위한 교육을 연 1회 이상하여야 한다.

② 사업주는 성희롱 예방 교육을 고용노동부장관이 지정하는 기관에 위탁하여 실시할 수 있다.

③ 사업주 및 근로자 모두가 여성으로 구성된 사업의 사업주는 직장 내 성희롱 예방 교육을 생략할 수 있다.

④ 사업주는 근로자가 고객에 의한 성희롱의 피해를 주장하는 것을 이유로 해고나 그 밖의 불이익한 조치를 하여서는 아니 된다.

98 국민 평생 직업능력 개발법상 직업능력개발훈련을 중요시하여야 하는 근로자의 범위에 해당하는 사람을 모두 고른 것은?

ㄱ. 고령자
ㄴ. 여성근로자
ㄷ. 일용근로자
ㄹ. 장애인

① ㄱ, ㄴ
② ㄱ, ㄷ
③ ㄴ, ㄷ, ㄹ
④ ㄱ, ㄴ, ㄷ, ㄹ

99 국민 평생 직업능력 개발법상 국가, 근로자 및 사업주 등의 책무에 관한 설명으로 틀린 것은?

① 지방자치단체는 국민의 생애에 걸친 직업능력개발을 위하여 사업주·사업주단체가 하는 직업능력개발사업을 촉진·지원하기 위하여 필요한 시책을 마련하여야 한다.

② 사업주는 직업능력개발훈련에 관한 상담, 선발기준 마련 등을 함으로써 국민이 자신의 적성과 능력에 맞는 직업능력개발훈련을 받을 수 있도록 하여야 한다.

③ 사업주단체는 직업능력개발훈련이 산업현장의 수요에 맞추어 이루어지도록 지역별·산업부문별 직업능력개발훈련 수요조사 등 필요한 노력을 하여야 한다.

④ 국민은 자신의 적성과 능력에 따른 평생직업능력개발을 위하여 노력하여야 하고, 국가·지방자치단체 또는 사업주 등이 하는 직업능력개발사업에 협조하여야 한다.

100 근로기준법상 상시 4명 이하의 근로자를 사용하는 사업 또는 사업장에 적용하는 규정으로만 짝지어진 것은?

ㄱ. 주휴일
ㄴ. 연차 유급휴가
ㄷ. 해고의 예고
ㄹ. 부당해고 구제신청

① ㄱ, ㄷ
② ㄷ, ㄹ
③ ㄱ, ㄴ
④ ㄱ, ㄹ

3회

최종모의고사

자격종목 및 등급(선택분야)	시험시간	문제지형별	수험번호	성 명
직업상담사 2급	2시간 30분			

정답 및 해설 p.137

01 직업심리

01 정신분석적 상담이론의 방어기제에 대한 설명으로 옳은 것은?

이해도 ○△×

① 부인 - 고통스러운 현실을 인정하지 않는 것을 말한다.
② 치환 - 무의식적 소망과는 반대되는 방향으로 행동하는 것을 말한다.
③ 승화 - 자신의 심리적 속성이 타인에게 있는 것처럼 생각하고 행동하는 것을 말한다.
④ 퇴행 - 현실에 더 이상 실망을 느끼지 않으려고 그럴듯한 구실을 붙이는 것을 말한다.

02 직업적응이론 중 직업성격적 측면의 성격양식 차원에 대한 설명으로 옳은 것은?

이해도 ○△×

① 민첩성 - 속도보다는 정확성을 중시한다.
② 지구력 - 한 가지 활동수준의 기간을 의미한다.
③ 리듬 - 활동에 대한 단일성을 의미한다.
④ 역량 - 작업자의 평균활동 수준을 의미한다.

03 Super의 진로발달이론의 탐색기에 해당되지 않는 것은?

이해도 ○△×

① 전환기 - 현실을 중시하며 장래 직업을 얻는 데 필요한 교육이나 훈련을 받는다.
② 잠정기 - 자신의 욕구, 흥미, 능력 등을 고려하기 시작한다.
③ 능력기 - 진로선택에서 능력과 직업에서의 훈련조직을 중시한다.
④ 시행기 - 자신에게 적합하다고 판단되는 직업을 선택하고 종사하기 시작한다.

04 Holland의 6가지 직업 유형의 관점에서 볼 때 다음의 과제들을 수행하는 데 가장 적합한 성격유형은?

이해도 ○△×

조립, 건설, 도구 조작, 섬세한 손재주가 필요한 일

① 관습형
② 현실형
③ 예술형
④ 사회형

05 Bordin이 제시한 직업 문제의 심리적 원인이 아닌 것은?

이해도 ○△×

① 의존성
② 정보의 부족
③ 선택에 대한 불안
④ 흥미와 적성의 모순

06 다음 중 규준의 종류 및 작성방법으로 옳지 않은 것은?

이해도 ○△×

① 규준의 종류는 크게 발달규준과 집단 내 규준으로 구분된다.
② 발달규준의 작성방법은 연령 및 학년규준, 정신연령규준, 백분위점수로 구분된다.
③ 연령 및 학년규준의 단점은 심리적·교육적 측면에서 보면 연령 혹은 학년의 범위가 동일하지 않다는 점이다.
④ 백분위점수는 특정 원점수가 부합하는 백분율표로 구성된다.

07 특성-요인이론의 기본적인 가설로 옳지 않은 것은?

이해도 ○△×

① 인간은 신뢰롭고 타당하게 측정할 수 있는 독특한(고유한) 특성을 지니고 있다.
② 개인의 특성과 직업의 요구사항이 서로 밀접한 관계를 맺을수록 직업적 성공의 가능성은 커진다.
③ 사람들은 자신의 능력과 기술을 발휘하고 태도와 가치를 표현하며, 자신에게 맞는 역할을 수행할 수 있는 환경을 찾는다.
④ 다양한 특성을 지닌 개인들이 주어진 직무를 성공적으로 수행해낸다 할지라도, 직업은 그 직업에서의 성공을 위한 매우 구체적인 특성을 지닐 것을 요구한다.

08 Ginzberg의 직업발달이론에 대한 설명으로 틀린 것은?

이해도 ○△×

① 직업 선택 과정은 비가역적이다.
② 진로 선택 과정은 소망과 가능성 간의 타협이다.
③ 진로 선택 과정은 크게 5단계로 구분된다.
④ 진로 선택은 장기간에 걸쳐 이루어진다.

09 Tiedeman과 O'Hara의 진로발달이론에서 직업정체감 형성과정 중 예상기에 해당하지 않는 것은?

이해도 ○△✕

① 선택기
② 순응기
③ 탐색기
④ 구체화기

10 다음 중 직무분석단계를 바르게 나열한 것은?

이해도 ○△✕

① 작업분석 → 직무분석 → 직업분석
② 작업분석 → 직업분석 → 직무분석
③ 직업분석 → 직무분석 → 작업분석
④ 직업분석 → 작업분석 → 직무분석

11 Krumboltz의 사회학습이론에 대한 설명으로 옳지 않은 것은?

이해도 ○△✕

① 개인의 독특한 학습경험을 통해 그의 성격과 행동을 설명할 수 있다고 가정한다.
② 개인의 진로결정에 영향을 미치는 요인으로 '유전적 요인과 특별한 능력', '환경조건과 사건', '학습경험', '과제접근기술'을 제시한다.
③ 개인의 교육적·직업적 선호 및 기술이 어떻게 획득되며 교육프로그램, 직업, 현장의 일들이 어떻게 선택되는지 설명한다.
④ 인간발달은 변화와 안정의 계속적인 과정을 통해 순환하면서 점진적으로 이루어지며, 그 변화 과정은 과거·현재·미래를 연결하는 연속선상에 놓이게 된다.

12 직무만족에 대한 2요인이론의 설명으로 틀린 것은?

이해도 ○△✕

① 낮은 수준의 욕구를 만족하지 못하면 직무불만족이 생긴다.
② 자아실현의 실패로 직무불만족이 생기는 것은 아니다.
③ 동기요인은 높은 수준의 성과를 얻도록 자극하는 요인이다.
④ 위생요인은 직무만족과 관련된 직접적인 요인이다.

13 진로성숙도검사(CMI) 중 태도척도의 하위영역과 문항의 예가 잘못 연결된 것은?

이해도 ○△✕

① 결정성 – 나는 선호하는 진로를 자주 바꾸고 있다.
② 참여도 – 나는 졸업할 때까지는 진로선택 문제에 별다른 신경을 쓰지 않을 것이다.
③ 타협성 – 나는 하고 싶기는 하나 할 수 없는 일을 생각하느라 시간을 보내곤 한다.
④ 독립성 – 일하는 것이 무엇인지에 대해 생각한 바가 거의 없다.

14 진로선택에 대한 가치중심적 모델의 기본 명제로 옳지 않은 것은?

이해도 ○△✕

① 진로선택은 인지와 정서의 상호작용에 의한 결과이다.
② 개인이 우선권을 부여하는 가치들은 얼마 되지 않는다.
③ 생애만족은 모든 필수적인 가치들을 만족시키는 생애역할에 달려 있다.
④ 한 역할의 현저성(특이성)은 역할 내에 있는 필수적인 가치들의 만족 정도와 직접 관련된다.

15 에릭슨(Erikson)의 성격발달이론 각 단계에서 긍정적인 과업과 부정적인 과업이 바르게 연결된 것은?

이해도 ○△✕

① 주도성 – 죄책감
② 근면성 – 불신감
③ 자아정체감 – 수치 및 의심
④ 생산성 – 고립감

16 수퍼(Super)가 제시한 여성의 진로유형 중 가정생활과 직장생활을 번갈아가며 시행하는 유형으로, 학교를 졸업하고 결혼 전까지 일을 하다가 결혼 후에는 일을 쉬었다가 다시 하기를 반복하는 유형은?

이해도 ○△✕

① 이중진로유형
② 단절진로유형
③ 불안정한 진로유형
④ 충동적 진로유형

17 다음 중 직무 스트레스 대처를 위한 기본조직에 대한 설명으로 틀린 것은?

이해도 ○△✕

① '적절한 스트레스는 우리에게 도움을 준다'는 명제를 받아들여야 한다.
② 긴장방출률(TDR)을 최대한으로 높여야 한다.
③ 목표보다는 과정을 중시해야 한다.
④ 스트레스는 주로 자신보다는 외부적 요인으로 인해 발생한다는 것을 인식해야 한다.

18 직업상담사가 직업을 전환하고자 하는 내담자에게 우선적으로 탐색해야 할 것은?

이해도 ○△✕

① 변화에 대한 인지능력
② 새로운 직업에 대한 성공 기대수준
③ 직업상담에 대한 기대
④ 기존 직업에 대한 애착수준

19 다음 중 편차지능지수(Deviation IQ)에 관한 설명으로 틀린 것은?

이해도 ○△✕
① 일반적으로 표준편차를 15 또는 16으로 사용한다.
② 정신연령(MA)과 신체연령(CA)의 비율이다.
③ 편차는 지능지수의 분포형태와 관련된다.
④ 집단용 지능검사에 사용된다.

20 다음의 내용이 설명하는 것으로 옳은 것은?

이해도 ○△✕

> 임금을 결정하기 위하여 직무의 상대적인 가치를 분석·비교하는 공식적이고 체계적인 평가과정이다.

① 인사고과　　② 직무설계
③ 직무분석　　④ 직무평가

02 직업상담 및 취업지원

21 다음의 면담에서 직업상담사가 택한 개입의 방법은?

이해도 ○△✕

> 내담자 : 난 의대를 마칠 수 없을 것 같아요.
> 상담자 : 학생의 성적은 상당히 우수한 것으로 아는데요.
> 내담자 : 하지만 단념했어요. 내 친구 상철이는 의대 상급생인데, 성적 때문에 그만뒀어요.
> 상담자 : 학생은 의대에서 실패할 것이라고 확신하고 있군요. 그 이유 중 하나는 친구인 상철이가 그랬기 때문이고요. 그러면 학생과 상철이의 공통점을 알아보기로 하죠.

① 정보 제공
② 격려, 논리적 분석
③ 구체화시키기
④ 역설적 기법

22 Bordin의 직업선택 문제유형 분류 중 자아갈등에 대한 설명으로 옳은 것은?

이해도 ○△✕
① 자신의 진로 선택 및 직업 결정과 관련된 정보를 충분히 얻지 못함으로써 직업적 문제를 해결하는 데 어려움을 겪는다.
② 자신이 하고자 희망하는 일이 사회적인 요구나 중요한 타인의 기대에서 벗어나는 경우 선택의 문제에 따른 불안을 경험한다.
③ 자신의 진로 선택 및 직업 결정에 대한 확신이 부족한 경우, 이미 스스로 타당한 선택을 내린 이후에도 단지 확인을 위한 절차로서 상담자를 찾기도 한다.
④ 둘 혹은 그 이상의 자아개념과 관련된 반응기능 사이의 갈등으로 인해 자신의 진로 및 직업의 선택, 결혼 등 삶의 중요한 결정을 내려야 하는 상황에서 갈등을 경험한다.

23 상담을 종결할 때 유의해야 할 사항으로 가장 적당한 것은?

이해도 ○△✕
① 상담을 종결하자는 말이 나온 그 상담시간에 종결하는 것이 좋다.
② 상담목표가 달성되지 않은 상황에서도 종결이 일어날 수 있다.
③ 상담목표를 달성했는데도 내담자가 종결을 원하지 않을 때에는 상담자가 일방적으로 종결해야 한다.
④ 상담목표가 달성되지 않았다면 상담을 절대 종결해서는 안 된다.

24 다음 중 직업상담의 목적이 아닌 것은?

이해도 ○△✕
① 내담자가 결정한 직업계획 및 직업선택 확신·확인
② 직업선택과 직업생활에서의 순응적 태도 함양
③ 자아와 직업세계에 대한 구체적인 이해
④ 진로관련 의사결정 능력의 증진

25 의사결정의 촉진을 위한 '6개의 생각하는 모자' 기법의 모자 색상별 역할에 관한 설명으로 옳은 것은?

이해도 ○△✕
① 초록 모자 - 사실에 초점을 둔 사고 또는 중립적인 사고를 반영한다.
② 검정 모자 - 다른 모자의 사용법을 조절하는 사회자로서의 역할을 반영한다.
③ 빨강 모자 - 본인과 직업들에 대한 사실만을 고려한다.
④ 노랑 모자 - 낙관적이며, 모든 일이 잘될 것이라고 생각한다.

26 다음 중 형태주의 상담에 관한 설명으로 가장 거리가 먼 것은?

이해도 ○△✕
① 인간은 과거와 환경에 의해 결정되는 존재이다.
② 인간본성에 대한 실존주의적 철학과 인본주의적 관점의 토대 위에 개인적 책임을 강조한다.
③ 역할연기, 대화연습, 과장해서 표현하기 등의 다양한 기법을 사용한다.
④ 개인이 자신의 내부와 주변에서 일어나는 일들을 충분히 자각할 수 있다면, 당면하는 삶의 문제들을 개인 스스로가 효과적으로 다룰 수 있다고 가정한다.

27 다음 괄호에 들어갈 단어로 옳은 것은?

이해도 ○△✕

> 내담자는 상담을 통해 이전에 자신이 가지고 있다가 억압했던 감정·신념·소망 등을 표현하게 되는데, 상담자는 이러한 (　　)(을/를) 분석·해석함으로써 내담자의 무의식적 갈등과 문제의 의미를 통찰하도록 돕는다.

① 전 이
② 저 항
③ 꿈
④ 통 찰

28 다음 중 ABCDE 모형 중 효과에 해당하는 것은?

이해도 ○△×

① 죽을 각오로 준비했는데 이렇게 떨어지다니…. 난 이제 뭘 해도 안될 거야. 차라리 죽어버리자.

② 시험은 시험일뿐이야. 비록 이번에 떨어져서 아쉽지만 다음에는 반드시 합격할 수 있도록 앞으로 준비를 철저히 해야지.

③ 왜 시험에서 떨어졌다고 목숨까지 끊으려고 해? 시험은 앞으로도 볼 기회가 많아. 이번 기회에 부족한 부분을 좀 더 보완해.

④ 시험에서 떨어졌다는 충격 때문에 일시적인 우울증 증상을 보이는군요.

29 Williamson이 분류한 진로선택의 문제유형에 해당하지 않는 것은?

이해도 ○△×

① 현명하지 못한 직업선택
② 가치와 흥미의 불일치
③ 불확실한 선택
④ 직업 무선택

30 다음 중 실존주의 상담의 목표로 옳지 않은 것은?

이해도 ○△×

① 내담자가 효과적이고 책임질 수 있는 방법으로 행동하여 자신의 욕구를 충족시킬 수 있도록 돕는다.

② 내담자로 하여금 자신의 행동들의 가치를 검토 및 판단할 수 있도록 하며, 행동변화를 위한 계획을 세우도록 돕는다.

③ 내담자에 대한 치료가 아닌 내담자로 하여금 자신의 현재 상태에 대해 인식하고 피해자적 역할로부터 벗어날 수 있도록 돕는다.

④ 상담자는 내담자로 하여금 현재의 경험을 더욱 명료하게 하고 자각을 증진시킴으로써 '여기-지금'의 삶에 충실하도록 도와야 한다.

31 교류분석적 상담에 대한 설명으로 옳지 않은 것은?

이해도 ○△×

① 인간관계 교류를 분석함으로써 이를 인간관계가 존재하는 모든 장면에 적용할 수 있는 이론이다.

② 원래는 집단치료의 한 방법으로 개발된 것이지만 오늘날에는 개인치료 · 가족치료 및 부부상담 등에 사용되고 있다.

③ 인간은 자신의 삶 속에서 스스로를 불행하게 만드는 요인이 무엇인가를 이해할 수 있을 뿐만 아니라 자신이 나아갈 방향을 찾고 건설적인 변화를 이끌 수 있다고 가정한다.

④ 인간의 자아상태를 부모자아, 성인자아, 어린이자아와 같은 3가지 자아상태로 나누어 사람들 사이에서 어떻게 교류하는가를 분석하고, 문제점을 확인하여 해결을 돕고자 하는 것이다.

32 다음 중 직업상담사가 지켜야 할 윤리강령에 포함되지 않는 것은?

이해도 ○△×

① 내담자를 보다 효율적으로 도울 수 있는 방법을 꾸준히 연구 · 개발한다.

② 자신이 종사하는 전문직의 바람직한 이익을 위하여 최선을 다한다.

③ 교육과 연구를 위해 내담자에 관한 정보를 임의로 적극 활용한다.

④ 내담자와의 협의하에 상담관계의 형식, 방법, 목적을 설정하고 토의한다.

33 다음은 무엇에 관한 설명인가?

이해도 ○△×

> 내담자와 자신의 문제를 새로운 방식으로 볼 수 있도록 사건들의 의미를 설정해주는 것으로, 문제에 대한 통찰력을 갖도록 도와주는 상담기법이다.

① 공 감
② 해 석
③ 명료화
④ 요 약

34 Super의 발달적 직업상담단계의 의사결정에 이르는 단계를 바르게 나열한 것은?

이해도 ○△×

> A. 문제탐색
> B. 태도와 감정의 탐색과 처리
> C. 심층적 탐색
> D. 현실검증
> E. 자아수용
> F. 의사결정

① A → B → C → D → E → F
② A → C → B → D → E → F
③ A → C → E → D → B → F
④ A → C → D → E → B → F

35 상담에서 이루어지는 대화에 관한 다음 설명 중 옳은 것은?

이해도 ○△×

① 대화는 언어적 · 비언어적 상호작용을 모두 포함한다.

② 말의 의미는 말을 하는 사람에 의해서만 결정된다.

③ 침묵은 어떠한 메시지도 표현하지 않기 때문에 주의를 기울일 가치가 없다.

④ 내담자가 말하는 것은 항상 그의 내적 경험과 일치한다.

36 다음 중 보상에 해당하는 예로 옳은 것은?

이해도 ○△×

① 꿩 대신 닭
② 종로에서 뺨맞고 한강에서 눈 흘긴다
③ 작은 고추가 맵다
④ 미운 놈에게 떡 하나 더 준다

37 Rogers는 현재 경험이 자아구조와 불일치할 때 개인이 불안을 경험한다고 보았다. 불안을 경험할 때 불일치를 가정하는 3가지 자아에 해당하지 않는 것은?

① 현실적 자아
② 이상적 자아
③ 당위적 자아
④ 타인이 본 자아

38 행동치료에서 문제행동에 대한 기능적 분석을 위해 문제행동과 관련된 선행요인과 결과 간의 관계를 확인하는 데 사용할 수 있는 기법은?

① 자기강화
② 자유연상
③ 자기감찰
④ 자기지시

39 직업상담사가 자기개발을 추구하기 위해서 노력해야 할 부분과 가장 거리가 먼 것은?

① 측정도구에 대한 사용방법과 해석 능력
② 특수집단에 대한 지식과 기술 함양
③ 상담자의 의도에 맞추어 내담자를 설득할 수 있는 대인기술
④ 직업정보와 자원에 대한 정보수집

40 다음 중 Adler의 개인주의 상담과 가장 거리가 먼 것은?

① 사회적 관심을 조장한다.
② 패배감을 극복하고 열등감을 감소시킬 수 있도록 돕는다.
③ 개인의 성격을 파악하기 위해 형제자매 및 부모와의 상호작용 등 개인의 역사를 중요시한다.
④ 동기수정보다 행동수정을 더 중요시한다.

03 직업정보

41 워크넷의 직업·진로 카테고리에서 학과정보를 계열별로 검색하고자 한다. 다음 중 계열이 다른 학과는?

① 고고미술사학과
② 문예창작학과
③ 문헌정보학과
④ 정보미디어학과

42 다음 중 직업안정기관에서 담당하는 업무로서 그 성격이 다른 것은?

① 고용조정이 불가피한 사업에 대한 고용유지지원
② 실업자, 구직자 고용촉진을 위한 직업훈련사업
③ 여성, 고령자 등의 고용확대지원사업
④ 장애인 고용촉진지원사업

43 민간직업정보의 특징으로 옳지 않은 것은?

① 특정한 목적에 맞게 해당 분야 및 직종이 제한적으로 선택된다.
② 국내 또는 국제적으로 인정되는 객관적인 기준에 근거한 직업분류이다.
③ 정보 자체의 효과가 큰 반면, 부가적인 파급효과는 적다.
④ 필요한 시기에 최대한 활용되도록 한시적으로 신속하게 생산되어 운영된다.

44 워크넷(구직)에서 제공하는 채용정보 중 기업형태별 검색에 해당하지 않는 것은?

① 강소기업
② 외국계기업
③ 중소기업
④ 벤처기업

45 직업정보의 일반적인 평가 기준과 가장 거리가 먼 것은?

① 누가 만든 것인가
② 얼마나 비싼 정보인가
③ 자료를 어떤 방식으로 수집했는가
④ 어느 곳을 대상으로 한 것인가

46 한국표준산업분류(2024)의 대분류별 주요 개정 내용으로 옳지 않은 것은?

① 애완동물장묘 및 보호 서비스업은 반려동물 보호 및 기타 서비스업으로 명칭을 변경하였다.
② 부동산 중개 및 대리업은 부동산 중개 및 대리업과 부동산 분양 대행업으로 세분하였다.
③ 광고매체 판매업은 그 외 기타 광고 관련 서비스업으로 통합하였다.
④ 건강보험업, 산업 재해 및 기타 사회보장보험업, 연금업은 '대분류 O 공공 행정, 국방 및 사회보장 행정'으로 이동하였다.

47 직업능력개발훈련의 목적에 따른 내용과 대상으로 볼 수 없는 것은?

① 산업체의 생산시설을 이용하거나 근무장소에서 실시하는 훈련
② 훈련을 받은 근로자에게 그 외에 필요한 지식·기능을 추가해 습득 시키는 훈련
③ 직업전환을 필요로 하는 근로자에게 새로운 능력을 개발시키는 훈련
④ 구직자에 대해 직업에 필요한 기초적 기능을 습득시키는 훈련

48 개인에 관한 직업정보 중 구직자의 상세한 정보가 아닌 것은?

① 자격 및 면허
② 승급관행
③ 고용방법 및 기준
④ 요구하는 최소의 복지내용

49 한국표준산업분류에서 통계단위에 대한 다음 표의 (　　)에 알맞은 것은?

구 분	하나 이상 장소	단일 장소
하나 이상 산업활동	***	지역 단위
	***	
단일 산업활동	( )	***

① 활동유형 단위
② 기업체 단위
③ 기업집단 단위
④ 사업체 단위

50 다음은 직무분석의 목적 중 무엇에 해당하는가?

> 근로자를 채용할 때는 단순히 '우수한 사람'이라는 사실만 가지고 채용할 것이 아니라 채용대상자의 자격과 성실도 및 기능이 채용대상자가 수행하게 될 직무와 일치하는가를 분석하여 채용한다.

① 직무분석과 조직합리화
② 직무분석과 인사고과
③ 직무분석과 채용·배치·배치전환 및 승진
④ 직무분석과 정원관리

51 다음은 어떤 직업훈련지원제도에 관한 설명인가?

> 급격한 기술발전에 적응하고 노동시장 변화에 대응하는 사회안전망차원에서 생애에 걸친 역량개발 향상 등을 위해 국민 스스로 직업능력개발훈련을 실시할 수 있도록 훈련비 등을 지원

① 국가기간·전략산업직종 훈련
② 사업주 직업능력개발훈련
③ 국민내일배움카드
④ 일학습병행

52 다음 중 한국표준산업분류상 산업분류 기준에 해당되지 않는 것은?

① 투입물의 특성
② 생산 활동의 일반적인 결합형태
③ 생산된 재화 또는 제공된 서비스의 특성
④ 생산단위가 수행하는 산업 활동의 차별성

53 워크넷에 대한 설명으로 틀린 것은?

① 직업심리검사, 취업가이드, 취업지원프로그램 등 각종 취업지원서비스를 제공한다.
② 기업회원은 워크넷에서 인재정보 검색할 수 있고, 허위구인 방지를 위해 고용센터에 방문하여 구인신청서를 작성해야 한다.
③ 청년친화강소기업, 공공기관, 시간선택제일자리, 기업공채 등의 채용정보를 제공한다.
④ 직종별, 근무지역별, 기업형태별 채용정보를 제공한다.

54 한국표준산업분류(2024)에 대한 설명으로 옳지 않은 것은?

① 한국표준산업분류(2024)는 2024년 1월 1일 개정 고시하고 동년 7월 1일부터 시행되었다.
② 국내 산업활동의 변화상과 특수성을 고려하여 미래성장산업, 기간산업 및 동력산업 등을 신설 또는 세분하였다.
③ 통계단위란 생산단위의 활동(생산, 재무활동 등)에 관한 통계작성을 위하여 필요한 정보를 수집 또는 분석할 대상이 되는 관찰 또는 분석단위를 말한다.
④ 한국표준산업분류(2024)에서 말하는 산업활동의 범위에는 영리적·비영리적 활동뿐만 아니라 가정 내의 가사활동까지 모두 포함된다.

55 직업능력개발훈련 중 분류기준이 다른 것은?

① 집체훈련
② 양성훈련
③ 향상훈련
④ 전직훈련

56 산업분류의 적용원칙으로 적절하지 않은 것은?

① 생산단위는 산출물뿐만 아니라 투입물과 생산공정 등을 함께 고려하여 그들의 활동을 가장 정확하게 설명된 항목에 분류해야 한다.
② 복합적인 활동단위는 우선적으로 최하급 분류단계(대분류)를 정확히 결정하고, 순차적으로 상위 단계 항목을 결정하여야 한다.
③ 산업활동이 결합되어 있는 경우에는 그 활동단위의 주된 활동에 따라서 분류하여야 한다.
④ 수수료 또는 계약에 의하여 활동을 수행하는 단위는 자기계정과 자기책임하에서 생산하는 단위와 동일항목에 분류되어야 한다.

57 다음은 워크넷에서 제공하는 성인 대상 심리검사 중 무엇에 관한 설명인가?

이해도 ○△×

> • 검사대상 : 만 18세 이상
> • 주요 내용 : 개인의 흥미유형 및 적합직업 탐색
> • 측정요인 : 현실형, 탐구형, 예술형, 사회형, 진취형, 관습형

① 구직준비도검사
② 직업가치관검사
③ 직업선호도검사 S형
④ 성인용 직업적성검사

58 워크넷(직업 · 진로)에서 '직업정보 찾기'의 하위 메뉴가 아닌 것은?

이해도 ○△×

① 신직업 · 창직 찾기
② 업무수행능력별 찾기
③ 통합 찾기(지식, 능력, 흥미)
④ 지역별 찾기

59 한국표준산업분류에서 단일 장소에서 이루어지는 단일 산업활동의 통계단위는?

이해도 ○△×

① 활동유형 단위
② 기업체 단위
③ 사업체 단위
④ 지역 단위

60 HRD-Net에 대한 설명으로 옳지 않은 것은?

이해도 ○△×

① 구직자의 취업능력 제고와 근로자의 능력개발 향상을 위하여 이러닝(e-Learning) 등 무료학습 콘텐츠를 제공한다.
② 훈련기관, 훈련과정, 훈련생, 훈련비용 등 직업능력개발 관련 행정업무를 신속 · 정확하게 처리하고 이력을 관리하는 등 직업훈련포털(직업능력지식포털)로서의 역할을 수행한다.
③ '지역별 고용조사' 결과를 바탕으로 재구성된 자료로, 228개 산업과 426개 직업별 소득, 종사자 수, 여성비율, 근속년수 등 노동시장 정보를 제공한다.
④ 한국고용정보원이 운영하는 국가 직업훈련에 관한 정보를 검색할 수 있는 직업능력개발훈련정보망으로, 직업능력개발 관련 훈련기관 · 훈련과정 정보를 수집 및 가공하여 제공한다.

04 노동시장

61 개발도상국의 임금수준이 선진국에 비하여 낮은 가장 큰 이유는 선진국과 개발도상국 사이에 어떤 차이가 존재하기 때문인가?

이해도 ○△×

① 근로시간의 차이
② 전체 근로자 수의 차이
③ 소득분배구조의 차이
④ 노조 조직률의 차이

62 다음 자료에서 여성의 경제활동참가율은?

이해도 ○△×

> • 전체 취업자 200명(여성 취업자 50명 포함)
> • 전체 실업자 5명(남성 실업자 3명 포함)
> • 15세 이상 전체 비경제활동인구 100명(남성 비경제활동인구 40명 포함)

① $(50 \div 300) \times 100$
② $(50 \div 200) \times 100$
③ $(52 \div 112) \times 100$
④ $(50 \div 112) \times 100$

63 경쟁적 기업에서 노동의 한계생산가치(VMP_L)가 현재의 임금보다 높다면 이 기업은 어떻게 하는 것이 유리한가?

이해도 ○△×

① 노동의 고용을 늘린다.
② 노동의 고용을 줄인다.
③ 현재의 고용을 유지한다.
④ 임금수준을 높인다.

64 다음 중 연봉제의 장점과 가장 거리가 먼 것은?

이해도 ○△×

① 국제적 감각을 가진 인재를 확보하기 쉽다.
② 능력주의 · 실적주의를 통하여 종업원들에게 동기를 부여한다.
③ 구성원 상호 간의 친밀감을 증진시켜 준다.
④ 임금관리의 효율성을 증대시킨다.

65 노동공급에 관한 설명으로 틀린 것은?

이해도 ○△×

① 노동공급은 노동자가 일정 기간 동안 판매하고자 하는 노동의 양을 의미하며 유량(Flow)의 개념이다.
② 노동공급을 결정하는 요인으로서 인구는 양적인 규모뿐만 아니라 연령별, 지역별, 질적 구조도 중요한 의미를 갖는다.
③ 효용극대화에 기초한 노동공급모형에서 대체효과가 소득효과보다 클 경우 임금의 상승은 노동공급을 감소시키고 노동공급곡선은 후방으로 굴절된다.
④ 사회보장급여의 수준이 지나치게 높을 경우 노동공급에 대한 동기유발이 저해되어 총 노동공급이 감소된다.

66 직무급체계에서 임금을 결정하는 데 기초가 되는 것은?

① 근로자의 성, 학력, 근속연수 등의 인적 요소
② 근로자가 하는 일의 속성
③ 근로자의 업무처리 능력
④ 다른 기업의 임금수준

67 직무급체계에 관한 설명 중 틀린 것은?

① 신분이나 개인의 속성에 예속된 임금결정방식이 아니라 직무에 의한 임금결정방식이다.
② 동일가치의 직무에는 동일한 임금이라고 하는 원칙을 명확히 함으로써 임금배분의 공평성을 기할 수 있는 방식이다.
③ 생활급과는 차이가 있기 때문에 경영의 합리화, 근로의욕의 제고, 노동생산성의 향상을 기할 수 있는 임금결정방식이다.
④ 임금격차는 직무 간의 격차에 의한 것이므로, 노동의 양과 질을 평가하는 임금결정방식은 아니다.

68 시장 균형임금보다 높은 수준으로 설정되는 최저임금이 일부 특정 노동시장에만 적용될 경우, 그 결과에 대한 설명으로 옳지 않은 것은?

① 최저임금제가 적용되는 부문에서 고용이 감소한다.
② 최저임금제가 적용되지 않는 부문의 임금이 감소하고 고용이 증대된다.
③ 경제 전체적으로는 고용이 증대된다.
④ 최저임금제가 적용되지 않는 부문의 노동수요곡선에는 변화가 없다.

69 다음 중 우리나라의 연령별, 성별 고용구조에 대한 설명으로 옳은 것은?

① 우리나라 청년층의 경제활동참가율은 선진국보다 높은 편이다.
② 우리나라 노년층의 경제활동참가율은 사회보장제도가 잘 되어 있는 선진국보다 낮은 편이다.
③ 우리나라도 산업사회로 진입하면서 출산율이 둔화되고 노동력의 고령화 추세가 나타난다.
④ 여성의 경제활동참가율은 연령계층별로 살펴보면 20대 후반과 30대 초반 연령에서 경제활동참가율이 크게 함몰된 M자형 곡선으로 나타난다. 이는 여성의 생애경력의 단절에 기인하므로 선진국에서도 동일하게 나타나는 현상이다.

70 다음 중 소득정책의 효과에 대한 설명으로 옳지 않은 것은?

① 급격한 물가상승기에 일시적으로 사용하면 효과를 거둘 수 있다.
② 행정적 관리비용을 절감할 수 있다.
③ 임금억제에 이용될 가능성이 크다.
④ 성장산업의 위축을 초래할 수 있다.

71 다음 중 노동수요의 특징이 아닌 것은?

① 유발수요
② 유 량
③ 가수요
④ 파생수요

72 다음 중 개인이 노동시장에서의 노동공급을 포기하는 경우에 대한 설명으로 옳지 않은 것은?

① 소득에 비해 여가의 효용이 매우 큰 경우이다.
② 개인의 여가-소득 간의 무차별곡선이 수평에 가까운 경우이다.
③ 개인의 여가-소득 간의 무차별곡선과 예산제약선 간의 접점이 존재하지 않거나, X축 코너(Corner)점에서만 접점이 이루어질 경우이다.
④ 일정 수준의 효용을 유지하기 위해 1시간 추가적으로 더 일하는 것을 보상하는 데 요구되는 소득이 시장임금률보다 더 큰 경우이다.

73 연공급 임금체계의 장·단점에 관한 설명 중 틀린 것은?

① 배치전환 등 인력관리의 융통성 결여
② 전문기술인력의 확보 곤란
③ 근로자의 기업에 대한 귀속의식 고양
④ 동일노동 동일임금의 원칙 실현 곤란

74 다음 중 노동시장의 불균형이 발생하지 않도록 하기 위한 방안으로 맞는 것은?

① 내부자와 외부자 간의 경쟁 제한
② 노동시장 정보의 개선
③ 노동조합의 단체교섭활동에 대한 보호의 강화
④ 사회보장 수준의 인상

75 다음 괄호에 알맞은 것은?

> 도시와 농촌 간 노동이동을 설명하는 모형에서 (   )의 노동공급곡선은 수평이다.

① A. Marshall
② J.R. Hicks
③ W.A. Lewis
④ A. Smith

76 다음 중 완전경쟁기업의 단기 노동수요곡선과 같은 것은?

① 시장임금을 높이로 하는 수평선
② 노동의 한계생산가치곡선
③ 노동의 평균생산가치곡선
④ 한계생산가치와 평균생산가치의 차액

77 노동공급의 소득효과에 관한 설명으로 옳은 것은?

① 임금 이외 소득의 증가로 노동공급량을 증가시키는 것이다.
② 임금소득의 증가로 여가를 증가시키고 노동공급량을 감소시키는 것이다.
③ 임금소득의 증가로 노동공급량을 증가시키는 것이다.
④ 노동의 소득효과가 대체효과보다 크면 노동공급곡선이 우상향하는 형태로 나타난다.

78 다음 중 적극적 노동시장정책(ALMP)에 해당하는 것은?

① 실업급여 지급
② 취업알선
③ 실업자 대부
④ 실직자녀 학자금 지원

79 효율임금이론에 대한 설명으로 옳지 않은 것은?

① 다른 기업보다 효율적으로 임금을 낮춘다.
② 노동시장의 정보가 불완전하다고 가정한다.
③ 효율임금은 대기업에서 사용될 가능성이 높다.
④ 기업은 이윤극대화를 위해 이러한 임금정책을 사용한다.

80 기업이 아직 정년이 되지 않은 장기근속자의 자진 퇴사를 유도하기 위해 정년 전에 퇴사할 경우 상당한 액수의 명예퇴직금을 지불하기로 결정하였다. 그 효과에 대한 다음의 설명 중 옳은 것은?

① 생산성이 낮은 근로자들이 주로 퇴사한다.
② 생산성이 높은 근로자들이 주로 퇴사한다.
③ 생산성과 무관하게 골고루 퇴사한다.
④ 효과를 파악할 수 없다.

05 노동관계법규(Ⅰ)

81 국민 평생 직업능력 개발법령상 직업능력개발훈련에 관한 설명으로 옳은 것은?

① 직업능력개발훈련은 18세 미만인 사람에게는 실시할 수 없다.
② 직업능력개발훈련의 대상에는 취업할 의사가 있는 사람뿐만 아니라 사업주에게 고용된 사람도 포함된다.
③ 직업능력개발훈련 시설의 장은 직업능력개발훈련의 상호인정이 가능하도록 직업능력개발훈련과 관련된 기술 등에 관한 표준을 정할 수 있다.
④ 산업재해보상보험법을 적용받는 사람도 재해 위로금을 받을 수 있다.

82 다음 중 헌법으로 명시하고 있는 노동법의 이념 및 내용이 아닌 것은?

① 모든 국민의 근로권
② 합리적인 범위 내의 기업경영 참여
③ 국가유공자 등의 근로기회 우선 부여
④ 여성근로의 특별보호

83 남녀고용평등과 일·가정 양립 지원에 관한 법률의 차별금지 규정에 관한 설명 중 틀린 것은?

① 고용상의 남녀차별을 금지하고 있다.
② 동일가치노동에 대한 동일임금원칙을 명시하고 있다.
③ 차별금지규정을 위반한 자는 벌칙에 처해진다.
④ 차별행위의 입증은 근로자가 해야 한다.

84 고용보험법상 구직급여의 산정 기초가 되는 임금일액의 산정방법으로 틀린 것은?

① 수급자격의 인정과 관련된 마지막 이직 당시 산정된 평균임금을 기초일액으로 한다.
② 마지막 사업에서 이직 당시 일용근로자였던 사람의 경우에는 산정된 금액이 근로기준법에 따른 그 근로자의 통상임금보다 적을 경우에는 그 통상임금액을 기초일액으로 한다.
③ 기초일액을 산정하는 것이 곤란한 경우와 보험료를 고용산재보험료징수법에 따른 기준보수를 기준으로 낸 경우에는 기준보수를 기초일액으로 한다.
④ 산정된 기초일액이 그 수급자격자의 이직 전 1일 소정근로시간에 이직일 당시 적용되던 최저임금법에 따른 시간 단위에 해당하는 최저임금액을 곱한 금액보다 낮은 경우에는 최저기초일액을 기초일액으로 한다.

85 근로기준법의 내용에 관한 설명으로 틀린 것은?

이해도 O△X

① 임금채권은 2년간 행사하지 아니하면 시효로 소멸한다.

② 명시된 근로조건이 사실과 다를 경우에 근로자는 근로조건 위반을 이유로 손해의 배상 청구를 노동위원회에 신청할 수 있다.

③ 사용자는 전차금(前借金)이나 그 밖에 근로할 것을 조건으로 하는 전대(前貸)채권과 임금을 상계하지 못한다.

④ 사용자는 근로계약 불이행에 대한 위약금 또는 손해배상액을 예정하는 계약을 체결하지 못한다.

86 다음 중 헌법의 노동관계조항과 부합하지 않는 것은?

이해도 O△X

① 국가는 근로의 의무의 내용과 조건을 민주주의 원칙에 따라 법률로 정한다.

② 국가는 사회적·경제적 방법으로 근로자의 고용 증진과 적정임금의 보장을 위해 노력해야 한다.

③ 공무원인 근로자는 법률이 정하는 자에 한하여 단결권·단체교섭권 및 단체행동권을 가진다.

④ 법률이 정하는 주요 방위산업체에 종사하는 근로자의 단결권은 법률이 정하는 바에 의하여 제한되거나 인정되지 않을 수 있다.

87 근로기준법령상 근로계약에 관한 설명으로 틀린 것은?

이해도 O△X

① 이 법에서 정하는 기준에 미치지 못하는 근로조건을 정한 근로계약은 그 부분에 한하여 무효로 한다.

② 근로계약은 기간을 정하지 아니한 것과 일정한 사업의 완료에 필요한 기간을 정한 것 외에는 그 기간은 1년을 초과하지 못한다.

③ 단시간근로자의 근로조건은 그 사업장의 같은 종류의 업무에 종사하는 통상 근로자의 근로시간을 기준으로 산정한 비율에 따라 결정되어야 한다.

④ 사용자는 근로계약 불이행에 대한 위약금을 예정하는 계약을 체결한 경우 300만원 이하의 과태료에 처한다.

88 헌법이 보장하는 근로3권의 설명으로 틀린 것은?

이해도 O△X

① 단결권은 근로조건의 향상을 도모하기 위하여 근로자와 그 단체에게 부여된 단결체 조직 및 활동, 가입, 존립보호 등을 위한 포괄적 개념이다.

② 단결권이 근로자 집단의 근로조건의 향상을 추구하는 주체라면, 단체교섭권은 그 목적 활동이고, 단체협약은 그 결실이라고 본다.

③ 단체교섭의 범위는 근로자들의 경제적·사회적 지위향상에 관한 것으로 단체교섭의 주체는 원칙적으로 근로자 개인이 된다.

④ 단체행동권의 보장은 개개 근로자와 노동조합의 민·형사상 책임을 면제시키는 것이므로 시민법에 대한 중대한 수정을 의미한다.

89 직업안정법상 고용서비스 우수기관 인증에 관한 설명으로 틀린 것은?

이해도 O△X

① 고용노동부장관은 고용서비스 우수기관으로 인증을 받은 자가 정당한 사유 없이 1년 이상 계속 사업 실적이 없는 경우 그 인증을 취소할 수 있다.

② 고용서비스 우수기관으로 인증을 받은 자가 재인증을 받으려면 유효기간 만료 30일 전까지 고용노동부장관에게 신청하여야 한다.

③ 고용서비스 우수기관 인증의 유효기간은 인증일부터 3년으로 한다.

④ 고용노동부장관은 고용서비스 우수기관으로 인증을 받은 기관에 대하여는 공동사업을 하거나 위탁할 수 있는 사업에 우선적으로 참여하게 하는 등 필요한 지원을 할 수 있다.

90 남녀고용평등과 일·가정 양립 지원에 관한 법률상 직장 내 성희롱의 금지와 예방에 관한 설명으로 틀린 것은?

이해도 O△X

① 사업주, 상급자 또는 근로자는 직장 내 성희롱을 하여서는 아니 된다.

② 직장 내 성희롱과 관련하여 피해 발생을 주장하는 근로자에게 해고나 그 밖의 불리한 조치를 하여서는 아니 된다.

③ 사업주는 직장 내 성희롱 발생이 확인된 경우 지체 없이 행위자에 대하여 징계나 그 밖에 이에 준하는 조치를 하여야 한다.

④ 사업주는 성희롱 예방교육을 고용노동부장관이 지정하는 기관에 위탁하여 실시하여야 한다.

91 근로기준법상 취업규칙을 작성, 신고하여야 하는 사업장은?

이해도 O△X

① 근로기준법이 적용되는 모든 사업장

② 상시 10명 이상의 근로자를 사용하는 사업장

③ 상시 5명 이상의 근로자를 사용하는 사업장

④ 산업재해보상보험법이 적용되는 사업장

92 다음 중 근로기준법상 재해보상에 대한 설명으로 옳지 않은 것은?

이해도 O△X

① 근로자가 업무상 부상 또는 질병에 걸리면 사용자는 그 비용으로 필요한 요양을 행하거나 필요한 요양비를 부담하여야 한다.

② 근로자가 업무상 사망한 경우에는 사용자는 근로자가 사망한 후 지체 없이 그 유족에게 평균임금 1,340일분의 유족보상을 하여야 한다.

③ 근로자가 업무상 사망한 경우에는 사용자는 근로자가 사망한 후 지체 없이 평균임금 90일분의 장례비를 지급하여야 한다.

④ 사용자는 지급 능력이 있는 것을 증명하고 보상을 받는 사람의 동의를 받으면 유족보상금을 1년에 걸쳐 분할보상을 할 수 있다.

93 직업안정법상 직업지도의 내용으로 옳지 않은 것은?

이해도 ○△✕
① 직업소개
② 직업적성검사
③ 직업상담
④ 직업정보제공

94 직업안정법상 직업소개의 절차로 옳은 것은?

이해도 ○△✕

A. 구인 · 구직에 필요한 기초적인 사항의 확인
B. 구인 · 구직의 상담
C. 구인 · 구직 신청의 수리
D. 취직 · 채용 여부의 확인
E. 직업 · 구직자의 알선

① B - A - D - C - E
② B - C - A - D - E
③ A - B - D - E - C
④ A - C - B - E - D

95 직업안정법령상 직업정보제공사업자의 준수사항에 해당하지 않는 것은?

이해도 ○△✕
① 구직자의 이력서 발송을 대행하지 아니할 것
② 직업정보제공사업의 광고문에 "취업지원" 등의 표현을 사용하지 아니할 것
③ 구인자의 신원이 확실하지 아니한 구인광고를 게재하지 아니할 것
④ 직업정보제공매체의 구인 · 구직의 광고에는 구인 · 구직자의 주소 또는 전화번호를 기재하지 아니할 것

96 다음 중 구직자 취업촉진 및 생활안정지원에 관한 법률상 취업지원의 종료 시점으로 옳지 않은 것은?

이해도 ○△✕
① 취업지원서비스기간이 만료된 경우 : 해당 기간이 만료된 날의 다음 날
② 취업지원서비스기간 중 취업한 경우 : 취업한 날의 다음 날
③ 구직촉진수당의 지급기간이 최종 회차인 경우 : 최종 회차 지급기간의 마지막 날의 다음 날
④ 생계급여 수급자로 선정된 경우 : 생계급여 수급자로 선정된 날

97 다음 중 보기의 빈칸에 들어갈 내용으로 옳은 것은?

이해도 ○△✕

구직자 취업촉진 및 생활안정지원에 관한 법령상 취업지원의 종료에 따라 취업지원을 하지 아니하게 된 경우에는 원칙상 그날부터 (　　) 이내의 범위에서 대통령령으로 정하는 기간이 지나야 취업지원 신청을 할 수 있다.

① 1년
② 2년
③ 3년
④ 5년

98 고용보험법상의 구직급여에 대한 설명 중 옳지 않은 것은?

이해도 ○△✕
① 구직급여일수는 피보험기간 및 연령에 따라 120~270일까지이다.
② 피보험기간이 180일 미만인 때는 수급자격이 없다.
③ 구직급여를 받기 위해서는 구직을 신청해야만 한다.
④ 이직일 다음 날부터 계산하여 10개월 내에 소정급여일수를 한도로 하여 지급한다.

99 다음 중 채용절차의 공정화에 관한 법률상 기초심사자료에 해당하는 것을 올바르게 모두 고른 것은?

이해도 ○△✕

ㄱ. 이력서
ㄴ. 학위증명서
ㄷ. 응시원서
ㄹ. 자기소개서
ㅁ. 연구실적물

① ㄱ, ㄴ, ㄷ
② ㄱ, ㄷ, ㄹ
③ ㄴ, ㄷ, ㅁ
④ ㄱ, ㄴ, ㄹ, ㅁ

100 다음 중 개인정보 보호법령상 개인정보 보호위원회(이하 "보호위원회"라 한다)에 대한 설명으로 옳은 것은?

이해도 ○△✕
① 개인정보 보호에 관한 사무를 독립적으로 수행하기 위하여 대통령 소속으로 보호위원회를 둔다.
② 보호위원회는 위원장 1명, 부위원장 1명을 포함한 20명 이내의 위원으로 구성한다.
③ 위원의 임기는 2년으로 하되, 한 차례만 연임할 수 있다.
④ 보호위원회의 회의는 위원장이 필요하다고 인정하거나 재적위원 4분의 1 이상의 요구가 있는 경우에 위원장이 소집한다.

4회 최종모의고사

자격종목 및 등급(선택분야)	시험시간	문제지형별	수험번호	성 명
직업상담사 2급	2시간 30분			

정답 및 해설 p.146

01 직업심리

01 심리검사 실시방식에 따른 분류 중 검사지를 읽고 연필로 답하도록 제작된 검사로, 실시가 용이하여 집단검사로 많이 사용되는 검사는?

이해도 ○△×

① 속도검사
② 지필검사
③ 수행검사
④ 개인검사

02 Holland의 직업분류체계에서 대표적 직업이 사무직 근로자, 사서, 회계사인 유형은?

이해도 ○△×

① 진취형(Enterprising)
② 탐구형(Investigative)
③ 사회형(Social)
④ 관습형(Conventional)

03 경력개발과정 중 경력계획단계에 속하지 않는 것은?

이해도 ○△×

① 구성원의 인적자료수집
② 직무분석과 인력개발 및 인력계획
③ 경력기회에 대한 커뮤니케이션
④ 경력상담과 경력목표설정

04 실직자 심리상담 프로그램의 내용으로 틀린 것은?

이해도 ○△×

① 실직자 가족의 이해
② 인간, 삶 그리고 마음 읽기
③ 직장 및 조직 내 갈등관리훈련
④ 인간관계형성의 단계

05 경력단계 중 자기를 반성하고 경력경로의 재조정을 고려하며, 경우에 따라서는 심리적 충격도 받게 되는 단계는?

이해도 ○△×

① 탐색단계
② 확립단계
③ 유지단계
④ 쇠퇴단계

06 다음 중 실업자를 위한 직업지도 프로그램으로 적합하지 않은 것은?

이해도 ○△×

① 직업복귀훈련 프로그램
② 인사고과 프로그램
③ 구직활동 증진 프로그램
④ 직업전환 프로그램

07 다음 중 진로의사결정 모델(이론)에 해당하는 것은?

이해도 ○△×

① Parsons의 특성-요인이론
② Vroom의 기대이론
③ Super의 발달이론
④ Krumboltz의 사회학습이론

08 다음 중 직무능력검사에서 가장 기초가 되는 영역은?

이해도 ○△×

① 언어적 이해
② 논리적 측정
③ 수량적 처리
④ 상황판단 능력

09 작업자 중심 직무분석은 무엇을 작성하는 데 중요한 정보를 제공하는가?

이해도 ○△×

① 직무기술서
② 직무명세서
③ 과제분석표
④ 작업진술서

10 Holland의 흥미이론 중 다음의 내용과 관련된 개념은?

이해도 ○△✕

특정 개인의 성격유형이나 작업환경이 다른 어떤 개인이나 환경보다 더 명확하게 규정할 수 있는지의 여부를 의미한다.

① 변별성(Differentiation)
② 일관성(Consistency)
③ 일치성(Congruence)
④ 정체성(Identity)

11 내담자와 관련된 정보를 수집하여 내담자의 행동을 이해하고 해석하는데 기본이 되는 상담기법으로 가장 거리가 먼 것은?

이해도 ○△✕

① 한정된 오류 정정하기
② 왜곡된 사고 확인하기
③ 반성의 장 마련하기
④ 변명에 초점 맞추기

12 다음 중 직무분석을 위한 자료수집 방법에 대한 설명으로 옳은 것은?

이해도 ○△✕

① 관찰법은 종업원의 직무행동이 왜 일어나는지를 파악하기에 용이하다.
② 면접법은 자료의 수집에 많은 시간과 노력이 들지만 수량화된 정보를 얻기가 쉽다.
③ 설문지법은 많은 사람들로부터 짧은 시간 내에 정보를 얻을 수 있고, 양적 정보를 얻을 수 있다.
④ 중요사건법은 사건과 관련된 종업원의 행동으로부터 지식, 기술, 능력 등을 객관적으로 추론할 수 있다.

13 동일한 채점자가 자유 반응형 검사를 채점할 때 신뢰도를 높이기 위하여 배제해야 할 것과 관련이 없는 것은?

이해도 ○△✕

① 후광효과(Halo Effect)로 인한 오류
② 관용(Leniency)의 오류
③ 혼착성(Confusion)의 오류
④ 중앙집중경향(Concentration Tendency)의 오류

14 한 연구자가 검사를 개발한 후 요인분석을 통해 그 검사가 검사개발의 토대가 되는 이론을 잘 반영하는지를 확인하였는데, 이 과정은 무엇을 확인하기 위한 것인가?

이해도 ○△✕

① 내용타당도
② 동시타당도
③ 준거타당도
④ 구성타당도

15 다음은 어떤 스트레스 관리전략에 해당하는가?

이해도 ○△✕

은행에서 고객 대기표(번호표) 시스템을 도입한 이후 은행원들이 창구에서 기다리는 고객들에게 가능한 빨리 서비스를 제공하고자 받았던 스트레스를 줄일 수 있게 되었다.

① 반응지향적 관리전략
② 출처지향적 관리전략
③ 평가지향적 관리전략
④ 증후지향적 관리전략

16 Ginzberg가 제시한 진로발달이론에서 잠정기의 하위단계에 관한 설명으로 틀린 것은?

이해도 ○△✕

① 흥미단계 – 좋아하는 것과 그렇지 않은 것에 대한 보다 분명한 결정을 하게 된다.
② 능력단계 – 직업적인 열망과 관련하여 자신의 능력을 인지하게 된다.
③ 가치단계 – 자신의 직업스타일에 대하여 보다 명확한 이해를 하게 된다.
④ 전환단계 – 점차 현실적인 외적 요인에서 주관적인 요소들에 관심을 가지게 된다.

17 다음 중 Freud의 정신분석적 상담이론의 주요 기법으로만 묶인 것은?

이해도 ○△✕

① 자유연상, 저항의 분석, 해석
② 꿈의 분석, 비합리적 신념의 논박, 해석
③ 꿈의 분석, 정적 강화, 부적 강화
④ 해석, 저항의 분석, 고정역할치료

18 직무평가방법 중 요소비교법의 장점이라 할 수 없는 것은?

이해도 ○△✕

① 가치척도의 구성이 간단하여 종업원이 쉽게 이해할 수 있다.
② 평가범위에 따라 전체직무의 평가가 용이하다.
③ 직무의 상대적 가치를 결정함에 있어 유사 직무 간의 상호 비교가 가능하다.
④ 기업의 특수목적에 적합하도록 설계할 수 있다.

19 직무분석을 위한 면접 시 유의사항으로 틀린 것은?

이해도 ○△✕

① 직무에서의 임금 분류체계에 관심을 보이지 말아야 한다.
② 노사 간의 불만이나 갈등에 관한 주제에 대해 어느 한쪽 편을 들지 말아야 한다.
③ 작업자에게 권위 있는 태도를 보여야 한다.
④ 면접자의 개인적인 견해나 선호가 개입되지 말아야 한다.

20 K-WAIS 검사에서 동작성 검사의 측정내용이 아닌 것은?

이해도 ○△✕

① 숫자외우기
② 빠진곳찾기
③ 차례맞추기
④ 토막짜기

02 직업상담 및 취업지원

21 직업상담사의 역할과 가장 거리가 먼 것은?

이해도 ○△✕

① 진학상담
② 직무분석 수행
③ 직업적응 상담
④ 은퇴 후 상담

22 직업상담사의 윤리에 관한 설명으로 옳은 것은?

이해도 ○△✕

① 내담자 개인 및 사회에 임박한 위험이 있다고 판단되더라도 개인정보와 상담내용에 대한 비밀을 유지해야 한다.
② 자기의 능력 및 기법의 한계를 넘어서는 문제에 대해서는 다른 전문가에게 의뢰해야 한다.
③ 심층적인 심리상담이 아니므로 직업상담은 비밀 유지 의무가 없다.
④ 상담을 통해 내담자가 도움을 받지 못하더라도 내담자보다 먼저 종결을 제안해서는 안 된다.

23 행동주의 직업상담에서 사용되는 학습촉진기법과 가장 거리가 먼 것은?

이해도 ○△✕

① 강 화
② 내적 금지
③ 사회적 모델링과 대리학습
④ 변별학습

24 다음 중 집단상담에 가장 적합한 사람은?

이해도 ○△✕

① 여러 사람 앞에서 이야기하는 것을 두려워하는 사람
② 매우 복잡한 위기의 문제를 가지고 있어서 심층적인 탐색이 필요한 사람
③ 타인의 인정에 대한 욕구가 강해서 집단을 혼자 주도할 가능성이 있는 사람
④ 사회적 기술을 습득할 필요가 있는 사람

25 상담을 통해 기대할 수 있는 것이 무엇인지를 내담자에게 알려주고 상담자와 합의를 이루어 내는 과정은?

이해도 ○△✕

① 구체화
② 구조화
③ 공감적 이해
④ 명료화

26 내담자에게 선정된 행동을 연습하거나 실천하도록 함으로써 내담자가 계약을 실행하는 기회를 최대화하도록 돕는 면담의 요소는?

이해도 ○△✕

① 감정이입
② 계 약
③ 직 면
④ 리허설

27 직업선호도검사에 관한 설명 중 틀린 것은?

이해도 ○△✕

① 흥미검사, 성격검사, 생활사검사의 세 검사로 구성된다.
② 흥미검사의 목적은 개인에게 적합한 직업선정에 있다.
③ 생활사검사는 개인의 과거경험과 생활환경을 통한 직무성과 예측에 활용된다.
④ 검사시간이 많이 걸리더라도 반드시 흥미검사, 성격검사, 생활사검사를 모두 실시하여야 한다.

28 청소년 직업지도의 기본원리와 가장 거리가 먼 것은?

이해도 ○△✕

① 변화하는 직업 세계에 대한 이해를 토대로 이루어져야 한다.
② 인간의 성격 특성과 재능에 대한 이해를 토대로 신뢰관계를 형성한 후 진행되어야 한다.
③ 취업단계의 환경적 요구를 반영하며 지도가 이루어져야 한다.
④ 진로발달이론에 근거해야 한다.

29 직업상담에서 내담자가 검사 도구에 대해 비현실적 기대를 가지고 있을 때 상담자가 취할 수 있는 행동으로 가장 적합한 것은?

이해도 ○△✕

① 즉시 검사를 실시한다.
② 상담을 중단한다.
③ 추천되는 검사를 상담사가 정해준다.
④ 검사 사용 목적에 대하여 내담자에게 설명한다.

30 성공적인 상담결과를 위한 내담자 목표의 특징이 아닌 것은?

이해도 ○△×
① 구체성
② 실현가능성
③ 상담자의 기술과 양립
④ 성공의 명확성

31 다음 중 실직자 위기상담의 직접적인 목표에 대한 설명으로 가장 거리가 먼 것은?

이해도 ○△×
① 위기상담은 위험한 상태에 직면한 내담자에게 전문적인 상담서비스를 제공한다.
② 내담자에게 위기가 삶의 정상적인 일부임을 인식시킨다.
③ 위기로 인한 긴장감을 제거하여 감정을 수용할 수 있게 한다.
④ 동기부여를 통해 위기상황을 극복하게 하고 직업적성에 대해 이해시킨다.

32 직업상담이론과 그에 대한 인간관으로 틀린 것은?

이해도 ○△×
① 개인주의 상담 – 인간은 전체적 · 현상학적 · 사회적 · 목적론적 존재이다.
② 내담자중심 상담 – 인간은 선천적인 잠재력과 자기실현 경향성을 가지고 있다.
③ 교류분석 상담 – 모든 인간은 변화가능성을 지니고 있으며, 자신의 행동을 자유롭게 선택할 수 있고 그에 대한 책임을 질 수 있는 존재이다.
④ 형태주의 상담 – 인간의 행동은 모두 학습에 의한 것이며, 학습을 통해 변화가 가능하다고 가정한다.

33 상담의 궁극적인 목표라고 할 수 없는 것은?

이해도 ○△×
① 행동변화
② 부적응행동의 수정
③ 인지적 학습을 위한 전략의 수립
④ 보상, 강화, 벌

34 다음 중 실존주의 상담에 대한 설명으로 틀린 것은?

이해도 ○△×
① 심리적 문제가 인간의 궁극적 관심사에 관련되어 나타난다.
② 상담사는 내담자가 삶의 의미와 목적을 스스로 발견하도록 돕는다.
③ 사회적 관심과 공동체감을 중요시한다.
④ 상담과정에서는 인간의 실존적 · 정신적 본질에 주의를 기울인다.

35 상담자의 전문적 자질 중 상담의 진행과정에서 요구되는 것은?

이해도 ○△×
① 발달심리 · 성격심리 · 이상행동에 관한 지식을 갖고 있어야 한다.
② 내담자의 문제에 대한 성격과 원인 등을 이론적으로 설명하고 개념화할 수 있는 능력이 있어야 한다.
③ 내담자의 지적, 정서적, 성격적, 가치, 태도 등의 내담자에 대한 폭넓은 이해가 있어야 한다.
④ 내담자의 문제해결에 도움이 되거나 내담자 주변 사람들을 중재 · 자문하는 기술이 있어야 한다.

36 직업상담에서의 전이된 오류 중 정보의 오류에 대항하지 않는 것은?

이해도 ○△×
① 중요 부분의 삭제
② 제한적 어투의 사용
③ 제한된 일반화
④ 불확실한 동사의 사용

37 상담 중기에 사용하는 기법으로 '피드백 주기'가 있다. 다음 중 피드백을 주는 방법으로 적당하지 않은 것은?

이해도 ○△×
① 피드백은 구체적으로 줄 때 효과적이므로 내담자의 행동보다는 성격 특성에 초점을 맞추는 것이 좋다.
② 피드백은 내담자가 현재의 행동에 대안이 될 수 있는 행동을 찾도록 도와주는 것이어야 한다.
③ 피드백을 준 후에는 내담자의 반응을 살피는 것이 좋다.
④ 피드백은 내담자가 소화할 수 있을 만큼 주고, 부정적인 피드백은 긍정적인 피드백과 함께 주는 것이 좋다.

38 집단상담의 과정 중 집단원의 불안감과 방어적 태도가 두드러지게 나타나며, 집단 내에서 힘과 통제력을 놓고 갈등이 일어나는 단계는?

이해도 ○△×
① 과도적 단계
② 초기단계
③ 작업단계
④ 종결단계

39 다음 중 직업상담에 대한 설명으로 틀린 것은?

이해도 ○△×
① 직업상담은 진로상담에 비해 좁은 의미를 내포한다.
② 직업상담은 어린아이부터 은퇴한 70세 이상의 노인을 대상으로 한다.
③ 직업상담은 예언과 발달이라는 목적을 가지고 있다.
④ 직업적응은 직업상담과 산업상담의 영역이기도 하다.

40 진로상담 및 직업상담의 과정을 순서대로 바르게 나열한 것은?

이해도 ○△✕

> A. 상담 목표의 설정
> B. 관계수립 및 문제의 평가
> C. 문제해결을 위한 개입
> D. 훈 습
> E. 종 결

① A → B → C → D → E
② B → A → C → D → E
③ A → B → D → C → E
④ B → D → A → C → E

41 다음 중 한국표준직업분류에서 직업에 대한 설명으로 가장 옳지 않은 것은?

이해도 ○△✕

① 유사성을 갖는 직무를 계속하여 수행하는 계속성을 가져야 한다.
② 노력이 전제되지 않는 자연발생적인 이득의 수취나 우연하게 발생하는 경제적인 과실에 전적으로 의존하는 활동은 직업으로 보지 않는다.
③ 경제성은 비윤리적 영리행위나 반사회적인 활동을 통한 경제적인 이윤추구는 직업활동으로 인정되지 못한다는 것이다.
④ 직업활동은 사회 공동체적인 맥락에서 의미 있는 활동 즉, 사회적인 기여를 전제조건으로 하고 있다.

42 다음은 한 사람이 전혀 상관없는 두 가지 이상의 직업에 종사하고 있을 경우 그 직업을 결정하는 일반적 원칙이다. 그 우선순위를 올바르게 선정하여 나열한 것은?

이해도 ○△✕

> A. 수입이 많은 직업을 택한다.
> B. 취업시간이 많은 직업을 택한다.
> C. 조사 시 최근의 직업을 택한다.

① A, B, C
② B, A, C
③ C, B, A
④ B, C, A

43 한국직업전망에서 정의한 고용변동 요인 중 불확실성 요인에 해당하는 것은?

이해도 ○△✕

① 인구구조 및 노동인구 변화
② 정부정책 및 법·제도 변화
③ 과학기술 발전
④ 가치관과 라이프스타일 변화

44 워크넷 직업·진로에서 제공하는 청소년 직업흥미검사의 하위 척도가 아닌 것은?

이해도 ○△✕

① 활동척도
② 자신감척도
③ 직업척도
④ 가치관척도

45 워크넷의 채용정보 검색조건에 해당하지 않는 것은?

이해도 ○△✕

① 희망임금
② 학 력
③ 경 력
④ 연 령

03 직업정보

46 한국표준직업분류(2025)의 대분류 항목과 직능수준이 바르게 짝지어진 것은?

이해도 ○△✕

① 기능원 및 관련 기능 종사자 - 제4직능수준 혹은 제3직능수준 필요
② 농림·어업 숙련 종사자 - 제2직능수준 필요
③ 군인 - 직능수준과 무관
④ 장치·기계 조작 및 조립 종사자 - 제1직능수준 필요

47 다음 중 공공직업정보의 특성이 아닌 것은?

이해도 ○△✕

① 정보제공의 불연속성
② 객관적 기준에 의거한 직업의 분류 및 구분
③ 기초정보의 성격
④ 조사·수록되는 직업 범위의 포괄성

48 내용분석법을 통해 직업정보를 수집할 때의 단점이 아닌 것은?

이해도 ○△✕

① 기록된 자료에만 의존해야 한다.
② 분류 범주의 타당도 확보가 곤란하다.
③ 조사대상자의 반응성을 유발한다.
④ 기존자료의 자료분석에 있어서 신뢰도가 문제 시 된다.

49 다음 중 실기능력이 중요하여 실기시험만 실시할 수 있는 국가기술자격의 종목이 아닌 것은?

이해도 ○△✕

① 석공기능사
② 도화기능사
③ 도배기능사
④ 세탁기능사

50 직업정보 제공과 관련된 인터넷사이트 연결이 틀린 것은?

이해도 ○△×

① 직업훈련정보 : HRD-Net(hrd.go.kr)
② 자격정보 : Q-Net(q-net.or.kr)
③ 외국인고용관리정보 : EI넷(ei.go.kr)
④ 해외취업정보 : 월드잡플러스(worldjob.or.kr)

51 직업정보관리에 관한 설명으로 틀린 것은?

이해도 ○△×

① 직업정보의 범위는 개인에 대한 정보, 직업에 대한 정보, 미래에 대한 정보 등으로 구성되어 있다.
② 직업정보원은 정부부처, 정부투자출연기관, 단체 및 협회, 연구소, 기업과 개인 등이 있다.
③ 직업정보 가공 시에는 전문적인 지식이 없이도 이해할 수 있도록 가급적 평이한 언어로 제공되어야 하며 직무의 장·단점을 편견 없이 제공하여야 한다.
④ 개인의 정보는 보호되어야 하기 때문에 구직 시에 연령, 학력 및 경력 등의 취업과 관련된 정보는 제한적으로 제공되어야 한다.

52 다음 설명에 해당하는 직업능력개발훈련으로 옳은 것은?

이해도 ○△×

> 직업능력개발훈련을 실시하기 위하여 설치한 훈련전용시설, 그 밖에 훈련을 실시하기에 적합한 시설(산업체의 생산시설 및 근무 장소는 제외)에서 실시하는 방법

① 양성훈련
② 향상훈련
③ 집체훈련
④ 혼합훈련

53 취업, 훈련 및 자격 관련 사이트에 대한 설명으로 바르게 짝지어지지 않은 것은?

이해도 ○△×

① 민간자격정보서비스 – 국민 개개인의 능력개발에 필요한 자격정보를 제공하고 민간자격제도 등을 지원하기 위해 민간자격 국가공인제도 및 등록제도의 시행, 민간자격 광고모니터링 조사, 민간자격제도 관련 상담, 기타 자격제도 관련 정책연구 등의 역할을 수행한다.
② 커리어넷 – 정부 및 지방자치단체에서 추진하는 일자리 사업 및 참여자 선발의 체계적 관리지원을 위한 업무지원시스템이다.
③ 월드잡플러스 – 청년들의 도전적인 해외진출을 지원하는 국정과제 'K-MOVE' 사업의 일환으로서, 흩어져 있는 해외취업·창업·인턴·봉사 등의 해외진출 관련 정보들을 통합적으로 제공하는 해외통합정보망이다.
④ 공공데이터포털 – 공공기관이 생성 또는 취득하여 관리하고 있는 공공데이터를 한 곳에서 제공하는 통합 창구로서, 누구라도 쉽고 편리한 검색을 통해 원하는 공공데이터를 빠르고 정확하게 찾을 수 있도록 고안된 시스템이다.

54 다음 중 각 기술·기능 분야 국가기술자격과 그 검정의 기준이 바르게 짝지어진 것은?

이해도 ○△×

① 기사 – 해당 국가기술자격의 종목에 관한 공학적 기술이론 지식을 가지고 설계·시공·분석 등의 업무를 수행할 수 있는 능력 보유
② 기능장 – 해당 국가기술자격의 종목에 관한 숙련기능을 가지고 제작·제조·조작·운전·보수·정비·채취·검사 또는 작업관리 및 이에 관련되는 업무를 수행할 수 있는 능력 보유
③ 산업기사 – 해당 국가기술자격의 종목에 관한 고도의 전문지식과 실무경험에 입각한 계획·연구·설계·분석·조사·시험·시공·감리·평가·진단·사업관리·기술관리 등의 업무를 수행할 수 있는 능력 보유
④ 기능사 – 해당 국가기술자격의 종목에 관한 최상급 숙련기능을 가지고 산업현장에서 작업관리, 소속 기능인력의 지도 및 감독, 현장훈련, 경영자와 기능인력을 유기적으로 연계시켜 주는 현장관리 등의 업무를 수행할 수 있는 능력 보유

55 직업정보수집 시 유의사항으로 옳은 것은?

이해도 ○△×

① 자료의 출처와 저자, 발생연도를 반드시 명기하여야 하나 수집자는 기입하지 않아도 된다.
② 수집된 정보라 할지라도 항상 유효하지 않기 때문에 지속적인 정보의 보완이 필요하다.
③ 직업정보를 수집하기 위해서는 옮겨 쓰기, 오려 붙이기, 녹음, 입력, 재구성하기 등이 필요하다.
④ 우연히 발견한 것과 외부로부터 자료를 모아두는 것도 직업 정보의 수집에 포함된다.

56 한국표준산업분류에서 산업결정방법에 대한 설명으로 틀린 것은?

이해도 ○△×

① 생산단위의 산업활동은 그 생산단위가 수행하는 주된 산업 활동(판매 또는 제공되는 재화 및 서비스)의 종류에 따라 결정된다.
② 주된 산업활동은 산출물(재화 또는 서비스)에 대한 부가가치(액)의 크기에 따라 결정되어야 하나, 부가가치(액)의 측정이 어려운 경우에는 산출액에 의하여 결정한다.
③ 일반원칙에 따라 결정하는 것이 적합하지 않을 경우에는 해당 활동의 종업원 수, 임금 및 급여액 또는 설비의 정도에 의하여 결정한다.
④ 계절에 따라 정기적으로 산업을 달리하는 사업체의 경우에는 조사시점에서 경영하는 사업에 의하여 분류된다.

57 기술 · 기능 분야 국가기술자격의 응시자격에 대한 설명으로 옳지 않은 것은?

① 기술사의 응시자격은 산업기사 자격을 취득한 후 응시하려는 종목이 속하는 동일 및 유사 직무분야에서 5년 이상 실무에 종사한 사람이다.

② 기능장의 응시자격은 응시하려는 종목이 속하는 동일 및 유사 직무분야에서 9년 이상 실무에 종사한 사람이다.

③ 기사의 응시자격은 응시하려는 종목이 속하는 동일 및 유사 직무분야의 다른 종목의 기사 등급 이상의 자격을 취득한 사람이다.

④ 산업기사의 응시자격은 응시하려는 종목이 속하는 동일 및 유사 직무분야에서 1년 이상 실무에 종사한 사람이다.

58 다음 서비스 분야 국가기술자격에서 2급 응시자격이 나머지 셋과 다른 하나는 무엇인가?

① 직업상담사
② 컨벤션기획사
③ 임상심리사
④ 소비자전문상담사

59 Q-Net(www.q-net.or.kr)에서 제공하는 국가별 자격제도 정보가 아닌 것은?

① 미국의 자격제도
② 중국의 자격제도
③ 영국의 자격제도
④ 일본의 자격제도

60 다음은 직업능력개발훈련의 구분 중 어떤 훈련인가?

> 주로 신규학교 졸업자 등 새로이 근로자가 되고자 하는 자 및 구직자에 대하여 직업에 필요한 기초적인 지식, 기술, 기능을 습득시키는 훈련

① 양성훈련
② 향상훈련
③ 전직훈련
④ 교육훈련

04 노동시장

61 노동수요곡선이 이동하는 이유가 아닌 것은?

① 임금수준의 변화
② 생산방법의 변화
③ 자본의 가격변화
④ 생산물에 대한 수요의 변화

62 다음 중 노동시장정보에 대한 설명으로 옳지 않은 것은?

① 노동시장정보를 수집 · 정리하고, 분석 · 가공한 결과를 수요자에게 제공하는 일련의 과정 또는 체계이다.

② 직업선택의 효율성을 증대시키고 합리적인 인적자원관리를 통해 불필요한 이직을 최소화한다.

③ 직업, 산업, 임금, 근로시간, 노동시장 동향, 노동력의 인구학적 특성뿐만 아니라 구인 · 구직 · 직업훈련노동 관련 제도 및 정책에 관한 정보를 포함한다.

④ 우리나라의 경우 노동시장정보자료의 수집 · 분석 · 가공은 주로 통계청에서 담당하고 있다.

63 노동수요탄력성이 대체로 마이너스(-)의 크기를 갖는다는 것은 어떤 의미인가?

① 장기적으로는 노동수요가 감소한다.
② 임금이 상승할 때 노동수요는 감소한다.
③ 소득이 상승할 때 노동수요는 감소한다.
④ 기업의 이윤이 증가할 때 노동수요는 감소한다.

64 경제활동인구에 대한 설명 중 적절하지 못한 것은?

① 경제활동인구에는 취업자와 실업자가 있다.
② 실업자란 일할 능력과 의사는 있으나, 수입이 있는 일에 종사하지 못하는 자이다.
③ 가정주부의 가사는 경제활동에 속한다.
④ 심신장애자는 비경제활동인구에 속한다.

65 임금상승에 따라 후방굴절하는 구간에서의 노동공급곡선에 대한 설명으로 옳은 것은? (단, 여가는 소득효과가 양(+)인 정상재이다)

① 여가가 정상재이기 때문에 항상 후방굴절한다.
② 여가에 대한 대체효과의 크기는 소득효과의 크기보다 크다.
③ 여가에 대한 대체효과의 크기는 소득효과의 크기와 같다.
④ 여가에 대한 대체효과의 크기는 소득효과의 크기보다 작다.

66 근로소득세의 인상이 노동공급에 미치는 효과에 대한 설명으로 가장 적합한 것은?

이해도 O△X

① 소득이 감소하므로 노동공급이 증가한다.
② 소득효과와 대체효과의 크기를 알 수 없으므로 노동공급의 증감은 알 수 없다.
③ 일반적으로 소득효과가 크므로 노동공급이 증가한다.
④ 여가의 상대적 가격이 상승하므로 노동공급이 감소한다.

67 장·단기 노동수요곡선에 관한 설명으로 옳은 것은?

이해도 O△X

① 노동공급곡선의 탄력성과 비교해야 알 수 있다.
② 장기가 단기에 비해 더욱 비탄력적이다.
③ 장기와 단기의 탄력성은 비교할 수 없다.
④ 장기가 단기에 비해 더욱 탄력적이다.

68 노동시장에 초과공급이 생겼을 때 어떻게 변함으로써 노동시장은 균형에 도달하게 되는가?

이해도 O△X

① 임금 : 상승, 고용량 : 하락
② 임금 : 하락, 고용량 : 증가
③ 임금 : 상승, 고용량 : 상승
④ 균형은 임금과는 무관하다.

69 다음 중 적극적 노동시장정책(Active Labor Market Policy)이 아닌 것은?

이해도 O△X

① 실업보험
② 직업계속 및 전환교육
③ 고용기회 개발
④ 장애자 대책

70 효율임금이론에서 고임금이 고생산성을 가져오는 원인에 관한 설명으로 틀린 것은?

이해도 O△X

① 고임금은 노동자의 직장상실 비용을 증대시켜 노동자로 하여금 열심히 일하게 한다.
② 대규모 사업장에서는 통제 상실을 사전에 방지하는 차원에서 고임금을 지불하여 노동자를 열심히 일하도록 유도할 수 있다.
③ 고임금은 노동자의 사직을 감소시켜 신규노동자의 채용 및 훈련비용을 감소시킨다.
④ 균형임금을 지불하여 경제 전반적으로 동일노동·동일임금이 달성되도록 한다.

71 근로자의 교섭력은 노동조합을 통하여 드러나는 집단적 교섭력과 개별근로자의 교섭력으로 구분할 수 있다. 개별근로자가 자신의 교섭력을 높이기 위하여 추구하는 행위로 볼 수 없는 것은?

이해도 O△X

① 노동수요가 증가하는 직종의 선택
② 숙련의 향상을 위한 교육훈련
③ 생산성의 억제
④ 교육과 훈련을 통한 자격증의 취득

72 경쟁적 요인에 의한 임금격차에 해당하는 것은?

이해도 O△X

① 보상적 임금격차
② 근로자 간 차별
③ 노동조합의 영향
④ 비효율적 연공급제도의 영향

73 효율임금정책을 채택하는 기업은 주로 어떤 기업인가?

이해도 O△X

① 경쟁이 치열한 업종의 중소기업
② 제품을 해외시장에 수출하는 수출업체
③ 생산직 근로자가 많은 제조업체
④ 근로자에게 훈련투자를 많이 하는 대기업

74 다음 중 수요부족 실업에 해당하는 것은?

이해도 O△X

① 마찰적 실업
② 경기적 실업
③ 구조적 실업
④ 계절적 실업

75 다음 중 임금이론과 해당 학자의 연결이 틀린 것은?

이해도 O△X

① 노동가치설 – 막스(K. Marx)
② 잔여청구설 – 워커(F. Walker)
③ 임금생존비설 – 리카르도(D. Ricardo)
④ 임금세력설 – 마샬(A. Marshall)

76 직능급 임금체계의 특징에 관한 설명으로 옳은 것은?

이해도 O△X

① 조직의 안정화에 따른 위계질서 확립이 용이하다.
② 직무에 상응하는 임금을 지급한다.
③ 학력과 직종에 관계없이 능력에 따라 임금을 지급한다.
④ 무사안일주의 및 적당주의를 초래할 수 있다.

77 경쟁시장에서 아이스크림 가게를 운영하는 A씨는 5명을 고용하여 1개당 2,000원에 판매하고 있으며, 시간당 12,000원을 임금으로 지급하면서 이윤을 극대화하고 있다. 만일 아이스크림 가격이 3,000원으로 오른다면 현재의 고용수준에서 노동의 한계생산물가치는 시간당 얼마이며, 이때 A씨는 노동의 투입량을 어떻게 변화시킬까?

① 9,000원, 증가시킨다.
② 9,000원, 감소시킨다.
③ 18,000원, 증가시킨다.
④ 18,000원, 감소시킨다.

78 최저임금제의 기대효과와 가장 거리가 먼 것은?

① 산업 간, 직업 간 임금격차 해소
② 경기 활성화에 기여
③ 산업구조의 고도화
④ 청소년 취업촉진

79 어떤 상품의 가격이 상승할 경우 그 수요량이 하락하는 기본적인 이유로 옳은 것은?

① 정부정책의 변화
② 소비자의 정보변화
③ 소비자의 기호변화
④ 소득효과와 대체효과

80 내부노동시장에 대한 설명으로 틀린 것은?

① 근로자의 단기적 생산성과 임금이 연관된다.
② 기업비용부담으로 기업차원의 교육훈련이 체계적으로 실시된다.
③ 내부승진이 많다.
④ 장기적 고용관계로 직장안정성이 높다.

05 노동관계법규(I)

81 국민 평생 직업능력 개발법상 지정직업훈련시설의 지정에 있어서의 결격사유가 아닌 것은?

① 학원·교습소의 교습정지처분을 받고 그 정지기간 중에 있는 자
② 지정직업훈련시설의 지정이 취소된 날부터 1년이 지나지 아니한 자
③ 평생교육시설의 설치인가취소 또는 등록취소를 처분받고 1년이 지나지 아니한 자
④ 금고 이상의 형의 집행유예를 선고받고 그 유예기간이 종료된 날부터 1년이 지나지 아니한 자

82 직업안정법상 근로자공급사업에 관한 설명으로 틀린 것은?

① 근로자공급사업 허가의 유효기간은 3년이다.
② 근로자공급사업 허가의 유효기간이 끝난 후 계속하여 근로자공급사업을 하려는 자는 연장허가를 받아야 하며, 이 경우 연장허가의 유효기간은 연장 전 허가의 유효기간이 끝나는 날부터 3년으로 한다.
③ 국내 근로자공급사업의 허가를 받을 수 있는 자는 「노동조합 및 노동관계조정법」에 따른 노동조합이다.
④ 연예인을 대상으로 하는 국외 근로자공급사업의 허가를 받을 수 있는 자는 「민법」에 따른 비영리법인이 아니어야 한다.

83 고용보험법상 취업촉진수당에 해당하지 않는 것은?

① 직업능력개발수당
② 이주비
③ 조기재취업수당
④ 구직급여

84 국민 평생 직업능력 개발법령상 공공직업훈련시설을 설치할 수 있는 공공단체가 아닌 것은?

① 한국장애인고용공단
② 한국산업인력공단
③ 근로복지공단
④ 대한상공회의소

85 근로기준법상 사용증명서에 관한 설명으로 틀린 것은?

① 사용증명서를 청구할 수 있는 자는 계속하여 30일 이상 근무한 근로자이다.
② 사용증명서를 청구할 수 있는 기한은 퇴직 후 3년 이내로 한다.
③ 사용자는 근로자가 퇴직한 후라도 사용증명서를 청구하면 사실대로 적은 증명서를 즉시 내주어야 한다.
④ 사용증명서의 법적 기재사항은 청구여부에 관계없이 기재해야 한다.

86 근로기준법상의 '중간착취 배제의 원칙'에 관한 설명 중 옳지 않은 것은?

① 어떠한 경우라도 영리로 다른 사람의 취업에 개입하거나 중간인으로서 이익을 취득하지 못한다.
② 취득이 금지되는 이익은 소개비, 수수료, 보상금 등 그 명칭을 불문한다.
③ 취업 시뿐만 아니라 취업 중에도 적용되는 원칙이다.
④ 법률에 의하여 다른 사람의 취업에 개입하여 이익을 취득하는 것은 허용된다.

87 근로기준법상 임산부의 보호에 관한 다음 내용에서 (　　) 안에 들어갈 말을 순서대로 바르게 짝지은 것은?

> 사용자는 임신 중의 여성에게 출산 전과 출산 후를 통하여 (　　)의 출산전후 휴가를 주어야 한다. 이 경우 휴가 기간의 배정은 출산 후에 (　　) 이상이 되어야 한다.

① 90일 – 120일
② 45일 – 90일
③ 90일 – 45일
④ 120일 – 90일

88 근로기준법상 임금의 비상시 지급이 허용되지 않는 경우는?

① 근로자가 혼인한 경우
② 근로자의 수입으로 생계를 유지하는 자가 출산한 경우
③ 근로자의 수입으로 생계를 유지하는 자가 질병에 걸린 경우
④ 근로자 본인이 부득이한 사유로 3일 이상 귀향하게 되는 경우

89 근로기준법상 이행강제금에 관한 설명으로 틀린 것은?

① 이행강제금은 노동위원회가 부과한다.
② 이행강제금을 부과하기 30일 전까지 사용자에게 문서로 미리 알려주어야 한다.
③ 이행강제금은 매년 2회의 범위에서 반복하여 부과 · 징수할 수 있다.
④ 구제명령을 받은 자가 구제명령을 이행하면 이미 부과 · 징수한 이행강제금은 반환한다.

90 다음 중 최저임금법령상 최저임금에 대한 설명으로 옳지 않은 것은?

① 사용자는 최저임금의 적용을 받는 근로자에게 최저임금액 이상의 임금을 지급하여야 한다.
② 사용자는 이 법에 따른 최저임금을 이유로 종전의 임금수준을 낮추어서는 아니 된다.
③ 사용자는 정신 또는 신체의 장애가 업무 수행에 직접적으로 현저한 지장을 주는 것이 명백하다고 인정되는 사람에 대하여는 고용노동부장관의 인가 없이도 최저임금의 적용을 제외할 수 있다.
④ 도급으로 사업을 행하는 경우 도급인이 책임져야 할 사유로 수급인이 근로자에게 최저임금액에 미치지 못하는 임금을 지급한 경우 도급인은 해당 수급인과 연대하여 책임을 진다.

91 근로기준법에 의한 근로시간, 휴게 · 휴일에 관한 규정이 적용되지 않는 근로자는?

① 관리 · 감독업무 또는 기밀을 취급하는 업무에 종사하는 근로자
② 감시 또는 단속적인 근로에 종사하는 사람으로서 고용노동부장관에게 신고한 근로자
③ 운수업에 종사하는 근로자
④ 신문 · 방송 분야에 종사하는 근로자

92 다음 중 구직자 취업촉진 및 생활안정지원에 관한 법률상 취업지원서비스의 수급 요건으로 옳은 것을 모두 고른 것은? (단, 고용노동부장관이 취업취약계층에 대해 별도로 정하여 고시한 수급 요건은 고려하지 않음)

> ㄱ. 근로능력과 구직의사가 있음에도 취업하지 못한 상태일 것
> ㄴ. 취업지원을 신청할 당시 15세 이상 60세 이하일 것
> ㄷ. 원칙상 가구단위의 월평균 총소득이 기준 중위소득의 100분의 120 이하일 것
> ㄹ. 15세 이상 34세 이하인 사람은 가구단위의 월평균 총소득이 기준 중위소득의 100분의 150 이하일 것

① ㄱ
② ㄱ, ㄷ
③ ㄱ, ㄴ, ㄹ
④ ㄱ, ㄴ, ㄷ, ㄹ

93 직업안정법에 관한 설명 중 틀린 것은?

① 직업소개는 구인자와 구직자 간 근로계약의 성립을 알선하는 것이다.
② 직업안정기관의 장은 일정한 경우 구인신청의 수리를 거부할 수 있다.
③ 유료직업소개사업 및 근로자 공급사업은 관할 행정관청의 허가를 받아야 한다.
④ 구인자가 직업안정기관의 장에게 구인신청을 하는 경우에는 근로조건을 명시하여야 한다.

94 직업안정법상 직업지도에 관한 다음 설명 중 바르지 않은 것은?

① 직업안정기관의 장은 직업지도를 위하여 구직자에 대한 직업적성검사, 흥미검사 등을 실시할 수 있다.
② 직업지도를 받아 취직한 자에게도 필요하다고 인정하는 경우에는 취직 후에도 직업지도를 할 수 있다.
③ 직업상담을 하는 경우에는 구직자의 개별적인 상황을 고려하고 고용정보 및 직업능력개발에 관한 정보 등을 활용하여야 한다.
④ 신체 또는 정신에 장애가 있는 자에 대한 직업지도에는 별도의 조치가 필요 없다.

95 직업안정법상 직업안정기관의 장이 구인신청의 수리를 거부해서는 안되는 경우는?

이해도 ○△✕

① 구인신청의 내용이 법령을 위반한 경우
② 구인신청의 내용 중 임금, 근로시간, 기타 근로조건이 통상의 근로조건에 비하여 현저하게 부적당하다고 인정되는 경우
③ 구인신청의 내용을 2회 이상 바꾸는 경우
④ 구인자가 구인조건을 밝히기를 거부하는 경우

96 국민 평생 직업능력 개발법상 직업능력개발훈련의 기본원칙이 아닌 것은?

이해도 ○△✕

① 국민 개개인의 희망·적성·능력에 맞게 국민의 생애에 걸쳐 체계적으로 실시되어야 한다.
② 대기업 근로자에 대한 직업능력개발훈련이 중시되어야 한다.
③ 민간의 자율과 창의성이 존중되고 모든 국민에게 균등한 기회가 보장되도록 하여야 한다.
④ 교육관계법에 따른 학교교육 및 산업현장과 긴밀하게 연계될 수 있도록 하여야 한다.

97 다음 중 구직자 취업촉진 및 생활안정지원에 관한 법률상 구직촉진수당의 수급 요건으로 옳은 것을 모두 고른 것은?

이해도 ○△✕

ㄱ. 취업지원서비스의 수급 요건에 해당하지 않을 것
ㄴ. 가구단위의 월평균 총소득이 기준 중위소득의 100분의 60 이내의 범위에서 최저생계비 및 구직활동에 드는 비용 등을 고려하여 대통령령으로 정하는 수준 이하일 것
ㄷ. 원칙상 가구원이 소유하고 있는 토지·건물·자동차 등 재산의 합계액이 6억원 이내의 범위에서 대통령령으로 정하는 금액 이하일 것
ㄹ. 취업지원 신청일 이전 1년 이내의 범위에서 대통령령으로 정하는 기간 이상 취업한 사실이 없을 것

① ㄱ, ㄹ
② ㄴ, ㄷ
③ ㄴ, ㄷ, ㄹ
④ ㄱ, ㄴ, ㄷ, ㄹ

98 다음 중 채용절차의 공정화에 관한 법률에 대한 설명으로 옳지 않은 것은?

이해도 ○△✕

① 구인자는 정당한 사유 없이 채용광고의 내용을 구직자에게 불리하게 변경하여서는 아니 된다.
② 구인자는 구직자에 대하여 그 직무의 수행에 필요하지 아니한 출신지역 등 개인정보를 기초심사자료에 기재하도록 요구하거나 입증자료로 수집하여서는 아니 된다.
③ 구인자는 채용심사를 목적으로 구직자에게 채용서류 제출에 드는 비용을 부담시키지 못한다.
④ 구인자는 구직자에게 채용서류 및 이와 관련한 저작권 등의 지식재산권을 자신에게 귀속하도록 강요하여서는 아니 된다.

99 남녀고용평등과 일·가정 양립 지원에 관한 법령상 육아휴직에 관한 설명으로 틀린 것은?

이해도 ○△✕

① 육아휴직의 기간은 1년 이내로 한다.
② 육아휴직 기간은 근속기간에 포함한다.
③ 기간제근로자의 육아휴직 기간은 사용기간에 포함된다.
④ 육아휴직 기간에는 그 근로자를 해고하지 못한다.

100 다음 중 보기의 빈칸에 들어갈 내용을 순서대로 올바르게 나열한 것은?

이해도 ○△✕

(ㄱ)은/는 개인정보의 보호와 정보주체의 권익 보장을 위하여 (ㄴ)마다 개인정보 보호 기본계획을 관계 중앙행정기관의 장과 협의하여 수립한다.

① ㄱ : 행정안전부장관, ㄴ : 3년
② ㄱ : 행정안전부장관, ㄴ : 4년
③ ㄱ : 개인정보 보호위원회, ㄴ : 3년
④ ㄱ : 개인정보 보호위원회, ㄴ : 4년

5회 최종모의고사

자격종목 및 등급(선택분야)	시험시간	문제지형별	수험번호	성 명
직업상담사 2급	2시간 30분			

정답 및 해설 p.153

01 직업심리

01 다음 괄호 안에 들어갈 말로 알맞은 것은?

> 보험회사의 영업지점에 10명의 직원이 근무하고 있는데 1명은 영업소장 나머지 9명은 동일한 일을 하는 영업사원이다. 이 영업지점에는 10개의 (A)와/과 2개의 (B)이/가 존재한다.

① A - 과업(Task)　　　　B - 직무군(Job Family)
② A - 직위(Position)　　　B - 직무(Job)
③ A - 직무(Job)　　　　　B - 직무군(Job Family)
④ A - 과업(Task)　　　　B - 직위(Position)

02 직무스트레스의 개인적 결과 중 행동적 결과의 형태에 속하지 않는 것은?

① 흡 연
② 식욕부진
③ 알코올남용
④ 기능저하

03 교류분석(TA)에 대한 설명으로 가장 적합한 것은?

① 어린 시절의 결단에 기초한 삶의 계획을 생활양식이라 한다.
② 의사교류에서 교차적 의사교류가 가장 건강하다고 할 수 있다.
③ 사람들은 애정이나 인정 자극(Stroke)을 얻기 위해 게임을 한다.
④ 개인 내부에서 이루어지는 다양한 자아들 간의 상호작용을 의사교류라 한다.

04 신뢰도 계수에 관한 설명으로 틀린 것은?

① 신뢰도 계수는 개인차가 클수록 커진다.
② 신뢰도 계수는 문항 수가 증가함에 따라 정비례하여 커진다.
③ 신뢰도 계수는 신뢰도 추정방법에 따라서 달라질 수 있다.
④ 신뢰도 계수는 결과의 일관성을 보여주는 값이다.

05 다음은 Holland의 6가지 성격유형 중 무엇에 해당하는가?

> • 현장에서 몸으로 부대끼는 활동을 선호한다. 사교적이지 못하며, 대인관계가 요구되는 상황에서 어려움을 느낀다.
> • 사물 지향적이다. 대표적으로 기술직 · 토목직, 자동차엔지니어, 농부 등이 해당한다.

① 현실적 유형
② 탐구적 유형
③ 관습적 유형
④ 사회적 유형

06 직무분석방법 중 대상직무에 대한 참고문헌과 자료가 충분하고 널리 알려진 직무에 적합한 방법은?

① 최초분석법
② 결합법
③ 비교확인법
④ 데이컴법

07 일반적으로 직무 스트레스를 조절하는 매개변수로 가정하기에 적합하지 않은 것은?

① A · B 유형 성격
② 통제의 위치
③ 사회적 지원
④ 역할 모호성

08 심리검사의 분류 중 준거참조검사에 관한 설명으로 옳은 것은?

① 성격이나 적성검사에 주로 사용된다.
② 기준점수는 검사, 조직의 특성, 시기 등에 따라 달라질 수 있다.
③ 검사점수를 다른 사람의 점수와 비교하여 어떤 수준인지 알아낸다.
④ 원점수는 규준에 따라 상대적으로 해석된다.

09 Lofquist와 Dawis의 직업적응이론 중 적응방식적 차원에 대한 설명으로 틀린 것은?

이해도 O △ X

① 끈기 – 개인이 환경과 상호작용하는 다양한 활동수준의 기간
② 반응성 – 개인의 직업성격 변화에 따라 직업환경에 반응하는 정도
③ 융통성 – 개인이 직업환경과 개인적 환경 간의 부조화를 참아내는 정도
④ 적극성 – 개인이 직업환경을 개인적 환경과 보다 조화롭게 만들어가려고 노력하는 정도

10 심리검사에 관한 설명으로 가장 거리가 먼 것은?

이해도 O △ X

① 심리검사의 목적은 검사결과를 얻는 것이다.
② 심리검사는 알아보려는 심리특성을 대표하는 행동진술문들을 표집해 놓은 측정도구이다.
③ 심리검사는 객관적인 측정을 위해서 표준화된 절차에 따라 실시된다.
④ 심리전문가라고 하더라도 각 검사에 대한 훈련을 마친 후에 그 검사를 사용해야 한다.

11 A군은 지능검사에서 원점수가 110점이었다. 전체 집단의 평균이 100점이고 표준편차가 10일 때 A군의 표준점수(T점수)는?

이해도 O △ X

① 50
② 60
③ 70
④ 80

12 Super의 직업발달단계 중 다음 보기에 알맞은 단계는 무엇인가?

이해도 O △ X

> 자신에게 적합한 직업분야를 발견하고 자기생활의 안정을 위해 노력하는 시기

① 확립기
② 유지기
③ 성장기
④ 탐색기

13 역할갈등의 종류에 관한 설명으로 틀린 것은?

이해도 O △ X

① 직업에서의 요구와 직업 이외의 요구가 다를 때 발생한다.
② 개인이 수행하는 직무의 요구와 개인의 가치관이 다를 때 발생한다.
③ 개인에게 요구하는 두 사람 이상의 요구가 다를 때 발생한다.
④ 개인의 책임한계와 목표가 명확하지 않아서 역할이 분명하지 않을 때 발생한다.

14 직무분석에 필요한 직무정보를 얻는 출처와 가장 거리가 먼 것은?

이해도 O △ X

① 직무 현직자
② 현직자의 상사
③ 직무 분석가
④ 과거 직무 수행자

15 어느 공장에서 근로자가 일정 개수의 완제품을 할당량보다 더 생산할 때마다 성과급을 준다고 할 때, 이것과 관련이 있는 강화계획은?

이해도 O △ X

① 고정간격 강화계획
② 고정비율 강화계획
③ 변동간격 강화계획
④ 변동비율 강화계획

16 직업상담사가 직업을 전환하고자 하는 내담자에게 우선적으로 탐색해야 할 것은?

이해도 O △ X

① 변화에 대한 인지능력
② 새로운 직업에 대한 성공 기대수준
③ 직업상담에 대한 기대
④ 기존 직업에 대한 애착수준

17 직업발달이론가와 그의 이론에 대한 설명이 옳게 짝지어진 것은?

이해도 O △ X

① Roe – 직업발달단계를 해당하는 연령에 고정시키고 있다.
② Super – 부모와 자녀 간의 상호작용이 직업선택에 영향을 미친다고 본다.
③ Ginzberg – 직업선택이란 단일결정이 아니라, 장기간에 이루어지는 과정이라고 본다.
④ Holland – 개인의 행동양식이나 인성유형(성격)이 직업선택과 발달에 영향을 주지 않는다고 본다.

18 다음은 타당도의 종류 중 무엇에 관한 설명인가?

이해도 O △ X

> 검사의 문항들이 측정하고자 하는 내용영역을 얼마나 잘 반영하고 있는지를 말한다.

① 예언타당도(Predictive Validity)
② 내용타당도(Content Validity)
③ 안면타당도(Face Validity)
④ 준거관련 타당도(Criterion-related Validity)

19 다음 중 특정 개인의 점수를 그 집단 내에서 그 사람보다 점수가 낮은 사람들의 비율로 나타내는 규준은?

① 연령 및 학년규준
② 백분위점수
③ 발달규준
④ 정신연령규준

20 다음 중 스트레스의 심각도에 영향을 주는 요인 중 종류가 다른 것은?

① 문제의 갑작스러움과 낯설음
② 예기된 스트레스의 임박성
③ 스트레스에 대한 내성의 개인차
④ 요구의 양과 지속 기간

02 직업상담 및 취업지원

21 직업지도 프로그램의 선정 시 고려해야 할 사항이 아닌 것은?

① 선정의 목적
② 정치성 및 경제성
③ 선정 시의 용이성
④ 뚜렷한 효과

22 진로탐색 프로그램에 대한 설명으로 틀린 것은?

① 진로탐색은 진로선택과 구별되어야 한다.
② 진로선택을 제공하는 생동적 과정이다.
③ 진로탐색에서는 정보나 전략을 제시하여야 한다.
④ 신규 입직자들은 누구나 겪어야 할 과정이다.

23 다음 중 내담자중심 상담이론의 특징이 아닌 것은?

① 상담은 건설적인 대인관계의 실례들 중 단지 하나에 불과하다.
② 모든 심리적 고통은 비합리적 사고방식 때문에 발생한다고 보고, 합리적 사고를 강조하였다.
③ 상담과정과 그 결과에 대한 연구조사를 통해 개발되어 왔다.
④ 내담자와 상담자는 동등한 관계라는 입장을 취한다.

24 직업선택에 대해 내담자들이 보이는 우유부단함의 일반적인 이유와 가장 거리가 먼 것은?

① 실패에 대한 두려움
② 중요한 타인들의 영향
③ 다재다능함
④ 좋은 직업들의 다양함

25 다음 중 실직자를 진로 · 직업상담 측면에서 바라본 내용이 아닌 것은?

① 직업알선 및 직업적응력 증진
② 자신의 직업적성에 대한 정확한 이해
③ 직무탐색과 관련된 자기효능감의 증진
④ 인간관계 능력의 향상

26 특성–요인 상담의 목표가 아닌 것은?

① 내담자의 잠재적인 모든 개성을 발달시키는 데 주력한다.
② 내담자 스스로 자기통제를 가능하도록 한다.
③ 내담자가 자신이 필요로 하는 정보를 수집, 분석, 종합할 수 있도록 한다.
④ 내담자가 자신의 문제를 해결하도록 한다.

27 내담자의 인지적 명확성을 사정할 때 고려할 사항으로 가장 적절한 것은?

① 직업상담에서는 상담자의 내면 동기를 고려하여 상담이 이루어져야 한다.
② 직장을 처음 구하는 사람도 직장생활을 하던 중 직업전환을 하는 사람과 직업상담에 관한 접근은 동일하다.
③ 내담자가 우울증과 같은 심리적 문제로 인지적 명확성이 부족한 경우에도 진로문제에 대한 결정은 이루어져야 한다.
④ 내담자의 직장인으로서의 역할이 다른 생애역할과 복잡하게 얽혀 있는 경우 생애역할을 함께 고려한다.

28 상담자가 내담자에게 관심을 기울이는 행동 중 바람직하지 않은 것은?

① 내담자에게 은혜를 베푼다는 인상을 주지 말아야 한다.
② 개방적인 자세를 취한다.
③ 내담자를 향해 몸을 약간 기울인다.
④ 내담자의 눈을 계속 쳐다본다.

29 상담 초기단계에서 상담자가 해야 할 일과 가장 거리가 먼 것은?

① 내담자 문제의 이해
② 심층적 탐색
③ 촉진적 상담관계의 형성
④ 구조화

30 상담 초기에서 구조화를 할 때 언급해야 할 사항으로 보기 어려운 것은?

① 비밀보장 문제
② 상담기간과 횟수
③ 문제의 원인
④ 기대되는 결과

31 내담자와 대화하면서 상담자가 현재 내적으로 경험하는 것을 활용하여 피드백을 주는 것을 무엇이라고 하는가?

① 직 면
② 심층적 공감
③ 즉시적 반응
④ 해 석

32 진로 및 직업선택에 관한 설명으로 틀린 것은?

① 흥미와 능력은 항상 일치하는 것은 아니다.
② 직업선택 결정에서 적성 및 지능검사의 결과에만 의존하지는 않는다.
③ 직업흥미가 아동기 초기 경험으로부터 결정된다는 관점은 환경적응론이다.
④ 직업적 흥미는 성격특성과 자아개념에 따라 변화한다.

33 인간중심 상담이론에서는 상담자의 지식 · 이론 · 기술보다는 내담자가 자기를 실현할 수 있도록 환경을 조성하는 상담자의 태도를 더 중요시한다. 다음 중 인간중심 상담이론에서 말하는 상담자가 취해야 할 태도에 해당하지 않는 것은?

① 공감적 이해
② 논리적 반박
③ 일 치
④ 무조건적 존중과 수용

34 인간중심 상담이론의 궁극적 목표는?

① 내담자가 가지고 있는 문제를 해결하는 것
② 내담자가 무의식의 갈등을 의식하도록 하는 것
③ 내담자가 완전히 기능하는 사람이 되도록 하는 것
④ 내담자의 비합리적 신념을 교정하는 것

35 경력 상담 시 내담자의 가족이나 선조들의 직업 특징에 대한 시각적 표상을 얻기 위해 도표를 만드는 방식은?

① 제노그램
② 경력개발 프로그램
③ 경력 사다리
④ 직업결정 나무

36 평소 자신을 배려하고 도와주던 배우자가 어느 특정한 때에 자신을 배려하지 않았을 때, '저 사람은 나에게 무관심한 사람이야'라고 결론 내리는 것과 가장 관련이 깊은 것은?

① 지나친 일반화
② 절대적 사고
③ 타인 비하
④ 당위적 사고

37 다음 중 바르게 연결된 것은?

① 자극 일반화 – 소거의 원리
② 체계적 둔감법 – 상호제지의 원리
③ 고전적 조건형성 – 스키너(Skinner)
④ 작동적 조건형성 – 파블로프(Pavlov)

38 행동요법 상담이론에서의 상담자의 역할은?

① 내담자의 심리적 고통을 해결해 준다.
② 상담 분위기를 조성하여 내담자의 성장을 촉진시킨다.
③ 부적응 행동을 진단하고 개선된 행동으로 유도한다.
④ 내담자의 긴장과 불안요소를 제거해 준다.

39 생애진로사정의 구조 중 전형적인 하루의 탐색목적은?

① 내담자가 자신의 생활을 어떻게 조직하는지 발견한다.
② 내담자가 자신의 사회생활을 탐색한다.
③ 내담자가 자신의 부족한 부분을 탐색한다.
④ 내담자가 자신의 일상에서 문제점을 찾아낸다.

40 다음 행동특성을 모두 포함하는 집단상담자의 자질은?

이해도 ○△✕

- 내면에 대한 깊이 있는 반성
- 사소한 실수에도 낙심하지 않음
- 집단구성원들에게 자신의 약한 부분과 한계를 기꺼이 드러냄

① 타인의 복지에 대한 관심
② 자기수용
③ 개방적 소양
④ 공감적 이해 능력

03 직업정보

41 다음 중 한국표준직업분류(2025)의 대분류 항목과 그 직능수준이 잘못 연결된 것은?

이해도 ○△✕

① 사무 종사자 – 제2직능수준 필요
② 농림어업 숙련 종사자 – 제2직능수준 필요
③ 군인 – 제3직능수준 이상 필요
④ 관리자 – 제4직능수준 혹은 제3직능수준 필요

42 다음 나열된 직종 중에서 단일등급에 해당하는 것끼리 바르게 묶인 것은?

이해도 ○△✕

사회조사분석사, 국제의료관광코디네이터, 컴퓨터활용능력, 전산회계운용사, 소비자전문상담사, 게임기획전문가, 비서, 컨벤션기획사, 워드프로세서, 텔레마케팅관리사

① 국제의료관광코디네이터, 게임기획전문가, 워드프로세서, 텔레마케팅관리사
② 전산회계운용사, 게임기획전문가, 비서, 사회조사분석사, 컨벤션기획사
③ 국제의료관광코디네이터, 컴퓨터활용능력, 소비자전문상담사, 전산회계운용사
④ 비서, 컨벤션기획사, 워드프로세서, 사회조사분석사, 소비자전문상담사

43 어느 상점에 배달원 3명, 판매원 2명, 회계원 1명이 일하고 있을 때의 직무분석 결과로 옳은 것은?

이해도 ○△✕

① 임무(Duty)는 모두 3개이다.
② 작업(Task)은 모두 3개이다.
③ 직무(Job)는 모두 3개이다.
④ 직위(Position)는 모두 3개이다.

44 직업정보 조사를 위한 설문지 작성법으로 틀린 것은?

이해도 ○△✕

① 이중질문은 피한다.
② 조사주제와 직접 관련이 없는 문항은 줄인다.
③ 응답률을 높이기 위해 민감한 질문은 앞에 배치한다.
④ 응답의 고정반응을 피하도록 질문형식을 다양화한다.

45 국가기술자격 서비스분야의 응시자격 기준으로 옳은 것은?

이해도 ○△✕

① 소비자전문상담사 1급 – 소비자상담 관련 실무경력 2년 이상인 사람
② 사회조사분석사 2급 – 해당 실무에 1년 이상 종사한 사람
③ 직업상담사 1급 – 해당 실무에 3년 이상 종사한 사람
④ 임상심리사 1급 – 임상심리와 관련하여 1년 이상 실습수련을 받은 사람으로서 대학졸업자 및 졸업예정자

46 다음 중 국가기술자격 기술·기능 분야의 주요 직무분야가 다른 하나는?

이해도 ○△✕

① 항 공
② 자동차
③ 용 접
④ 조 선

47 국가기술자격시험 중 실기시험만 시행할 수 있는 종목으로 옳은 것은?

이해도 ○△✕

① 정보처리기능사
② 미용사
③ 한복기능사
④ 미장기능사

48 다음 중 직업훈련제도와 거리가 먼 것은?

이해도 ○△✕

① 장애인에 적합한 직업을 선택하여 직종에 맞게 훈련시킨다.
② 60세 이상된 전 근로자에게 이직 교육훈련을 시킨다.
③ 산업현장에서 환경시설관리와 위생상태의 교육을 한다.
④ 실업자의 재취직 교육훈련을 시킨다.

49 구직자에게 일정한 금액을 지원하여 그 범위 이내에서 직업능력개발훈련에 참여할 수 있도록 하고, 훈련이력 등을 개인별로 통합관리하는 제도는?

이해도 ○△✕

① 사업주훈련
② 일학습병행제
③ 국민내일배움카드
④ 청년취업아카데미

50 한국표준직업분류의 주요 개정(제8차) 방향 및 특징에 대한 설명으로 틀린 것은?

① 지난 개정 이후 시간 경과를 고려하여 전면 개정 방식으로 추진하되, 중분류 이하 단위분류 체계를 중심으로 개정을 추진하였다.
② 반려동물 대상 서비스 확대로 의료진료전문가와 별도로 수의사를 소분류로 분리하고, 동물 관련 서비스 종사자를 신설하였다.
③ 전기 자동차 조립원, 로봇 설치 및 정비원, 신재생에너지 관련 관리자 등 성장산업 관련 직업 신설 등 고용규모가 늘어나는 직업분류를 확대하였다.
④ 기업 종사원을 공공기관 종사원과 민간기업 종사원 간 직무의 차별성을 두어 분류하였다.

51 워크넷 구인 · 구직 및 취업동향에 따른 구인 · 구직 현황은 다음과 같다. 다음 중 구인배수로 옳은 것은? (단, 소수점 셋째자리에서 반올림)

> • 신규구인인원 : 246,381(명)
> • 신규구직건수 : 399,056(건)
> • 취업건수 : 181,303(건)

① 0.54
② 0.58
③ 0.62
④ 3.81

52 다음은 한국표준직업분류의 분류 원칙상 무엇에 근거한 것인가?

> 제빵원이 빵을 제조하고 이를 판매한 경우 판매원으로 분류하지 않고 제빵원으로 분류

① 주된 직무 우선 원칙
② 최상급 직능수준 우선 원칙
③ 최하급 직능수준 우선 원칙
④ 생산업무 우선 원칙

53 다음 중 국가자격시험의 시행기관이 다른 것은?

① 전산회계운용사
② 정보처리산업기사
③ 국제의료관광코디네이터
④ 사무자동화산업기사

54 구직자에게 일정한 금액을 지원하여 그 범위 이내에서 직업능력개발훈련에 참여할 수 있도록 하고, 훈련이력 등을 개인별로 통합관리하는 제도는?

① 훈련계좌발급제
② 직업능력훈련제도
③ 국민내일배움카드제
④ 직업능력카드

55 국가기술자격과 국가전문자격에 대한 설명으로 옳지 않은 것은?

① 네일 미용사는 국가기술자격의 하나로 2014년 11월 필기부터 시행되었다.
② 국가기술자격에서 서비스 분야는 1급, 2급, 3급으로 나뉜다.
③ 국가전문자격에는 의사, 변호사, 공인노무사, 사회복지사, 문화재수리기술자 등의 자격이 있다.
④ 수산물품질관리사는 국가전문자격 중 하나로 2015년 11월부터 시행되었다.

56 한국표준산업분류의 생산단위의 활동형태에 관한 설명으로 틀린 것은?

① 보조활동은 모 생산단위에서 사용되는 비내구재 또는 서비스를 제공하는 활동으로서 생산활동을 지원해 주기 위하여 존재한다.
② 생산활동과 보조활동이 별개의 독립된 장소에서 이루어질 경우 지역통계작성을 위하여 보조단위에 관한 정보를 별도로 수집할 수 있다.
③ 연구 및 개발활동은 통상적인 생산과정에서 소비되는 서비스를 제공하는 것이므로 연구 및 개발활동으로 분류한다.
④ 고정자산 형성의 일부인 재화의 생산, 예를 들면 자기계정을 위한 건설활동을 하는 경우 이에 관한 별도의 자료를 이용할 수 있으면 건설활동으로 분류한다.

57 국가직무능력표준(NCS)의 특성으로 옳지 않은 것은?

① 산업계 단체가 주도적으로 참여하여 개발한다.
② 해당 직무를 수행하기 위해 반드시 필요한 특정 영역의 수행능력을 중점적으로 제시한다.
③ 한 사람의 근로자가 해당 직업 내에서 소관 업무를 성공적으로 수행하기 위하여 요구되는 실제적인 수행능력을 의미한다.
④ 모듈 형태로 구성한다.

58 직업선택을 위한 학과정보에서 학과별 남성 취업률을 계산하는 방식으로 옳은 것은?

① $\dfrac{\text{남성취업자}}{\text{남성졸업자}-\text{남성외국인}-\text{남성고시준비자}-\text{남성입대자}}$

② $\dfrac{\text{남성취업자}}{\text{남성졸업자}-\text{남성외국인}-\text{남성진학자}-\text{남성입대자}}$

③ $\dfrac{\text{남성취업자}}{\text{남성졸업자}-\text{남성진학자}-\text{남성입대자}}$

④ $\dfrac{\text{남성취업자}}{\text{남성졸업자}-\text{남성고시준비자}-\text{남성입대자}}$

59 국가직무능력표준의 구성에 대한 설명으로 옳지 않은 것은?

① 능력단위요소는 수행준거, 지식ㆍ기술ㆍ태도, 평가지침으로 구성된다.
② 능력단위는 국가직무능력표준의 기본 구성요소에 해당하며, 직무는 다수의 능력단위로 구성된다.
③ 수행준거는 능력단위요소별로 성취여부를 판단하기 위하여 개인이 도달해야 하는 수행의 기준을 제시한 것이다.
④ 직업기초능력은 능력단위별로 업무수행을 위해 기본적으로 갖추어야 할 직업능력을 말한다.

60 국가기술자격의 기술ㆍ기능 분야 검정기준 중 다음의 내용에 해당하는 것은?

> 해당 국가기술자격의 종목에 관한 기술기초이론 지식 또는 숙련기능을 바탕으로 복합적인 기초기술 및 기능업무를 수행할 수 있는 능력 보유

① 기능장
② 기 사
③ 산업기사
④ 기능사

04 노동시장

61 다음 중 경쟁적 기업의 단기 노동수요로 옳은 것은?

① 노동의 한계생산
② 노동의 한계생산가치
③ 노동의 평균생산
④ 시장임금수준과 같은 높이의 수평선

62 노동수요가 유발수요라는 말은 다음 중 어떤 현상을 의미하는 것인가?

① 노동의 공급이 제품의 질을 높인다.
② 소득이 높아지면 노동공급이 감소한다.
③ 노동조합은 임금을 인상하는 작용을 한다.
④ 제품에 대한 수요가 감소하면 노동에 대한 수요도 줄어든다.

63 다음 중 2차 노동시장의 특징에 해당하는 것은?

① 높은 임금   ② 높은 안정성
③ 높은 이직률   ④ 높은 승진율

64 일반적으로 노동공급곡선이 우상향한다는 것은 무엇을 의미하는가?

① 노동공급은 임금수준과 무관하다.
② 임금이 상승하면 노동공급량은 감소한다.
③ 임금이 상승하면 노동공급량은 증가한다.
④ 임금이 상승하면 저축이 늘어난다.

65 기혼여성의 경제활동참가율에 관한 설명으로 틀린 것은?

① 남편의 소득이 높을수록 경제활동참가율은 하락한다.
② 가계생산의 기술이 향상될수록 경제활동참가율은 하락한다.
③ 교육수준이 높을수록 경제활동참가율은 상승한다.
④ 자녀의 연령이 높을수록 경제활동참가율은 상승한다.

66 A국가의 전체 인구 5,000만명 중 은퇴한 노년층과 15세 미만 유년층은 각각 1,000만명, 취업자는 1,500만명, 실업자는 500만명이라고 한다. 이 국가의 실업률(A)과 경제활동참가율(B)은?

① A : 25%, B : 40%
② A : 25%, B : 50%
③ A : 33%, B : 40%
④ A : 33%, B : 50%

67 다음 중 자발적 노동이동(Voluntary Mobility)에 따른 순수익의 현재가치(Present Value)를 결정해 주는 요인으로 옳지 않은 것은?

① 노동이동에 따른 심리적 비용
② 새로운 직장의 고용규모
③ 새로운 직장에서의 예상근속년수
④ 장래의 기대되는 수익과 현 직장에서의 수익의 차를 현재가치로 할인해 주는 할인율

68 유럽의 일부 국가에서는 국민연금에 대한 정부의 부담을 줄이기 위하여 근로자들의 정년을 연장하려는 움직임이 나타나고 있다. 이는 노동공급을 증가시키게 되는데, 이때 시장임금과 고용은 어떻게 변하겠는가?

① 임금상승, 고용감소
② 임금하락, 고용감소
③ 임금상승, 고용증가
④ 임금하락, 고용증가

69 우리나라에서는 통계청에서 매달 실시하는 경제활동인구조사를 통해 고용통계를 작성하고 있다. 올해 봄에 막내를 초등학교에 입학시킨 주부 A씨는 조사대상이 되는 4주일의 기간 중 동네의 할인매장에서 단 이틀 동안 하루 두 시간씩 급여를 받고 근무한 후 그 일을 그만둔 것으로 조사되었다. A씨는 다음 중 어디에 해당하는 것으로 분류되는가?

① 취업자
② 실업자
③ 비경제활동인구
④ 해당사항 없음

70 다음 보기의 도표에서 노동시장이 수요독점인 경우 임금과 고용량을 나타낸 것으로 옳은 것은? (단, D와 S는 각각 노동의 수요곡선과 공급곡선, 그리고 MFC는 한계요소비용으로 노동의 한계비용을 의미한다)

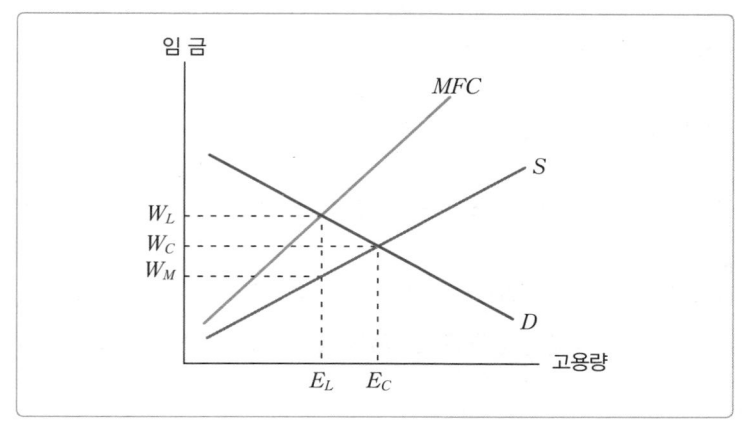

① W_L, E_L
② W_C, E_C
③ W_L, E_C
④ W_M, E_L

71 효율임금정책의 의미를 맞게 설명한 것은?

① 시장의 임금수준보다 높은 임금을 지급한다.
② 임금수준은 낮추면서 근로자 수를 늘린다.
③ 시장의 임금수준을 지급하면서 고용을 보장한다.
④ 기본급은 억제하면서 기업 성과에 따른 보너스를 높인다.

72 노동을 시장에 공급하기 위해 노동자가 요구하는 최소한의 주관적 요구 임금수준은?

① 통상임금
② 의중임금
③ 최저임금
④ 최소임금

73 마찰적 실업을 해소하기 위한 정책이 아닌 것은?

① 구인 및 구직에 대한 전국적 전산망 연결
② 직업안내와 직업상담 등을 통한 효과적인 알선
③ 고용실태 및 전망에 관한 자료제공
④ 노동자의 전직과 관련된 재훈련 실시

74 숙련 노동시장과 비숙련 노동시장이 완전히 단절되어 있다고 할 때 비숙련 외국근로자의 유입에 따라 가장 큰 피해를 입을 것으로 예상되는 집단은?

① 국내 소비자
② 국내 비숙련공
③ 노동집약적 기업주
④ 기술집약적 기업주

75 한계생산력설은 근로자의 임금수준을 결정하는 핵심적 요인을 무엇으로 보는가?

① 근로시간
② 근로자의 생산성
③ 생활비의 크기
④ 노동조합의 교섭력

76 다음 중 경쟁적 요인에 의한 임금격차를 가져오는 요인으로 볼 수 없는 것은?

① 근로자의 생산성 격차
② 임금의 보상격차
③ 단기적 시장 불균형
④ 노동조합의 활동

77 임금―물가 악순환론, 지불능력설, 한계생산력설 등에 영향을 미친 임금결정이론은?

이해도 ○△×

① 임금생존비설
② 임금철칙설
③ 노동가치설
④ 임금기금설

78 다음 중 최저임금제도와 근로장려세제(EITC)에 대한 설명으로 옳지 않은 것은?

이해도 ○△×

① EITC는 저소득근로계층을 수혜대상으로 한다.
② 최저임금제도하에서는 최저임금 이하를 받는 근로자에게 그 혜택이 주어진다.
③ EITC는 이론적으로 저생산성 저임금근로자의 실업을 유발하지 않는다.
④ EITC와 최저임금제 실시는 공통적으로 사중손실(Dead Weight Loss) 발생으로 총 경제후생을 축소시킨다.

79 다음 중 보상임금격차의 예로서 가장 적합한 것은?

이해도 ○△×

① 사회적으로 명예로운 직업의 보수가 높다.
② 대기업의 임금이 중소기업의 임금보다 높다.
③ 정규직 근로자의 임금이 일용직 근로자의 임금보다 높다.
④ 상대적으로 열악한 작업환경과 위험한 업무를 수행하는 광부의 임금은 일반 공장 근로자의 임금보다 높다.

80 생산성 임금제를 따를 때 물가상승률이 3%이고, 실질생산성 증가율이 7%라고 하면 명목임금은 얼마나 인상되어야 하는가?

이해도 ○△×

① 2%
② 4%
③ 10%
④ 15%

05 노동관계법규 (I)

81 근로기준법령상 고용노동부장관에게 경영상의 이유에 의한 해고 계획의 신고를 할 때 포함해야 하는 사항이 아닌 것은?

이해도 ○△×

① 퇴직금
② 해고 사유
③ 해고 일정
④ 근로자대표와 협의한 내용

82 국민 평생 직업능력 개발법상 직업능력개발훈련의 기본원칙에 대한 설명으로 틀린 것은?

이해도 ○△×

① 직업능력개발훈련은 정부 주도로 노사의 참여와 협력을 바탕으로 실시되어야 한다.
② 직업능력개발훈련은 국민 개개인의 희망·적성·능력에 맞게 국민의 생애에 걸쳐 체계적으로 실시되어야 한다.
③ 직업능력개발훈련은 성별, 연령, 신체적 조건, 고용형태, 신앙 또는 사회적 신분 등에 따라 차별하여 실시되어서는 아니 된다.
④ 직업능력개발훈련은 국민의 직무능력과 고용가능성을 높일 수 있도록 지역·산업현장의 수요가 반영되어야 한다.

83 고용보험법상 자영업자인 피보험자에게 지급될 수 있는 급여를 모두 고른 것은?

이해도 ○△×

> ㄱ. 이주비
> ㄴ. 훈련연장급여
> ㄷ. 조기재취업 수당
> ㄹ. 직업능력개발 수당

① ㄱ, ㄹ
② ㄴ, ㄷ
③ ㄴ, ㄷ, ㄹ
④ ㄱ, ㄴ, ㄷ, ㄹ

84 다음 (　　) 안에 들어갈 가장 알맞은 것은?

이해도 ○△×

> 근로기준법상 당사자 간에 합의하면 1주간에 (A)시간을 한도로 제51조의 근로시간을 연장할 수 있고, 제52조 제1항 제2호의 정산기간을 평균하여 1주간에 (B)시간을 초과하지 아니하는 범위에서 제52조 제1항의 근로시간을 연장할 수 있다.

① A − 3, B − 6
② A − 12, B − 12
③ A − 6, B − 12
④ A − 12, B − 6

85 다음 중 국민 평생 직업능력 개발법상 근로자직업능력개발훈련이 중요시되어야 할 대상을 고르면?

이해도 ○△×

> A. 국민기초생활 수급권자
> B. 제조업의 사무직에 종사하는 근로자
> C. 국가유공자
> D. 고령자·장애인
> E. 농·축산업 종사자

① A, C, E
② A, C, D
③ B, C, E
④ B, D, E

86 근로기준법상 임금의 지급방법에 관한 원칙으로만 연결된 것은?

① 통화불의 원칙, 직접불의 원칙, 정액불의 원칙, 일시불의 원칙
② 통화불의 원칙, 직접불의 원칙, 전액불의 원칙, 매월 1회 이상 정기불의 원칙
③ 통화불의 원칙, 정액불의 원칙, 전액불의 원칙, 일시불의 원칙
④ 직접불의 원칙, 정액불의 원칙, 전액불의 원칙, 매월 1회 이상 정기불의 원칙

87 근로기준법상 임금 지급에 관한 설명으로 옳은 것은?

① 법령 또는 단체협약에 특별한 규정이 있는 경우가 아니라면, 임금의 일부를 공제하거나 통화 이외의 것으로 지급할 수 없다.
② 임시로 지급하는 임금, 수당, 그 밖에 이에 준하는 것 또는 고용노동부령으로 정하는 임금 등 매월 1회 이상 일정한 날짜를 정하여 지급하여야 한다.
③ 사업이 한 차례 이상의 도급에 따라 행하여지는 경우에 하수급인이 직상 수급인의 귀책사유로 근로자에게 임금을 지급하지 못한 경우에는 그 하수급인은 책임을 면하고 그 직상 수급인이 단독으로 임금 지급의 책임을 진다.
④ 사용자는 근로자가 육아 비용에 충당하기 위하여 임금 지급을 청구하면 지급기일 전이라도 이미 제공한 근로에 대한 임금을 지급하여야 한다.

88 근로기준법령상 휴게시간이 반드시 부여되어야 하는 근로자는?

① 사회복지사업에 종사하는 근로자
② 고용노동부장관의 승인을 받아 단속근로에 종사하는 근로자
③ 기밀업무를 취급하는 근로자
④ 양잠사업에 종사하는 근로자

89 고용보험법상 근로자가 받을 수 없는 것은?

① 이주비
② 광역구직활동비
③ 직업능력개발수당
④ 고용유지지원금

90 근로기준법상 휴일·휴게에 관한 설명 중 옳지 않은 것은?

① 사용자는 근로시간이 4시간인 경우에는 30분 이상, 8시간인 경우에는 1시간 이상의 휴게시간을 근로시간 도중에 주어야 한다.
② 사용자는 근로자에게 1주에 평균 1회 이상의 유급휴일을 주어야 한다.
③ 휴게시간은 근로자가 자유롭게 이용할 수 있다.
④ 사용자는 1년간 8할 이상 출근한 근로자에게 1주일에 해당하는 유급휴가를 주어야 한다.

91 근로기준법상 미성년자의 근로계약에 관한 사항으로 틀린 것은?

① 미성년자의 근로계약은 본인이 체결하여야 하는 것이 원칙이지만 특별한 경우 친권자 또는 후견인이 근로계약을 대리할 수 있다.
② 친권자는 근로계약이 미성년자에게 불리하다고 인정하는 경우 이를 해지할 수 있다.
③ 후견인은 근로계약이 미성년자에게 불리하다고 인정하는 경우 이를 해지할 수 있다.
④ 고용노동부장관은 근로계약이 미성년자에게 불리하다고 인정하는 경우 이를 해지할 수 있다.

92 직업안정법상 국내 근로자공급사업의 허가를 받을 수 있는 자는?

① 노동조합 및 노동관계조정법에 의한 노동조합
② 국내에서 제조업을 행하고 있는 사업주
③ 국내에서 용역업을 행하고 있는 사업주
④ 국내에서 서비스업을 행하고 있는 사업주

93 직업안정법상 직업소개사업 내지 근로자 공급사업과 관련된 규제 중 옳은 것은?

① 직업소개사업을 하는 자는 18세 미만의 구직자를 소개할 수 없다.
② 국내 유료직업소개사업을 하고자 하는 자는 시장·군수·구청장의 허가를 받아야 한다.
③ 국외 유료직업소개사업을 하고자 하는 자는 고용노동부장관에게 등록하여야 한다.
④ 공중위생관리법에 의한 숙박업을 하는 자도 직업소개사업을 할 수 있다.

94 유료직업소개사업의 등록을 할 수 있는 자의 요건에 해당하지 않는 것은?

① 조합원이 300인 이상인 단위노동조합, 산업별 연합단체인 노동조합 또는 총연합단체인 노동조합에서 노동조합업무전담자로 1년 이상 근무한 경력이 있는 자
② 상시사용근로자 300인 이상인 사업 또는 사업장에서 노무관리업무전담자로 2년 이상 근무한 경력이 있는 자
③ 국가공무원 또는 지방공무원으로서 2년 이상 근무한 경력이 있는 자
④ 초·중등교육법에 의한 교원자격증을 가지고 있는 자로서 교사근무경력이 2년 이상인 자

95 다음 중 채용절차의 공정화에 관한 법령상 채용서류의 반환 등에 대한 내용으로 가장 옳은 것은?

① 구인자는 확정된 채용대상자가 채용서류의 반환을 청구하는 경우에는 본인임을 확인한 후 대통령령으로 정하는 바에 따라 반환하여야 한다.

② 구직자로부터 채용서류의 반환 청구를 받은 구인자는 구직자가 반환 청구를 한 날부터 14일 이내에 구직자에게 해당 채용서류를 발송하거나 전달하여야 한다.

③ 구직자가 구인자의 요구 없이 자발적으로 제출한 채용서류에 대해서도 구인자의 채용서류 반환 의무가 성립된다.

④ 채용서류의 반환에 소요되는 비용은 원칙적으로 구직자가 부담한다.

96 국민 평생 직업능력 개발법상 직업능력개발훈련의 기본원칙이 아닌 것은?

① 산업현장과 긴밀하게 연계될 수 있도록 하여야 한다.

② 민간의 자율과 창의성이 존중되도록 해야 한다.

③ 고령자·장애인·여성근로자·중소기업근로자 등의 직업능력 개발훈련은 중요시되어야 한다.

④ 근로자의 고용형태, 연령에 따라 차별된 기회가 보장되어야 한다.

97 직업안정법상 구인자·구직자 직업안정기관에 구인·구직신청을 하고자 할 때 제출하는 구인표 또는 구직표에 대한 설명으로 옳은 것은?

① 직업안정기관에 수리된 구인신청의 유효기간은 3개월로 한다.

② 직업안정기관에 수리된 구직신청의 유효기간은 2개월로 한다.

③ 국외취업희망자의 구직신청의 유효기간은 6개월로 한다.

④ 직업안정기관의 장은 접수된 구인표·구직표를 2년간 관리·보관하여야 한다.

98 다음 중 국민 평생 직업능력 개발법상 지정직업훈련시설을 지정받으려는 자의 결격사유로 옳지 않은 것은?

① 피성년후견인·피한정후견인·미성년자

② 파산선고를 받고 복권되지 아니한 사람

③ 지정직업훈련시설의 지정이 취소된 날부터 1년이 지나지 아니한 자

④ 평생교육시설의 설치인가취소를 처분받고 2년이 지나지 아니한 자

99 다음 중 남녀고용평등과 일·가정 양립 지원에 관한 법률에 대한 설명으로 옳지 않은 것은?

① 여성 근로자에 대한 모성보호는 차별로 보지 않는다.

② 남녀고용평등과 일·가정 양립 지원에 관한 법률은 상시 10인 이상의 근로자를 사용하는 사업장에 적용한다.

③ 적극적 고용개선조치란 고용평등을 촉진하기 위하여 잠정적으로 특정성을 우대하는 조치를 말한다.

④ 고용노동부장관은 남녀고용평등 실현에 관한 기본계획을 수립하여야 한다.

100 다음 중 개인정보 보호법에 따라 개인정보처리자가 정보주체의 동의를 받아 개인정보를 수집·이용할 때 정보주체에게 반드시 알려야 하는 사항에 포함되지 않는 것은?

① 개인정보의 수집·이용 목적

② 개인정보의 수집·이용 방법

③ 수집하려는 개인정보의 항목

④ 개인정보의 보유 및 이용 기간

6회 최종모의고사

자격종목 및 등급(선택분야)	시험시간	문제지형별	수험번호	성 명
직업상담사 2급	2시간 30분			

정답 및 해설 p.160

01 직업심리

01 동기부여이론은 크게 내용이론과 과정이론으로 나눌 수 있다. 다음 중 과정이론에 해당하는 것은?

① 매슬로우(Maslow)의 욕구단계설
② 앨더퍼(Alderfer)의 ERG 이론
③ 브룸(Vroom)의 기대이론
④ 아지리스(C. Argyris)의 성숙-미성숙이론

02 개인 관련 스트레스요인 중 A 유형 행동이 아닌 것은?

① 책임을 회피한다.
② 쉽게 화를 낸다.
③ 늘 경쟁적 성취욕으로 가득 차있다.
④ 많은 일을 성취하려고 한다.

03 직업적성검사(GATB)에서 사무지각적성(Clerical Perception)을 측정하기 위한 검사는?

① 표식검사
② 계수검사
③ 명칭비교검사
④ 평면도 판단검사

04 Holland의 6가지 성격유형 중 설득적 유형에 대한 설명으로 적절하지 않은 것은?

① 기업경영인, 정치가, 판사, 영업사원 등이 속하는 유형이다.
② 조직의 목적과 경제적 이익을 얻고, 타인을 선도하고 관리하는 일을 좋아한다.
③ 논리적이고 분석적이며, 합리적이고 지적 호기심이 많다.
④ 통솔력과 지도력이 있으며, 야심적이고 외향적이다.

05 진로발달에 관한 설명으로 옳은 것은?

① 진로발달을 위한 계획이 일단 수립되면 끝까지 고수해야 좋다.
② 진로발달이란 직업정체성을 구체화하고 직업기회를 발전시키는 것이다.
③ 직업발달의 단계를 대체로 소양-탐색-준비-인식-확정 순으로 구분한다.
④ 진로발달이란 주로 직종에 대한 다양한 조사, 견학, 현장실습의 기회를 갖는 것이다.

06 다음은 무엇에 관한 설명인가?

- 서로 다른 체계로 측정한 점수들을 동일한 조건에서 비교할 수 있도록 한다.
- 음수값을 가지지 않는다.
- 원점수를 변환해서 평균이 500이고 표준편차가 10인 분포로 만든 것이다.

① T점수
② Z점수
③ 백분율 점수
④ 백분위 점수

07 다음 중 규준에 대한 설명으로 틀린 것은?

① 어떤 개인이나 집단의 검사수준을 그 개인이나 집단이 속해 있는 모집단에 비추어 해석하는 기준을 제공해 준다.
② 규준에 비추어 개인의 원점수는 남과의 비교정보가 함유된 점수로 전환된다.
③ 규준은 검사가 검색 또는 선발의 목적으로 사용될 때 수많은 지원자들 중에서 일차적인 선발과정으로도 그 가치가 있다.
④ 규준은 보편적이며 영구적인 것이다.

08 진로발달에서 맥락주의(Contextualism)에 관한 설명으로 틀린 것은?

① 행위는 맥락주의의 주요 관심대상이다.
② 맥락주의에서는 개인보다는 환경의 영향을 강조한다.
③ 행위는 인지적·사회적으로 결정되며 일상의 경험을 반영하는 것이다.
④ 진로연구와 진로상담에 대한 맥락상의 행위설명을 확립하기 위하여 고안된 방법이다.

09 다음 중 직무기술서의 구성내용이 아닌 것은?

① 직무요건
② 직무개요
③ 직무비교
④ 직무명

10 직무스트레스에 관한 설명으로 옳지 않은 것은?

① 17-OHCS라는 당류부신피질 호르몬은 스트레스의 생리적 지표로서 매우 중요하게 사용된다.
② A형 행동유형이 B형 행동유형보다 높은 스트레스 수준을 유지한다.
③ 역 U자형 가설은 스트레스 수준이 낮은 경우 작업능률이 떨어지며, 반대로 스트레스 수준이 높은 경우에도 저조한 수행실적을 보인다는 것이다.
④ 일반적응증후군(GAS)은 '저항단계 → 경계단계 → 탈진단계' 순으로 전개된다.

11 적응기제 가운데 '도피기제'로만 짝지어진 것은?

① 합리화, 동일시, 백일몽
② 고립, 퇴행, 억압
③ 보상, 투사, 승인
④ 반동형성, 치환, 고착

12 다음 괄호 안에 알맞은 것은?

> • 레빈슨(Levinson)의 발달이론에서 성인은 연령에 따라 (　　　)의 계속적인 과정을 거쳐 발달하게 되며, 이러한 단계는 성별이나 문화에 상관없이 적용 가능하다.
> • 성인의 인생구조 형성과정이 연령의 증가에 따라 일정한 (　　　)을 형성한다고 보았다.

① 안정과 변화, 자기효능감
② 안정과 변화, 계열
③ 과제와 도전, 계열
④ 과제와 도전, 자기효능감

13 다음 중 미네소타 직업분류체계Ⅲ와 관련되어 발전된 이론은?

① Super의 평생발달이론
② Lofquist와 Dawis의 직업적응이론
③ Krumboltz의 사회학습이론
④ Holland의 인성이론

14 지능지수에 대한 다음 설명 중 적절한 것으로 짝지어진 것은?

> A. 개인이 속한 연령집단 가운데 차지하는 절대적인 위치를 나타낸다.
> B. 정보처리 속도가 빠른 사람에게 높게 나타난다.
> C. 학력이나 문화적 영향을 크게 받는다.
> D. 지능지수의 평균은 90이고 표준편차는 15이다.

① A, B
② A, D
③ B, C
④ C, D

15 검사점수의 표준오차에 관한 설명으로 옳은 것은?

① 검사의 표준오차는 클수록 좋다.
② 검사의 표준오차는 검사점수의 타당도를 나타내는 수치다.
③ 표준오차를 고려할 때 오차 범위 안의 점수 차이는 무시해도 된다.
④ 검사의 표준오차는 표준편차의 다른 표현이다.

16 아이가 착한 행동을 했을 때 방과 후의 교실청소를 감면해줌으로써 아이의 착한 행동의 빈도를 증가시키고자 한 것과 관련이 있는 것은?

① 정적 강화
② 부적 강화
③ 벌
④ 소거

17 검사-재검사법을 이용한 신뢰도 측정에 대한 설명과 가장 거리가 먼 것은?

① 시간 간격이 너무 클 경우 측정대상의 속성이나 특성이 변화할 수 있다.
② 반응민감성의 영향으로 검사를 치르는 경험이 후속 반응에 영향을 줄 수 있다.
③ 앞에서 답한 것을 기억해서 뒤의 응답 시 활용할 수 있다.
④ 문항 간의 동질성이 높은 검사에서 적용하는 것이 좋다.

18 부적응행동과 관련된 다음 설명 중 가장 적절하지 않은 것은?

① 부적응행동을 판별하는 절대적인 기준이 있다.
② 부적응증상은 심인성 신체질환으로 나타나기도 한다.
③ 부적응상태란 주어진 상황에 적응하지 못한 상태를 말한다.
④ 사회적 준거로부터 유리된 행동도 부적응행동에 속한다.

19 에릭슨(Erikson)의 성격발달단계 중 자율성을 획득하느냐, 아니면 수치와 의심에 빠지느냐 하는 위기를 경험하는 시기에 해당하는 프로이트(Freud)의 성격발달단계는?

① 구강기　　　　　　　② 항문기
③ 남근기　　　　　　　④ 잠복기

20 상사에 대해 불만을 가지고 있는 부하직원이 상사가 시킨 일을 미루고 제때에 해내지 못하는 것과 가장 관련이 깊은 방어 기제는?

① 억 제　　　　　　　② 투사적 동일시
③ 합리화　　　　　　　④ 수동공격성

02 직업상담 및 취업지원

21 진로상담의 일반적인 과정을 순서대로 바르게 나열한 것은?

> ㄱ. 상담목표의 설정
> ㄴ. 관계수립 및 문제의 평가
> ㄷ. 문제해결을 위한 개입
> ㄹ. 훈습(Working Through)
> ㅁ. 종 결

① ㄱ → ㄴ → ㄷ → ㄹ → ㅁ
② ㄴ → ㄱ → ㄷ → ㄹ → ㅁ
③ ㄱ → ㄴ → ㄹ → ㄷ → ㅁ
④ ㄴ → ㄹ → ㄱ → ㄷ → ㅁ

22 다음은 직업상담 기법 중 무엇에 대한 설명인가?

> 상담자는 두 부분의 개입을 하게 된다. 첫 번째는 낡은 사고에 대한 평가이며, 두 번째는 낡은 사고나 새로운 사고의 적절성을 검증하는 실험을 해보는 것이다. 의문 형태의 개입은 상담자가 정답을 제시하기보다는 내담자 스스로 해결방법에 다가가도록 유도한다.

① 실제적 기법　　　　　② 심리측정 도구 사용기법
③ 인지적 기법　　　　　④ 논리적 기법

23 다음 중 생애진로사정에 대한 설명으로 틀린 것은?

① 내담자의 과거 직업에 대한 전문지식 분석
② 내담자의 과거 직업경력에 대한 정보수집
③ 내담자의 가계도(Genogram) 작성
④ 내담자가 가진 자원과 장애물에 대한 평가

24 내담자중심 상담에서 강조되는 상담자의 특성이 아닌 것은?

① 일치성
② 무조건적 수용
③ 공감적 이해
④ 분석적 사고

25 사이버 직업상담 기법으로 적합하지 않은 것은?

① 질문내용 구상하기
② 핵심 진로논점 분석하기
③ 진로논점 유형 정하기
④ 직업정보 가공하기

26 혐오치료의 일종으로서, 원하지 않는 행동과 그로 인해 나타날 수 있는 불쾌한 결과를 함께 상상하도록 함으로써 부적응 행동을 방지하기 위한 상담기법은?

① 모델링
② 내현적 가감법
③ 자기관리 프로그램
④ 과잉교정

27 상담의 비밀보장 원칙에 대한 예외사항이 아닌 것은?

① 상담자가 내담자의 정보를 개인적 목적에만 사용하려고 하는 경우
② 미성년 내담자가 학대를 받고 있다는 사실이 보고되는 경우
③ 내담자가 타인의 생명을 위협할 가능성이 있다고 판단되는 경우
④ 내담자가 자기의 생명을 위협할 가능성이 있다고 판단되는 경우

28 자신의 흥미 및 적성에 대한 이해가 부족한 내담자를 대상으로 한 상담과정을 바르게 나열한 것은?

> A. 적합 직업 탐색
> B. 직업에 관한 상세 정보 제공
> C. 직업적성검사 및 흥미검사 실시
> D. 직업지도 시스템을 통한 검사결과 처리

① C → D → A → B
② C → D → B → A
③ A → C → D → B
④ A → C → B → D

29 다음 상담면접의 주요 방법 중 구조화에 대한 설명으로 맞는 것은?

이해도 ○△✕
① 내담자의 말을 주의 깊게 듣고 있는 상담자의 태도와 반응을 말한다.
② 바꾸어 말해줌으로써 상담자가 내담자의 입장을 이해하려고 노력하고 있음을 알려준다.
③ 내담자가 자신의 말 중에서 모호한 점을 확실히 알도록 해주는 것이다.
④ 상담과정의 본질, 제한조건 및 방향에 대해 상담자가 정의를 내려주는 것이다.

30 내담자의 문제에 대한 사례를 개념화하는 데 필요한 정보로 가장 적절하지 않은 것은?

이해도 ○△✕
① 호소문제와 관련된 주요 인간관계
② 문제의 심각성에 대한 내담자의 지각
③ 내담자의 상담 가능 요일 및 시간
④ 내담자의 강점과 사회적 지원

31 다음과 같이 내담자가 말했을 때, 내담자를 무조건적으로 존중하는 태도에서 나온 반응으로 가장 적절한 것은?

이해도 ○△✕

> 애들이 너무 얄미워요. 친한 사이인데도 혼자 내신 등급을 잘 따려고 노트도 안 빌려주고… 학교가 너무 살벌하고 재미없어요.

① 친구들이 마음에 안 들어도 어쩌겠니.
② 실정을 잘 모르는구나. 너도 정신을 바짝 차려야지.
③ 이러쿵저러쿵 남의 말 할 것 없어. 너나 잘 해.
④ 친구들과 지내기가 힘들어도 넌 잘 참고 지내는구나.

32 상담자는 자신의 감정을 정확하게 지각하고 그 느낌대로 진술하게 표현할 수 있어야 한다. 이와 가장 관련이 깊은 것은?

이해도 ○△✕
① 일치성
② 무조건적 존중
③ 문화적 인식
④ 적극적 경청

33 엘리스(Ellis)가 개발한 인지적 · 정서적 상담에서 정서적 · 행동적 결과를 야기하는 것은?

이해도 ○△✕
① 선행사건
② 논 박
③ 신 념
④ 효 과

34 다음에서 설명하고 있는 생애진로사정의 구조는?

이해도 ○△✕

> • 내담자의 주도로 생애주제, 강점과 장애를 반복적으로 검토하도록 한다.
> • 수집된 정보를 강조하며, 진로계획의 향상을 도모한다. 또한 상담을 통해 목표를 성취하도록 자극한다.

① 진로사정
② 전형적인 하루
③ 강점과 장애
④ 요 약

35 직업상담에서 내담자의 정보오류에 해당하는 것은?

이해도 ○△✕
① 삭 제
② 불가능을 가정함
③ 제한된 일반화
④ 예외를 인정하지 않음

36 상담자는 내담자와 대화를 하면서 서로 간의 신뢰가 문제시될 것 같아 다음과 같이 말했다. 이와 가장 관계있는 상담기법은?

이해도 ○△✕

> 당신이 말하기를 주저하는 것이 혹시 나와 관계되어 그런 것이 아닌가 궁금하군요. 아직은 나를 믿는 것이 어렵겠지요.

① 해 석
② 직 면
③ 즉시적 반응
④ 심층적 공감

37 초기상담의 유형 중 정보지향적 면담에 관한 설명으로 틀린 것은?

이해도 ○△✕
① '재진술'과 '감정의 반향' 등이 주로 이용된다.
② '예, 아니요'와 같은 특정하고 제한된 응답을 요구하는 것이다.
③ '누가, 무엇을, 어디서, 어떻게'로 시작되는 개방형 질문이 사용된다.
④ 상담의 틀이 상담자에게 초점을 맞추어져 진행된다.

38 특별한 상담기법을 주장하기보다는 상담자가 내담자를 대하는 방식이나 태도를 더 중요시하고, 이것이 내담자의 변화를 촉진한다고 보는 상담이론은?

이해도 ○△✕
① 정신분석이론
② 인지상담이론
③ 인간중심상담이론
④ 행동수정이론

39 다음 중 집단상담의 장점으로 보기 어려운 것은?

① 시간과 경제적인 측면에서 효율적이다.
② 타인과 상호교류를 할 수 있는 능력이 개발된다.
③ 개인상담보다 심층적인 내면의 심리를 다루기에 더 효율적이다.
④ 내담자들이 개인상담보다 더 쉽게 받아들이는 경향이 있다.

40 신규 입직자나 직업인을 대상으로 조직문화, 인간관계, 직업 예절, 직업의식과 직업관 등에 관한 정보를 제공하고 필요시 직업지도 프로그램에 참여하게 하는 상담은?

① 직업전환 상담
② 직업적응 상담
③ 구인·구직 상담
④ 경력개발 상담

03 직업정보

41 직업정보의 가공 시 유의사항이 아닌 것은?

① 직업은 그 분야에서 매우 전문적이므로 전문적인 지식이 없어도 이해할 수 있는 언어로 가공한다.
② 직업에 대한 장·단점을 편견 없이 제공한다.
③ 현황은 가장 최신의 자료를 활용하되, 표준화된 정보를 활용한다.
④ 시청각 효과를 부여하면 혼란이 발생하기 때문에 가급적 삼간다.

42 다음 직업정보의 종류 중 민간직업정보의 특성에 대한 설명으로 맞는 것은?

① 특정 시기에 국한되지 않고 지속적으로 제공된다.
② 특정한 목적에 맞게 해당분야 및 직종을 제한적으로 선택할 수 있다.
③ 무료로 제공된다.
④ 다른 정보에 미치는 영향이 크며 관련성이 높다.

43 한국직업사전에서 직업정보를 구성하는 기본항목에 해당하지 않는 것은?

① 산업명
② 본직업명
③ 직무개요
④ 부가 직업정보

44 공공직업정보의 특성으로 틀린 것은?

① 필요한 시기에 최대한 활용되도록 한시적으로 신속하게 생산 및 운영된다.
② 광범위한 이용가능성에 따라 공공직업정보체계에 대한 직접적이며 객관적인 평가가 가능하다.
③ 특정 분야 및 대상에 국한되지 않고 전체 산업 및 업종에 걸친 직종 등을 대상으로 한다.
④ 직업별로 특정한 정보만을 강조하지 않으며 보편적인 항목으로 이루어진 직업정보체계로 구성되어 있다.

45 일자리 창출 지원 제도에 대한 설명으로 옳지 않은 것은?

① 성장유망업종 및 지역특화산업에 해당하는 기업, 국내복귀기업으로 지정된 사업주가 실업자를 새로 고용하는 경우 인건비의 일부를 지원한다.
② 지역 노동시장 간 형평성 제고와 균형 있는 발전을 위해 고용사정이 현저히 악화되거나 악화될 우려가 있는 지역을 '고용위기지역'으로 지정한다.
③ 비정규직 근로자의 정규직 전환, 전일제 근로자의 시간 선택제 근로자로의 전환, 시차출퇴근제·재택근무제 등 유연근무제 도입 등은 고용유지지원금과 연관된다.
④ 사회적기업을 육성하기 위해 인건비(사업주 부담 사회보험료 포함) 및 사업개발비, 경영컨설팅, 모태펀드 등 직·간접적 인프라 확충을 지원한다.

46 고용정보의 가공·분석에 관한 설명으로 틀린 것은?

① 정보의 가공 및 분석목적을 명확히 해야 한다.
② 변화 동향에 유의해야 한다.
③ 숫자로 표현할 수 없는 정보도 유효적절하게 수용한다.
④ 다른 통계자료는 배제하는 것이 유리하다.

47 다음 중 취업희망자 및 근로자가 주로 사용하는 직업정보로만 짝지어진 것은?

A. 구인자 현황	B. 의사결정단계
C. 노동시장의 변화	D. 입시제도
E. 직업생활의 질	F. 진로정보시스템

① A, B, C
② A, C, E
③ B, C, E
④ B, C, F

48 다음 중 고용정보의 주요 용어에 대한 설명으로 옳지 않은 것은?

이해도 ○△×

① 경제활동참가율(%)＝(경제활동인구÷15세 이상 인구)×100
② 고용률(%)＝(취업자÷15세 이상 인구)×100
③ 유효구직자 수＝(해당 월말) 등록마감된 구직자 수－취업 준비 중인 구직자 수
④ 실업률(%)＝(실업자÷경제활동인구)×100

49 다음은 어떤 고용보험사업에 관한 설명인가?

이해도 ○△×

> 근로자를 감원하지 않고 고용을 유지하거나 실직자를 채용하여 고용을 늘리는 사업주를 지원하여 근로자의 고용안정 및 취업취약계층의 고용촉진을 지원한다.

① 실업급여사업
② 고용안정사업
③ 취업알선사업
④ 직업상담사업

50 워크넷(직업·진로)에서 제공하는 학과정보가 아닌 것은?

이해도 ○△×

① 관련학과/교과목
② 개설대학
③ 진출직업
④ 졸업자 평균연봉

51 다음 중 직업정보의 사용목적이 다른 하나는?

이해도 ○△×

① 알지 못했던 직업에 대한 인식
② 직무를 수행하는 회사나 공장 등의 유형에 대한 지식 확대
③ 흥미유발, 토론자극, 태도변화, 더 나은 조사를 위한 동기 부여
④ 한 직업에서 일하는 활동과 일의 과정, 환경 등에 관한 지식 습득

52 구인·구직일람표에 대한 설명으로 옳지 않은 것은?

이해도 ○△×

① 인터넷을 이용하는 취업알선에 비해 효율적이다.
② 경력 및 학력을 배경으로 한 질문 중심의 과거지향적인 정보이다.
③ 노동력을 필요로 하는 기업과 일자리는 필요로 하는 구직자가 제공한 구인·구직정보를 표로 작성한 것을 말한다.
④ 최신의 자료를 반영하지 못하는 단점이 있다.

53 한국고용정보원에서 제공하는 '워크넷 구인·구직 및 취업동향'에 대한 설명으로 틀린 것은?

이해도 ○△×

① 수록된 통계는 전국 고용지원센터, 한국산업인력공단, 시·군·구 등에서 입력한 자료를 워크넷 DB로 집계한 것이다.
② 공공고용안정기관의 취업지원서비스를 통해 산출되는 구인·구직 통계를 제공하여 취업지원사업 등의 국가 고용정책사업 수행을 위한 기초자료를 제공하는 데 목적이 있다.
③ 통계표에 수록된 단위가 반올림되어 표기되어 전체 수치와 표내의 합계가 일치하지 않을 수 있다.
④ 워크넷을 이용한 구인·구직자들만을 대상으로 하므로 통계자료가 노동시장 전체의 수급상황과 정확히 일치한다.

54 다음은 고용안전망 확충 중 무엇에 대한 설명인가?

이해도 ○△×

> 실업자의 노후소득 보장을 강화하기 위해 구직급여 수급 기간 동안 국민연금 보험료의 일부를 지원하고 그 기간을 연금 가입기간으로 산입한다.

① 산재보험제도
② 건설근로자 퇴직공제제도
③ 실업크레딧 지원
④ 두루누리사업

55 다음 보기 중 청년 대상 고용정책끼리 바르게 묶인 것은?

이해도 ○△×

> 대학창조일자리센터 운영, 고용연장지원금, 일학습병행제, 임금피크제 지원금, 사회공헌활동 지원, NCS 기반 능력중심 채용 확산, 생애경력설계서비스, 해외취업지원

① 일학습병행제, 고용연장지원금, NCS 기반 능력중심 채용 확산, 임금피크제 지원금
② 대학창조일자리센터 운영, 일학습병행제, NCS 기반 능력중심 채용 확산, 해외취업지원
③ 사회공헌활동 지원, 대학창조일자리센터 운영, 해외취업지원, 생애경력설계서비스
④ 고용연장지원금, 임금피크제 지원금, 사회공헌활동 지원, 생애경력설계서비스

56 취업성공패키지에 대한 설명으로 옳지 않은 것은?

이해도 O△X

① 일정 요건을 충족한 신청자에게는 취업성공수당을 지급하며, 특히 취업성공패키지에 참여 중인 청년들에 대해 참여수당, 청년구직활동수당을 지원한다.

② 상대적 빈곤선 이상의 빈곤 위험계층까지를 포함하는 근로빈곤층 관련 포괄적인 취업지원제도이다.

③ 중위소득 60% 이하인 차차상위계층 및 중위소득 100% 이하인 중장년층까지를 정책대상으로 설정하고 있다.

④ 저소득층의 취업에 대한 간접적인 지원 내지 유인제도인 자활사업이나 재정에 의한 일자리 지원사업 및 근로장려세제 등과는 내용적인 측면에서 차이가 있다.

57 다음 중 고용정보의 처리과정을 순서대로 나열한 것은?

이해도 O△X

① 수집 – 가공 – 체계화 – 분석 – 제공 – 평가

② 수집 – 체계화 – 분석 – 제공 – 가공 – 평가

③ 수집 – 제공 – 가공 – 분석 – 체계화 – 평가

④ 수집 – 분석 – 가공 – 체계화 – 제공 – 평가

58 지역산업맞춤형 일자리창출 지원사업의 목적으로 옳지 않은 것은?

이해도 O△X

① 지역차원의 고용사업 토대가 될 수 있는 물적네트워크 구성과 지역 노동시장 정보체계의 기반을 구축한다.

② 지역 특성에 맞는 고용창출 및 직업능력개발을 통해 지역 간 노동시장 불균형을 해소한다.

③ 지역고용 관련 다양한 기관의 참여를 통한 시너지 효과를 극대화하여 고용 관련 지역의 현안문제를 지역에서 자율적으로 해결하도록 지원한다.

④ 지역산업 등과 연계된 지역 특화형 고용정책의 토대를 마련한다.

59 직업정보는 정보의 생산 및 운영 주체에 따라 민간직업정보와 공공직업정보로 구분된다. 다음 중 공공직업정보의 특성이 아닌 것은?

이해도 O△X

① 지속적으로 조사 · 분석하여 제공되며 장기적인 계획 및 목표에 따라 정보체계의 개선작업 수행이 가능하다.

② 전체 산업 및 업종에 걸친 직종을 대상으로 한다.

③ 조사분석 및 정리, 제공에 상당한 시간 및 비용이 소요되므로 유료로 제공한다.

④ 직업별로 특정한 정보만을 강조하지 않고 보편적인 항목으로 이루어진 기초적인 직업정보체계로 구성된다.

60 국가기술자격 검정 중 기사 응시자격에 관한 설명으로 옳은 것은?

이해도 O△X

① 기능사 취득 후, 1년 이상 실무 종사자

② 관련학과 4년제 대학 졸업(예정)자

③ 산업기사 수준의 노동부령으로 정하는 기술훈련과정 이수(예정)자

④ 2년제 전문대학 관련학과 졸업자로 졸업 후 동일 분야에서 2년 이상 실무에 종사한 자

04 노동시장

61 실업급여 중 취업촉진수당이 아닌 것은?

이해도 O△X

① 직업능력개발수당

② 광역구직활동비

③ 이주비

④ 훈련연장급여

62 노동시장의 구조와 기능에 대한 설명으로 옳지 않은 것은?

이해도 O△X

① 노동시장의 1차적 기능은 균형임금과 균형고용량을 결정하는 것이다.

② 노동시장에 대한 시각에서 제도학파는 경쟁의 영향을 중시하지 않는다.

③ 장기적으로는 노동시장에 경쟁이 관철되지 않는다.

④ 우리나라의 노동시장은 학력별 시장의 특징을 보인다.

63 근로자의 생산에 대한 기여에 따라 임금이 결정된다고 보는 이론은?

이해도 O△X

① 한계생산력설

② 노동력재생산비설

③ 임금교섭력설

④ 제도적 임금결정설

64 다음 중 장기노동수요곡선에 대한 설명으로 올바른 것은?

이해도 O△X

① 대체효과에 의한 단기노동수요곡선보다 더욱 비탄력적이다.

② 대체효과와 산출량효과에 의해 단기노동수요곡선보다 더욱 탄력적이다.

③ 대체효과에 의해 단기노동수요곡선보다 더욱 탄력적이다.

④ 대체효과와 산출량효과에 의해 단기노동수요곡선보다 더욱 비탄력적이다.

65 지역 간 발전 불균등, 산업 간 성장 불균등, 기술변화 등 노동력 공급과 수요구조가 서로 달라져서 생겨나는 실업은?

① 마찰적 실업
② 구조적 실업
③ 경기적 실업
④ 계절적 실업

66 시간당 임금이 5,000원에서 6,000원으로 인상될 때, 노동수요량이 10,000에서 9,000으로 감소한다면 노동수요의 임금탄력성은? (단, 노동수요의 임금탄력성은 절댓값이다)

① 0.2
② 0.5
③ 1.0
④ 2.0

67 직무급체계는 근로자의 어떤 점을 기초로 그의 임금을 결정하는 임금제도인가?

① 성, 학력, 근속연수 등의 인적 요소
② 근로자가 하는 일의 속성
③ 근로자의 업무처리 능력
④ 다른 기업의 임금수준

68 다음 중 임금과 관련된 내용이 아닌 것은?

① 실질임금은 명목임금을 물가수준으로 나눈 것이다.
② 특별급여는 초과급여의 일부분이다.
③ 기본급은 정액급여에 속한다.
④ 월 일정액의 제수당은 정액급여에 포함된다.

69 생산요소에 대한 수요를 파생수요(Derived Demand)라 부르는 이유로 가장 적합한 것은?

① 생산요소의 수요곡선은 이윤극대화에서 파생되기 때문이다.
② 정부의 요소수요는 민간의 수요를 보완하기 때문이다.
③ 생산요소에 대한 수요는 그들이 생산한 생산물에 대한 수요에 의존하기 때문이다.
④ 생산자들은 저렴한 생산요소를 늘 대체하기 때문이다.

70 다음 중 자발적 노동이동에 따른 순수익의 현재가치를 높이는 요인이 아닌 것은?

① 신 · 구 직장 간의 효용 또는 수익의 차가 클수록
② 새로운 직장에서의 예상근속연수가 길수록
③ 장래의 기대되는 수익의 차를 현재가치로 할인해 주는 할인율이 클수록
④ 노동이동 비용이 낮을수록

71 임금이 일정수준 이상으로 상승할 경우 노동공급곡선이 후방으로 굴절하게 되는 이유는?

① 소득효과가 대체효과를 압도하게 되어 노동공급을 감소시키기 때문이다.
② 대체효과가 소득효과를 압도하게 되어 노동공급을 감소시키기 때문이다.
③ 대체효과가 소득효과를 압도하게 되어 노동공급을 증가시키기 때문이다.
④ 소득효과가 대체효과를 압도하게 되어 노동공급을 증가시키기 때문이다.

72 교육투자에 관한 설명으로 틀린 것은?

① 사적 수익률은 교육년수 증가에 따른 개인근로소득의 증가율을 의미한다.
② 정부는 사적 수익률을 높이는 데 초점을 맞추어야 한다.
③ 교육투자의 사회적 수익률이 실물자본투자의 사회적 수익률에 비해 크다면 교육투자는 사회적으로도 바람직한 자원 배분이다.
④ 기업이 학력을 선발 기준으로 삼는 고용관행이 고착화되면 고학력에 대한 민간부분의 수요는 과도하게 높아질 수 있다.

73 자연실업률이 4%로 알려져 있는데, 현재의 실업률은 3% 수준에 머무르고 있다면 이는 어떤 상황인가?

① 경기적 실업이 존재한다.
② 물가의 상승이 예견된다.
③ 부가노동자효과가 나타나고 있다.
④ 잠재실업이 존재한다.

74 임금체계의 공평성(Equity)에 관한 설명으로 옳은 것은?

① 연령, 근속년수가 같으면 동일한 임금을 지급한다.
② 근로자의 공헌도에 비례하여 임금을 지급한다.
③ 승자일체 취득의 원칙을 말한다.
④ 최저생활을 보장해주는 임금원칙을 말한다.

75 불경기에 발생하는 부가노동자효과(Added Worker Effect)와 실망실업자효과(Discouraged Worker Effect)에 따라 실업률이 변화한다. 실업률에 미치는 효과의 방향성이 옳은 것은? (단, ＋ : 상승효과, － : 감소효과)

① 부가노동자효과 : ＋, 실망실업자효과 : －
② 부가노동자효과 : －, 실망실업자효과 : －
③ 부가노동자효과 : ＋, 실망실업자효과 : ＋
④ 부가노동자효과 : －, 실망실업자효과 : ＋

76 다음 중 실업률을 하락시키는 변화로 옳은 것을 모두 고른 것은?

ㄱ. 취업자가 비경제활동인구로 전환
ㄴ. 실업자가 비경제활동인구로 전환
ㄷ. 비경제활동인구가 취업자로 전환
ㄹ. 비경제활동인구가 실업자로 전환

① ㄱ, ㄴ　　　　　　② ㄱ, ㄹ
③ ㄴ, ㄷ　　　　　　④ ㄷ, ㄹ

77 기술혁신이 노동수요에 미치는 영향에 대한 설명으로 틀린 것은?

① 기술혁신으로 차별화된 제품이 생산되는 경우 기존의 제품과 대체관계가 생겨 기존 기업군의 노동수요가 줄어든다.
② 기술혁신으로 신제품이 생산되는 경우 신제품을 개발한 기업군의 노동수요는 증가한다.
③ 기술혁신으로 공장자동화가 되면 자본비용이 증가하게 되어 노동수요는 늘어나게 된다.
④ 자본비용감소의 규모효과로 인한 노동고용증대가 노동축출의 대체효과를 압도하면 고용증대가 일어난다.

78 다음 중 필립스 곡선(Phillips Curve)의 의미로 가장 옳은 것은?

① 실업률과 노동생산성 상승률 간의 상호관계
② 실업률과 인구증가율 간의 상호관계
③ 실업률과 경제성장률 간의 상충관계
④ 실업률과 물가상승률 간의 상충관계

79 임금상승 또는 소득의 증가에 의한 소득효과가 대체효과보다 큰 경우 임금률이 상승할 때 노동공급은?

① 일정하다.
② 증가한다.
③ 감소한다.
④ 감소하다가 증가한다.

80 실업이 사회적으로 문제되는 경우는 자연실업률 이상일 때이고, 그보다 낮을 때는 문제가 되지 않는다. 다음 중 자연실업률의 크기를 결정하는 실업에 해당하는 것끼리 짝지어진 것은?

A. 마찰적 실업
B. 경기적 실업
C. 구조적 실업
D. 잠재적 실업

① A, C, D　　　　　　② B, C, D
③ A, C　　　　　　　④ B, D

05 노동관계법규(Ⅰ)

81 고용보험법상 실업급여를 지급받을 권리는 몇 년간 행사하지 아니하면 시효로 소멸하는가?

① 1년　　　　　　② 2년
③ 3년　　　　　　④ 5년

82 다음 중 우리나라 헌법에 규정된 근로3권(노동3권)에 해당하지 않는 것은?

① 단결권　　　　　　② 단체요구권
③ 단체교섭권　　　　④ 단체행동권

83 국민 평생 직업능력 개발법상 국민의 자율적 직업능력개발을 지원하기 위한 제도의 하나로 직업능력개발훈련 비용과 직업능력개발에 관한 이력을 종합적으로 관리하는 것을 주된 내용으로 하는 제도는?

① 원격훈련제도
② 우선선정직종제도
③ 직업능력개발계좌제도
④ 직업능력개발훈련비용 환급제도

84 고용보험법령상 육아휴직 급여 신청기간의 연장 사유에 해당하지 않는 것은?

① 천재지변
② 형제의 질병
③ 배우자의 직계존속의 부상
④ 범죄혐의로 인한 구속

85 다음 중 직업안정법상 유료직업소개사업을 겸할 수 없는 업종은?

> A. 식품접객업 중 단란주점영업
> B. 미용업
> C. 숙박업
> D. 영화제작업

① D
② B, D
③ A, C
④ A, B, C

86 근로기준법상 사용자의 개념에 속하지 않는 것은?

① 사업주
② 기업의 소유자
③ 사업의 경영담당자
④ 근로자에 관한 사항에 대하여 사업주를 위하여 행위하는 자

87 근로기준법상 경영상 이유에 의한 해고에 관한 설명으로 틀린 것은?

① 경영 악화를 방지하기 위한 사업의 양도·인수·합병은 긴박한 경영 상의 필요가 있는 것으로 본다.
② 사용자는 해고를 피하기 위한 노력을 다하여야 한다.
③ 사용자는 합리적이고 공정한 해고의 기준을 정하고 이에 따라 그 대 상자를 선정하여야 한다.
④ 사용자는 해고를 피하기 위한 방법과 해고의 기준 등에 관하여 해고 를 하려는 날의 60일 전까지 고용노동부장관의 승인을 받아야 한다.

88 근로기준법상 평균임금의 산정대상기간에서 제외되는 기간에 해당되지 않는 것은?

① 2개월 이내의 수습기간
② 업무상 부상·질병으로 요양하기 위하여 휴업한 기간
③ 사용자의 귀책사유로 휴업한 기간
④ 병역의무의 이행을 위하여 임금을 받으면서 휴직한 기간

89 직장규율을 위반한 근로자에 대한 제재로서 감급을 하는 경우, 감급의 제 한에 위반되지 않는 것은?

① 1회의 위반에 대한 감급액이 평균임금의 1일분의 2분의 1을 초과하 거나 1임금지급기의 임금총액의 10분의 1을 초과하는 경우
② 여러 번의 위반이 1임금지급기에 발생한 경우 위반행위에 대한 각각 의 합계액이 1임금지급기의 임금총액의 10분의 1을 초과하는 경우
③ 1회의 위반에 대한 감급액을 수개월에 걸쳐 나누어 감급하는 경우 그 감급액을 합한 금액이 1임금지급기의 임금총액의 10분의 1을 초 과하는 경우
④ 1회의 위반에 대한 감급액이 평균임금의 1일분의 2분의 1을 초과하 지 않은 경우

90 탄력적 근로시간제에 관한 설명으로 옳지 않은 것은?

① 2주 단위의 경우는 취업규칙으로 정하여 시행할 수 있다.
② 3개월 이내의 경우는 근로자대표와의 서면합의에 의하여서만 시행할 수 있다.
③ 2주 단위의 경우 특정일의 근로시간은 12시간, 특정주의 근로시간은 48시간을 초과할 수 없다.
④ 3개월 이내의 경우 특정일의 근로시간은 12시간, 특정주의 근로시간 은 52시간을 초과할 수 없다.

91 국민 평생 직업능력 개발법상 직업능력개발훈련교사의 능력개발을 위한 사업 중 고용노동부장관의 지원이나 융자를 받을 수 있는 사업이 아닌 것 은?

① 조사·연구사업
② 국제교류 및 국제협력사업
③ 자격검정 및 직업능력에 대한 평가사업
④ 훈련매체, 훈련과정, 훈련방법 등의 개발·보급사업

92 고용보험법상 출산전후휴가급여에 대한 설명 중 틀린 것은?

① 출산전후휴가가 끝난 날 이전에 피보험단위기간이 통산하여 180일 이상이어야 한다.
② 원칙적으로 출산전후휴가가 끝난 날 이후 12개월 이내에 신청해야 한다.
③ 출산전후휴가 급여 등은 휴가기간에 대하여 근로기준법의 평균임금 에 해당하는 금액을 지급한다.
④ 출산전후휴가 급여의 지급금액은 대통령령이 정하는 바에 따라 그 상한액과 하한액을 정할 수 있다.

93 직업안정법상 근로자공급사업을 하는 자는 사업계획서·근로자명부·근로자공급대장 등의 장부 및 서류를 몇 년간 갖추어 두어야 하는가?

① 1년
② 2년
③ 3년
④ 4년

94 다음 중 최저임금법규상 최저임금에 산입하는 임금은?

① 연장근로에 대한 가산임금
② 연차 유급휴가의 미사용수당
③ 매월 정기적으로 지급하는 상여금
④ 법정 주휴일 이외의 유급으로 처리되는 휴일에 대한 임금

95 다음 중 최저임금법상 최저임금의 결정에 대한 설명으로 옳지 않은 것은?

① 최저임금위원회는 고용노동부장관으로부터 최저임금에 관한 심의 요청을 받은 경우 이를 심의하여 최저임금안을 의결하고 심의 요청을 받은 날부터 90일 이내에 고용노동부장관에게 제출하여야 한다.
② 고용노동부장관은 최저임금위원회가 심의하여 제출한 최저임금안에 따라 최저임금을 결정하기가 어렵다고 인정되면 재심의를 요청할 수 있고, 최저임금위원회가 재심의에서 재적위원 과반수의 출석과 출석위원 과반수의 찬성으로 당초의 최저임금안을 재의결한 경우에는 그에 따라 최저임금을 결정하여야 한다.
③ 근로자를 대표하는 자나 사용자를 대표하는 자는 고시된 최저임금안에 대하여 이의가 있으면 고시된 날부터 10일 이내에 대통령령으로 정하는 바에 따라 고용노동부장관에게 이의를 제기할 수 있다.
④ 고시된 최저임금은 다음 연도 1월 1일부터 효력이 발생하지만, 고용노동부장관이 사업의 종류별로 임금교섭시기 등을 고려하여 필요하다고 인정하면 효력발생 시기를 따로 정할 수 있다.

96 직업안정법에서 직업소개 관련 내용 중 옳지 않은 것은?

① 직업안정기관의 장은 구직자에 대하여서는 그 능력에 적합한 직업을 소개하도록 노력하여야 한다.
② 직업안정기관의 장은 구인자 또는 구직자 어느 한쪽의 이익에 치우치지 아니하여야 한다.
③ 직업안정기관의 장은 구직자에 대하여 반드시 통근할 수 있는 지역 안에서 직업을 소개하여야 한다.
④ 직업안정기관의 장은 구직자가 취직할 직업에 쉽게 적응할 수 있도록 종사하게 될 업무의 내용, 근로조건 등에 대하여 상세히 설명하여야 한다.

97 고용보험법령상 고용노동부장관은 고용보험기금을 관리·운용함에 있어 대량 실업의 발생이나 그 밖의 고용상태 불안에 대비한 준비금을 여유자금으로 적립하여야 한다. 여유자금 중 고용안정·직업능력개발 사업계정의 연말 적립금의 적정규모는?

① 해당 연도 지출액의 1배
② 해당 연도 지출액의 1배 이상 1.5배 미만
③ 해당 연도 지출액의 1.5배 이상 2배 미만
④ 해당 연도 지출액의 1.5배 이상 2.5배 미만

98 직업능력개발훈련의 훈련목적에 따른 구분으로 옳은 것은?

① 기준훈련, 기준 외 훈련, 인정훈련
② 지정훈련, 인정훈련, 승인훈련
③ 양성훈련, 향상훈련, 전직훈련
④ 집체훈련, 현장훈련, 원격훈련

99 남녀고용평등과 일·가정 양립 지원에 관한 법률상 육아휴직에 관한 설명으로 옳은 것은?

① 육아휴직의 기간은 2년 이내로 한다.
② 사업주는 사업을 계속할 수 없는 경우에도 육아휴직 기간에는 그 근로자를 해고하지 못한다.
③ 육아휴직 기간은 근속기간에 포함하지 않는다.
④ 사업주는 휴직개시예정일의 전날까지 해당 사업에서 계속 근로한 기간이 6개월 미만인 근로자에 대해서는 육아휴직을 허용하지 아니할 수 있다.

100 다음 중 채용절차의 공정화에 관한 법령상 채용서류의 반환 청구기간으로 옳은 것은?

① 구인자가 구직자의 채용서류를 받은 날 이후 30일부터 90일까지
② 구인자가 구직자의 채용서류를 받은 날 이후 60일부터 180일까지
③ 구직자의 채용 여부가 확정된 날 이후 7일부터 90일까지
④ 구직자의 채용 여부가 확정된 날 이후 14일부터 180일까지

01 직업심리

01 Ginzberg의 직업선택단계 중 잠정기(Tentative Period)에 대한 설명으로 틀린 것은?

① 자신의 흥미, 능력, 가치관이 이용되지만 현실적 요인에 대해 적당하게 고려하지 않고 희망하는 직업을 선택하는 단계이다.
② 흥미단계(11~12세), 능력단계(13~14세), 구체화단계(15~16세), 전환단계(18세)로 세분된다.
③ 흥미단계는 자신의 흥미와 취미에 따라 원하는 직업을 그려 보는 단계이다.
④ 가치단계는 자신이 선호하는 직업이 자신의 가치 및 생애목표와 일치되는지를 평가하는 단계이다.

02 100명의 학생들이 오늘 어떤 심리검사를 받고 한 달 후에 동일한 검사를 다시 받았다. 두 번의 검사에서 각 학생의 점수가 동일했다면, 이 경우에 검사-재검사 신뢰도는 얼마인가?

① 0.00
② -1.00
③ +0.50
④ +1.00

03 직무스트레스의 대처반응 중 부정적 회피에 속하는 것은?

① 과 식
② 작업공간의 재배치
③ 낮잠자기
④ 쇼핑하기

04 직업선택에서 비현실성의 문제와 관련 없는 것은?

① 흥미와 적성에 일치하는 직업이 여러 가지라 어떤 직업을 선택해야 할지 결정하지 못한다.
② 자신의 적성수준보다 높은 적성을 요구하는 직업을 선택한다.
③ 자신의 흥미와는 일치하지만, 자신의 적성수준보다는 낮은 적성을 요구하는 직업을 선택한다.
④ 자신의 적성수준에는 맞는 선택을 하지만, 자신의 흥미와는 일치하지 않는 직업을 선택한다.

05 다음 보기의 설명에 가장 적합한 것은?

> 직무의 복잡함과 책임의 비중은 다르지만, 직무내용이 유사한 직무의 집합이다. 통상적으로 직무순환은 이 범위 내에서 이루어진다.

① 직 위
② 직 업
③ 직 종
④ 작 업

06 직업상담에 사용되는 질적 측정도구가 아닌 것은?

① 역할놀이
② 제노그램
③ 카드분류
④ 욕구 및 근로 가치 설문

07 검사의 실시에서 중요한 것으로 검사자와 피검사자 간의 적절한 관계를 형성하는 것을 무엇이라고 하는가?

① 검사불안 감소
② 속이기 예방
③ 라포형성
④ 신뢰성

08 직무분석방법인 최초분석방법 중 현장 종업원에게 가장 적절한 것은?

① 면접법
② 관찰법
③ 설문지법
④ 결합법

09 다음 중 개별 직무의 내용과 성질을 파악하여 과학적이고 합리적인 인사관리가 되도록 하는 것은?

이해도 ○ △ ×

① 직무분석
② 인사평가
③ 직무설계
④ 직무평가

10 직무분석의 결과를 정리할 때 인적 특성을 중심으로 다루어 서식화한 것은?

이해도 ○ △ ×

① 직무분석표
② 직무조사표
③ 직무명세서
④ 직무기술서

11 내적합치도 계수에 대한 설명으로 옳지 않은 것은?

이해도 ○ △ ×

① 해당 문항들이 동일한 측정대상에 대해 어느 정도 일관성 있게 측정하는지 반영한다.
② 어떤 검사를 구성하는 문항들을 각각 독립된 검사로 간주한다.
③ 검사가 성질상 유사한 속성을 측정하는 문항들로 구성되어 있는 경우 낮게 나타난다.
④ 다른 속성을 측정하는 문항들로 구성되어 있는 경우 낮게 나타난다.

12 지능지수(IQ)의 계산방법으로 옳은 것은?

이해도 ○ △ ×

① Z점수에 일정수의 편차를 곱하고 평균치를 100으로 정하여 더한 것이다.
② T점수에 일정수의 편차를 곱하고 평균치를 100으로 정하여 더한 것이다.
③ Z점수에 일정수의 편차를 더하고 평균치를 100으로 정하여 더한 것이다.
④ T점수에 일정수의 편차를 더하고 평균치를 100으로 정하여 곱한 것이다.

13 직무분석의 방법에 관한 설명 중 틀린 것은?

이해도 ○ △ ×

① 질문지법은 면접담당자가 필요 없고 시간과 노력이 절약되며, 해석상의 차이로 인한 오해가 발생할 우려가 적다.
② 직무수행기간이 길어 관찰법을 사용할 수 없는 경우에는 직무담당자로부터 직접 정보를 얻을 수 있는 면접방법을 사용하면 편리하다.
③ 가장 보편적인 방법은 실제로 그 직무에 종사하는 사람을 관찰하는 관찰법이다.
④ 직무담당자가 정보를 얻는 가장 좋은 방법은 그 자신이 직접 업무를 수행해 보는 경험법이다.

14 Erikson의 심리사회적 발달이론 중에서 성인기에 형성되는 인지발달단계는?

이해도 ○ △ ×

① 자율성 – 수치심
② 주도성 – 죄책감
③ 근면성 – 열등감
④ 생산성 – 침체성

15 반분신뢰도(내적 합치도 계수)에 대한 다음 설명 중 틀린 것은?

이해도 ○ △ ×

① 단일한 신뢰도 계수를 산출할 수 없는 문제점을 개선한 Cronbach α, Hoyt의 방법, Kuder–Richardson 공식 등이 있다.
② 하나의 집단에 대해 실시하고 채점을 하기 전에 검사에 들어 있는 문항을 반으로 나누어 두 개의 하위검사를 만든 다음 이 두 하위검사 점수들 간의 상관계수를 구하는 방법이다.
③ 문항들 간의 일관성 또는 동질성의 정도에 대한 지표이다.
④ 사람에게 어떤 검사를 실시하고, 그 검사와 같은 분야를 재는 검사로서 이미 신뢰성이 입증된 유사한 검사를 실시해서 두 검사 점수의 상관계수를 계산한 것이다.

16 홀랜드(Holland)의 성격이론에서 제시한 다음 유형 중 일관성이 가장 낮은 유형은?

이해도 ○ △ ×

① 현실적(R) – 탐구적(I)
② 예술적(A) – 관습적(C)
③ 설득적(E) – 사회적(S)
④ 사회적(S) – 예술적(A)

17 주사위, 도박에서 나타나는 확률은 어떤 강화계획을 기초로 설계되어 있는가?

이해도 ○ △ ×

① 고정비율 강화계획
② 고정간격 강화계획
③ 변동비율 강화계획
④ 변동간격 강화계획

18 다음 중 측정하고자 하는 내용이 다른 검사도구는?

이해도 ○ △ ×

① TAT
② MMPI
③ GATB
④ CPI

19 한 검사 내에 있는 문항 하나하나를 각각 독립된 별개의 검사로 간주하여 문항 내 득점의 일관성을 상관계수로 표시한 것은?

① 재검사 신뢰도
② 문항 내적 합치도
③ 반분 신뢰도
④ 동형검사 신뢰도

20 적성검사와 흥미검사에서 높은 점수를 받은 사람들이 입사 후 업무수행이 우수한 것으로 나타났다. 이 검사는 어떠한 타당도가 높은 것인가?

① 공인타당도
② 예언타당도
③ 내용타당도
④ 구성타당도

02 직업상담 및 취업지원

21 다음 중 직업상담에서 특성-요인이론에 대한 설명으로 맞는 것은?

① 대부분의 사람들은 성격 특성 면에서 여섯 가지 유형으로 분류될 수 있다.
② 개개인은 신뢰할만하고 타당하게 측정될 수 있는 고유한 특성의 집합이다.
③ 개인은 일을 통해 개인적 욕구를 성취하도록 동기화되어 있다.
④ 직업적 선택은 개인의 발달적 특성이다.

22 직업상담사의 자질 요건 중 '상담업무를 수행하는 데 가급적 결함이 없는 성격을 갖춘 자여야 한다'와 관련된 자질에 속하지 않는 것은?

① 지나칠 정도의 동정심
② 순수한 이해심을 가진 신중한 태도
③ 건설적인 냉철함
④ 두려움이나 충격에 대한 공감적 이해력

23 다른 사람의 행동을 보고 들으면서 그 행동을 따라하는 것으로 특히 집단치료에서 유용하게 사용되는 상담기법은?

① 모델링
② 내현적 가감법
③ 과잉교정
④ 자기관리 프로그램

24 직업상담에 대한 설명으로 틀린 것은?

① 내담자의 안전이나 사회적 적응 방법으로 직업문제를 인식하는 것이므로 일반상담에서 사용되는 심리치료를 포함하고 있다.
② 개인의 내적·외적 문제를 다루므로 개인의 내적 문제를 다루는 심리치료보다 더 필요하다.
③ 생애역할과 다른 생애역할과의 통합의 부적절과 불만족을 포함한 것이다.
④ 잘못된 논리체계에 의한 인지적 명확성이 부족한 내담자에게는 일반상담을 실시하도록 의뢰한다.

25 다음 중 직업상담 장면에서 미결정자나 우유부단한 내담자에게 가장 우선되어야 할 직업상담 프로그램은?

① 미래사회 이해 프로그램
② 자신에 대한 탐구 프로그램
③ 취업효능감 증진 프로그램
④ 직업세계 이해 프로그램

26 집단상담의 장점이 아닌 것은?

① 대인관계 훈련의 기회를 제공할 수 있다.
② 자신과 타인의 문제를 보는 시각을 증진할 수 있다.
③ 다양한 구성원 간의 상호작용에 의한 학습의 장이 될 수 있다.
④ 타인뿐만 아니라 개개인의 관심에 초점을 맞출 수 있다.

27 집단상담 과정에서 나타나는 5가지 활동유형이 아닌 것은?

① 개인적 의사결정
② 개인적 정보 검토
③ 자기탐색
④ 상호작용

28 직업상담사의 역할과 가장 거리가 먼 것은?

① 직업정보의 수집 및 분석
② 직업관련 이론의 개발 및 강의
③ 직업관련 심리검사의 실시 및 해석
④ 구인·구직, 직업적응, 경력개발 등 직업관련 상담

29 수퍼(Super)가 제시한 발달적 직업상담단계 중 제2단계는 무엇인가?

이해도 ○△×

> 1. 문제탐색 및 자아개념 묘사
> 2. (   )
> 3. 자아 수용 및 자아 통찰
> 4. 현실검증
> 5. 태도와 감정의 탐색과 처리
> 6. 의사결정

① 문제평가
② 예언적 평가
③ 심리검사
④ 심층적 탐색

30 Crites가 분류한 직업선택의 유형 중 잘못 설명한 것은?

이해도 ○△×

① 불충족형 - 흥미와 적성이 일치하는 분야를 찾지 못한 유형
② 비현실형 - 흥미를 느끼는 분야는 있지만, 그 분야에 적성이 없는 유형
③ 다재다능형 - 재능이 많아 흥미와 적성에 맞는 직업 사이에서 결정을 내리지 못하는 유형
④ 강압형 - 적성 때문에 직업을 선택했지만, 그 직업에 흥미가 없는 유형

31 다음 중 상담의 의미와 관련된 설명으로 가장 적절하지 않은 것은?

이해도 ○△×

① 상담은 개인적인 문제를 대화로 해결하는 것이다.
② 상담은 생활지도를 구성하는 하나의 하위활동이다.
③ 상담은 질병모델에 근거하고 있다는 점에서 정신치료와 구별된다.
④ 상담은 인간과 인간의 만남 속에서 인간이 인간답게 변화되도록 하는 교육의 과정이다.

32 인간을 과거나 환경에 의해 결정되는 존재가 아니라 현재의 사고, 감정, 행동의 전체성과 통합을 추구하는 존재로 보는 상담접근법은?

이해도 ○△×

① 정신분석학적 상담
② 형태주의 상담
③ 개인주의 상담
④ 교류분석적 상담

33 Levinson의 발달이론에 대한 설명으로 틀린 것은?

이해도 ○△×

① 중기 성인 절정기는 55~60세까지로 중년기가 완성되는 단계이다.
② 성인세계 진입기는 22~28세까지로 성인 생활양식을 형성하는 시기이다.
③ 30세 전환기는 28~33세까지로 자신의 삶을 재평가하고 새로운 선택을 탐색한다.
④ 초기 성인 전환기는 17~22세까지로 현실적 삶으로 가는 과도기로서 인생구조에서의 문제점을 인식한다.

34 Rogers의 인간중심상담의 철학적 배경은?

이해도 ○△×

① 실용주의
② 도구주의
③ 실존주의
④ 진보주의

35 다음 중 바람직한 특성을 지닌 상담자라고 보기에 가장 적합한 사람은?

이해도 ○△×

① 현재보다는 과거를 중시하고 집착하는 사람
② 타인을 위해 자신의 감정을 전혀 드러내지 않는 사람
③ 실수하기를 두려워하고, 실수를 인정하지 않는 사람
④ 변화에 개방적인 자세를 가지고 있는 사람

36 장애를 가진 내담자를 위한 집단상담 프로그램에서 가장 중요한 활동은?

이해도 ○△×

① 심리검사 실시
② 취업동기 평가
③ 사회적응을 위한 상담
④ 가족관계 확인

37 상담에서 발생할 수 있는 윤리문제에 대해 상담자가 취해야 할 태도로 가장 적절한 것은?

이해도 ○△×

① 내담자의 요구보다는 상담자가 중요하게 생각하는 것을 우선적으로 다룬다.
② 내담자의 비밀을 유지할 수 없는 조건에서는 자문을 받는 것이 필요하다.
③ 내담자가 원하는 도움을 제공해 줄 수 없는 상황이라도 끝까지 붙들고 있어야 한다.
④ 내담자의 전이에 대해 역전이를 보일 수 있도록 준비해야 한다.

38 상담관계의 틀을 구조화하기 위해서 다루어야 할 요소가 아닌 것은?

이해도 ○△×

① 상담자의 역할과 책임
② 내담자의 성격
③ 상담의 목표
④ 상담시간과 장소

39 내담자가 다음과 같이 말했을 때, 내담자를 공감적으로 이해하는 태도에서 나온 반응으로 가장 적절한 것은?

이해도 ○△×

> 저는 친한 친구가 하나도 없어요. 마음 터놓고 이야기할 만한 상대가 없네요.

① 남들도 그런 사람 많아요.
② 당신은 사교성이 없군요.
③ 마음 터놓고 이야기할 만한 상대가 없어서 외로우시겠군요.
④ 친구하고 어울리는 대신 공부에 취미를 붙여 보세요.

40 다음 설명과 가장 부합되지 않는 개념은?

이해도 ○△×

> 상담에서 가장 중요한 것은 상담자와 내담자의 신뢰와 협력이다. 이러한 협력관계는 상담이 계속되도록 하고 내담자의 성장을 촉진시키기 위한 가장 기본적인 관계이다.

① 작업동맹
② 치료적 동맹
③ 친밀관계
④ 역전이

03 직업정보

41 한 사람이 전혀 상관없는 두 가지 이상의 직업에 종사할 경우 그 사람의 직업을 결정하는 일반적 원칙이 아닌 것은?

이해도 ○△×

① 취업시간이 많은 직업을 택한다.
② 수입이 많은 직업을 택한다.
③ 경력이 많은 직업을 택한다.
④ 최근의 직업을 택한다.

42 고용정보의 주요 용어해설에 관한 설명으로 틀린 것은?

이해도 ○△×

① 알선건수 : 해당 기간 동안 알선처리한 건수의 합
② 구인배수 : 신규구인인원÷신규구직건수
③ 알선율 : (신규구인인원÷알선건수)×100
④ 유효구직자 수 : 구직신청자 중 해당 월말 현재 알선 가능한 인원수의 합

43 비표준화 면접에 대한 설명으로 옳지 않은 것은?

이해도 ○△×

① 반복적인 면접이 가능하며, 면접 결과에 대한 비교가 용이하다.
② 면접의 신축성 · 유연성이 높으며, 깊이 있는 측정을 도모할 수 있다.
③ 응답 결과에 있어서 상대적으로 타당도가 높지만 신뢰도는 낮다.
④ 면접자가 면접상황에 따라 자유롭게 응답자와 상호작용을 통해 자료를 수집하는 방법이다.

44 내용분석법의 장점으로 옳은 것은?

이해도 ○△×

① 조사환경을 통제하고 표준화할 수 있다.
② 응답자가 익명으로 자유롭게 응답할 수 있다.
③ 다른 조사에 비해 실패 시의 위험부담이 적으며, 필요한 경우 재조사가 가능하다.
④ 관찰법과 달리 응답자의 과거 행동이나 사적 행위에 관한 정보를 얻을 수 있다.

45 직업훈련 중 재취업을 용이하게 유도하기 위해서 실시하는 훈련은?

이해도 ○△×

① 전직훈련
② 재훈련
③ 향상훈련
④ 양성훈련

46 국가기술자격 종목 중 교통기사, 배관산업기사, 조경기사가 공통으로 해당하는 직무분야는?

이해도 ○△×

① 건 설
② 농림어업
③ 안전관리
④ 환경 · 에너지

47 직업정보의 부문별 기능 중 기업 측면의 기능으로 옳은 것은?

이해도 ○△×

① 미취업 청소년의 진로탐색 및 진로선택 시 참고자료로 이용
② 구직자에게 구직활동을 촉진
③ 직무분석을 기초로 한 과학적인 안전관리로 산업재해 예방
④ 체계적인 직업정보를 기초로 직업훈련기준 설정

48 구직자에게 일정한 금액을 지원하여 그 범위 이내에서 직업능력개발훈련에 참여할 수 있도록 하고, 훈련이력 등을 개인별로 통합관리 하는 제도는?

① 훈련계좌발급제
② 직업능력훈련제도
③ 국민내일배움카드
④ 직업능력카드

49 직업정보 가공 시 유의사항으로 옳은 것은?

① 목표를 명확히 설정한다.
② 직업정보원과 제공원에 대하여 제시한다.
③ 효율적인 정보제공을 위해 시각적(시청각) 효과를 부가한다.
④ 다양한 정보를 수집 및 제공하기 위하여 지속적으로 노력해야 한다.

50 직업정보의 일반적인 평가 기준으로 옳지 않은 것은?

① 누가 만든 것인가?
② 언제 만들어진 것인가?
③ 누구를 대상으로 한 것인가?
④ 자료를 어떤 방식으로 수집하고 제시했는가?

51 경제활동인구 수를 구할 때 조사 대상 인구의 나이는 몇 세 이상인가?

① 만 13세   ② 만 15세
③ 만 17세   ④ 만 19세

52 워크넷에서 제공하는 채용정보 중 기업형태별 분류에 해당하는 것은?

① 생산직 · 단순노무직
② 공기업/공공기관
③ 장애인편의시설
④ 금융권기업

53 2024년 A그룹에서 500명의 신입직원을 뽑으려고 했다. 하지만 최종적으로 신입직원으로 뽑힌 사람은 350명이다. 이때 A그룹의 충족률은 얼마인가?

① 30%   ② 50%
③ 70%   ④ 90%

54 다음 (　) 안에 알맞은 것은?

> 한국직업정보시스템(워크넷/직업 · 진로)에서 직업의 전망조건을 '매우 밝음'으로 선택하여 직업정보를 검색하면 직업전망이 상위 (　) 이상인 직업만 검색된다.

① 10%
② 15%
③ 20%
④ 25%

55 경제활동인구조사에 관한 설명으로 틀린 것은?

① 작성기관은 통계청 사회통계국 고용통계과이다.
② 공익근무요원과 군인은 조사대상에서 제외된다.
③ 지방사무소 조사담당직원이 조사대상가구를 직접 방문하여 면접조사한다.
④ 매월 15일이 포함된 1주간이 조사실시기간이다.

56 한국표준산업분류에서의 생산단위의 활동형태에 관한 설명으로 틀린 것은?

① 모 생산단위의 생산품을 포장하기 위한 캔, 상자 및 유사제품의 생산은 보조단위로 본다.
② 주된 산업활동이란 산업활동이 복합형태로 이루어질 경우 생산된 재화 또는 제공된 서비스 중 부가가치(액)가 가장 큰 활동을 의미한다.
③ 부차적 산업활동은 주된 산업활동 이외의 재화생산 및 서비스제공활동을 의미한다.
④ 보조활동에는 회계, 창고, 운송, 구매, 판매촉진, 수리업무 등이 포함된다.

57 국가기술자격 중 전문사무분야인 사회조사분석사 1급의 응시자격은?

① 해당 종목의 2급 자격 취득 후 해당 실무에 2년 이상 종사한 자
② 해당 실무에 4년 이상 종사한 자
③ 대학졸업자 등으로서 졸업 후 해당 실무에 2년 이상 종사한 자
④ 전문대학 졸업자 등으로서 졸업 후 해당 실무에 3년 이상 종사한 자

58 직업능력개발훈련의 체계 중 훈련방법에 따른 구분이 아닌 것은?

① 집체훈련
② 향상훈련
③ 현장훈련
④ 혼합훈련

59 취업률의 개념으로 맞는 것은?

① (취업건수 ÷ 신규구직건수) × 100
② (알선건수 ÷ 신규구직건수) × 100
③ (알선건수 ÷ 신규구직자 수) × 100
④ (취업건수 ÷ 신규구직자 수) × 100

60 한국표준산업분류의 적용원칙이 아닌 것은?

① 생산단위는 산출물뿐만 아니라 투입물과 생산공정 등을 고려하여 그들의 활동을 가장 정확하게 설명한 항목에 분류한다.
② 복합적인 활동단위는 우선적으로 최상급 분류단계(대분류)를 정확히 결정하고 순차적으로 중·소·세·세세분류단계 항목을 결정한다.
③ 수수료 또는 계약에 의하여 활동을 수행하는 단위는 자기계정과 자기책임하에서 생산하는 단위와 동일항목에 분류되어야 한다.
④ 동일단위에서 제조 또는 생산한 재화의 소매활동은 별개 활동으로 파악한다.

04 노동시장

61 임금이 높아지면서 개인의 노동공급곡선의 모양이 뒤쪽으로 구부러지는 모양을 갖는 이유는?

① 임금률이 상승하면서 대체효과가 급증했기 때문이다.
② 임금률이 상승하면서 노동공급이 늘어났기 때문이다.
③ 임금률이 상승하면서 대체효과가 소득효과보다 더 커지기 때문이다.
④ 임금률이 상승하면서 소득효과가 대체효과보다 더 커지기 때문이다.

62 다음 중 비경제활동인구에 포함되지 않는 집단은?

① 가사 종사자
② 통학자
③ 연로자
④ 1주일에 7시간 아르바이트하는 사람

63 개인의 인적자본투자와 관련이 없는 것은?

① 교육
② 이주와 정보수집
③ 현장훈련
④ 대립적 노사관계

64 실업급여의 효과에 대한 설명으로 가장 적합한 것은?

① 노동시간을 늘리고 경제활동참가도 증대시킨다.
② 노동시간을 단축시키고 경제활동참가도 감소시킨다.
③ 노동시간의 증·감은 불분명하지만 경제활동참가는 증대시킨다.
④ 노동시간, 경제활동참가 모두 불분명하다.

65 불경기가 노동공급에 미치는 효과에는 부가노동자효과와 실망노동자효과가 있다. 다음 중 실망노동자효과에 대한 설명으로 옳은 것은?

① 불경기에 비경제활동인구가 증가하는 현상
② 불경기에 구직활동에 새로 참여하는 사람이 증가하는 현상
③ 불경기에 근로시간이 늘어나는 현상
④ 불경기에 임금이 하락하는 현상

66 다음 중 연봉제의 단점과 가장 거리가 먼 것은?

① 단기적 업적 강조
② 능력주의 강화
③ 구성원 상호 간의 위화감 조성
④ 잉여노동의 착취

67 단시간근로자(파트타임근로자)에 대한 의료보험 가입을 법적으로 강제할 경우 발생하는 경제적 효과로 옳은 것은?

① 단시간근로자의 고용 증가와 전일제근무자의 초과근로 시간 증가
② 단시간근로자의 고용 증가와 전일제근무자의 초과근로 시간 감소
③ 단시간근로자의 고용 감소와 전일제근무자의 초과근로 시간 증가
④ 단시간근로자의 고용 감소와 전일제근무자의 초과근로 시간 감소

68 대구의 섬유산업이나 부산의 신발산업처럼 특정 산업의 사양화로 발생하는 실업은?

① 구조적 실업
② 마찰적 실업
③ 거시적 실업
④ 기술적 실업

69 선별가설(Screening Hypothesis)에 대한 설명과 가장 거리가 먼 것은?

① 교육훈련이 생산성을 직접 높이는 것은 아니고 유망한 근로자를 식별해 주는 역할을 한다.
② 빈곤 문제 해결을 위해서는 교육훈련 기회를 확대하는 것이 중요하다.
③ 학력이 높은 사람이 소득이 높은 것은 교육 때문이 아니고 원래 능력이 우수하기 때문이다.
④ 근로자들은 자신의 능력과 재능을 보여주기 위해 교육에 투자한다.

70 우리나라 임금체계에 대한 설명과 가장 거리가 먼 것은?

① 소정근로시간과 관련된 정액급여는 기본급과 제수당으로 나누어진다.
② 통상임금의 산정에서 초과급여, 특별급여, 업적수당, 생활보조수당을 포함한다.
③ 평균임금은 퇴직금, 휴업수당, 산재보상 등의 산출기준임금이며, 고용기간 중에서 근로자가 지급받고 있던 평균적인 임금수준을 말한다.
④ 노동법에서 기준임금이 통상임금과 평균임금으로 이원화되어 있어 기업에서의 임금관리가 어려운 측면이 있다.

71 최근 선진국의 노동시장과 기업 고용관행에서 나타나는 변화로 맞는 것은?

① 고용 안정성의 증가
② 여성의 경제활동 감소
③ 광공업의 고용감소와 서비스업의 고용증가
④ 임금격차 축소와 중산층의 확대

72 다음 중 내부노동시장의 장점이 아닌 것은?

① 인적 자본 확보와 유지
② 재직에 대한 동기유발 효과
③ 인력의 유연성과 낮은 노동비용
④ 장기고용유지를 위한 지불능력

73 다음 중 기업들이 기업 내의 승진정체에 대응하여 도입하고 있는 제도와 가장 거리가 먼 것은?

① 정년단축
② 연봉제의 강화
③ 조기퇴직 유도
④ 자회사에의 파견

74 다음 중 노동수요의 탄력성에 대한 설명으로 옳지 않은 것은?

① 총생산비 중 노동비용이 차지하는 비중이 클수록 노동수요는 더 탄력적이 된다.
② 생산물에 대한 수요가 탄력적일수록 노동수요는 더 비탄력적이 된다.
③ 노동을 다른 생산요소로 대체할 가능성이 낮으면 노동수요는 더 비탄력적이 된다.
④ 노동 이외의 생산요소의 공급탄력성이 클수록 노동수요는 더 탄력적이 된다.

75 개인들은 조직, 집단 및 타인과의 서로 다른 이해와 선호체계를 갖고 있기 때문에 쌍방 간의 거래가 있는 노동계약에서는 완전한 계약이 일어나지 않는다. 이러한 현상이 일어나는 설명요인이 아닌 것은?

① 제한된 합리성
② 조정문제
③ 역선택
④ 도덕적 해이

76 공기업의 기업적 특성으로 옳지 않은 것은?

① 대부분의 공기업은 그 분야의 독점기업이다.
② 공기업은 납세자가 주인이며 정부가 주주 역할을 한다.
③ 공기업은 비효율적으로 경영될 가능성이 있다.
④ 공기업 생산물은 대부분 필수적 서비스로서 수요의 가격탄력성이 높다.

77 다음 중 노동공급곡선이 그림과 같을 때 임금이 W_0 이상으로 상승한 경우의 설명으로 옳은 것은?

① 대체효과가 소득효과를 압도한다.
② 소득효과가 대체효과를 압도한다.
③ 대체효과가 규모효과를 압도한다.
④ 규모효과가 대체효과를 압도한다.

78 다음 중 적극적 노동시장정책(Active Labor Market Policy)이 아닌 것은?

① 취업알선
② 실업급여
③ 장애인 대책
④ 구직자를 위한 새로운 기술 개발

79 다음 중 일국(一國)의 경제에서 최적 인적자원배분이 이루어졌다고 하는 때는 언제인가?

① 동일노동에 대해 동일임금이 지급될 때
② 완전고용을 이루었을 때
③ 자연실업률 상태에 도달하였을 때
④ 경제원칙이 달성되었을 때

80 다음 중 경쟁노동시장 경제모형의 기본 가정으로 가장 옳은 것은?

① 모든 노동자는 이질적이다.
② 노동자의 단결조직은 있으나 사용자의 단결조직은 없다.
③ 모든 직무의 공석은 외부노동시장을 통해서 채워진다.
④ 노동자와 고용주는 불완전정보를 갖는다.

05 노동관계법규(Ⅰ)

81 다음 중 고용보험법상 실업급여에 포함되지 않는 것은?

① 구직급여
② 광역 구직활동비
③ 이직비
④ 조기재취업 수당

82 헌법상 노동기본권 등에 관한 설명으로 틀린 것은?

① 국가는 근로자의 고용의 증진과 적정임금의 보장에 노력하여야 한다.
② 여자의 근로는 특별한 보호를 받으며, 고용·임금 및 근로조건에 있어서 부당한 차별을 받지 아니한다.
③ 국가는 법률이 정하는 바에 의하여 최저임금제를 시행하여야 한다.
④ 공무원인 근로자는 자주적인 단결권·단체교섭권 및 단체행동권을 가진다.

83 근로기준법에서 경영상의 이유에 의한 해고가 정당하며 유효하기 위한 요건에 해당되지 않는 것은?

① 긴박한 경영상의 필요성이 있을 것
② 합리적이고 공정하게 대상자를 선정할 것
③ 근로자대표에게 해고예정일 30일 전까지 통보하고 성실협의 할 것
④ 해고를 피하기 위한 노력을 다할 것

84 남녀고용평등과 일·가정 양립 지원에 관한 법률상의 육아휴직에 대한 설명 중 틀린 것은?

① 사업주는 근로자가 만 8세 이하 또는 초등학교 2학년 이하의 자녀를 양육하기 위하여 휴직을 신청하는 경우에 이를 허용하여야 한다.
② 육아휴직의 기간은 1년 이내로 한다.
③ 육아휴직은 휴직의 일종이기 때문에 근속기간에 포함되지 아니한다.
④ 육아휴직을 마친 후에는 휴직 전과 같은 업무 또는 같은 수준의 임금을 지급하는 직무에 복귀시켜야 한다.

85 근로의 권리에 관한 내용과 가장 거리가 먼 것은?

① 해고의 제한
② 취업청구권
③ 쟁의권
④ 생활비지급청구권

86 고용보험법상 이직한 근로자인 피보험자의 구직급여 수급요건으로 틀린 것은?

① 이직일 이전 18개월간 피보험 단위기간이 통산하여 180일 이상일 것
② 근로의 의사와 능력이 있음에도 불구하고 취업하지 못한 상태에 있을 것
③ 재취업을 위한 노력을 적극적으로 할 것
④ 일용근로자는 수급자격 인정신청일이 속한 달의 직전 달 초일부터 수급자격 인정신청일까지의 근로일 수의 합이 같은 기간 동안의 총 일수의 4분의 1 미만일 것

87 노동법에 대한 설명과 가장 거리가 먼 것은?

① 근로자의 인간다운 생활보장
② 근대시민법 원리의 부정
③ 노사대등의 실현
④ 자본주의체제의 유지·발전

88 우리나라 헌법에 규정된 노동3권이 아닌 것은?

① 단체요구권
② 단체행동권
③ 단체교섭권
④ 단결권

89 직업안정법상 지방자치단체의 장이 필요에 따라 구인자 및 구직자에 대하여 할 수 있는 업무가 아닌 것은?

① 직업지도
② 국내직업소개
③ 직업정보제공
④ 국외직업소개

90 근로기준법상 근로시간에 관한 설명으로 틀린 것은?

① 1주간의 근로시간은 휴게시간을 제외하고 40시간을 초과할 수 없다.
② 1일의 근로시간은 휴게시간을 제외하고 8시간을 초과할 수 없다.
③ 선택적 근로시간제 대상 근로자의 범위는 15세 이상 18세 미만의 근로자이다.
④ 당사자 간에 합의하면 1주간에 12시간을 한도로 근로시간을 연장할 수 있다.

91 근로기준법상 생후 1년 미만의 유아를 가진 여성근로자의 청구가 있는 경우 1일 유급 수유 시간을 주어야 한다. 다음 중 그 횟수와 시간으로 옳은 것은?

① 1일 1회 30분 이상
② 1일 2회 각각 30분 이상
③ 1일 3회 각각 15분 이상
④ 1일 3회 각각 20분 이상

92 다음 중 고용보험법령상 구직급여의 수급요건으로 옳지 않은 것은? (단, 기타 사항은 고려하지 않음)

① 근로의 의사와 능력이 있음에도 불구하고 취업하지 못한 상태에 있을 것
② 이직사유가 수급자격의 제한 사유에 해당하지 아니할 것
③ 재취업을 위한 노력을 적극적으로 할 것
④ 건설일용근로자로서 수급자격 인정신청일 이전 7일간 연속하여 근로내역이 없을 것

93 다음 중 고용보험법령상 심사 및 재심사청구에 대한 설명으로 옳지 않은 것은?

① 실업급여에 관한 처분에 이의가 있는 자는 고용보험심사관에게 심사를 청구할 수 있다.
② 심사 및 재심사의 청구는 시효중단에 관하여 재판상의 청구로 본다.
③ 고용보험심사관은 심사청구를 받으면 원칙적으로 30일 이내에 그 심사청구에 대한 결정을 하여야 한다.
④ 재심사청구인은 법정대리인 외에 자신의 형제자매를 대리인으로 선임할 수 없다.

94 다음 사례에서 구직급여의 소정급여일수는?

> 장애인 근로자 A씨(40세)가 4년간 근무하던 회사를 퇴사하여 직업안정기관으로부터 구직급여 수급자격을 인정받았다.

① 120일
② 150일
③ 180일
④ 210일

95 직업정보제공사업에 관한 다음 설명 중 틀린 것은?

① 신문, 잡지, 그 밖의 간행물 또는 유선·무선방송이나 컴퓨터통신 등으로 구인·구직 정보 등 직업정보를 제공하는 것을 말한다.
② 시장·군수·구청장에게 사업신고를 하여야 한다.
③ 직업정보제공사업자 및 그 종사자는 구인자의 업체명 미표기 또는 구인자의 신원이 확실하지 아니한 구인광고를 게재하지 않아야 한다.
④ 구직자의 이력서 발송을 대행하거나 구직자에게 취업추천서를 발부해서는 안 된다.

96 직업안정법규상 유료직업소개사업자의 장부 비치 기간으로 옳은 것은?

① 종사자명부 – 5년
② 금전출납부 및 금전출납 명세서 – 5년
③ 구인신청서 및 구직신청서 – 2년
④ 소개요금약정서 – 3년

97 남녀고용평등과 일·가정 양립 지원에 관한 법령상 육아기 근로시간 단축에 관한 설명으로 틀린 것은?

이해도 ○△×

① 사업주는 육아기 근로시간 단축을 하고 있는 근로자의 명시적 청구가 있으면 단축된 근로시간 외에 주 15시간 이내에서 연장근로를 시킬 수 있다.

② 원칙적으로 사업주는 근로자가 초등학교 2학년 이하의 자녀를 양육하기 위하여 근로시간의 단축을 신청하는 경우에 이를 허용하여야 한다.

③ 사업주가 근로자에게 육아기 근로시간 단축을 허용하는 경우 단축 후 근로시간은 주당 15시간 이상이어야 하고 35시간을 넘어서는 아니 된다.

④ 육아기 근로시간 단축을 한 근로자에 대하여 평균임금을 산정하는 경우에는 그 근로자의 육아기 근로시간 단축 기간을 평균임금 산정 기간에서 제외한다.

98 다음 중 국민 평생 직업능력 개발법상 근로자 직업능력개발훈련이 특히 중요시되어야 할 대상이라고 보기 어려운 것은?

이해도 ○△×

① 제조업에서 사무직으로 종사하는 근로자

② 일용근로자·단시간근로자·기간의 정함이 있는 근로계약을 체결한 근로자

③ 국민기초생활보장법에 의한 수급권자

④ 파견근로자 보호 등에 관한 법률에 의한 파견근로자

99 남녀고용평등과 일·가정 양립 지원에 관한 법률상 상시 500명 이상의 근로자를 고용하는 사업의 사업주에게 부과하는 적극적 고용개선조치에 대한 설명으로 틀린 것은?

이해도 ○△×

① 고용 기준에 미달하는 사업주에 대하여 고용노동부장관이 적극적 고용개선조치 시행계획을 수립하여 제출할 것을 요구할 수 있다.

② 적극적 고용개선조치 시행계획을 제출한 자는 그 이행실적을 고용노동부장관에게 제출하여야 한다.

③ 국가와 지방자치단체는 적극적 고용개선조치 우수기업에 행정적·재정적 지원을 하여야 한다.

④ 고용노동부장관은 적극적 고용개선조치 이행실적이 부진한 사업주에게 시행계획의 이행을 촉구할 수 있다.

100 개인정보 보호법령상 개인정보 보호위원회(이하 "보호위원회"라 한다)에 관한 설명으로 틀린 것은?

이해도 ○△×

① 대통령 소속으로 보호위원회를 둔다.

② 보호위원회는 상임위원 2명을 포함한 9명의 위원으로 구성한다.

③ 보호위원회의 회의는 재적위원 과반수의 출석으로 개의하고, 출석위원 과반수의 찬성으로 의결한다.

④ 「정당법」에 따른 당원은 보호위원회 위원이 될 수 없다.

8회 최종모의고사

자격종목 및 등급(선택분야)	시험시간	문제지형별	수험번호	성 명
직업상담사 2급	2시간 30분			

정답 및 해설 p.175

01 직업심리

01 조직에서의 스트레스를 매개하거나 조절하는 요인들 중 개인 속성이 아닌 것은?

① Type A형과 같은 성격 유형
② 친구나 부모와 같은 주변인의 사회적 지지 정도
③ 상황을 개인이 통제할 수 있느냐에 대한 신념
④ 부정적인 사건들에서 빨리 벗어나는 능력

02 Selye가 제시한 스트레스반응단계(일반적응증후군)를 순서대로 바르게 나열한 것은?

① 소진 → 저항 → 경고
② 저항 → 경고 → 소진
③ 소진 → 경고 → 저항
④ 경고 → 저항 → 소진

03 일반적인 정신능력을 측정하는 검사로 언어 · 수리 · 통찰능력 등을 종합적으로 측정하는 검사방법은?

① 지능검사(Intelligence Test)
② 적성검사(Aptitude Test)
③ 성취검사(Achievement Test)
④ 성격검사(Personality Test)

04 다음 중 검사의 신뢰도에 대한 설명으로 틀린 것은?

① 검사의 신뢰도가 낮으면 타당도가 낮아진다.
② 내적 합치도계수는 반분 신뢰도에 속한다.
③ 동일한 사람에게 두 번 실시해서 얻은 점수들의 상관계수는 동등성 계수이다.
④ 연습효과가 있는 검사는 동형검사 신뢰도를 사용하면 안 된다.

05 다음 중 표준편차에 대한 설명으로 옳은 것은?

① 최저점과 최고점의 점수차
② 최빈치와 최소치 간의 점수차의 평균
③ 각 점수들이 평균에서 벗어난 평균 면적
④ 평균에서 각 점수들이 평균적으로 이탈된 정도

06 검사점수의 오차를 발생시키는 측정도구 요인과 가장 거리가 먼 것은?

① 훈련 정도
② 문항의 명료성 결여
③ 대상자의 능력수준
④ 대상자의 환경적 배경

07 최초분석법 중 직무분석자 자신이 직무를 직접 수행해 보는 방법은?

① 결합법
② 면접법
③ 경험법
④ 설문지법

08 다음 중 직무분석에 대한 설명으로 바른 것은?

① 종업원을 고용할 때 필요한 고용기준이다.
② 맡은 바 직책을 어느 정도로 수행하였는가를 분석 · 검토한다.
③ 조직구성원 각자의 책임과 권한관계를 명확히 한다.
④ 직무의 특질과 필요로 하는 훈련, 지식, 능력, 책임 등을 명확히 한다.

09 다음 사례는 사회학습이론이 제시한 진로발달과정의 어떤 요인과 밀접하게 관련되는가?

> 신입사원 A는 직무 매뉴얼을 참고하여 업무수행을 한다. 그러나 이런 방법을 통해 신입사원 때 좋은 결과를 얻더라도, 승진하여 새로운 업무를 수행할 때는 기존의 업무수행 방법을 수정해야 할지도 모른다.

① 유전적 요인과 특별한 능력
② 직무적성
③ 학습경험
④ 과제접근기술

10 조직 감축에서 살아남은 구성원들이 조직에 대해 보이는 전형적인 반응은?

이해도 ○△✕

① 살아남은 구성원들은 조직에 대해 높은 신뢰감을 가지고 있다.
② 더 많은 일을 해야 하기 때문에 과로하며 종종 불이익도 감수하려고 한다.
③ 살아남은 구성원들은 다른 직무나 낮은 수준의 직무로 이동하는 것을 거부한다.
④ 조직 감축에서 살아남은 데 만족하여 조직 몰입을 더욱 많이 한다.

11 학습결과의 성공과 실패의 원인을 학생 자신이 능력, 노력, 난이도, 운 등으로 지각함에 따라 동기 및 학습에 대한 기대가 좌우된다고 보는 것은?

이해도 ○△✕

① Skinner의 강화이론
② Jung의 내외적 동기이론
③ Weiner의 귀인이론
④ McClelland의 성취동기이론

12 직무분석방법 중 최초분석법의 종류가 아닌 것은?

이해도 ○△✕

① 모형법
② 설문지법
③ 경험법
④ 관찰법

13 인간발달의 일반적 원리에 관한 다음의 설명 중 가장 적합한 것은?

이해도 ○△✕

① 인간의 성장과 발달은 생물학적·뇌생리학적 성숙의 결과일 뿐이다.
② 발달의 속도에는 개인차가 있다.
③ 연령 증가에 따라 성장과 발달 경향의 예측은 점점 쉬워진다.
④ 인간의 특징은 특수에서 전체로 발달한다.

14 Erikson에 의하면 청소년기에 성취해야 할 긍정적인 과업은 자아정체감이다. 만일 자아정체감을 제대로 습득하지 못하였을 때에는 어떤 부정적인 과업을 습득하게 되는가?

이해도 ○△✕

① 열등감
② 역할혼미
③ 고립감
④ 죄책감

15 진로이론에 관한 설명으로 옳은 것은?

이해도 ○△✕

> A. 사회인지 진로이론 – 진로발달과 선택에서 진로와 관련된 자신에 대한 평가와 믿음을 강조한다.
> B. 인지적 정보처리이론 – 내담자가 욕구를 분류하고 지식을 획득하여, 자신의 욕구가 무엇인지 알 수 있도록 돕는다.
> C. 가치중심적 진로이론 – 흥미와 가치가 진로결정과정에서 가장 중요한 작용을 한다.

① A
② A, B
③ C
④ C, B

16 Holland의 6가지 성격유형에서 서로 대비되는 특성을 지닌 유형끼리 바르게 짝지어진 것은?

이해도 ○△✕

① 탐구형(I) – 사회형(S)
② 예술형(A) – 진취형(E)
③ 관습형(C) – 탐구형(I)
④ 현실형(R) – 사회형(S)

17 긴즈버그(Ginzberg)의 진로발달이론에 관한 설명으로 틀린 것은?

이해도 ○△✕

① 직업선택 과정은 바람(Wishes)과 가능성(Possibility) 간의 타협이다.
② 직업선택은 일련의 결정들이 계속적으로 이루어지는 과정이다.
③ 나중에 이루어지는 결정은 이전 결정의 영향을 받지 않는다.
④ 직업선택은 가치관, 정서적 요인, 교육의 양과 종류, 환경 영향 등의 상호작용으로 결정된다.

18 어떤 사람이 바람직하지 않은 행동을 할 때 일정 기간 동안 다른 장소에 격리시키는 방법을 무엇이라고 하는가?

이해도 ○△✕

① 홍수법
② 타임아웃
③ 상표제도
④ 체계적 감감법

19 Freud가 제시한 방어기제 중 가장 중요한 것으로서 자신을 괴롭히는 욕구나 생각 또는 경험을 의식 밖으로 몰아냄으로써 감정적 갈등이나 내·외적인 스트레스를 처리하는 방어기제는?

이해도 ○△✕

① 억 압
② 합리화
③ 반동형성
④ 수동 공격성

20 다음 중 성격 5요인검사(Big-5)의 하위요인에 포함되지 않는 것은?

① 강인성(Hardiness)
② 성실성(Conscientiousness)
③ 외향성(Extraversion)
④ 개방성(Openness)

02 직업상담 및 취업지원

21 상담 중기과정의 활동에 대한 설명으로 틀린 것은?

① 내담자에게 직면시키고 도전한다.
② 내담자가 가진 문제의 심각도를 평가한다.
③ 내담자가 실천할 수 있도록 동기를 조성한다.
④ 문제에 대한 대안을 현실 생활에 적응하고 실천하도록 돕는다.

22 Rogers의 내담자 중심의 접근이 개인의 '지금-여기'에서의 주관적인 경험을 중요시한다는 것을 보여주는 대표적인 개념은?

① 자기실현 경향성
② 현상학적 장
③ 가치의 조건
④ 수용적인 존중

23 다음은 어떤 상담기법과 관련이 있는가?

> Berne, 부모자아 상태, 스트로크 분석

① 교류분석적 상담
② 정신분석적 상담
③ 내담자 중심적 상담
④ 특성-요인적 상담

24 진로집단상담에 대한 설명으로 옳지 않은 것은?

① 어느 정도 책임 의식이 있는 구성원을 선발한다.
② 다양한 수준의 발달단계에 있는 구성원으로 한다.
③ 탐색, 전이, 행동의 3단계를 겪는다.
④ 성별에 따라 집단에 대한 기대감, 집단경험에 차이가 있다.

25 왜곡된 사고체제나 신념체제를 가진 내담자에게 효과적인 상담기법은?

① 내담자 중심상담
② 인지치료
③ 정신분석
④ 행동요법

26 다음 대화에서 상담자의 반응과 가장 관련이 깊은 것은?

> 내담자 : 선생님은 너무 무심하신 것 같아요.
> 상담자 : 어떻게 그런 생각을 하게 되었는지 말줄줄 수 있겠니?

① 무조건적 존중
② 경 청
③ 구체화
④ 공감적 이해

27 특성-요인 직업상담의 과정을 바르게 나열한 것은?

> A. 분 석   B. 상 담
> C. 예 후   D. 진 단
> E. 종 합   F. 추수지도

① A → B → C → D → E → F
② A → C → B → D → E → F
③ A → B → C → E → D → F
④ A → E → D → C → B → F

28 직업상담의 기법 중 비지시적 상담 규칙이 아닌 것은?

① 상담자는 내담자와 논쟁해서는 안 된다.
② 상담자는 내담자에게 질문 또는 이야기를 해서는 안 된다.
③ 상담자는 내담자에게 어떤 종류의 권위도 과시해서는 안 된다.
④ 상담자는 인내심을 가지고 우호적으로, 그러나 지적으로는 비판적인 태도로 내담자의 말을 경청해야 한다.

29 다음 중 직업상담의 목표와 가장 거리가 먼 것은?

① 능력과 적성발달에 대한 관심
② 알맞은 직업을 골라 주는 것
③ 결함보다 유능성에 초점을 맞추는 것
④ 진로발달이나 직업문제에 대한 처치

30 내담자의 문제와 염려에 대하여 새로운 참조체제를 제공함으로써 내담자가 그 상황을 잘 이해하고 효과적으로 대처할 수 있도록 하는 기법을 무엇이라고 하는가?

이해도 ○△✕

① 직 면
② 재구조화
③ 적극적 경청
④ 심층적 공감

31 프로이트(Freud)의 성격발달단계인 잠복기에 해당하는 에릭슨(Erikson)의 성격발달단계에서 성취해야 할 긍정적 과업과 부정적 과업이 올바르게 연결된 것은?

이해도 ○△✕

① 자율성 - 수치심 및 의심
② 신뢰감 - 불안감
③ 주도성 - 죄책감
④ 근면성 - 열등감

32 프로이트(Freud)는 성적 에너지가 신체의 어느 부위에 집중 되는지에 따라 성격발달단계를 구분하였다. 프로이트가 말하는 성적 에너지를 무엇이라고 하는가?

이해도 ○△✕

① 에고(Ego)
② 슈퍼에고(Superego)
③ 타나토스(Thanatos)
④ 리비도(Libido)

33 방어기제는 그 자체로는 부적응적이라고 할 수 없고, 상황에 맞지 않거나 너무 고착된 형태로 사용될 때에만 부적응적인 것으로 보는 것이 적절하다. 다음 중 높은 적응적 수준에서 사용되는 방어기제에 해당하는 것은?

이해도 ○△✕

① 억 제
② 억 압
③ 합리화
④ 투 사

34 게슈탈트 상담에서 개체가 자신의 욕구나 감정을 지각하고 그것을 게슈탈트로 형성하여 전경으로 떠올리는 행위를 무엇이라고 하는가?

이해도 ○△✕

① 투 사
② 내 사
③ 알아차림
④ 융 합

35 Beck에 의하면 개인의 정보처리과정에서 나타나는 오류와 왜곡이 부적응을 초래한다고 한다. 이러한 오류와 왜곡에 해당하지 않는 것은?

이해도 ○△✕

① 지나친 일반화
② 이분법적 사고
③ 선택적 추상화
④ 상대적 사고

36 Ellis의 인지 · 정서적 상담이론의 ABC 모형 중 현재의 정서적 · 행동적 결과의 진정한 원인이 되는 것은?

이해도 ○△✕

① A
② B
③ C
④ D

37 엘리베이터를 타기 어려워하는 사람에게 다음번 상담을 받으러 올 때까지 엘리베이터를 100번 타고 오라고 하였다. 이와 관련이 있는 행동적 상담기법은?

이해도 ○△✕

① 상표제도
② 홍수법
③ 타임아웃
④ 벌

38 다음 중 관련 있는 것끼리 연결된 것은?

이해도 ○△✕

① 자극일반화 - 상호제지의 원리
② 홍수법 - 소거의 원리
③ 체계적 둔감법 - 고전적 조건형성
④ 관찰학습 - 작동적 조건형성

39 6개의 생각하는 모자(Six Thinking Hats)의 색상별 사고유형 중 옳지 않은 것은?

이해도 ○△✕

① 백색 모자 - 중립적 · 객관적인 사고를 반영
② 적색 모자 - 직관에 의한 검정이나 느낌을 반영
③ 녹색 모자 - 새로운 아이디어 생성을 반영
④ 청색 모자 - 논리적 · 비판적 사고를 반영

40 Williamson이 분류한 직업선택 문제의 주요 영역에 해당하지 않는 것은?

① 직업 무선택
② 현명하지 못한 직업선택
③ 직업선택의 확신부족
④ 흥미와 가치의 모순

03 직업정보

41 다음 중 한국직업사전에 수록된 부가 직업정보에 대한 설명으로 맞는 것은?

① 숙련기간은 양성훈련기간과 향상훈련기간도 포함한다.
② '사람'과 관련된 기능은 인간처럼 취급되는 동물을 다루는 것은 포함하지 않는다.
③ 가벼운 작업은 최고 8kg의 물건을 들어 올리고 4kg 정도의 물건을 빈번히 들어 올리거나 운반한다.
④ 자격 · 면허는 민간에서 부여하는 자격증도 포함한다.

42 A국의 만 15세 이상 인구(생산가능인구)가 500만명이고 경제활동참가율이 75%, 실업률이 20%라고 할 때, A국의 실업자 수는?

① 70만명
② 75만명
③ 80만명
④ 85만명

43 구인배수에 대한 공식으로 옳은 것은?

① 구인배수＝신규구인인원/신규구직자 수×100
② 구인배수＝신규구인인원/신규구직자 수
③ 구인배수＝신규구인인원/신규구직건수×100
④ 구인배수＝신규구인인원/신규구직건수

44 직업, 훈련, 자격 정보를 제공하는 사이트 또는 정보서와 제공내용이 틀리게 연결된 것은?

① 한국직업사전 - 직업별 제시임금과 희망임금 정보
② 워크넷 - 직업심리검사 실시
③ 한국직업전망 - 직업별 적성 및 흥미 정보
④ 자격정보시스템(Q-Net) - 국가기술자격별 합격률 정보

45 한국직업정보시스템(워크넷 직업 · 진로)의 직업정보 찾기 중 조건별 검색의 검색항목으로 옳은 것은?

① 평균연봉, 직업전망
② 근로시간, 평균연봉
③ 평균학력, 근로시간
④ 직업전망, 평균학력

46 한국표준산업분류의 대분류별 제11차 개정 내용으로 틀린 것은?

① J 정보통신업 : 데이터베이스 및 온라인 정보 제공업은 영상물 제공 서비스업, 오디오물 제공 서비스업, 데이터베이스 및 온라인 정보 제공업으로 세분하였다.
② M 전문, 과학 및 기술 서비스업 : 옥외 및 전시 광고업은 옥외 광고업으로 명칭을 변경하였다.
③ N 사업시설 관리, 사업 지원 및 임대 서비스업 : 그 외 기타 분류 안 된 사업지원 서비스업은 온라인 활용 마케팅 및 관련 사업지원 서비스업과 그 외 기타 분류 안 된 사업지원 서비스업으로 세분하였다.
④ O 공공 행정, 국방 및 사회보장 행정 : 국제기준을 반영하여 사회보장보험업 및 연금업을 '대분류 O'로 유지하였다.

47 다음 중 한국표준산업분류의 적용원칙이 아닌 것은?

① 생산단위는 산출물뿐만 아니라 투입물과 생산공정 등을 고려하여 그들의 활동을 가장 정확하게 설명된 항목에 분류한다.
② 동일 단위에서 제조한 재화의 소매활동은 별개 활동으로 파악한다.
③ 산업활동이 결합되어 있는 경우에는 그 활동단위의 주된 활동에 따라서 분류한다.
④ 복합적인 활동단위는 우선적으로 최상급 분류단계를 정확히 결정하고, 순차적으로 중 · 소 · 세 · 세세분류 단계 항목을 결정한다.

48 다음 국가기술자격종목 중 응시자격에 제한이 있는 것은?

① 스포츠경영관리사
② 소비자전문상담사 2급
③ 사회조사분석사 2급
④ 국제의료관광코디네이터

49 내용분석법을 통해 직업정보를 수집할 때의 장점이 아닌 것은?

① 필요한 경우 재조사가 가능하다.
② 장기간의 종단연구가 가능하다.
③ 정보제공자의 반응성이 높다.
④ 역사연구 등 소급조사가 가능하다.

50 한국고용정보원에서 발행하는 워크넷 구인·구직 및 취업 동향에 수록된 용어해설에 관한 설명으로 틀린 것은?

① 신규구인인원 : 해당 월에 워크넷에 등록된 구인인원 수
② 구인배수 : (신규구인인원÷신규구직건수)×100
③ 신규구직건수 : 해당 월에 워크넷에 등록된 구직자 수
④ 제시임금 : 구인자가 구직자에게 제시하는 임금

51 Brayfield의 직업정보의 기능으로 옳지 않은 것은?

① 경험이 부족한 내담자에게 다양한 직업들을 간접적으로 접할 기회를 제공한다.
② 내담자로 하여금 현재 상황에 비추어 자신의 진로선택이 적절했는지 여부를 점검해 보도록 한다.
③ 내담자로 하여금 적절한 선택이 이루어지도록 도우며, 직업선택에 대한 내담자의 지식을 증가시킨다.
④ 직업정보 제공 과정을 통해 내담자로 하여금 의사결정에 자발적이고 적극적으로 참여하도록 유도한다.

52 다음 중 실업자에 관한 설명으로 옳지 않은 것은?

① 15세 이상 인구를 대상으로 한다.
② 일자리를 찾아 구직활동을 하는 사람만을 의미한다.
③ 일시적인 병, 일기불순 등 불가피한 사유로 구직활동을 하지 못한 사람의 경우에도 즉시 취업이 가능한 사람은 실업자라고 한다.
④ 일할 의사와 능력을 가지고 있으면서 전혀 일을 하지 못하는 사람도 포함된다.

53 다음은 민간직업정보와 공공직업정보의 차이를 나타낸 표이다. 틀린 내용은 무엇인가?

구 분	민간직업정보	공공직업정보
정보제공 속성	한시적	지속적
① 직업 분류·구분	생산자의 자의성	기준에 의한 객관성
② 조사 직업 범위	제한적	포괄적
③ 정보의 구성	완결적 정보체계	기초적 정보체계
④ 타 정보와의 관계	관련성 높음	관련성 낮음
비 용	보통 유료	보통 무료

54 다음 중 국가기술자격제도의 체계로 맞는 것은?

① 기술사(기능장) – 기사 1급 – 기사 2급 – 기능사
② 기술사(기능장) – 기사 1급 – 산업기사 – 기능사
③ 기술사(기능장) – 기사 – 산업기사 – 기능사
④ 기술사(기능장) – 기사 – 기능사 – 기능사보

55 다음은 어떤 국가기술자격 등급의 검정기준에 해당하는가?

해당 국가기술자격의 종목에 관한 숙련기능을 가지고 제작·제조·조작·운전·보수·정비·채취·검사 또는 작업관리 및 이에 관련되는 업무를 수행할 수 있는 능력 보유

① 기능사   ② 산업기사
③ 기 사   ④ 기능장

56 직업안정기관에서 구인신청을 거부할 수 있는 경우가 아닌 것은?

① 구인자가 구인조건의 명시를 거부하는 경우
② 구인신청을 Fax로 보내는 경우
③ 근로조건이 통상의 경우보다 현저히 떨어지는 경우
④ 구인신청의 내용이 법령을 위반하는 경우

57 다음은 통계간행물 중 무엇에 관한 설명인가?

현원, 빈 일자리 및 입·이직에 관한 사항과 고용, 임금 및 근로시간에 관한 사항을 매월 조사하여 변동추이를 파악하고, 우리나라의 빈 일자리율, 입·이직률과 임금상승률 등 거시경제지표 산정 및 임금·고용관련 정책의 기초자료를 제공하는 데 그 목적이 있다.

① 사업체 노동력조사
② 직종별 사업체 노동력조사
③ 기업체 노동비용조사
④ 고용형태별 근로실태조사

58 한국직업전망에서 제공하는 정보에 대한 설명으로 틀린 것은?

① '하는 일'은 해당 직업 종사자가 일반적으로 수행하는 업무 내용과 과정에 대해 서술하였다.
② '관련 학과'는 일반적 입직 조건을 고려하여 대학에 개설된 대표 학과명만을 수록하였다.
③ '적성과 흥미'는 해당 직업에 취업하거나 업무를 수행하는 데 유리한 적성, 성격, 흥미, 지식 및 기술 등을 수록하였다.
④ '학력'은 '고졸 이하', '전문대졸', '대졸', '대학원졸 이상'으로 구분하여 제시하였다.

59 한국표준산업분류는 생산단위가 주로 수행하고 있는 산업활동을 그 유사성에 따라 유형화한 것이다. 다음 중 분류기준으로 보기 어려운 것은?

① 산출물의 물리적 구성 및 가공단계
② 생산인력의 출신성분
③ 원재료
④ 생산활동의 일반적인 결합형태

60 Q-Net에서 제공하는 자격정보가 아닌 것은?

이해도 ○△×

① 국가기술자격 종목별 상세정보
② 사업 내 자격 종목별 상세정보
③ 등록민간자격 종목별 상세정보
④ 외국자격 종목별 상세정보

04 노동시장

61 부가노동자효과란 다음 중 어떤 현상을 의미하는가?

이해도 ○△×

① 불경기에 인구가 증가하는 현상
② 불경기에 구직활동에 새로 참여하는 사람이 증가하는 현상
③ 불경기에 근로시간이 늘어나는 현상
④ 불경기에 임금이 하락하는 현상

62 파업의 경제적 손실에 관한 설명으로 틀린 것은?

이해도 ○△×

① 노동자는 생산을 못하게 돼 이윤 감소를 겪는다.
② 기간이 길어지면 파업의 경제적 손실이 증가한다.
③ 사적비용은 노동자 측의 비용과 기업 측 비용의 합이 된다.
④ 조그만 사업장이 파업을 하는 경우는 사회적 비용이 거의 발생하지 않는다.

63 다음 중 내부노동시장이 잘 발달되어 있다고 볼 수 있는 기업은?

이해도 ○△×

① 위계적 직무서열이 발달된 기업
② 상위직을 기업 외부에서 채용하는 기업
③ 일반적 기술을 가진 중소기업
④ 기업에서 교육훈련을 거의 실시하지 않는 기업

64 다음은 어떤 형태의 능률급인가?

이해도 ○△×

- 1886년 미국의 토웬(Henry R. Towen)이 제창
- 경영활동에 의해 발생한 이익을 그 이익에 관여한 정도에 따라 배분하는 제도
- 기본취지는 작업비용으로 달성된 이익을 노동자에게 환원하자는 것

① 표준시간제
② 이익분배제
③ 할시제
④ 테일러제

65 우리나라 임금체계에 대한 설명으로 옳은 것은?

이해도 ○△×

① 도급제에 의해 계산된 임금의 총액에는 연장·야간·휴일근로수당을 포함한다.
② 통상임금의 산정은 근로자에게 지급하기로 정해진 기본급 임금에 한한다.
③ 통상임금을 시간급으로 산정 시 산정기준시간은 도급의 경우에 1일의 소정근로시간으로 한다.
④ 통상임금은 근로자에게 정기적·일률적으로 소정근로 또는 총근로에 대하여 지급하기로 정한 시간급 금액·일급 금액·주급 금액·월급금액 또는 도급 금액을 말한다.

66 다음 중 내부노동시장의 특징에 관한 설명으로 틀린 것은?

이해도 ○△×

① 인적자본의 확보와 유지가 용이하다.
② 승진이나 직무배치 그리고 임금 등은 외부노동시장과 연계하여 결정된다.
③ 노동의 가격결정과 고용의 모든 측면이 일련의 관리규칙과 절차에 의해 지배된다.
④ 관리비용이 증가하는 단점이 있다.

67 다음 중 노동수요곡선을 이동(Shift)시키는 요인이 아닌 것은?

이해도 ○△×

① 임금의 변화
② 기술의 변화
③ 산출물 가격
④ 노동 이외의 타 생산요소의 가격 변화

68 같은 산업이나 업종에 속한 근로자들로 구성된 노동조합으로서 북유럽국가에서 흔히 볼 수 있는 노동조합의 유형은?

이해도 ○△×

① 직업별 노동조합
② 산업별 노동조합
③ 기업별 노동조합
④ 이념별 노동조합

69 다음 중 경제활동인구에 속하는 사람은?

이해도 ○△×

① 가사종사자
② 심신장애자
③ 정년퇴직자
④ 실업자

70 우리나라의 생산가능인구는 만 몇 세 이상인가?

이해도 ○△×
① 13세
② 15세
③ 17세
④ 19세

71 최근 선진국에서 여성의 경제활동참가율이 상승하고 있는 원인으로 적절한 것은?

이해도 ○△×
① 광공업 생산직 취업자의 증가
② 남성 가장의 고용 안정성 강화
③ 여성의 학력 저하
④ 남녀고용평등과 일·가정 양립 지원에 관한 법률 등 여성 취업에 유리한 제도의 도입

72 다음 중 임금의 법적 성격에 대한 학설의 하나인 노동대가설로 설명할 수 있는 임금에 해당하는 것으로 가장 옳은 것은?

이해도 ○△×
① 휴업수당
② 직무수당
③ 가족수당
④ 물가수당

73 실업에 대한 설명으로 가장 적합한 것은?

이해도 ○△×
① 사이버 뱅킹, 폰 뱅킹과 같은 은행 업무의 변화로 인하여 은행원의 공급과잉이 발생하는 반면, 정보통신(IT)산업의 경우 노동공급 부족이 발생하고 있는 현상은 경기적 실업과 밀접한 관련이 있다.
② 자발적 실업은 노동시장의 정보 부족과 같은 노동시장의 불완전성에 의해 발생하는 것으로서 임금의 경직성과도 매우 밀접한 관련이 있다.
③ 사람들이 더 좋은 직장을 찾기 위하여 잠시 쉬고 있다거나 학교를 졸업하고 직장을 찾는 과정에서 발생하는 실업을 마찰적 실업이라고 하며, 이는 완전고용상태에서도 존재한다.
④ 일반적으로 정부 고용정책의 주된 대상이 되는 비자발적 실업으로는 경기적 실업, 계절적 실업, 구조적 실업, 마찰적 실업 등이 있다.

74 노동의 수요탄력성이 0.5이고 다른 조건이 일정할 때 임금이 5% 상승한다면 고용량의 변화는?

이해도 ○△×
① 0.5% 감소한다.
② 2.5% 감소한다.
③ 5% 감소한다.
④ 5.5% 감소한다.

75 사용자의 징계권 행사에 관한 설명 중 틀린 것은?

이해도 ○△×
① 피징계자에게 소명기회를 주어야 한다.
② 징계사유와 징계양정 사이에 상당성이 없으면 징계권 남용이 된다.
③ 근로자를 감독할 지위에 있는 자가 감독 책임을 잘못하여 징계대상 근로자와 함께 징계를 받는 것은 자기책임의 원칙에 위반되지 않는다.
④ 징계권은 사용자의 권한에 속하므로 단체교섭이나 노사협의의 대상이 아니다.

76 다음 중 노동수요의 임금탄력성 결정요인이 아닌 것은?

이해도 ○△×
① 다른 생산요소공급의 가격탄력성
② 최종생산물에 대한 수요의 탄력성
③ 다른 생산요소와의 대체가능성
④ 노동자에 의해 생산된 상품의 공급탄력성

77 다음 중 분단노동시장가설의 출현배경과 가장 거리가 먼 것은?

이해도 ○△×
① 능력분포와 소득분포의 상이
② 교육개선에 의한 빈곤퇴치 실패
③ 소수인종에 대한 현실적 차별
④ 동질의 노동에 동일한 임금

78 다음 중 개인 근로자의 인적 자본투자와 관련 있는 것은?

이해도 ○△×
① 비정규근로자의 증가
② 경제활동참가율 증가
③ 근로시간의 단축
④ 교육과 현장훈련

79 이직률을 낮추기 위해 이윤극대화를 추구하는 기업이 효율성 임금(Efficiency Wage)을 지불할 경우 발생할 수 있는 실업은?

이해도 ○△×
① 구조적 실업
② 마찰적 실업
③ 경기적 실업
④ 지역적 실업

80 우리나라 여성의 연령별 경제활동참가율은 남성과 달리 자녀의 출산 · 육아기에 현저한 차이를 보인다. 이를 잘 설명할 수 있는 형태는?

① U자형
② 역U자형
③ M자형
④ W자형

05 노동관계법규(Ⅰ)

81 다음 중 최저임금법령상 최저임금의 적용을 받는 사용자가 근로자에게 주지시켜야 할 최저임금의 내용에 해당하는 것을 올바르게 모두 고른 것은?

ㄱ. 적용을 받는 근로자의 최저임금액
ㄴ. 최저임금에 산입하지 아니하는 임금
ㄷ. 해당 사업에서 최저임금의 적용을 제외할 근로자의 범위
ㄹ. 해당 연도 시간급 최저임금액을 기준으로 산정된 월 환산액

① ㄱ, ㄴ, ㄷ
② ㄱ, ㄷ
③ ㄴ, ㄹ
④ ㄱ, ㄴ, ㄷ, ㄹ

82 노동법에 관한 설명 중 옳은 것은?

① 근로자의 정치적 지위를 향상시킨다.
② 자본주의체제를 부정하는 법이다.
③ 시민법원리의 연역적 방법에 기초하는 법이다.
④ 구체적 인격체 간의 실질적 평등을 지향하는 법이다.

83 남녀고용평등과 일 · 가정 양립 지원에 관한 법령상 직장 내 성희롱 예방 교육에 대한 설명으로 틀린 것은?

① 사업주는 연 1회 이상 직장 내 성희롱 예방을 위한 교육을 하여야 한다.
② 성희롱 예방 교육은 관련 법령, 직장 내 성희롱 발생 시의 처리 절차와 조치 기준, 피해 근로자의 고충상담 및 구제 절차 등이 포함되어야 한다.
③ 사업주 및 근로자 모두가 남성 또는 여성 중 어느 한 성으로 구성된 사업장은 성희롱 예방 교육을 하지 않아도 상관없다.
④ 단순히 교육자료 등을 배포 · 게시하거나 게시판에 공지하는 데 그치는 등 근로자에게 교육 내용이 제대로 전달되었는지 확인하기 곤란한 경우에는 예방 교육을 한 것으로 보지 아니한다.

84 고용보험법상 심사 및 재심사 청구의 대상이 되는 것은?

① 보험료 징수처분
② 피보험자격의 취득 · 상실에 대한 확인
③ 고용안정사업에 관한 처분
④ 직업능력개발사업에 관한 처분

85 다음 중 근로기준법의 내용에 대한 설명으로 옳은 것은?

① 명시된 근로조건이 사실과 다를 경우에 근로자는 근로조건 위반을 이유로 1개월의 기간을 정하여 근로계약을 해제할 수 있다.
② 사용자는 근로계약에 덧붙여 저축금의 관리를 규정하는 계약을 체결할 수 있다.
③ 사용자는 전차금이나 그 밖에 근로할 것을 조건으로 하는 전대채권과 임금을 상계하지 못한다.
④ 근로계약 불이행에 대한 위약금을 예정하는 계약을 체결한 경우 사용자는 근로자의 근로계약 불이행이 있으면 약정된 위약금을 청구할 수 있다.

86 헌법상 근로의 권리와 관련하여 명시되어 있지 않은 것은?

① 최저임금제 시행
② 국가유공자의 유가족에 대한 우선적 근로기회 부여
③ 여자 · 연소자의 근로에 대한 특별한 보호
④ 산업재해로부터 특별한 보호

87 근로기준법상 근로계약에 관한 설명으로 틀린 것은?

① 근로기준법에서 정하는 기준에 미치지 못하는 근로조건을 정한 근로계약은 그 부분에 한하여 무효로 한다.
② 근로계약이 무효로 된 부분은 근로기준법에서 정한 기준에 따른다.
③ 사용자는 근로계약을 체결할 때에 근로자에게 임금, 소정근로시간, 휴일, 연차 유급휴가 등의 사항을 명시하여야 한다.
④ 명시된 근로조건이 사실과 다를 경우에 근로자는 근로조건 위반을 이유로 손해의 배상을 청구할 수 있으나 근로계약은 해제할 수 없다.

88 다음 중 최저임금법상 최저임금위원회에 대한 설명으로 옳지 않은 것은?

① 최저임금위원회는 근로자위원 6명, 사용자위원 6명, 공익위원 6명으로 구성한다.
② 최저임금위원회의 위원의 임기는 3년으로 하되, 연임할 수 있다.
③ 최저임금위원회에 2명의 상임위원을 두며, 상임위원은 공익위원이 된다.
④ 최저임금위원회의 위원장과 부위원장은 공익위원 중에서 최저임금위원회가 선출한다.

89 다음은 구직자 취업촉진 및 생활안정지원에 관한 법령상 고용노동부장관이 구직촉진수당 수급자격을 인정하지 아니할 수 있는 대상을 제시한 것이다. 보기의 빈칸에 들어갈 내용을 순서대로 올바르게 나열한 것은?

> • 「고용보험법」에 따른 구직급여를 받고 있거나 구직급여를 마지막으로 받은 날의 다음 날부터 (ㄱ)이 지나지 아니한 사람
> • 「고용정책 기본법」에 따른 재정지원 일자리사업 중 대통령령으로 정하는 사업에 참여하고 있거나 참여기간의 마지막 날의 다음 날부터 (ㄴ)이 지나지 아니한 사람

① ㄱ : 3개월, ㄴ : 3개월
② ㄱ : 3개월, ㄴ : 6개월
③ ㄱ : 6개월, ㄴ : 6개월
④ ㄱ : 1년, ㄴ : 1년

90 다음 중 구직자 취업촉진 및 생활안정지원에 관한 법률상 수급자격자 또는 수급자가 취업지원의 유예를 신청할 수 있는 사유로 옳지 않은 것은?

① 본인이 임신하거나 출산 후 90일이 지나지 아니한 경우
② 본인 또는 배우자가 질병에 걸렸거나 부상을 당한 경우
③ 본인 또는 배우자의 직계존비속이 질병에 걸렸거나 부상을 당한 경우
④ 6개월 이상 국외에 머무는 경우

91 근로기준법상의 근로시간에 관한 설명 중 옳지 않은 것은?

① 15세 이상 18세 미만자의 근로시간은 1일에 7시간, 1주 35시간을 초과하지 못한다.
② 임산부와 18세 미만의 연소자는 어떠한 경우에도 야간근로와 휴일근로에 종사시키지 못한다.
③ 산후 1년이 경과되지 아니한 여성에 대해서는 단체협약의 규정이 있는 경우에도 1일에 2시간, 1주에 6시간, 1년에 150시간을 초과하는 시간 외 근로를 시키지 못한다.
④ 야간근로라 함은 오후 10시부터 오전 6시까지의 근로를 말한다.

92 선택적 근로시간제에 관한 설명으로 옳지 않은 것은?

① 선택적 근로시간제는 시업 및 종업시각을 근로자의 자유의사에 맡기는 것으로 근로시간배분을 탄력화한 변형근로시간제의 일종이다.
② 취업규칙으로 미리 정한 근로자에 대해서만 적용된다.
③ 당해 근로자와의 서면합의가 있어야 한다.
④ 1개월 이내의 정산기간을 평균하여 1주간의 근로시간이 40시간을 초과하지 않는 범위 안에서 1주간 40시간을 초과하여 근로하게 할 수 있다.

93 다음 중 구직자 취업촉진 및 생활안정지원에 관한 법률상 취업지원서비스에 포함되지 않는 것은?

① 개인별 취업활동계획의 수립
② 취업지원 프로그램의 제공
③ 구직활동지원 프로그램의 제공
④ 구직촉진수당의 지급

94 다음 중 고용보험법령상 구직급여의 수급요건으로 옳지 않은 것은? (단, 기타 사항은 고려하지 않음)

① 근로의 의사와 능력이 있음에도 불구하고 취업하지 못한 상태에 있을 것
② 이직사유가 수급자격의 제한 사유에 해당하지 아니할 것
③ 재취업을 위한 노력을 적극적으로 할 것
④ 건설일용근로자로서 수급자격 인정신청일 이전 7일간 연속하여 근로내역이 없을 것

95 직업안정법에 대한 다음 설명 중 옳지 않은 것은?

① 근로자공급사업이란 공급계약에 의하여 근로자를 타인에게 사용하게 하는 사업으로서 근로자파견사업을 포함한다.
② 직업소개라 함은 구인 또는 구직 신청을 받아 구인자와 구직자 간에 고용계약의 성립을 알선하는 것을 말한다.
③ 직업안정기관이라 함은 직업소개, 직업지도 등 직업안정업무를 수행하는 지방고용노동행정기관을 말한다.
④ 직업지도라 함은 취직하고자 하는 자의 능력과 소질에 적합한 직업의 선택을 용이하게 하기 위하여 실시하는 직업적성 검사, 직업정보의 제공, 직업상담, 실습의 활동을 말한다.

96 직업안정법상 직업안정기관 이외의 직업소개사업에 대한 설명 중 틀린 것은?

① 소개대상이 되는 근로자가 취직하고자 하는 장소에 따라 국내 무료직업소개사업과 국외 무료직업소개사업으로 구분한다.
② 국내 무료직업소개사업을 하고자 하는 자는 시장, 군수, 구청장에게 신고하여야 하고, 국외 무료직업소개사업을 하고자 하는 자는 시·도지사에게 신고하여야 한다.
③ 무료직업소개사업을 할 수 있는 자는 그 설립목적 및 사업 내용이 적합한 비영리법인 또는 공익단체로 한다.
④ 공익단체는 법인이 아닌 단체 중 그 설립에 관하여 행정기관의 인·허가를 받았거나 행정기관에 신고를 한 단체로서 활동의 공공성과 사회성이 인정된 단체를 말한다.

97 다음 중 개인정보 보호법에 따라 개인정보처리자가 정보주체의 동의를 받아 개인정보를 수집·이용할 때 정보 주체에게 반드시 알려야 하는 사항에 포함되지 않는 것은?

① 개인정보의 수집·이용 목적
② 개인정보의 수집·이용 방법
③ 수집하려는 개인정보의 항목
④ 개인정보의 보유 및 이용 기간

98 직업능력개발훈련법인 설립허가의 요건에 해당하지 않는 것은?

① 직업능력개발사업을 주된 목적으로 할 것
② 출연재산이 2억 원 이상일 것
③ 3인 이상의 이사와 1인 이상의 감사를 둘 것
④ 다른 훈련법인과 동일한 명칭이 아닐 것

99 다음 중 남녀고용평등과 일·가정 양립지원에 관한 법률상 직장 내 성희롱에 관한 설명으로 옳지 않은 것은?

① 사업주는 직장 내 성희롱 예방을 위한 교육을 연 1회 이상 실시하여야 한다.
② 사업주는 직장 내 성희롱 발생이 확인된 경우 지체 없이 행위자에 대하여 징계, 그 밖에 이에 준하는 조치를 취하여야 한다.
③ 사업주는 직장 내 성희롱의 피해근로자가 고충해소를 요청하지 않더라도 부서전환을 하여야 한다.
④ 사업주는 직장 내 성희롱과 관련하여 그 피해근로자에게 고용상의 불이익한 조치를 하여서는 아니 된다.

100 다음 중 채용절차의 공정화에 관한 법률상 거짓 채용광고 등의 금지 규정을 위반하여 거짓의 채용광고를 낸 구인자에 대한 벌칙으로 옳은 것은?

① 5년 이하의 징역 또는 2천만원 이하의 벌금
② 5년 이하의 징역 또는 3천만원 이하의 벌금
③ 3년 이하의 징역 또는 2천만원 이하의 벌금
④ 3천만원 이하의 과태료

9회 최종모의고사

자격종목 및 등급(선택분야)	시험시간	문제지형별	수험번호	성 명
직업상담사 2급	2시간 30분			

정답 및 해설 p.182

01 직업심리

01 작업동기를 노력, 성과 그리고 도구성과의 관계로 설명하는 이론은?

이해도 ○△×

① 내재적-외재적 동기이론
② 2요인 이론
③ 기대이론
④ 목표설정이론

02 직무스트레스의 대처반응 중 스트레스 상황에 의해 생성된 좌절감과 에너지를 없애는 작용을 하는 것은?

이해도 ○△×

① 인 내
② 전 환
③ 회 피
④ 부 인

03 다음은 Holland의 6가지 성격유형 중 무엇에 해당하는가?

이해도 ○△×

> • 다른 사람과 함께 일하거나 다른 사람을 돕는 것을 즐긴다.
> • 도구와 기계를 포함하는 질서정연하고 조직적인 활동을 싫어한다.

① 현실적 유형
② 탐구적 유형
③ 사회적 유형
④ 관습적 유형

04 다음 중 신뢰도에 대한 설명으로 맞는 것은?

이해도 ○△×

① 검사가 얼마나 신뢰되는가의 정도를 말하며, 신뢰도 계수를 측정해서 평가한다.
② 심리측정학에서 말하는 신뢰도란 주관성을 뜻한다.
③ 검사가 측정하고자 하는 것을 과연 얼마나 잘 측정하고 있는가의 문제이다.
④ 검사점수의 해석에 필요한 기준이 되는 자료로서 어떤 대표 집단의 사람들에게 실시한 검사점수를 일정한 분포도로 작성한 것이다.

05 표준화에 대한 다음 설명 중 맞는 것은?

이해도 ○△×

① 동일 대상자에게 시간차를 두고 검사의 비중이 동등하게 되도록 두 개의 검사를 시행하여 얻은 점수들 간의 상관계수이다.
② 표준화되어야 할 대상은 검사점수에 기초하여 이루어지는 추론 또는 해석이지 검사 그 자체는 아니다.
③ 표준화 작업은 이용할 정확한 검사재료, 시간제한, 구두지시문, 예비실험, 피검자의 질문을 처리하는 방법 그리고 검사 시행 시 세밀한 부분까지 모두를 포함한다.
④ 표준화에서 집단의 크기와 동질성은 무관하다.

06 직무분석방법 중 최초분석법에 관한 설명이 아닌 것은?

이해도 ○△×

① 직접 작업현장을 방문하여 분석을 실시하는 방법이다.
② 비교적 직무내용이 단순하고 반복되는 작업을 계속하는 경우에 적합하다.
③ 많은 시간과 노력이 소요된다.
④ 교육훈련을 목적으로 교육목표와 교육내용을 비교적 단시간 내에 추출하는 데 효과적이다.

07 직무분석에 관한 설명 중 틀린 것은?

이해도 ○△×

① 인간의 노동력을 과학적이고 합리적으로 관리하기 위한 기초작업으로서 직무의 내용을 분석하는 것이다.
② 인력관리 전반에 걸쳐 사용할 수 있다.
③ 직무분석 관련 용어에는 일, 직위, 직무, 직종 등이 있다.
④ 직무분석을 실시함으로써 밝혀진 직무내용은 업무를 합리적으로 수행할 수 있는 기초가 된다.

08 다음 중 집단 내 규준에 해당하지 않는 것은?

이해도 ○△×

① 백분위점수
② 표준등급
③ 편차 IQ
④ 학년점수

09 인지적 정보처리이론에서 제시하는 진로문제 해결의 절차를 바르게 나열한 것은?

이해도 ○△×

> A. 분석단계
> B. 통합단계
> C. 집행단계
> D. 가치부여단계
> E. 의사소통단계

① A → B → C → D → E
② B → D → A → C → E
③ C → A → B → E → D
④ E → A → B → D → C

10 프로이트와 에릭슨과의 관계에 관한 설명 중 옳지 않은 것은?

이해도 ○△×

① 발달이론에 있어 프로이트는 성적 발달국면에, 에릭슨은 자아의 기능에 중점을 두었다.
② 프로이트는 발달단계를 5단계로, 에릭슨은 6단계로 구분하였다.
③ 프로이트는 아동의 발달단계를 아동 – 모친 – 부친의 삼각관계에 두었고, 에릭슨은 가족성원과 사회문화적 현실 간의 역동을 중요시하였다.
④ 프로이트는 발달단계를 병리학적 입장에 두었고, 에릭슨은 발달적 위기의 성공적 해결에 초점을 두었다.

11 가치중심적 진로접근 모형의 기본명제와 가장 거리가 먼 것은?

이해도 ○△×

① 개인이 우선권을 부여하는 가치들은 얼마 되지 않는다.
② 가치는 환경 속에서 가치를 담은 정보를 획득함으로써 학습된다.
③ 한 역할의 특이성은 역할 안에 있는 필수적인 가치들의 만족 정도와 관련된다.
④ 생애역할에서의 성공은 학습된 기술과 인지적 · 정의적 · 신체적 적성을 제외한 요인에 의해 결정된다.

12 분석하려는 직업에 종사하는 경험이 많은 전문가들을 한 자리에 모아놓고 짧은 시간에 브레인스토밍기법으로 직무를 분석하는 방법은?

이해도 ○△×

① 면접법
② 비교확인법
③ 데이컴법
④ 최초분석법

13 다음 중 진로의사결정 이론에 해당하는 것은?

이해도 ○△×

① 특성–요인이론
② 기대이론
③ 발달이론
④ 사회학습이론

14 Ginzberg의 직업발달이론 중 잠정기에 해당하지 않는 단계는?

이해도 ○△×

① 흥미단계
② 전환단계
③ 능력단계
④ 구체화단계

15 수동조건형성이론에 대한 설명으로 적절하지 않은 것은?

이해도 ○△×

① 특수한 자극은 특수한 반응을 일으킨다.
② 반응은 추출된다.
③ 한 자극이 다른 자극을 대치한다.
④ 반응이 보상 앞에 온다.

16 진로성숙 검사도구(CMI)의 특징이 아닌 것은?

이해도 ○△×

① 태도척도에는 선발척도와 상담척도 두 가지가 있다.
② 진로선택 과정에 대한 피험자의 태도와 진로결정에 영향을 미치는 성향적 반응경향성을 측정한다.
③ 능력척도는 자기평가, 직업정보, 목표선정, 계획의 4개 영역을 측정한다.
④ 초등학교 6학년부터 고등학교 3학년을 대상으로 표준화되었다.

17 Holland의 6가지 성격유형 중 다음이 설명하는 것은?

이해도 ○△×

> • 자기주장이 강하고 지배적이며, 자기 확신이 강한 유형으로, 상징적이고 체계적인 활동을 싫어한다.
> • 판매원, 기업경영인, 판사 등이 대표적인 직업에 속한다.

① 현실형(Realistic Type)
② 예술형(Artistic Type)
③ 사회적 유형(Social Type)
④ 진취형(Enterprising Type)

18 Ellis가 주장한 비합리적 신념에 해당하는 것은?

① 일이 내 뜻대로 진행되지 않는 것은 끔찍한 일이다.
② 현재 내가 겪고 있는 정서적인 괴로움은 주로 내 책임이다.
③ 걱정한다고 해서 어떤 괴로운 일이 사라지는 것은 아니다.
④ 인정받고 사랑받기보다는 사랑하는 것에 신경 쓰는 것이 바람직하고 생산적이다.

19 성취동기에 대한 설명으로 적절하지 못한 것은?

① 머레이(Murray)에 의해서 처음으로 개념화되었다.
② 성취동기란 성취를 위한 내적 욕구, 동기이다.
③ 성취동기가 높은 사람은 자신이 수행하는 일의 결과에 연연하지 않는다.
④ 학교상황에서는 학업성적에 대한 의욕 또는 동기라고 할 수 있다.

20 방어기제(Defence Mechanism)에 대한 다음 설명 중 틀린 것은?

① 방어기제는 불안으로부터 자아를 보호하려는 심리적 기제이다.
② 방어기제는 그 자체로는 부적응적인 것이라고 할 수 없다.
③ 억압이란 괴롭히는 문제나 욕구, 경험 등의 의식적인 과정이다.
④ 투사란 개인이 용납할 수 없는 감정이나 충동을 타인의 탓으로 돌리는 것이다.

02 직업상담 및 취업지원

21 다음 중 교류분석적 상담의 3가지 자아 상태에 대한 설명으로 틀린 것은?

① 비판적 부모 자아는 남을 가르치고 통제하며 비판하는 기능을 한다.
② 어린이 자아는 FC, AC, LP로 구분된다.
③ 성인 자아는 성인으로서의 능력을 사용하는 '지금-여기'에서의 반응으로, 사고하고 행동하며 느끼는 감정상태를 말한다.
④ 어린이 자아 중 AC는 타인을 의식하지 않고 자유롭게 감정 표현을 하는 자유로운 어린이 자아를 뜻한다.

22 직무분석 자료의 특성으로 적합하지 않은 것은?

① 최신의 정보를 반영해야 한다.
② 가공하지 않은 원상태의 정보이어야 한다.
③ 논리적으로 체계화되어야 한다.
④ 한 가지 목적으로만 사용되어야 한다.

23 다음 중 포괄적 직업상담 프로그램의 단점으로 가장 옳은 것은?

① 직업결정 문제의 원인으로 불안에 대한 이해와 불안을 규명하는 방법이 결여되어 있다.
② 직업상담의 문제 중 진학상담과 취업상담에 적합할 뿐 취업 후 직업적응 문제들을 깊이 있게 다루지 못하고 있다.
③ 직업선택에 미치는 내적 요인의 영향을 지나치게 강조한 나머지 외적요인의 영향에 대해서는 충분하게 고려하고 있지 못하다.
④ 직업상담사가 교훈적 역할이나 내담자의 자아를 명료화하고 자아실현을 시킬 수 있는 적극적 태도를 취하지 않는다면 내담자에게 직업에 대한 정보를 효과적으로 알려줄 수 없다.

24 다음 중 집단상담에 대한 설명으로 틀린 것은?

① 한 상담자가 동시에 많은 내담자에게 도움을 줄 수 있다.
② 문제별로 집단을 구성하기에 어려움이 있다.
③ 집단상담 구성원들은 주변사람들의 공통적인 의견을 더 잘 받아들이는 경향이 있다.
④ 직업성숙도가 낮은 사람들에게 적합하다.

25 다음의 상담과정에서 필요한 상담기법은?

> 내담자 : 전 의사가 될 거예요. 저희 집안은 모두 의사들이거든요.
> 상담자 : 의사가 될 것으로 확신하고 계시는군요.
> 내담자 : 예. 물론이지요.
> 상담자 : 만약 의사가 되지 못한다면 어떻게 되나요?
> 내담자 : 한 번도 그런 경우를 생각해 보지 못했어요. 의사가 안 된다면 내 인생은 매우 끔찍할 것입니다.

① 재구조화
② REBT 기법
③ 정보제공
④ 직 면

26 다음 중 사이버 직업상담의 단점에 해당되지 않는 것은?

① 내담자의 복잡한 정서적인 내용을 파악하기 어렵다.
② 내담자의 자발적 참여로 상담이 진행되는 경우가 대면 상담에 비해 적어 내담자들의 문제해결에 대한 동기가 낮다.
③ 내담자 자신의 정보를 선택적으로 공개할 수 있으며, 언제든지 상담을 중단해버릴 수 있다.
④ 자구적인 노력이나 책임감 없이 습관적으로 상담요청을 할 수 있다.

27 집단상담의 과정 중 집단원의 불안감과 방어적 태도가 두드러지게 나타나며, 집단 내에서 힘과 통제력을 놓고 갈등이 일어나는 단계는?

① 과도적 단계
② 종결단계
③ 작업단계
④ 초기단계

28 행동주의적 상담기법 중 학습촉진기법과 가장 거리가 먼 것은?

① 강 화
② 변별학습
③ 대리학습
④ 체계적 둔감화

29 다음 중 내담자의 이완을 촉진하고 억제를 감소시키는 방법으로 잘못된 것은?

① 내담자의 행동에 대해 평가하지 않는다.
② 질문이나 요구를 많이 한다.
③ 중도에 말을 끊지 않고 스스로 말하고 싶은 만큼 말하게 한다.
④ 내담자가 말하는 내용 중 애매한 부분을 명확하게 설명하도록 요구하지 않는다.

30 Levinson의 발달이론에 관한 설명으로 틀린 것은?

① 초기 성인변화 단계는 성인기로 변화하기 위한 단계를 의미하며 연령은 17~22세까지이다.
② 성인세계 진입기 단계는 20~35세까지의 단계로서 성인생활양식을 형성하는 시기이다.
③ 30세 전환기를 통해 초기 성인의 안정된 구조를 확립하는 대략 33~40세까지의 시기는 정착기에 해당한다.
④ 중년기 마감단계는 55~60세까지의 단계로 중년기가 완성되는 단계이다.

31 다음과 관계있는 상담이론과 학자가 바르게 짝지어진 것은?

- 사회적 관계를 강조하며 행동수정보다는 동기수정에 관심을 둔다.
- 개인의 목표는 열등감의 극복이다.

① 실존주의적 상담 – Frankl
② 현실치료적 상담 – Glasser
③ 형태주의적 상담 – Perls
④ 개인심리학적 상담 – Adler

32 상담에서 발생할 수 있는 윤리문제에 대해 상담자가 취해야 할 태도로 적절하지 않은 것은?

① 내담자가 원하는 도움을 제공해 줄 수 없는 상황이라도 끝까지 붙들고 있어야 한다.
② 내담자가 털어놓는 개인적인 어려움들에 대해 비밀을 보장해 주어야 한다.
③ 비밀을 유지할 수 없는 조건에서는 자문을 받는 것이 필요하다.
④ 정서적 상태를 안정되게 유지 · 조절할 수 있어야 한다.

33 행동주의 상담기법에 해당하지 않는 것은?

① 조형법
② 자유연상법
③ 혐오치료법
④ 긍정적 강화법

34 내담자가 문제에 대한 왜곡과 불일치를 스스로 파악하고, 보다 명확하고 현실적으로 생각할 수 있도록 도와주는 상담자의 태도와 관련 있는 것은?

① 무조건적 긍정적 존중
② 공감적 이해
③ 일치성
④ 구체성

35 자기정체감을 지속적으로 구별해 내고 발달과제를 처리하는 과정으로 진로발달단계를 설명하며, 이를 시간의 틀 내에서 개념화한 학자는?

① Super
② Holland
③ Tiedeman
④ Gottfredson

36 상담초기의 조언에 대한 다음 설명 중 가장 적절하지 않은 것은?

① 내담자의 특성에 대해 충분히 알지 못하기 때문에 적합한 조언이 되기 어렵다.
② 내담자의 조종에 말려드는 결과를 낳을 수도 있다.
③ 내담자들이 이미 한두 번 생각해본 것일 가능성이 많다.
④ 내담자의 자율성과 독립심을 향상시킬 수 있다.

37 다음은 어떤 상담기법에 대한 설명인가?

> 내담자가 직접 진술하지 않은 내용이나 개념을 그의 과거 경험이나 진술을 토대로 하여 추론해서 말하는 것이다.

① 수 용
② 요 약
③ 직 면
④ 해 석

38 다음은 내담자의 무엇을 사정하기 위한 것인가?

> 내담자에게 과거에 했던 선택의 회상, 절정경험, 자유시간, 금전사용 계획 등을 조사하고 존경하는 사람을 쓰게 하는 등의 상담행위

① 내담자의 동기
② 내담자의 생애역할
③ 내담자의 가치
④ 내담자의 흥미

39 다음 설명에 해당하는 집단상담 기법은?

> • 말하고 있는 집단원이 자신이 무엇을 말하는가를 잘 알 수 있게 돕는 것
> • 말하고 있는 집단원의 말의 내용과 감정을 이해하고 있음을 알리며 의사소통하는 것

① 해석하기
② 연결짓기
③ 반영하기
④ 명료화하기

40 재구조화(Reframing)라고도 하며 내담자의 문제와 염려에 대하여 새로운 참조체제를 제공함으로써 내담자가 그 상황을 잘 이해하고 효과적으로 대처할 수 있도록 하는 기법은?

① 심층적 공감
② 해 석
③ 직 면
④ 적극적 경청

03 직업정보

41 한국표준직업분류에서 직업의 분류원칙에 대한 설명으로 틀린 것은?

① 포괄적인 업무의 경우에는 상관성이 많은 항목에 따라 분류한다.
② 다수 직업근로자의 경우에는 취업시간이 많은 직업을 택한다.
③ 포괄적인 업무의 경우에는 높은 수준의 직무능력을 필요로 하는 항목에 따라 분류한다.
④ 재화의 생산 및 공급이 같이 이루어지는 업무인 경우에는 최종단계에 관련된 업무에 따라 분류한다.

42 직업훈련제도에 대한 설명 중 틀린 것은?

① 직업능력을 최대한 개발·발휘하도록 하는 훈련이다.
② 고령자가 그 능력에 적합한 훈련을 받아 고용안정을 이룰 수 있다.
③ 근로자가 생활에 필요한 평균임금을 보장받기 위한 교육훈련이다.
④ 직업훈련제도는 근로자 직업훈련촉진법에 의거하여 시행되고 있다.

43 각 직업강도별 설명으로 옳지 않은 것은?

① 힘든 작업 - 40kg 이상의 물건을 들어 올리고, 20kg 이상의 물건을 빈번히 들어 올리거나 운반한다.
② 가벼운 작업 - 앉아서 작업하지만 팔과 다리로 밀고 당기는 작업을 수반한다.
③ 보통 작업 - 최고 20kg의 물건을 들어 올리고, 10kg 정도의 물건을 빈번히 들어 올리거나 운반한다.
④ 아주 가벼운 작업 - 최고 4kg의 물건을 들어 올리고, 때때로 장부, 소도구 등을 들어 올리거나 운반한다.

44 다음은 어떤 고용보험사업에 관한 설명인가?

> 근로자를 감원하지 않고 고용을 유지하거나 실직자를 채용하여 고용을 늘리는 사업주를 지원하여 근로자의 고용안정 및 취업취약계층의 고용촉진을 지원한다.

① 실업급여사업　　　　　　② 고용안정사업
③ 취업알선사업　　　　　　④ 직업상담사업

45 다음 중 위험내재의 요소에 해당하지 않는 것은?

① 폭 발　　　　　　　　　② 방사선
③ 화 상　　　　　　　　　④ 가 스

46 다음 중 나머지 셋과 계열이 다른 학과는 무엇인가?

이해도 ○△×

① 의학과
② 아동가족학과
③ 수의학과
④ 패션산업학과

47 다음 중 실업급여를 받을 수 없는 경우는?

이해도 ○△×

① 다른 직장으로 옮기기 위하여 퇴직하는 경우
② 도산, 폐업 등 회사의 경영사정에 의해 그만둔 경우
③ 신기술도입으로 도저히 새 업무에 적응할 수 없어 그만둔 경우
④ 배우자와의 동거를 위하여 주소를 이전함으로써 통근이 곤란하게 되어 이직하는 경우

48 한국직업사전에서 제시하는 작업환경의 구분에 해당하지 않는 것은?

이해도 ○△×

① 저온 · 고온
② 소음 · 진동
③ 대기환경미흡
④ 붕괴위험

49 직업은 유사성을 갖는 직무를 지속적으로 수행하는 '계속성'을 가져야 한다. 다음 중 일의 계속성에 해당하지 않는 것은?

이해도 ○△×

① 매해 겨울 화천에서 행해지는 산천어 축제
② 윤동주 탄생 100주년을 맞아 모교에서 열린 관련 학회
③ 매주 수요일과 일요일 인터넷에 소설을 올리는 일
④ 은퇴 후 어려운 아이들을 위해 설립한 장학재단

50 다음 중 국가기술자격 서비스분야의 종목별 응시자격으로 틀린 것은?

이해도 ○△×

① 사회조사분석사 2급 – 제한 없음
② 직업상담사 1급 – 해당 실무 3년 이상 종사자
③ 전자상거래관리사 1급 – 해당 종목의 2급 자격을 취득한 후 해당 실무에 3년 이상 종사한 사람
④ 소비자전문상담사 1급 – 외국에서 동일한 종목에 해당하는 자격을 취득한 자

51 다음 중 한국표준직업분류(2025)에서 직업에 해당하는 것은?

이해도 ○△×

① 의무복무 중인 군인
② 자기 집의 가사 활동에 전념하는 경우
③ 민간보험에 의한 수입이 있는 경우
④ 주식투자에 의한 시세차익이 있는 경우

52 워크넷에서 제공하는 구인 · 구직 취업동향은 무엇을 기준으로 하여 작성되는가?

이해도 ○△×

① 통계청에서 발행하는 각종 통계자료
② 워크넷 이용 실적을 집계한 자료
③ 고용노동부에서 발간하는 노동백서
④ 사설 직업알선기관의 알선 건수

53 다음 중 보기의 내용과 연관된 국가기술자격 검정기준의 등급에 해당하는 것은?

이해도 ○△×

> 해당 국가기술자격의 종목에 관한 숙련기능을 가지고 제작 · 제조 · 조작 · 운전 · 보수 · 정비 · 채취 · 검사 또는 작업관리 및 이에 관련되는 업무를 수행할 수 있는 능력 보유

① 기능장
② 산업기사
③ 기 사
④ 기능사

54 서울시 마포구 주민 중 일부를 사전에 조사대상으로 선정하고, 이들을 대상으로 6개월 혹은 1년 단위로 고용현황 등 직업정보를 반복하여 수집하는 조사방법은?

이해도 ○△×

① 패널조사
② 코호트조사
③ 횡단조사
④ 사례조사

55 다음에서 설명하는 국가기술자격 검정기준의 등급은?

이해도 ○△×

> 해당 국가기술자격의 종목에 관한 기술기초이론 지식 또는 숙련기능을 바탕으로 복합적인 기초기술 및 기능업무를 수행할 수 있는 능력 보유

① 산업기사
② 기능장
③ 기능사
④ 기술사

56 직업정보 제공에 관한 설명으로 옳은 것은?

① 모든 내담자에게 직업정보를 우선적으로 제공한다.
② 상담사는 다양한 정보를 수집하기 위해 지속적으로 노력한다.
③ 진로정보 제공은 상담의 초기단계에서 이루어지며, 이 경우 내담자의 피드백은 고려하지 않는다.
④ 내담자가 속한 가족, 문화보다는 표준화된 정보를 우선적으로 고려하여 정보를 제공한다.

57 각 직능수준별 정의가 바르게 짝지어진 것은?

① 제1직능수준 - 복잡한 과업과 실제적인 업무를 수행할 정도의 전문적인 지식을 보유하고 수리계산이나 의사소통 능력이 상당히 높아야 한다.
② 제2직능수준 - 일반적으로 완벽하게 읽고 쓸 수 있는 능력과 정확한 계산능력, 그리고 상당한 정도의 의사소통 능력을 필요로 한다.
③ 제3직능수준 - 매우 높은 수준의 이해력과 창의력 및 의사소통 능력이 필요하다.
④ 제4직능수준 - 일반적으로 단순하고 반복적이며 때로는 육체적인 힘을 요하는 과업을 수행한다.

58 다음 중 직무급의 장점이 아닌 것은?

① 직무에 상응하는 임금지급이 가능하다.
② 직무평가가 객관적으로 이루어질 수 있다면 이상적 임금형태이다.
③ 배치전환이 용이하다.
④ 직무 간의 임금을 둘러싼 불평·불만을 제거할 수 있다.

59 공공직업안정기관이 수집·제공하여야 할 고용정보와 거리가 먼 것은?

① 경제 및 산업동향
② 취업보호제도
③ 근로조건
④ 고용관리에 관한 정보

60 직업정보 분석 시 유의사항이 아닌 것은?

① 동일한 정보도 다각적인 분석을 시도하여 해석을 풍부하게 한다.
② 전문지식이 없는 개인을 위해 비전문인인 시각에서 분석한다.
③ 분석과 해석은 원자료의 생산일, 자료표집방법, 대상, 자료의 양 등을 검토해야 한다.
④ 직업정보원과 제공원을 제시한다.

04 노동시장

61 대부분의 임금격차가 근로자의 생산성에 의하여 생긴다고 할 때 임금격차를 줄이기 위한 합리적 정책으로 볼 수 있는 것은?

① 노동조합 활동의 보장
② 저임금 근로자들에 대한 교육훈련 강화
③ 노동시장 분단의 강화
④ 대학 정원의 축소

62 다음 중 노동수요의 특성에 대한 설명으로 옳지 않은 것은?

① 유량의 개념이다.
② 저량의 개념이다.
③ 유발수요이다.
④ 결합수요이다.

63 임금의 보상격차 혹은 균등화 격차를 초래하는 직업의 차이로 볼 수 없는 것은?

① 고용의 안정성 여부
② 종사하는 기업의 규모
③ 작업의 쾌적한 정도
④ 취업에 필요한 교육훈련 비용

64 다음 중 노동공급의 탄력성 결정요인에 해당하지 않는 것은?

① 산업구조의 변화
② 노동이동의 용이성 정도
③ 여성취업기회의 창출 가능성 여부
④ 다른 생산요소로의 노동의 대체가능성

65 경제학자 스펜서(Spencer)는 고학력자의 임금이 높은 것은 교육이 생산성을 높이는 역할을 하는 것이 아니라 처음부터 생산성이 높다는 것을 교육을 통해 보여주는 것이라는 견해를 제시했는데 이를 무엇이라 하는가?

① 강화이론
② 교육의 신호모형
③ 인적자본이론
④ 성취귀인이론

66 부가노동자효과가 실망노동자효과보다 크다면 경기가 나빠질 때 어떤 현상이 생기는가?

이해도 ○△✕

① 15세 이상 인구가 증가한다.
② 실업률이 낮아진다.
③ 경제활동인구가 늘어난다.
④ 취업자가 늘어난다.

67 생산물 수요가 증가하는 성장산업의 노동수요는 증가하지만 성숙산업이나 사양산업에서는 노동수요가 감소한다. 이는 노동수요의 어떤 특징에서 기인하는가?

이해도 ○△✕

① 잠재수요
② 투기적 수요
③ 과시적 수요
④ 유발수요

68 수입이 제한되어있던 자동차의 수입이 자유화되었다고 할 때 다른 조건이 변하지 않는다면 자동차를 제조하는 노동의 수요탄력성은?

이해도 ○△✕

① 커진다.
② 작아진다.
③ 영향이 없다.
④ 커질 수도 있고 작아질 수도 있다.

69 노동의 수요에 대한 설명으로 옳은 것은?

이해도 ○△✕

① 완전경쟁기업의 단기노동수요곡선은 평균수입생산과 같다.
② 완전경쟁기업의 단기노동수요곡선은 우하향하는 부분의 한계생산가치와 같다.
③ 기업의 장기노동수요곡선은 단기에 비해 더 비탄력적이다.
④ 경쟁산업의 노동수요곡선은 대표적 기업의 노동수요곡선보다 탄력적이다.

70 노동수요탄력성에 대한 설명으로 옳은 것은?

이해도 ○△✕

① 상품의 수요가 탄력적일수록 작아진다.
② 총 생산비 가운데에서 노동비용의 비중이 작을수록 커진다.
③ 노동의 대체가능성이 클수록 커진다.
④ 노동 외 생산요소의 공급탄력성이 클수록 작아진다.

71 다음 중 최저임금제도의 기대효과로 옳은 것은?

이해도 ○△✕

① 산업구조의 고도화에 기여
② 경기 침체
③ 노동생산성의 감소
④ 산업 간 · 직종 간 · 지역 간 임금격차 심화

72 다음 중 유보임금에 대한 설명으로 틀린 것은?

이해도 ○△✕

① 유보임금은 한 근로자가 노동시장에 기대하는 최소한의 임금수준을 의미한다.
② 유보임금은 근로자가 받고자 하는 최저임금을 말한다.
③ 유보임금이 상승하면 실업기간이 연장된다.
④ 유보임금이 상승하면 기대임금이 하락한다.

73 다음 중 구조적 실업에 대한 설명으로 틀린 것은?

이해도 ○△✕

① 구인처에서 요구하는 자격을 갖춘 근로자가 없는 경우에 발생한다.
② 구인 · 구직에 대한 전국적 전산망 연결, 직업알선기관에 의한 효율적인 알선 등으로 완화될 수 있다.
③ 산업구조 변화에 노동력 공급이 적절히 대응하지 못해서 발생한다.
④ 적절한 직업훈련 기회를 제공하는 것이 구조적 실업을 완화하는 데 중요하다.

74 기혼여성의 경제활동참가율을 높이는 요인과 가장 거리가 먼 것은?

이해도 ○△✕

① 시장임금의 상승
② 노동절약적 가계생산기술의 향상
③ 배우자의 소득 증가
④ 육아 및 유아교육시설의 증설

75 다음 (   )에 알맞은 것은?

이해도 ○△✕

(A)에 대한 한 노동자의 공헌도를 평가할 때, 그 기업은 회사의 수입에 대한 노동자의 공헌도에서 그 노동자의 (B)을 빼야 한다.

① A : 이 윤   B : 임 금
② A : 이 윤   B : 한계생산성
③ A : 산출량   B : 임 금
④ A : 산출량   B : 한계생산성

76 다음 중 인적자본의 투자범위에 해당하는 것을 올바르게 모두 고른 것은?

ㄱ. 정규교육	ㄴ. 현장훈련
ㄷ. 노동의 이동	ㄹ. 정보의 획득
ㅁ. 건 강	

① ㄱ, ㄴ, ㄷ
② ㄱ, ㄴ, ㄷ, ㅁ
③ ㄱ, ㄴ, ㄹ, ㅁ
④ ㄱ, ㄴ, ㄷ, ㄹ, ㅁ

77 다음 중 집단임금제도의 장점으로 틀린 것은?

① 집단구성원의 노력이 평등하게 보상되므로 개인적 손해를 줄일 수 있다.
② 어떤 종류의 작업에나 적용이 가능하다.
③ 협동심을 제고시킨다.
④ 작업배치의 불만을 줄일 수 있다.

78 기본적으로 종업원의 업적 향상을 보수와 연관시킴으로써 근로의 능률을 자극하려는 능률급제 임금형태는?

① 연공급
② 직무급
③ 직능급
④ 성과급

79 다음 중 가장 적극적인 조정방법은?

① 조 정
② 중 재
③ 긴급조정
④ 알 선

80 다음 중 능률급제의 임금형태로 옳은 것은?

① 시급제
② 성과급제
③ 연봉제
④ 월급제

05 노동관계법규(Ⅰ)

81 다음 중 2025년 적용 최저임금으로 옳은 것은?

① 9,860원
② 10,030원
③ 10,060원
④ 10,120원

82 다음 중 직업안정법상 직업소개사업을 겸업할 수 없는 자는?

① 식품접객업 중 유흥주점영업자
② 근로자 파견사업자
③ 경비용역업자
④ 결혼중매업자

83 다음 중 구직자 취업촉진 및 생활안정지원에 관한 법률상 취업지원서비스기간과 관련하여 보기의 빈칸에 들어갈 내용을 순서대로 올바르게 나열한 것은?

- 수급자가 취업지원서비스를 받을 수 있는 기간은 수급자격의 인정 통지를 받은 날부터 (ㄱ)이 되는 날까지로 한다.
- 고용노동부장관은 취업지원서비스기간이 종료된 후에도 수급자가 취업지원 프로그램에 계속 참여할 필요가 있다고 인정되면 (ㄴ) 이내의 범위에서 그 기간을 연장할 수 있다.

① ㄱ : 1년, ㄴ : 3개월
② ㄱ : 1년, ㄴ : 6개월
③ ㄱ : 2년, ㄴ : 3개월
④ ㄱ : 2년, ㄴ : 6개월

84 다음 중 근로기준법상 사용자와 근로자대표 사이에 서면합의가 필요한 것은?

A. 선택적 근로시간제
B. 여성근로자의 야간근로
C. 취업규칙의 불이익 변경
D. 경영상 이유에 의한 해고
E. 2주 단위기간의 탄력적 근로시간제
F. 3개월 단위기간의 탄력적 근로시간제

① A, C
② B, D
③ A, F
④ D, E

85 국민 평생 직업능력 개발법의 목적이 아닌 것은?

이해도
O △ ×

① 국민의 고용안정 및 고용촉진
② 노동시장의 효율성제고와 연구인력양성
③ 국민의 직업능력개발 촉진
④ 기업의 생산성 향상

86 근로기준법의 적용범위에 관한 다음 설명 중 옳은 것은?

이해도
O △ ×

① 동거의 친족을 1인이라도 사용하는 사업장에는 근로기준법이 적용되
　지 않는다.
② 일용직 근로자에게는 근로기준법이 적용되지 않는다.
③ 상시 3인의 근로자를 사용하는 사업장에는 근로기준법의 모든 규정
　이 적용된다.
④ 4주 동안을 평균하여 1주 동안의 소정근로시간이 15시간 미만인 근
　로자에 대하여는 일부 규정이 적용되지 않는다.

87 다음 중 구직자 취업촉진 및 생활안정지원에 관한 법률상 구직촉진수당
에 대한 설명으로 옳지 않은 것은?

이해도
O △ ×

① 고용노동부장관은 구직촉진수당의 수급 요건에 해당하는 수급자격
　자가 취업지원서비스에 참여하는 경우 구직촉진수당과 별도로 취업
　활동비용을 지원한다.
② 고용노동부장관은 고용정책심의회의 심의를 거쳐 구직촉진수당의
　지급액을 결정한다.
③ 구직촉진수당은 취업지원 신청인이 수급자격의 인정 통지를 받은 날
　부터 6개월이 되는 날까지 취업지원·구직활동지원 프로그램을 이행
　한 것에 대하여 지급한다.
④ 구직촉진수당의 지급주기는 1개월로 한다.

88 직업안정법상 국외 공급 근로자의 보호 및 국외 근로자공급사업의 관리
에 관한 설명으로 틀린 것은?

이해도
O △ ×

① 공급대상 국가로부터 취업자격을 취득하지 못한 근로자도 공급할 것
② 국외의 임금수준 등을 고려하여 공급 근로자에게 적정임금을 보장
　할 것
③ 공급 근로자의 출국일자, 국외 취업기간, 현 근무처 및 귀국일자 등
　을 기록한 명부를 작성·관리할 것
④ 임금은 매월 1회 이상 일정한 기일을 정하여 통화로 직접 해당 근로
　자에게 그 전액을 지급할 것

89 근로기준법상 도급근로자에게 지급되어야 하는 임금액은? (다수설에 의
함)

이해도
O △ ×

① 평균임금의 70%　　　　② 통상임금의 70%
③ 최저임금　　　　　　　④ 평균임금

90 다음 중 헌법상 근로 권리의 기능이 아닌 것은?

이해도
O △ ×

① 근로를 통하여 개성과 자주적 인간성을 제고하고 함양하게 한다.
② 근로의 상품화를 허용함으로써 자본주의경제의 이념적 기초를 제공
　한다.
③ 국민으로 하여금 근로를 통하여 생활의 기본적 수요를 스스로 충족
　하게 한다.
④ 근로기회의 제공을 통하여 생활무능력자에 대한 국가적 보호의무를
　증가시킨다.

91 근로기준법상 18세 이상의 여성과 임산부에 관한 설명 중 틀린 것은?

이해도
O △ ×

① 사용자는 18세 이상의 여성을 오후 10시부터 오전 6시까지 사이에
　근로시키고자 하는 경우에는 당해 근로자의 동의를 얻어야 한다.
② 임신 중인 여성의 명시적인 청구와 고용노동부장관의 인가가 있는
　경우에는 오후 10시부터 오전 6시까지 사이에 근로시킬 수 있다.
③ 산후 1년이 경과되지 아니한 여성의 동의와 고용노동부 장관의 인가
　가 있는 경우에는 휴일에 근로시킬 수 있다.
④ 사용자는 산후 1년이 경과되지 아니한 여성에 대하여 단체협약의 규
　정이 있더라도 1일에 2시간, 1주에 6시간, 1년에 120시간을 초과하
　는 시간외근로를 시키지 못한다.

92 다음 중 개인정보 보호법상 개인정보의 파기에 대한 설명으로 옳지 않은
것은?

이해도
O △ ×

① 개인정보처리자는 보유기간의 경과, 개인정보의 처리 목적 달성 등
　그 개인정보가 불필요하게 되었을 때에는 그로부터 7일 이내에 그
　개인정보를 파기하여야 한다.
② 개인정보처리자가 개인정보를 파기할 때에는 복구 또는 재생되지 아
　니하도록 조치하여야 한다.
③ 개인정보처리자가 개인정보를 파기하지 아니하고 보존하여야 하는
　경우에는 해당 개인정보 또는 개인정보파일을 다른 개인정보와 분리
　하여서 저장·관리하여야 한다.
④ 개인정보처리자는 기록물이나 인쇄물 형태의 개인정보를 파기할 때
　에는 파쇄 또는 소각의 방법으로 해야 한다.

93 국민 평생 직업능력 개발법상의 재해 위로금을 받을 수 없는 자는?

이해도
O △ ×

① 수탁자의 귀책사유로 인하여 훈련생이 직업능력개발훈련 중 재해를
　입은 경우
② 수탁자의 훈련시설의 하자에 의하여 훈련생이 직업능력개발훈련 중
　재해를 입은 경우
③ 산업재해보상보험법의 적용을 받는 훈련생이 훈련 중에 그 훈련으로
　인하여 재해를 입은 경우
④ 위탁에 의한 직업능력개발훈련을 받는 국민이 위탁에 의한 훈련으로
　인하여 재해를 입은 경우

94 직업안정법상 직업안정기관의 장이 구인신청의 수리를 거부해서는 안 되는 경우는?

① 구인자가 구인신청 당시 「근로기준법」 제43조의2에 따라 명단이 공개 중인 체불사업주인 경우
② 구인신청의 내용 중 임금, 근로시간, 기타 근로조건이 통상의 근로조건에 비하여 현저하게 부적당하다고 인정되는 경우
③ 구인자가 사업장소재지관할 직업안정기관에 구인신청하지 않은 경우
④ 구인자가 구인조건의 명시를 거부하는 경우

95 직업안정법상 국내에서 유료직업소개사업을 하려는 자는 어떻게 하여야 하는가?

① 자유롭게 직업소개사업을 할 수 있다.
② 관할 행정관청에 신고하여야 한다.
③ 관할 행정관청에 등록하여야 한다.
④ 노동조합을 제외하고는 유료직업소개사업을 할 수 없다.

96 고용보험법상 취업촉진수당의 종류가 아닌 것은?

① 조기재취업수당
② 재고용장려금
③ 직업능력개발수당
④ 광역구직활동비

97 다음 중 개인정보 보호법상 개인정보처리자가 원칙적으로 처리할 수 없는 고유식별정보에 해당하지 않는 것은?

① 「여권법」에 따른 여권번호
② 「도로교통법」에 따른 운전면허의 면허번호
③ 「출입국관리법」에 따른 외국인등록번호
④ 「자동차관리법」에 따른 자동차등록번호

98 직업능력개발훈련에 있어 중요시되어야 할 근로자가 아닌 것은?

① 고령자, 장애인
② 국가유공자, 군전역자 및 군전역예정자
③ 중소기업의 근로자
④ 농공단지의 근로자

99 다음 중 남녀고용평등과 일 · 가정 양립 지원에 관한 법률상 직장 내 성희롱에 관한 설명으로 옳지 않은 것은?

① 사업주는 직장 내 성희롱 예방을 위한 교육을 연 1회 이상하여야 한다.
② 상시 15명 미만의 근로자를 고용하는 사업의 사업주는 홍보물을 게시하거나 배포하는 방법으로 직장 내 성희롱 예방 교육을 할 수 있다.
③ 직장 내 성희롱 예방 교육은 사업의 규모나 특성 등을 고려하여 직원 연수 · 조회 · 회의, 인터넷 등 정보통신망을 이용한 사이버 교육 등을 통하여 실시할 수 있다.
④ 사업주는 고객 등 업무와 밀접한 관련이 있는 사람이 업무수행 과정에서 성적인 언동 등을 통하여 근로자에게 성적 굴욕감 또는 혐오감 등을 느끼게 하여 해당 근로자가 그로 인한 고충 해소를 요청할 경우 근무 장소 변경, 배치전환, 유급휴가의 명령 등 적절한 조치를 하여야 한다.

100 다음 중 개인정보 보호법에 대한 설명으로 가장 옳은 것은?

① 개인정보 보호책임자는 개인정보의 처리에 관한 업무를 총괄해서 책임질 개인정보처리자를 지정하여야 한다.
② 개인정보처리자는 개인정보가 유출되었음을 알게 되었을 때에는 지체 없이 해당 정보주체에게 유출된 개인정보의 항목 등을 알려야 한다.
③ 개인정보처리자는 개인정보의 유출 등이 있음을 알게 되었을 때에는 대통령령으로 정하는 바에 따라 지체 없이 한국지능정보사회진흥원에 신고하여야 한다.
④ 개인정보처리자는 3천명 이상의 정보주체에 관한 개인정보가 유출되었음을 알게 되었을 때에는 지체 없이 개인정보 보호위원회에 신고하여야 한다.

10회 최종모의고사

자격종목 및 등급(선택분야)	시험시간	문제지형별	수험번호	성 명
직업상담사 2급	2시간 30분			

정답 및 해설 p.189

01 직업심리

01 다음 중 수퍼(Super)가 제시한 진로발달 단계를 바르게 나열한 것은?

A. 성 장	B. 탐 색
C. 유 지	D. 쇠 퇴
E. 확 립	

① A → B → E → C → D
② A → B → C → E → D
③ B → A → E → C → D
④ B → E → A → C → D

02 직업발달이론에 관한 설명으로 틀린 것은?

① 사회학습이론에서는 진로발달과정이 유전요인과 특별한 능력, 환경 조건과 사건, 학습경험, 과제 접근 기술 등의 4가지 요인과 관련된다고 본다.
② 진로선택에 대한 정신분석적 접근에서는 초기의 발달 과정을 중시하며, 기본적인 욕구는 6세까지 형성된다고 가정하였다.
③ 인지적 정보처리이론은 환경적 요인, 개인적 요인 그리고 실제 행동 간의 상호작용을 연구한다.
④ 가치 중심적 진로접근모형은 가치, 흥미, 환경 등과의 관계에서 가치 중심모형의 명제를 제시하였다.

03 다음 중 개인적 차원에서의 경력개발의 목적이 아닌 것은?

① 능력을 개발해 경력욕구를 충족
② 자기개발을 통해 일로부터 심리적 만족
③ 직장에 대해 안정감을 가지고 개인의 능력을 발휘하도록 성취동기 유발
④ 조직 내의 적합한 곳에 개인 능력을 활용함으로써 조직의 유효성을 높임

04 Crites가 개발한 직업성숙도검사(CMI)에서 태도척도에 해당되지 않는 것은?

① 성실성
② 독립성
③ 지향성
④ 타협성

05 다음 중 실직자를 위한 심리상담 측면으로 볼 때 올바르지 못한 것은?

① 분노의 조절과 효과적인 표현
② 자아비판의 증진
③ 무력감의 극복
④ 자아정체감의 확립

06 혐오스런 느낌이나 불안한 자극에 대한 위계목록을 작성한 다음, 낮은 수준의 자극에서 높은 수준의 자극으로 상상을 유도함으로써 혐오나 불안에서 서서히 벗어나도록 하는 기법은?

① 근육이완훈련
② 체계적 둔감법
③ 인지적 재구조화
④ 스트레스 접종

07 인간중심적 상담이론의 궁극적 목표는?

① 내담자가 무의식의 갈등을 의식화하도록 하는 것
② 내담자가 가지고 온 문제를 해결하는 것
③ 내담자의 비합리적 신념을 교정하는 것
④ 내담자가 완전히 기능하는 사람이 되도록 하는 것

08 다음 중 게슈탈트 상담에서 사용하는 기법에 해당하는 것은?

① 저항의 분석
② 빈 의자 기법
③ 토큰 강화
④ 논리적 반박

09 자신이 한 일에 대해 많은 부분은 긍정적인 평가를 받았지만 일부에 대해서는 부정적인 평가를 받은 경우 부정적인 평가에만 초점을 맞추어서 자신의 과업수행 전체가 잘못되었다고 생각하는 것과 가장 관련이 깊은 것은?

이해도 ○ △ ×

① 선택적 추상화
② 사적인 것으로 받아들이기
③ 당위적 사고
④ 고차원적 사고

10 다음의 하위 단계가 속하는 수퍼(Super)의 직업발달과정은?

이해도 ○ △ ×

• 환상기 : 욕구가 지배적이며 자신의 역할 수행을 중시
• 흥미기 : 개인의 취향에 따라 목표와 내용을 결정
• 능력기 : 능력을 보다 중요시함

① 확립기
② 탐색기
③ 유지기
④ 성장기

11 Ginzberg의 직업발달이론의 직업선택 단계 중 현실기의 하위단계로 틀린 것은?

이해도 ○ △ ×

① 구체화단계
② 탐색단계
③ 전환단계
④ 특수화단계

12 A군은 편의점에서 1시간에 4,000원을 받기로 하고 아르바이트를 하고 있다. 이와 관련이 있는 강화 스케줄은?

이해도 ○ △ ×

① 고정비율 스케줄
② 고정간격 스케줄
③ 변동비율 스케줄
④ 변동간격 스케줄

13 Holland의 진로발달에 대한 육각 모형에서 서로 대각선에 위치하여 대비되는 특성을 지닌 유형들로 잘못 짝지어진 것은?

이해도 ○ △ ×

① 진취형(E)과 탐구형(I)
② 사회형(S)과 예술형(A)
③ 예술형(A)과 관습형(C)
④ 현실형(R)과 사회형(S)

14 관찰학습의 과정이 바르게 제시되어 있는 것은?

이해도 ○ △ ×

① 주의집중단계 → 파지단계 → 재생단계 → 동기화단계
② 파지단계 → 재생단계 → 주의집중단계 → 동기화단계
③ 주의집중단계 → 재생단계 → 파지단계 → 동기화단계
④ 파지단계 → 주의집중단계 → 재생단계 → 동기화단계

15 한국판 웩슬러 성인지능검사 중 언어성 검사에 속하는 하위검사들만 고르면?

이해도 ○ △ ×

A. 토막짜기	B. 어휘문제
C. 공통성문제	D. 모양맞추기
E. 차례맞추기	F. 이해문제

① A, C, D
② C, D, F
③ B, C, E
④ B, C, F

16 직업선호도 검사에 관한 설명으로 틀린 것은?

이해도 ○ △ ×

① 직업흥미검사, 성격검사, 생활사 검사의 3가지 하위검사로 구성된다.
② 직업흥미검사의 목적은 개인에게 적합한 직업선정에 있다.
③ 생활사 검사는 개인의 과거경험과 생활환경을 통해 직무성과를 예측하는 데 활용된다.
④ 직업선호도 검사 후 적합한 직업에 대한 직업정보 탐색은 내담자의 자유에 맡긴다.

17 규준점수에 관한 설명으로 틀린 것은?

이해도 ○ △ ×

① Z점수 0에 해당하는 웩슬러(Wechsler) 지능검사 편차 IQ는 100이다.
② 백분위 50과 59인 두 사람의 원점수 차이는 백분위 90과 99인 두 사람의 원점수 차이와 같다.
③ 평균과 표준편차가 60, 15인 규준집단에서 원점수 90의 T점수는 70이다.
④ 백분위 50에 해당하는 스테나인(Stanine)의 점수는 5이다.

18 다음 중 실업자를 위한 실업 관련 프로그램과 거리가 먼 것은?

이해도 ○ △ ×

① 직업전환 프로그램
② 인사고과 프로그램
③ 실업충격 완화 프로그램
④ 직업복귀 훈련 프로그램

19 다음 중 다운사이징 시대의 경력개발 방향으로 틀린 것은?

이해도 ○△×

① 경력개발은 다른 부서나 분야로의 수평이동에 중점을 두어야 한다.
② 기술, 제품, 개인의 숙련주기가 길어져서 경력개발은 장기로 이어진다.
③ 일시적이 아니라 계속적인 평생학습으로의 경력개발이 요구된다.
④ 장기고용이 어려워지며 고용기간이 점차 짧아진다.

20 다음 중 퇴직 이후의 삶을 합리적 · 적극적 · 체계적으로 계획해 나갈 수 있도록 필요한 지식과 정보를 제공하는 직업상담프로그램은?

이해도 ○△×

① 조기퇴직계획 프로그램
② 생애계획 프로그램
③ 직장스트레스 대처 프로그램
④ 실업충격완화 프로그램

02 직업상담 및 취업지원

21 다음 중 직업상담의 단계로 올바른 것은?

이해도 ○△×

① 진단 및 측정 → 관계형성 → 개입(중재) → 목표설정 → 평가
② 진단 및 측정 → 개입(중재) → 목표설정 → 관계형성 → 평가
③ 관계형성 → 목표설정 → 진단 및 측정 → 개입(중재) → 평가
④ 관계형성 → 진단 및 측정 → 목표설정 → 개입(중재) → 평가

22 직업상담에서 프로이트의 정신분석적 접근과 아들러의 개인 심리학적 접근의 인간관을 비교한 설명으로 옳지 않은 것은?

이해도 ○△×

① 아들러는 프로이트의 리비도이론에서 나오는 성에 대한 강한 강조를 옹호했다.
② 프로이트는 현재보다 과거를 중시했으나, 아들러는 과거에 대한 개인의 지각과 초기 사상에 대한 해석이 현재에 어떤 영향을 미치는가에 대해 더 관심을 두었다.
③ 아들러는 기본적 열등감이 인간을 숙달, 우월, 완전을 추구하도록 동기화시킬 수 있으며 특히 어린 시절에는 더욱 그러하다고 보았다.
④ 프로이트와 아들러는 성인의 삶이 초기 5년 동안의 경험에 의해 대부분 결정된다고 보았다.

23 내담자 중심 직업상담 시에 직업상담사가 갖추어야 할 3가지 기본태도가 아닌 것은?

이해도 ○△×

① 일치성(진실성)
② 수 용
③ 공감적 이해
④ 해석능력

24 상담의 초기면접 단계에서 일반적으로 고려되는 사항이 아닌 것은?

이해도 ○△×

① 통찰의 확대
② 목표설정
③ 상담의 구조화
④ 문제의 평가

25 다음 상황에 가장 적합한 상담기법은?

이해도 ○△×

> 상담자 : 다른 회사들이 써 본 결과 많은 효과가 입증된 그런 투쟁해결방법을 써보도록 하지요.
> 내담자 : 매우 흥미로운 일이군요. 그러나 그 방법은 K 주식회사에서는 효과가 있었는지 몰라도 우리 회사에서는 안 될 것입니다.

① 가정 사용하기
② 전이된 오류 정정하기
③ 분류 및 재구성 기법 활용하기
④ 저항감 재인식 및 다루기

26 REBT 상담의 ABCDE 원리에 비추어 볼 때 보기에서 "B"에 해당하는 것은?

이해도 ○△×

> 가. 현실적으로 부모와 선배에게 상의를 함
> 나. 직업상담사 시험에 실패하여 실망한 우울한 상태임
> 다. 불안, 자기혐오, 분노 등을 느끼게 되어 어떤 대처를 함
> 라. 일이 뜻대로 진행되지 않는다면 끔찍할 것이라는 생각을 함

① 가
② 나
③ 다
④ 라

27 Butcher의 집단직업상담을 위한 3단계 모델이 아닌 것은?

이해도 ○△×

① 행동단계
② 전환단계
③ 탐색단계
④ 명료화단계

28 Williamson의 특성-요인 상담과정 중 A에 대한 설명으로 옳은 것은?

이해도 ○△×

> 분석 → 종합 → 진단 → (A) → 상담 → 추수지도

① 신뢰할 수 있고 타당성이 있는 정보와 자료를 모으는 데 초점
② 미래와 관련된 것으로 일종의 예언을 시도
③ 문제를 사실적으로 확인하고 원인을 탐색
④ 바람직한 행동계획을 실행하도록 계속적으로 돕는 것

29 다음 중 6개의 생각하는 모자(Six Thinking Hats)기법에 대한 설명으로 틀린 것은?

이해도 ○△×

① 창의적 사고의 대가인 에드워드 드 보노에 의해 개발되었다.
② 모자의 종류는 백색, 적색, 흑색, 주황색, 녹색, 청색이다.
③ 각각의 모자는 하나의 이슈를 바라보는 다양한 관점을 의미한다.
④ 하나의 아이디어를 심화시키고자 하는 경우 또는 복잡한 상황이나 도전에 대한 서로 다른 관점을 탐구하고자 하는 경우 사용할 수 있다.

30 다음 서술이 나타내는 방어기제의 방법을 고르시오.

이해도 ○△×

> 철수는 청소년기의 성적(性的) 충동을 공부에 쏟음으로써 성적 충동을 바람직한 방향으로 해소하였다.

① 보 상   ② 투 사
③ 퇴 행   ④ 승 화

31 다음에서 설명하고 있는 생애진로사정의 주요 부분은?

이해도 ○△×

> 내담자가 일의 경험 또는 훈련 및 학습 과정에서 가장 좋았던 것과 싫었던 것에 대해 질문하며, 여가시간의 활용, 우정관계 등을 탐색한다.

① 강점 및 장애
② 전형적인 하루
③ 진로사정
④ 요 약

32 Erikson의 자아정체감(Ego Identity) 발달에 관한 견해 중 옳은 것은?

이해도 ○△×

① 정체감 확립은 아동기의 중요한 발달과업이다.
② 정체감은 삶을 완성하고 회고하는 단계에서 확립될 수 있다.
③ 심리적 유예기는 정체감 형성을 위해 대안적인 탐색을 계속 진행하는 시기이다.
④ 정체감 확립은 부모나 교사의 권유에 따라 자신의 진로와 역할 방향을 성급히 선택한 상태이다.

33 다음 중 포괄적 직업상담 프로그램에 대한 설명으로 틀린 것은?

이해도 ○△×

① 직업결정 문제의 원인으로 불안에 대한 이해와 불안을 규명하는 방법이 결여되어 있다.
② 직업상담의 문제 중 진학상담과 취업상담에 적합할 뿐 취업 후 직업적응 문제들을 깊이 있게 다루지 못하고 있다.
③ 크라이티스가 주창한 상담 프로그램이다.
④ 진단, 명료화 및 해석, 문제해결의 단계를 거친다.

34 다음 상담 장면에서 인지적 명확성이 부족한 내담자의 유형과 상담자의 개입방법으로 옳은 것은?

이해도 ○△×

> 내담자 : 나는 사업을 할까 생각 중이에요. 그런데 그 분야에서 일하는 여성들은 대부분 이혼한대요.
> 상담자 : 사업을 하면 이혼하시게 될까봐 두려워하시는군요. 그렇다면, 직장여성들의 이혼율과 다른 분야에 종사하는 여성들의 이혼율에 대한 통계를 알아보도록 하죠.

① 단순 오정보 – 정보제공
② 구체성의 결여 – 구체화시키기
③ 자기인식의 부족 – 은유나 비유 쓰기
④ 원인과 결과 착오 – 논리적 분석

35 다음 중 자기보고식 가치사정법으로 틀린 것은?

이해도 ○△×

① 체크목록 가치에 순위 매기기
② 절정경험 조사하기
③ 백일몽 말하기
④ 부정적인 피드백을 주는 사람에 대해 기술하기

36 아이가 착한 행동을 했을 때 칭찬을 함으로써 그 아이가 향후에도 계속 착한 행동을 하도록 하는 것과 관련이 있는 것은?

이해도 ○△×

① 정적 강화
② 부적 강화
③ 벌
④ 소 거

37 내담자가 수집한 대안목록의 직업들이 실현 불가능할 때의 상담전략으로 틀린 것은?

이해도 ○△×

① 브레인스토밍 과정을 통해 내담자의 대안직업 대다수가 부적절한 것을 명확히 한다.
② 최종 의사결정은 내담자가 해야 함을 확실히 한다.
③ 내담자가 그 직업들을 시도해본 후 어려움을 겪게 되면 개입한다.
④ 객관적인 증거나 논리에서 추출한 것에 대해서만 대화하여야 한다.

38 다음 중 Bordin의 직업선택 문제유형이 아닌 것은?

이해도 ○△×

① 정보의 부족
② 비 교
③ 내적 갈등
④ 진로 선택의 불안

39 상담장면에서 인지적 명확성이 부족한 내담자를 위한 개입방법으로 옳지 않은 것은?

이해도 ○△×

① 구체적인 정보를 제공한다.
② 가정된 불가피성에 대해 지지적 상상을 제공한다.
③ 원인과 결과의 착오를 바로 잡아준다.
④ 잘못된 정보를 바로 잡아준다.

40 프로이트의 성격발달단계 중 부모의 가치관을 내면화하여 초자아를 발달시키기 시작하는 단계는?

이해도 ○△×

① 구강기
② 항문기
③ 남근기
④ 잠복기

03 직업정보

41 한국직업사전의 부가 직업정보 중 '정규교육'에 관한 설명으로 틀린 것은?

이해도 ○△×

① 해당 직업의 직무를 수행하는 데 필요한 일반적인 정규교육 수준을 의미한다.
② 해당 직업 종사자의 평균학력을 나타내는 것은 아니다.
③ 현행 우리나라 정규교육과정의 연한을 고려하여 6단계로 분류하였다.
④ 정규교육과정이 아닌 독학, 검정고시 등은 기간에 포함되지 않는다.

42 다음 중 소극적 노동시장정책(Passive Labor Market Policy)은 무엇인가?

이해도 ○△×

① 실업보험
② 직업계속 및 전환교육
③ 청년대책
④ 장애인 대책

43 국가기술자격에 대한 설명으로 틀린 것은?

이해도 ○△×

① 산업기사자격 취득 후 동일 및 유사 직무분야에서 1년 이상 실무에 종사한 사람은 기사자격시험에 응시할 수 있다.
② 기능사자격 취득 후 동일 및 유사 직무분야에서 1년 이상 실무에 종사한 사람은 산업기사자격시험에 응시할 수 있다.
③ 2년제 대학 관련학과 졸업 및 예정자는 산업기사 자격시험에 응시할 수 있다.
④ 기능사 자격은 해당분야의 1년 이상 실무자만 응시할 수 있다.

44 조직의 목적, 기본정책, 규정, 급여, 조직구조 등을 훈련하는 직원개발은?

이해도 ○△×

① 신규채용자 훈련
② 일반직원 훈련
③ 감독자 훈련
④ 관리자 훈련

45 한국직업전망의 일반 직업정보에 대한 설명으로 옳지 않은 것은?

이해도 ○△×

① 여러 세분류 직업들이 합쳐진 경우에는 중분류 수준의 명칭을 사용하였다.
② 해당 직업 종사자가 일반적으로 수행하는 업무 내용과 과정에 대해 서술하였다.
③ 해당 직업에 취업하거나 업무를 수행하는 데 필요하거나 유리한 적성, 성격, 흥미, 지식 및 기술 등을 수록하였다.
④ 해당 직업 종사자의 일반적인 근무시간, 근무형태, 근무장소, 육체적 · 정신적 스트레스 정도, 산업안전 등에 대해 서술하였다.

46 국가기술자격 중 전문사무분야인 사회조사분석사 1급의 응시자격으로 옳은 것은?

이해도 ○△×

① 해당 종목의 2급 자격 취득 후 해당 실무에 2년 이상 종사한 사람
② 해당 실무에 2년 이상 종사한 사람
③ 4년제 대학졸업자 등으로 졸업 후 해당 실무에 1년 이상 종사한 사람
④ 2년제 대학졸업자 등으로 졸업 후 해당 실무에 2년 이상 종사한 사람

47 생산단위의 활동형태에 관한 설명으로 틀린 것은?

이해도 ○△×

① 생산단위의 산업활동은 일반적으로 주된 산업활동, 부차적 산업활동 및 보조적 활동이 결합되어 복합적으로 이루어진다.
② 주된 산업활동이란 산업활동이 복합 형태로 이루어질 경우 생산된 재화 또는 제공된 서비스 중에서 부가가치(액)가 가장 큰 활동을 말한다.
③ 부차적 산업활동은 주된 산업활동 이외의 재화생산 및 서비스제공활동을 말한다.
④ 주된 활동과 부차활동은 보조활동의 지원 없이 독자적으로 수행된다.

48 한국고용정보원에서 발행한 구인·구직 및 취업동향에 수록된 용어해설에 관한 설명으로 맞는 것은?

① 구인배수＝신규구인인원÷신규구직건수
② 일자리경쟁배수＝신규구인인원÷신규구직건수
③ 취업률＝(신규구직건수÷취업건수)×100
④ 충족률＝(신규구인인원÷취업건수)×100

49 일반적으로 정부에서 지원하고 있는 직업훈련의 절차로 올바른 것은?

① 구직등록 → 훈련직종의 선택 → 직업선호도 검사 → 훈련기관의 선택 및 훈련신청 → 훈련대상자의 선발
② 구직등록 → 훈련기관의 선택 및 훈련신청 → 직업선호도 검사 → 훈련직종의 선택 → 훈련대상자의 선발
③ 구직등록 → 훈련대상자의 선발 → 직업선호도 검사 → 훈련직종의 선택 → 훈련기관의 선택 및 훈련신청
④ 구직등록 → 직업선호도 검사 → 훈련직종의 선택 → 훈련기관의 선택 및 훈련신청 → 훈련대상자의 선발

50 직업정보를 전달하는 유형 중 비용이 적게 들고 학습자 참여의 정도가 수동적이며 접근성이 용이한 형태는 무엇인가?

① 인쇄물
② 시청각자료
③ 면 접
④ 관 찰

51 워크넷(직업·진로)에서 제공하는 직업선호도검사 L형의 하위 검사가 아닌 것은?

① 흥미검사
② 성격검사
③ 생활사검사
④ 구직취약성 적응도검사

52 직업정보 분석에 관한 설명으로 틀린 것은?

① 동일한 정보도 다각적인 분석을 시도하여 해석을 풍부하게 한다.
② 객관성과 정확성을 갖춘 최신자료를 선정해야 한다.
③ 분석과 해석은 원자료의 생산일, 자료표집방법, 대상, 자료의 양 등을 검토해야 한다.
④ 직업정보원과 제공원에 관한 정보는 일반적으로 생략한다.

53 다음 중 R&D 투자 및 전문인력 양성을 통해 육성하려는 직업은?

① 민간조사원
② 빅데이터전문가
③ 전직지원전문가
④ 산림치유전문가

54 고용변동 요인의 8가지 범주 중 불확실성 요인에 해당하지 않는 것은?

① 기후변화와 에너지 부족
② 대내외 경제상황 변화
③ 정부정책 및 법·제도 변화
④ 기업의 경영전략 변화

55 한국표준산업분류의 분류구조 및 부호체계에 대한 설명으로 옳은 것은?

① 부호처리를 할 경우에는 알파벳 문자와 아라비아 숫자를 함께 사용하도록 했다.
② 소분류 이하 모든 분류의 끝자리 숫자는 01에서 시작하여 99에서 끝나도록 하였다.
③ 권고된 국제분류 ISIC Rev.4를 기본체계로 하였으나, 국내 실정을 고려하여 독자적으로 분류항목과 분류번호를 설정하였다.
④ 중분류의 번호는 001부터 999까지 분류하였으나, 대분류별 중분류 추가여지를 남겨놓기 위하여 대분류 사이에 번호 여백을 두었다.

56 직업정보 검색방법 중 조건별 검색에서 직업전망은 크게 4가지로 구분된다. 상위 20% 이상의 직업들은 어디에 속하는가?

① 매우 밝음
② 밝 음
③ 보 통
④ 전망 안 좋음

57 다음 직업들 중 대분류 '전문가 및 관련 종사자'의 하위 직업에 속하는 것은?

① 공공기관 및 기업 고위직
② 법률 및 감사 사무직
③ 보건사회복지 및 종교 관련직
④ 경찰소방 및 보안 관련 서비스직

58 취업지원프로그램의 집단상담프로그램에서 '장기간'이란 어느 정도를 말하는가?

① 3~4시간
② 3~5일
③ 10~15일
④ 1~3달

59 한국표준직업분류에서 가장 높은 직능수준을 요구하는 대분류는?

① 전문가 및 관련 종사자
② 판매 종사자
③ 사무 종사자
④ 기능원 및 관련 기능 종사자

60 A국의 만 15세 이상 인구(생산가능인구)가 1,000만명이고 경제활동참가율이 85%, 실업률이 5%라고 할 때, A국의 취업자 수는?

① 805만 5천명
② 806만 5천명
③ 807만 5천명
④ 808만 5천명

04 노동시장

61 다음 중 내부노동시장이 갖는 장점이 아닌 것은?

① 인적자본 확보와 유지
② 관리비용의 감소
③ 재직에 대한 동기유발 효과
④ 장기고용유지를 위한 지불능력

62 기업주가 기업의 경영효율을 높이는 방안으로 근로자에게 시장임금 이상의 높은 임금을 지불하는 정책은?

① 임금의 보상격차(Compensating Wage Differentials)
② 균등화임금격차(Equalizing Wage Differentials)
③ 효율임금정책(Efficiency Wage Policy)
④ 한계임금정책(Marginal Wage Policy)

63 노동시장에서 존재하는 임금격차에 대한 설명으로 틀린 것은?

① 노동생산성의 차이, 근로자의 공헌도 차이 등에 의해서 임금격차가 발생한다.
② 직종 간 노동이동이 자유롭지 못하면 직종별 임금격차는 축소된다.
③ 저임금근로자의 노동공급이 노동수요를 초과하는 정도가 클수록 임금격차는 확대될 것이며, 반대일 경우에는 임금격차가 축소될 것이다.
④ 근로자의 생산성을 높이기 위해 균형임금보다 더 높은 임금을 지불하는 것이 이윤극대화를 추구하는 기업에 더 이익이 된다.

64 다음 중 인적자본이론의 노동이동에 대한 설명으로 옳지 않은 것은?

① 임금률이 높을수록 해고율은 높아진다.
② 장기근속자일수록 기업특수적 인적자본량이 많아져 해고율이 낮아진다.
③ 사직률과 해고율은 경기변동에 따라 상반되는 관련성을 가지고 있다.
④ 사직률과 해고율은 기업특수적 인적자본과 부(−)의 상관관계를 가진다.

65 노동시장 정보의 흐름이 개선될 때 감소하는 실업은 어떤 실업인가?

① 구조적 실업
② 계절적 실업
③ 마찰적 실업
④ 모든 실업이 감소한다.

66 노동시장의 경직성은 일반적으로 사회의 실업률에 어떤 영향을 주는가?

① 실업을 증가시킨다.
② 실업을 감소시킨다.
③ 실업에는 영향을 미치지 않는다.
④ 장기 실업자는 감소시키지만 단기 실업자의 크기에 대한 영향은 없다.

67 다음 정부의 정책 중 실업 감소의 효과를 기대하기 어려운 것은?

① 세금의 감면
② 내부자의 기득권 축소
③ 최저임금수준의 상향조절
④ 교육과 훈련의 강화를 통한 생산성 향상

68 다음 중 노동의 수요·공급에 대한 설명으로 틀린 것은?

이해도 ○△✕

① 총비용 중 노동비용(임금)의 비중이 클수록 노동수요의 탄력성은 커진다.
② 완전경쟁시장에서 노동수요를 결정하는 것은 노동의 한계생산물가치이다.
③ 임금상승은 여가의 기회비용을 낮춤으로써 여가에 대한 선호를 증대시켜 노동공급을 감소시킨다.
④ 자본소득, 주소득자 외 다른 가족구성원의 소득이 증가하게 되면 노동공급시간이 감소하는 경향이 있다.

69 다음 중 노동수요 측면에서 비정규직 증가의 원인과 가장 거리가 먼 것은?

이해도 ○△✕

① 정규노동자 고용비용의 증가
② 정규직 근로자 해고의 어려움
③ 고학력 취업자의 증가
④ 세계화에 따른 기업 간 경쟁 환경의 변화

70 다음 중 최저임금제의 기대효과와 가장 거리가 먼 것은?

이해도 ○△✕

① 노사분규 촉진
② 경기활성화에 기여
③ 공정거래 질서의 확보
④ 산업 간·직업 간·지역 간 임금격차 해소

71 완전경쟁시장의 치킨매장에서 치킨 1마리를 14,000원에 팔고 있다. 그리고 종업원을 시간당 7,000원에 고용하고 있다. 이 매장이 이윤을 극대화하기 위해서는 노동의 한계생산이 무엇과 같아질 때까지 고용을 늘려야 하는가?

이해도 ○△✕

① 시간당 치킨 1마리
② 시간당 치킨 1/2마리
③ 시간당 치킨 2마리
④ 시간당 치킨 4마리

72 효율임금정책이 높은 생산성을 가져오는 원인에 관한 설명으로 틀린 것은?

이해도 ○△✕

① 고임금 지불 기업은 그렇지 않은 기업에 비해 신규노동자의 훈련에 많은 비용을 지출한다.
② 고임금은 노동자의 직장상실비용을 증대시켜서 작업 중에 태만하지 않게 한다.
③ 고임금은 노동자의 기업에 대한 충성심과 귀속감을 증대시킨다.
④ 고임금 지불 기업은 신규채용 시 지원노동자의 평균자질이 높아져 보다 양질의 노동자를 고용할 수 있다.

73 보상적 임금격차를 발생시키는 요인이 아닌 것은?

이해도 ○△✕

① 책임의 정도
② 성별 간의 소득차이
③ 교육훈련 기회의 차이
④ 성공 또는 실패의 가능성

74 선진국 노동시장에서 볼 수 있는 고용유연성 증가의 원인으로 볼 수 없는 것은?

이해도 ○△✕

① 지속적인 기술혁신과 세계화
② 소비자 기호의 다양화와 유행의 급변
③ 직접금융시장의 쇠퇴
④ 노동공급의 다양화

75 독점이나 과점기업의 단기 노동수요곡선에 대한 설명으로 옳은 것은?

이해도 ○△✕

① 한계수입곡선은 기존의 수요곡선보다 하방에 위치한다.
② 한계수입곡선은 기존의 수요곡선보다 우방에 위치한다.
③ 한계수입곡선은 기존의 수요곡선보다 기울기가 완만하다.
④ 한계수입곡선은 기존의 수요곡선과 기울기가 같다.

76 마찰적 실업을 해소하기 위한 가장 효과적인 정책은?

이해도 ○△✕

① 성과급제를 도입한다.
② 근로자파견업을 활성화한다.
③ 협력적 노사관계를 구축한다.
④ 구인·구직정보 제공 시스템의 효율성을 제고한다.

77 임금체계의 유형 중 연공급의 단점이 아닌 것은?

이해도 ○△✕

① 평가가 용이하다.
② 전문인력 확보가 어렵다.
③ 동기부여가 미약하다.
④ 무사안일주의를 초래할 가능성이 있다.

78 노동자 7명의 평균생산량이 20단위일 때, 노동자를 추가로 1명 더 고용하여 평균생산량이 18단위로 감소하였다면, 이때 추가로 고용된 노동자의 한계생산량은?

이해도 ○△✕

① 4단위
② 5단위
③ 6단위
④ 7단위

79 다음 중 임금관리의 주요 구성요소와 가장 거리가 먼 것은?

① 기본급과 수당 등의 임금체계
② 노동생산성 수준에 따른 임금수준
③ 일급, 월급, 봉급 등의 임금지급 시기
④ 고정급제와 성과급제 등의 임금형태

80 다음 중 노동자가 기꺼이 일하려고 하는 최저한의 주관적 요구임금 수준을 의미하는 것은?

① 의중임금　　　② 통상임금
③ 최소임금　　　④ 최저임금

05 노동관계법규(Ⅰ)

81 근로기준법상 사용자가 근로계약 체결 시 명시해야 할 사항이 아닌 것은?

① 근로계약 위반 시 손해배상액
② 임금의 구성항목
③ 임금의 계산방법
④ 취업장소

82 다음 중 보기의 빈칸에 들어갈 내용으로 옳은 것은?

> 헌법 제32조 제2항에 의하면 국가는 근로의 의무의 내용과 조건을 (　　)에 따라 법률로 정한다.

① 자유주의원칙　　　② 민주주의원칙
③ 사회국가원칙　　　④ 복지국가원칙

83 근로기준법에 관한 설명으로 옳은 것은?

① 사용자는 근로자가 퇴직한 후라도 사용 기간, 지위와 임금 등에 관한 증명서를 청구하면 사실대로 적은 증명서를 즉시 내주어야 하지만, 근로자가 요구한 사항만을 적어야 할 의무는 없다.
② 사용자가 근로자를 부당해고하면 근로자는 부당해고가 있었던 날부터 3개월 이내에 노동위원회에 구제를 신청할 수 있으며, 노동위원회는 그 구제신청을 받으면 지체 없이 필요한 조사를 하여야 한다.
③ 사용자는 각 사업장별로 근로자 명부를 작성하고 근로자의 성명, 생년월일, 이력 등의 사항을 적어야 하며, 근로자 명부에 적을 사항이 변경된 경우에는 3개월 이내에 정정하여야 한다.
④ 사용자는 근로자가 사망 또는 퇴직한 경우에는 그 지급 사유가 발생한 때부터 14일 이내에 임금, 보상금, 그 밖의 모든 금품을 지급하여야 하며, 어떠한 경우에도 그 기일을 연장할 수 없다.

84 남녀고용평등과 일·가정 양립 지원에 관한 법률상 차별에 해당하지 않는 것은?

① 사업주가 근로자에게 성별, 혼인, 가족 안에서의 지위, 임신 또는 출산 등의 사유로 합리적인 이유 없이 채용 또는 근로의 조건을 다르게 하거나 그 밖의 불리한 조치를 하는 경우
② 사업주가 채용조건이나 근로조건은 동일하게 적용하더라도 그 조건을 충족할 수 있는 남성 또는 여성이 다른 한 성(性)에 비하여 현저히 적고 그에 따라 특정 성에게 불리한 결과를 초래하며 그 조건이 정당한 것임을 증명할 수 없는 경우
③ 사업주가 임금 외에 근로자의 생활을 보조하기 위한 금품의 지급 또는 자금의 융자를 특정 성의 직원에게만 하는 경우
④ 현존하는 남녀 간의 고용차별을 없애거나 고용평등을 촉진하기 위하여 잠정적으로 특정 성을 우대하는 조치를 하는 경우

85 다음 중 국민 평생 직업능력 개발법령상 직업능력개발사업을 하는 사업주에게 지원되는 것을 올바르게 모두 고른 것은?

> ㄱ. 고용노동부장관의 인정을 받은 직업능력개발훈련 과정 수강 비용
> ㄴ. 직업능력개발훈련을 위하여 필요한 시설의 설치 사업 비용
> ㄷ. 근로자의 경력개발관리를 위하여 실시하는 사업 비용
> ㄹ. 근로자를 대상으로 하는 자격검정사업 비용

① ㄱ, ㄴ　　　② ㄱ, ㄴ, ㄷ
③ ㄴ, ㄷ, ㄹ　　　④ ㄱ, ㄴ, ㄷ, ㄹ

86 근로기준법상 경영상 이유에 의한 해고(정리해고)에 관한 설명으로 잘못된 것은?

① 사용자는 경영상 이유에 의하여 근로자를 해고하고자 하는 경우에는 긴박한 경영상의 필요가 있어야 한다.
② 사용자는 해고를 피하기 위한 노력을 다하여야 하며 합리적이고 공정한 해고의 기준을 정하고 이에 따라 그 대상자를 선정하여야 한다.
③ 일정규모의 인원을 해고하고자 할 때에는 노동위원회의 승인을 받아야 한다.
④ 남녀의 성별을 이유로 하여 차별하여서는 아니 된다.

87 고용보험법상 피보험자격의 취득일과 상실일에 관한 설명으로 틀린 것은?

① 피보험자가 사망한 경우에는 사망한 날의 다음날에 피보험자격을 상실한다.
② 적용 제외 근로자였던 사람이 고용보험법의 적용을 받게 된 경우 그 사업에 고용된 날에 피보험자격을 취득한 것으로 본다.
③ 보험료징수법에 따른 보험관계 성립일 전에 고용된 근로자의 경우 그 보험관계가 성립된 날 피보험자격을 취득한 것으로 본다.
④ 피보험자가 적용 제외 근로자에 해당하게 된 경우 그 적용 제외 대상자가 된 날 피보험자격을 상실한다.

88 직업안정법에 관한 설명으로 틀린 것은?

① 누구든지 어떠한 명목으로든 구인자로부터 그 모집과 관련하여 금품을 받거나 그 밖의 이익을 취하여서는 아니 된다.
② 누구든지 국외에 취업할 근로자를 모집한 경우에는 고용노동부장관에게 신고하여야 한다.
③ 누구든지 고용노동부장관의 허가를 받지 아니하고는 근로자공급사업을 하지 못한다.
④ 누구든지 성별, 연령, 종교, 신체적 조건, 사회적 신분 또는 혼인 여부 등을 이유로 직업소개 또는 직업지도를 받거나 고용관계를 결정할 때 차별대우를 받지 아니한다.

89 휴게 및 휴일에 관한 설명 중 틀린 것은?

① 4시간 근로하면 30분 이상의 휴게시간을 근로시간 도중에 주어야 한다.
② 휴게시간은 근로시간에 합산된다.
③ 8시간 근로하면 1시간 이상의 휴게시간을 주어야 한다.
④ 사용자는 근로자에 대하여 1주에 평균 1회 이상의 유급휴일을 주어야 한다.

90 근로기준법상의 개념정의와 틀린 것은?

① 근로자란 직업의 종류를 불문하고, 임금·급료 기타 이에 준하는 수입에 의하여 생활하는 자를 말한다.
② 사용자란 사업주 또는 사업 경영 담당자, 그 밖에 근로자에 관한 사항에 대하여 사업주를 위하여 행위하는 자를 말한다.
③ 근로계약이란 근로자가 사용자에게 근로를 제공하고 사용자는 이에 대하여 임금을 지급하는 것을 목적으로 체결된 계약을 말한다.
④ 임금이란 사용자가 근로의 대가로 근로자에게 임금, 봉급, 그밖에 어떠한 명칭으로든지 지급하는 일체의 금품을 말한다.

91 근로기준법상 사용자가 부담하는 의무로 맞는 것은?

① 사용기간이 30일 미만인 일용근로자들에 대해서도 근로자 명부를 작성하여야 한다.
② 사용자는 근로기준법상의 재해보상에 관한 중요한 서류를 2년간 보존하여야 한다.
③ 근로기준법에 의하여 발하는 대통령령의 주요 내용을 사용자가 근로자에게 주지시켜야 할 의무는 없다.
④ 사용자는 근로자를 해고하려면 해고사유와 해고시기를 서면으로 통지하여야 한다.

92 다음 중 최저임금법상 최저임금위원회에 대한 설명으로 옳지 않은 것은?

① 최저임금위원회의 회의는 재적위원 3분의 1 이상이 소집을 요구하는 경우 위원장이 소집한다.
② 최저임금위원회의 회의는 이 법으로 따로 정하는 경우 외에는 재적위원 과반수의 출석과 출석위원 과반수의 찬성으로 의결한다.
③ 최저임금위원회가 의결을 할 때에는 근로자위원과 사용자위원 각 3분의 1 이상의 출석이 있어야 한다.
④ 최저임금위원회가 사업의 종류별 또는 특정 사항별로 두는 전문위원회는 근로자위원, 사용자위원 및 공익위원 각 6명 이내의 같은 수로 구성한다.

93 직업안정법상 국내근로자 공급사업의 허가를 받을 수 있는 자는?

① 노동조합 및 노동관계조정법에 따른 노동조합
② 국내에서 근로자 파견업을 행하고 있는 자
③ 일정수의 연예인을 전속으로 확보하고 있는 기획사
④ 무료직업소개소

94 근로기준법상 이행강제금에 관한 설명으로 틀린 것은?

① 이행강제금은 노동위원회가 부과한다.
② 이행강제금을 부과하기 15일 전까지 사용자에게 문서로 미리 알려주어야 한다.
③ 이행강제금은 매년 2회의 범위에서 반복하여 부과·징수할 수 있다.
④ 구제명령을 받은 자가 구제명령을 이행하면 구제명령을 이행하기 전에 이미 부과된 이행강제금은 징수한다.

95 직업안정기관의 장이 구인신청의 수리를 거부할 수 있는 경우로 옳지 않은 것은?

① 구인신청의 내용이 법령을 위반한 경우
② 구인신청을 구인자의 사업장 소재지를 관할하는 직업안정기관에 하지 않은 경우
③ 구인신청의 근로조건이 통상의 근로조건에 비해 현저히 부적당하다고 인정되는 경우
④ 구인자가 구인조건을 밝히기를 거부하는 경우

96 고용보험법상 실업급여에 관한 설명 중 옳은 것은?

① 구직급여의 연장지급은 허용되지 않는다.
② 실업급여수급권은 양도할 수 없으나 담보로 제공될 수 있다.
③ 구직급여의 산정기초가 되는 임금일액은 원칙적으로 통상임금이다.
④ 구직급여의 지급일수는 피보험기간과 연령에 따라 그 최고 한도가 정해져 있다.

97 다음 중 구직자 취업촉진 및 생활안정지원에 관한 법률상 부정한 방법으로 구직촉진수당 등을 지급받은 경우의 처분에 대한 설명으로 가장 옳은 것은?

이해도 ○△✕

① 부정행위에 따른 구직촉진수당 등의 지급결정 취소를 받은 수급자는 그 결정이 있은 날부터 5년 이내의 범위에서 대통령령으로 정하는 기간에 취업지원을 신청할 수 없다.

② 고용노동부장관은 거짓이나 그 밖의 부정한 방법으로 구직촉진수당 등을 지급받은 수급자에게 반환명령을 하는 경우에 지급받은 구직촉진수당에 해당하는 액수 이상의 금액을 추가로 징수할 수 있다.

③ 고용노동부장관은 수급자 또는 수급자였던 사람에게 잘못 지급된 구직촉진수당 등이 있으면 그 지급금의 반환을 명하여야 한다.

④ 거짓이나 그 밖의 부정한 방법으로 구직촉진수당 등을 받거나 다른 사람으로 하여금 받게 한 사람은 3년 이하의 징역 또는 3천만원 이하의 벌금에 처한다.

98 국민 평생 직업능력 개발법상 직업능력개발훈련의 기본원칙이 아닌 것은?

이해도 ○△✕

① 국민 개개인의 희망·적성·능력에 맞게 직업에 종사하는 전 기간에 걸쳐 단계적·체계적으로 실시되어야 한다.

② 기업 등 민간의 자율과 창의성이 존중되고 필요한 국민에게 균등한 기회가 보장되어야 한다.

③ 교육관계법에 의한 학교교육과 별개·독자적으로 실시한다.

④ 고령자, 장애인 등 보호할 필요가 있는 국민은 중요시되어야 한다.

99 남녀고용평등과 일·가정 양립 지원에 관한 법상 규정된 내용이 아닌 것은?

이해도 ○△✕

① 동일 가치 노동에 대한 동일 임금 지급의 보장

② 여성의 무급 생리휴가

③ 직장 내 성희롱금지 및 예방교육

④ 여성의 직업능력개발 및 고용촉진

100 다음 중 개인정보 보호법상 개인정보 분쟁조정위원회(이하 "분쟁조정위원회"라 한다)에 대한 설명으로 옳은 것은?

① 분쟁조정위원회는 위원장 1명, 상임위원 1명을 포함한 15명 이내의 위원으로 구성한다.

② 분쟁조정위원회의 위원장은 위원 중에서 공무원이 아닌 사람으로 개인정보 보호위원회 위원장이 위촉한다.

③ 분쟁조정위원회는 분쟁조정 신청을 받은 날부터 30일 이내에 이를 심사하여 조정안을 작성하여야 한다.

④ 조정안을 제시받은 당사자가 제시받은 날부터 15일 이내에 수락 여부를 알리지 아니하면 조정을 거부한 것으로 본다.

직업상담사 2급

최종모의고사

정답 및 해설편

직업상담사 2급

최종모의고사 정답표

1회

	01	02	03	04	05	06	07	08	09	10	11	12	13	14	15	16	17	18	19	20
제1과목	②	④	④	③	①	③	①	①	①	③	③	③	③	①	④	④	④	②	②	③
	21	22	23	24	25	26	27	28	29	30	31	32	33	34	35	36	37	38	39	40
제2과목	④	②	③	①	③	①	①	①	③	①	③	②	④	②	④	③	③	④	②	②
	41	42	43	44	45	46	47	48	49	50	51	52	53	54	55	56	57	58	59	60
제3과목	①	①	④	③	②	②	④	④	④	④	①	②	④	③	②	④	④	③	③	④
	61	62	63	64	65	66	67	68	69	70	71	72	73	74	75	76	77	78	79	80
제4과목	②	①	②	②	②	③	③	③	④	③	④	①	①	④	①	②	②	①	①	④
	81	82	83	84	85	86	87	88	89	90	91	92	93	94	95	96	97	98	99	100
제5과목	②	④	④	③	②	④	②	②	③	②	④	①	①	④	④	④	④	②	①	①

2회

	01	02	03	04	05	06	07	08	09	10	11	12	13	14	15	16	17	18	19	20
제1과목	②	④	②	③	①	②	④	②	②	②	④	①	③	③	③	④	④	①	④	④
	21	22	23	24	25	26	27	28	29	30	31	32	33	34	35	36	37	38	39	40
제2과목	①	①	③	③	④	③	④	①	③	④	④	②	④	②	②	③	②	④	①	①
	41	42	43	44	45	46	47	48	49	50	51	52	53	54	55	56	57	58	59	60
제3과목	①	④	④	③	④	③	④	①	③	②	①	③	②	④	④	②	②	②	②	③
	61	62	63	64	65	66	67	68	69	70	71	72	73	74	75	76	77	78	79	80
제4과목	②	④	①	③	①	④	③	②	①	①	①	③	①	②	②	③	①	②	②	④	①	②
	81	82	83	84	85	86	87	88	89	90	91	92	93	94	95	96	97	98	99	100
제5과목	④	②	①	②	④	②	③	③	①	④	①	④	②	②	④	④	③	④	②	①

3회

	01	02	03	04	05	06	07	08	09	10	11	12	13	14	15	16	17	18	19	20
제1과목	①	④	③	②	③	②	③	②	③	④	④	④	①	①	③	④	①	②	④
	21	22	23	24	25	26	27	28	29	30	31	32	33	34	35	36	37	38	39	40
제2과목	②	④	②	②	④	①	①	③	④	②	①	③	③	①	③	③	③	③	④
	41	42	43	44	45	46	47	48	49	50	51	52	53	54	55	56	57	58	59	60
제3과목	④	②	②	③	②	①	①	③	②	④	②	③	②	③	④	③	④	③	③
	61	62	63	64	65	66	67	68	69	70	71	72	73	74	75	76	77	78	79	80
제4과목	③	①	④	②	③	②	③	④	②	①	②	③	①	②	③	②	②	①	②
	81	82	83	84	85	86	87	88	89	90	91	92	93	94	95	96	97	98	99	100
제5과목	②	②	④	②	①	③	④	②	③	①	①	③	②	④	③	④	②	④

4회

	01	02	03	04	05	06	07	08	09	10	11	12	13	14	15	16	17	18	19	20
제1과목	②	④	④	④	③	②	②	①	②	①	①	③	③	④	②	④	①	①	③	①
	21	22	23	24	25	26	27	28	29	30	31	32	33	34	35	36	37	38	39	40
제2과목	②	②	②	④	②	④	④	③	④	④	④	②	③	③	③	①	①	②	②
	41	42	43	44	45	46	47	48	49	50	51	52	53	54	55	56	57	58	59	60
제3과목	③	②	②	④	④	②	①	③	④	②	④	①	②	④	④	③	②	①
	61	62	63	64	65	66	67	68	69	70	71	72	73	74	75	76	77	78	79	80
제4과목	①	④	②	③	④	②	④	②	①	④	①	②	④	③	③	④	④	①
	81	82	83	84	85	86	87	88	89	90	91	92	93	94	95	96	97	98	99	100
제5과목	④	④	④	④	④	①	②	④	③	②	④	②	④	②	②	②	③	③	③

5회

	01	02	03	04	05	06	07	08	09	10	11	12	13	14	15	16	17	18	19	20
제1과목	②	④	③	②	①	③	④	②	①	①	②	①	④	②	①	③	②	②	③
	21	22	23	24	25	26	27	28	29	30	31	32	33	34	35	36	37	38	39	40
제2과목	②	③	②	④	④	①	④	②	④	③	②	③	①	①	②	③	①	②
	41	42	43	44	45	46	47	48	49	50	51	52	53	54	55	56	57	58	59	60
제3과목	③	①	③	④	②	③	④	②	④	④	②	③	③	②	②	①	③
	61	62	63	64	65	66	67	68	69	70	71	72	73	74	75	76	77	78	79	80
제4과목	①	③	②	②	④	④	②	④	①	①	②	②	④	④	④	④
	81	82	83	84	85	86	87	88	89	90	91	92	93	94	95	96	97	98	99	100
제5과목	①	①	①	②	②	④	①	①	④	②	①	②	④	③	④	②	②

6회

제1과목	01	02	03	04	05	06	07	08	09	10	11	12	13	14	15	16	17	18	19	20
	③	①	③	③	②	①	④	②	③	④	②	②	②	③	③	②	④	①	②	④
제2과목	21	22	23	24	25	26	27	28	29	30	31	32	33	34	35	36	37	38	39	40
	②	③	①	④	①	②	①	①	④	③	④	①	③	④	①	③	①	③	③	②
제3과목	41	42	43	44	45	46	47	48	49	50	51	52	53	54	55	56	57	58	59	60
	④	②	①	①	③	④	②	③	②	④	①	④	②	②	①	④	①	③	②
제4과목	61	62	63	64	65	66	67	68	69	70	71	72	73	74	75	76	77	78	79	80
	④	③	①	②	②	②	②	②	③	③	①	②	②	①	③	①	③	③	③	③
제5과목	81	82	83	84	85	86	87	88	89	90	91	92	93	94	95	96	97	98	99	100
	③	②	③	②	③	②	④	④	④	③	③	②	③	②	③	②	③	③	④	④

7회

제1과목	01	02	03	04	05	06	07	08	09	10	11	12	13	14	15	16	17	18	19	20
	②	④	①	①	③	④	③	②	④	③	③	①	①	④	④	②	③	③	②	②
제2과목	21	22	23	24	25	26	27	28	29	30	31	32	33	34	35	36	37	38	39	40
	②	①	①	④	②	④	①	②	④	①	③	②	④	③	④	③	②	②	③	④
제3과목	41	42	43	44	45	46	47	48	49	50	51	52	53	54	55	56	57	58	59	60
	③	③	①	③	①	①	③	③	③	③	②	②	③	①	④	①	①	②	④	③
제4과목	61	62	63	64	65	66	67	68	69	70	71	72	73	74	75	76	77	78	79	80
	④	④	④	③	①	②	③	①	②	③	③	③	②	②	②	④	②	②	①	③
제5과목	81	82	83	84	85	86	87	88	89	90	91	92	93	94	95	96	97	98	99	100
	③	④	③	③	③	④	②	①	①	④	③	④	④	④	②	③	①	①	③	①

8회

제1과목	01	02	03	04	05	06	07	08	09	10	11	12	13	14	15	16	17	18	19	20
	②	④	①	③	④	①	③	④	④	②	③	①	②	②	②	④	③	②	①	①
제2과목	21	22	23	24	25	26	27	28	29	30	31	32	33	34	35	36	37	38	39	40
	②	②	①	②	②	③	④	②	②	②	④	④	①	③	④	②	②	③	④	④
제3과목	41	42	43	44	45	46	47	48	49	50	51	52	53	54	55	56	57	58	59	60
	③	②	④	①	①	④	②	④	③	②	①	②	④	③	①	①	①	②	②	②
제4과목	61	62	63	64	65	66	67	68	69	70	71	72	73	74	75	76	77	78	79	80
	②	①	①	②	④	②	①	②	④	②	④	②	③	②	④	④	④	④	①	③
제5과목	81	82	83	84	85	86	87	88	89	90	91	92	93	94	95	96	97	98	99	100
	①	④	③	②	③	④	④	①	③	④	②	③	④	④	①	②	②	①	③	①

9회

제1과목	01	02	03	04	05	06	07	08	09	10	11	12	13	14	15	16	17	18	19	20
	③	②	③	①	③	④	②	④	④	②	④	③	②	④	④	③	④	①	③	③
제2과목	21	22	23	24	25	26	27	28	29	30	31	32	33	34	35	36	37	38	39	40
	④	④	②	①	②	②	①	④	②	②	④	①	②	④	③	④	④	③	③	②
제3과목	41	42	43	44	45	46	47	48	49	50	51	52	53	54	55	56	57	58	59	60
	④	③	①	②	④	①	①	④	②	③	①	②	④	①	①	②	②	③	②	②
제4과목	61	62	63	64	65	66	67	68	69	70	71	72	73	74	75	76	77	78	79	80
	②	②	②	④	②	③	④	①	②	③	①	④	②	③	①	④	①	④	②	②
제5과목	81	82	83	84	85	86	87	88	89	90	91	92	93	94	95	96	97	98	99	100
	②	①	②	③	②	④	①	①	①	④	④	②	③	③	②	④	④	②	②

10회

제1과목	01	02	03	04	05	06	07	08	09	10	11	12	13	14	15	16	17	18	19	20
	①	③	④	①	②	②	④	②	①	④	③	②	②	①	④	②	②	②	②	①
제2과목	21	22	23	24	25	26	27	28	29	30	31	32	33	34	35	36	37	38	39	40
	④	①	④	①	④	④	④	②	②	④	③	③	①	④	④	①	③	②	②	③
제3과목	41	42	43	44	45	46	47	48	49	50	51	52	53	54	55	56	57	58	59	60
	④	①	④	①	①	①	④	①	④	①	④	④	②	②	③	②	③	②	①	③
제4과목	61	62	63	64	65	66	67	68	69	70	71	72	73	74	75	76	77	78	79	80
	②	③	④	①	②	①	③	③	②	①	②	②	③	③	①	④	①	①	③	①
제5과목	81	82	83	84	85	86	87	88	89	90	91	92	93	94	95	96	97	98	99	100
	①	②	②	④	③	③	②	①	②	①	④	④	①	②	②	④	①	③	②	②

1회 정답 및 해설

제1과목	01	02	03	04	05	06	07	08	09	10	11	12	13	14	15	16	17	18	19	20
	②	④	④	③	①	③	①	①	①	③	③	③	③	①	④	④	④	②	②	③
제2과목	21	22	23	24	25	26	27	28	29	30	31	32	33	34	35	36	37	38	39	40
	④	②	③	③	③	①	③	①	①	①	③	②	④	②	③	①	③	④	②	②
제3과목	41	42	43	44	45	46	47	48	49	50	51	52	53	54	55	56	57	58	59	60
	①	①	④	③	②	②	④	④	④	④	①	③	③	②	④	④	③	③	③	①
제4과목	61	62	63	64	65	66	67	68	69	70	71	72	73	74	75	76	77	78	79	80
	②	①	②	②	③	③	③	③	④	③	④	①	①	③	①	②	②	①	①	④
제5과목	81	82	83	84	85	86	87	88	89	90	91	92	93	94	95	96	97	98	99	100
	②	④	④	③	②	④	②	③	②	①	①	②	③	①	④	④	②	①	①

01 직업심리

01 ② 수퍼(Super)가 아닌 긴즈버그(Ginzberg)의 진로발달단계에 해당한다.
① 개인, 직업, 개인과 직업의 관계성에 초점을 둔 이른바 '파슨주의(Parsonian)'는 패터슨(Paterson), 윌리암슨(Williamson)의 특성-요인 접근(Trait and Factor Approach)의 초석을 이루었다.
③ 정신분석이론은 인간의 욕구와 충동을 사회적으로 용납될 수 있는 일이라는 형태로 승화시키는 것에 관심을 가졌다.
④ 홀랜드(Holland)의 직업적 성격유형론에서는 육각형 모델의 해석차원으로서 일관성, 일치성, 변별성(분화도), 정체성, 계측성(타산성) 등이 중요하게 다루어진다.

02 미네소타 직업분류체계 Ⅲ(MOCS Ⅲ ; Minnesota Occupational Classification System Ⅲ)
• 미국 미네소타 대학에서 개발된 직업적응이론(TWA ; Theory of Work Adjustment)에 근거한 일에 대한 심리적 분류로서, 1950년대 후반부터 지속적으로 수행해 온 직업적응 프로젝트의 일환으로 개발된 것이다.
• 능력 수준 및 능력 유형, 다양한 직업이 제공하는 강화자 등에 대한 지표를 제공하며, 이러한 지표는 작업기술을 작업요건과 일치시키거나 해당 직업이 제공하는 강화물을 결정하기 위한 수단 등으로 사용된다.

03 긴즈버그(Ginzberg)의 진로발달단계
• 환상기(6~11세 또는 11세 이전)
– 이 시기에 아동은 자기가 원하는 직업이면 무엇이든 하고 싶고, 하면 된다는 식의 환상 속에서 비현실적인 선택을 하는 경향이 있다.
– 직업선택과 관련하여 자신의 능력이나 가능성, 실 여건 등을 고려하지 않은 채 자신의 욕구를 중시한다.
• 잠정기(11~17세)
– 이 시기에 아동 및 청소년은 자신의 흥미나 취미에 따라 직업선택을 하는 경향이 있다.
– 후반기에 가면 능력과 가치관 등의 요인도 어느 정도 고려하지만, 현실상황을 그다지 고려하지 않으므로 직업선택의 문제에서 여전히 비현실적인, 즉 잠정적인 성격을 띤다.

• 현실기(17세 이후~성인 초기 또는 청 · 장년기)
– 이 시기에 청소년은 자신의 개인적 요구 및 능력을 직업에서 요구하는 조건과 부합함으로써 현명한 선택을 시도한다.
– 이 단계에서의 직업선택은 개인의 정서 상태, 경제적 여건 등으로 인해 지체되기도 한다.

04 ③ 표준등급은 '스테나인(Stanine)'이라고도 하는 것으로, 이는 'Standard'와 'Nine'의 합성어에 해당한다. 원점수를 비율에 따라 1~9까지의 구간으로 구분하여 각각의 구간에 일정한 점수나 등급을 부여한 것이다. 학교에서 실시하는 성취도검사나 적성검사, 내신등급을 나타낼 때 주로 사용한다.
① 백분위 점수는 원점수의 분포에서 100개의 동일한 구간으로 점수들을 분포하여 변환점수를 부여한 것이다.
② 표준점수는 원점수를 주어진 집단의 평균을 중심으로 표준편차 단위를 사용하여 분포상 어느 위치에 해당하는가를 나타낸 것이다.
④ 학년규준은 주로 성취도검사에 이용하기 위해 학년별 평균이나 중앙치를 이용하여 규준을 제작하는 발달규준에 해당한다.

05 ㄷ. 학습경험을 형성하고 진로행동에 단계적으로 영향을 주는 구체적인 매개변인을 찾는 데 목표를 두는 것은 반두라(Bandura)의 사회인지이론을 토대로 한 사회인지적 진로이론에 해당한다. 반면, 인지적 정보처리이론은 개인이 어떻게 진로를 결정하고 진로문제 해결 및 의사결정을 위해 어떻게 정보를 이용하는지의 측면에서 인지적 정보처리의 개념을 진로발달에 적용시킨 것이다.
ㄹ. 가치중심적 진로이론은 인간행동이 개인의 가치에 의해 상당 부분 영향을 받는다는 가정에서 출발한다. 그에 의하면 개인에 의해 확립된 행동규준들은 발달과정에 있어서 매우 중요한 것이며 가치에 기반을 둔 것으로서, 개개인이 스스로의 행위와 타인의 행위를 판단하는 규칙들이 된다는 것이다. 흥미를 진로결정에 큰 영향을 미치지 않는 것으로 보는 반면, 가치를 행동역할을 합리화하는 데 매우 강력한 결정요인으로 본다.

06 ③ 표준오차(Standard Error)는 5% 내외의 수치이므로 크건 작건 큰 차이로 받아들이지 않는다. 다만, 표준오차가 너무 큰 경우 검사 자체가 무의미해진다.

① 검사의 표준오차는 작을수록 좋다. 표준오차가 작을수록 표본의 대표성이 높다고 볼 수 있다.

② 검사의 표준오차는 신뢰도를 나타내는 수치이다. 참고로 신뢰도를 추정하기 위해 표준오차, 표준편차, 신뢰구간, 신뢰수준 등이 활용된다.

④ 표준오차와 표준편차(Standard Deviation)는 서로 다른 개념이다. 표준오차는 추출된 표본들의 평균이 실제 모집단의 평균과 어느 정도 떨어져서 분포되어 있는지를 나타내는 수치이다. 반면, 표준편차는 점수집합 내에서 점수들 간의 상이한 정도, 즉 변숫값이 평균값에서 어느 정도 떨어져 있는지를 나타내는 수치이다.

07 ① 셀리에(Selye)가 제시한 스트레스에 의한 일반적응증후군의 3단계는 '경계단계(경고반응단계) → 저항단계(저항반응단계) → 탈진단계(소진단계)'순으로 전개된다.

② 홈스와 레어(Holmes & Rahe)는 주요 생활사건이 유발하는 스트레스의 양을 측정하기 위해 사회재적응척도(SRRS)를 개발하였다. 이는 43개의 주요 생활사건을 1년간 생활변동단위 또는 생활변화단위(LCU)로 측정하도록 되어 있는데, 그 합이 0~150 미만인 사람은 생활위기와 관련된 질병의 발생 가능성이 없는 반면, 150~199인 사람은 '경도의 생활위기', 200~299인 사람은 '중등도의 생활위기', 300 이상인 사람은 '중증도의 생활위기'로 인해 질병의 발생 가능성이 있음을 나타낸다.

③ A유형의 사람은 B유형의 사람보다 높은 스트레스 수준을 유지한다. 이는 A유형의 사람이 평소 공격적 · 적대적이고 인내력이 부족한데 반해, B유형의 사람은 수동적 · 방어적이고 느긋함과 평온함을 특징으로 하는 데 기인한다.

④ 직업상담 및 심리 영역에서의 사회적 지지 또는 사회적 지원은 직무수행자의 직무 스트레스를 완화할 수 있도록 해 주는 조직 내적(예 직장 상사, 동료, 부하 등) 혹은 조직 외적(예 가족, 친구 등) 요인을 말한다.

08 ① 각종 심리검사나 선발검사 등은 일반적으로 규준참조검사(Norm-referenced Test)에 해당한다.

09 ① 동형검사 신뢰도의 내용에 해당한다. 동형검사 신뢰도는 이미 신뢰성이 입증된 유사한 검사점수와의 상관계수를 검토하는 것으로서, 이때 두 검사는 근본적으로 측정하려는 영역에서 동일한 내용이 표집되어야 하고, 동일한 문항수와 동일한 형식으로 표현되어야 하며, 문항의 곤란도 수준도 동등해야 한다. 또한 검사의 지시내용, 시간제한, 구체적인 설명까지도 동등성이 보장되어야 한다.

10 구성타당도(Construct Validity)의 분석(검증) 방법

수렴타당도 (집중타당도)	검사 결과가 이론적으로 해당 속성과 관련 있는 변수들과 어느 정도 높은 상관관계를 가지고 있는지를 측정한다. 따라서 상관계수가 높을수록 타당도가 높다.
변별타당도 (판별타당도)	검사 결과가 이론적으로 해당 속성과 관련 없는 변수들과 어느 정도 낮은 상관관계를 가지고 있는지를 측정한다. 따라서 상관계수가 낮을수록 타당도가 높다.
요인분석	검사를 구성하는 문항들의 상관관계를 분석하여 상관이 높은 문항들을 묶어주는 통계적 방법이다.

11 긴즈버그(Ginzberg)의 진로발달단계

• 환상기(Fantasy Period, 6~11세 또는 11세 이전)
  - 이 시기에 아동은 자기가 원하는 직업이면 무엇이든 하고 싶고, 하면 된다는 식의 환상 속에서 비현실적인 선택을 하는 경향이 있다.
  - 직업선택과 관련하여 자신의 능력이나 가능성, 현실여건 등을 고려하지 않은 채 자신의 욕구를 중시한다.

• 잠정기(Tentative Period, 11~17세)
  - 이 시기에 아동 및 청소년은 자신의 흥미, 능력, 취미에 따라 직업선택을 하는 경향이 있다.
  - 후반기에 가면 능력과 가치관 등의 요인도 어느 정도 고려하지만, 현실상황을 그다지 고려하지 않으므로 직업선택의 문제에서 여전히 비현실적인 성격을 띤다.

• 현실기(Realistic Period, 17세 이후~성인 초기 또는 청 · 장년기)
  - 이 시기에 청소년은 자신의 개인적 요구 및 능력을 직업에서 요구하는 조건과 부합함으로써 현명한 선택을 시도한다.
  - 이 단계에서의 직업선택은 개인의 정서 상태, 경제적 여건 등으로 인해 지체되기도 한다.

12 ③ 타협성이 아닌 독립성의 예에 해당한다.

진로성숙검사(CMI) 중 태도척도의 하위영역

하위영역	측정 내용
결정성	선호하는 진로의 방향에 대한 확신의 정도 예 "나는 선호하는 진로를 자주 바꾸고 있다."
참여도 또는 관여도	진로선택 과정에의 능동적 참여의 정도 예 "나는 졸업할 때까지는 진로선택 문제에 별로 신경을 쓰지 않을 것이다."
독립성	진로선택을 독립적으로 할 수 있는 정도 예 "나는 부모님이 정해주시는 직업을 선택하겠다."
지향성 또는 성향	진로결정에 필요한 사전이해와 준비의 정도 예 "일하는 것이 무엇인지에 대해 생각한 바가 거의 없다."
타협성	진로선택 시 욕구와 현실에 타협하는 정도 예 "나는 하고 싶기는 하나 할 수 없는 일을 생각하느라 시간을 보내곤 한다."

13 ③ 과제중심 직무분석의 단점에 해당한다. 과제 중심 직무분석과 달리 작업자중심 직무분석은 인간의 다양한 특성들이 각 직무에서 어느 정도나 요구되는지를 분석하는 것이므로 직무에 관계없이 표준화된 분석도구를 만들기가 비교적 용이하며, 다양한 종류의 직무들에서 요구되는 인간 특성의 유사정도를 양적으로 비교하는 것이 가능하다.

14 기능적 직무분석(FJA ; Functional Job Analysis)

기능적 직무분석은 직무정보를 모든 직무에 존재하는 자료(Data), 사람(People), 사물(Thing) 기능으로 분석하는 방법이다.

15 ④ 인내형이 아닌 관습형(Conventional Type)이 옳다.

① 직업선호도검사(L형)는 직업흥미, 일반성격, 생활경험을 측정하여 수검자로 하여금 자신의 모습을 진지하게 탐색해 볼 수 있는 기회를 제공하기 위한 검사도구로서, (직업)흥미검사, 성격검사, 생활사검사로 구성되어 있다.

② (직업)흥미검사는 홀랜드(Holland)의 개인-환경 적합성모형을 기초로 개발한 검사이다.

③ 생활사검사는 개인의 과거 또는 현재의 생활특성을 파악하기 위한 것으로서, 9가지 생활경험 요인, 즉 대인관계지향, 독립심, 가족친화, 야망, 학업성취, 예술성, 운동선호, 종교성, 직무만족으로써 개인의 특성을 설명한다.

16 ④ 알더퍼(Alderfer)는 매슬로우의 만족-진행의 욕구 전개를 비판하고 좌절-퇴행의 욕구 전개를 주장하면서, 경험적인 연구를 통해 인간의 욕구를 '존재욕구', '(인간)관계욕구', '성장욕구'로 구분하였다.

① 브룸(Vroom)의 기대-유인가 이론(기대이론)은 인간이 행동하는 방향과 강도가 그 성과에 대한 기대와 강도, 실제로 이어진 결과에 대해 느끼는 매력에 달려 있다고 본다. 즉, 노력과 성과, 그리고 그에 대한 보상적 결과에 대한 믿음으로 작업동기를 설명한다.

② 아담스(Adams)의 형평이론(공정성 이론)은 개인의 행위가 타인과의 관계에서 공정성을 유지하는 방향으로 동기부여가 된다고 주장한다.

③ 로크(Locke)의 목표설정이론은 인간의 행동이 목표에 의해 결정되며, 이때 목표는 행동의 방향을 결정짓는 기능을 수행하여 동기의 기초를 제공하고 행동의 지표가 된다고 주장한다.

17 ④ '경력진단검사'는 객관적 측정도구로서 양적 측정도구에 해당한다.

직업상담에 사용되는 주요 질적 측정도구

- 자기효능감 척도(Self-efficacy Measurement) : 어떤 과제를 어느 정도 수준으로 수행할 수 있는 능력을 갖추었다고 스스로 판단하는지의 정도를 측정한다. 내담자가 과제를 잘 수행할 수 있는지를 과제의 난이도와 내담자의 확신도로써 파악한다.
- 직업카드분류(Vocational Card Sort) : 내담자에게 직업카드를 분류하도록 하여 내담자의 직업에 대한 선호 및 흥미를 파악한다. 내담자의 가치관, 흥미, 직무기술, 라이프스타일 등의 선호형태를 측정하는 데 유용하다.
- 직업가계도 또는 제노그램(Genogram) : 내담자의 가족이나 선조들의 직업 특징에 대한 시각적 표상을 얻기 위해 도표를 만드는 방식이다. 내담자의 가족 내 직업적 계보를 통해 내담자의 직업에 대한 고정관념이나 직업가치 및 흥미 등의 근본 원인을 파악한다.
- 역할놀이 또는 역할극(Role Playing) : 가상 상황에서 내담자의 역할 행동에 대한 관찰을 통해 내담자의 직업관련 사회적 기술들을 파악한다. 역할놀이에서는 내담자의 수행행동을 나타낼 수 있는 업무상황을 제시해 준다.

18 ① 직무기술서(Job Description)의 내용에 해당한다.

③ 분석자가 직접 사업장을 방문하여 작업자가 하는 직무활동을 상세하게 관찰하여 그 결과를 기술하는 것은 직무분석의 방법 중 관찰법(Observational Method)에 해당한다.

④ 직무평가(Job Evaluation)의 내용에 해당한다. 직무평가는 직무분석을 통해 작성된 직무명세서(작업자명세서)에 의해 조직 내 각종 직무의 숙련, 노력·책임의 정도, 직무수행의 난이도 등을 비교·평가함으로써 각종 직무들 간의 상대적인 가치를 결정하는 작업이다.

19 **에릭슨(Erikson)의 심리사회적 발달단계**

- 유아기(0~18개월) : 기본적 신뢰감 대 불신감
- 초기아동기(18개월~3세) : 자율성 대 수치심·회의
- 학령전기 또는 유희기(3~5세) : 주도성 대 죄의식
- 학령기(5~12세) : 근면성 대 열등감
- 청소년기(12~20세) : 자아정체감 대 정체감(역할) 혼란
- 성인 초기(20~24세) : 친밀감 대 고립감
- 성인기(24~65세) : 생산성(생성감) 대 침체감
- 노년기(65세 이후) : 자아통합 대 절망

20 ③ 합리화(Rationalization)는 현실에 더 이상 실망을 느끼지 않기 위해 또는 정당하지 못한 자신의 행동에 그럴듯한 이유를 붙이기 위해 자신의 말이나 행동에 대해 정당화하는 것이다.

예 여우가 먹음직스런 포도를 발견하였으나 먹을 수 없는 상황에 처해 "저 포도는 신 포도라서 안 먹는다"고 말하는 경우

① 투사(Projection)는 사회적으로 인정받을 수 없는 자신의 행동과 생각을 마치 다른 사람의 것인 양 생각하고 남을 탓하는 것이다.

예 자기가 화가난 것을 의식하지 못한 채 상대방이 자기에게 화를 낸다고 생각하는 경우

② 억압(Repression)은 죄의식이나 괴로운 경험, 수치스러운 생각을 의식에서 무의식으로 밀어내는 것으로서 선택적인 망각을 의미한다.

예 부모의 학대에 대한 분노심을 억압하여 부모에 대한 이야기를 무의식적으로 꺼리는 경우

④ 주지화(Intellectualization)는 위협적이거나 고통스러운 정서적 문제를 피하기 위해 또는 그것을 둔화시키기 위해 사고, 추론, 분석 등의 지적능력을 사용하는 것이다.

예 죽음에 대한 불안감을 덜기 위해 죽음의 의미와 죽음 뒤의 세계에 대해 추상적으로 사고하는 경우

02 직업상담 및 취업지원

21 **정신역동적 직업상담에서 보딘(Bordin)이 제시한 진단 범주**

- 의존성 : 자신의 문제에 대한 해결이나 생애발달 과제의 달성을 자기 스스로 주도하기 어려워하는 경우
- 정보의 부족 : 경제적 결핍 및 교육적 기회의 결여로 인해 적당한 정보를 접할 기회가 없었거나, 현재 직업결정에 대한 정보를 얻지 못하는 경우
- 자아갈등 : 둘 이상의 자아개념과 관련된 반응기능들 사이에서 갈등하거나, 하나의 자아개념과 다른 자아개념 사이에서 갈등하는 경우
- 직업(진로)선택에 대한 불안 : 한 개인이 어떤 일을 하고 싶은데 중요한 타인이 다른 일을 해 주기를 원하거나, 직업들과 관련된 긍정적 유인가와 부정적 유인가 사이에서 내적 갈등을 경험함으로써 불안을 느끼는 경우
- 확신의 부족(결여) 또는 문제없음 : 내담자가 현실적인 직업선택을 하고도 자신의 선택에 대한 확신이 부족하여 상담자를 찾는 경우

22 ① 내담자에게 상담자의 자질, 역할, 책임 등에 대해서 미리 알려줄 필요가 있다. 이는 내담자의 알 권리에 해당한다.

③ 상담자의 비밀유지의 책임에 대해 좀 더 명확히 해야 할 필요가 있다. 상담자는 상담 내용에 대한 비밀유지를 약속하고 내담자로 하여금 안심하고 자기개방을 할 수 있도록 격려해야 한다.

④ 상담 장소, 시간, 상담의 지속 등에 대해서 미리 합의가 이루어져야 한다.

23 ③ 공감적 이해는 상담자가 내담자의 주관적 경험의 세계에 자신을 맞춰나가는 것이 아니라 주관적 경험의 세계에 보다 가까이 다가감으로써 내담자의 입장을 좀 더 깊게 이해하기 위한 과정이다.

24 상담 초기 접수면접에서의 관계형성

급작스런 구조조정으로 인해 실직상태에 놓인 사람들은 처음 상담자를 찾게될 때 위축감과 미래에 대한 불안감을 호소하기도 한다. 이때 상담자가 가장 먼저 해야 할 것은 내담자와의 관계형성이다.

25 ③ 직업상담사는 자기의 능력 및 기법의 한계를 인식하며, 전문적 기준에 위배되는 활동을 하지 않는다. 만일 자신의 개인 문제 및 능력의 한계 때문에 도움을 주지 못하리라고 판단될 경우에는 다른 전문직 동료 및 기관에게 의뢰한다(한국카운슬러협회 윤리강령 中).

26 교류분석적 상담은 개인의 현재 결정이 과거에 설정된 전제나 신념들을 토대로 이루어진다고 가정하고, 인간의 생존욕구 충족에 있어서 과거 적합했던 전제들이 현재에는 적합하지 않은 것일 수 있으므로 문제를 경험하게 된다고 본다. 구조분석, 교류분석, 라켓 및 게임 분석, 각본분석, 가족모델링 등의 전략이나 기법을 활용하여 타인과의 친밀하고 진실된 상호작용과 함께 자기자각적이고 자발적인 생활양식을 가질 수 있도록 돕는다.

27 ① 부처(Butcher)는 집단상담에 참여하고자 하는 학생들을 사전조사하여 어느 정도 책임의식이 있는 학생들만을 선발할 필요가 있다고 주장하였다. 이는 집단상담 진행 도중 그만둘 경우 집단상담에 참여한 다른 학생들에게 피해를 줄 수 있기 때문이다.

② 참여하는 학생들은 목표와 기대가 서로 다르므로 개인차를 고려하여야 한다.

③ 집단을 이끌고 나가기 위해서는 프로그램 단계별로 나타나는 집단의 역동성을 이해하는 것이 중요하다.

④ 집단상담에 참여한 학생들은 서로 비슷한 수준의 발달단계에 있는 것이 중요하다.

28 역설적 의도의 원칙에 포함되는 사항(McKay, Davis & Fanning)

• 이해하는 것 잊기
• 증상 – 해결 주기(週期) 결정하기
• 저항하기
• 변화전략 세우기
• 목표행동 정하기
• 시간 제한하기
• 증상 기록하기
• 변화 꾀하기
• 내담자 언어 재구성하기
• 지시이행의 동의 구하기
• 재발 예견하기
• 계몽하기 또는 관계 끊기

29 크라이티스(Crites)의 직업선택 문제유형

변 인	직업선택 문제유형
적응성 (적응문제)	• 적응형 : 흥미와 적성이 일치하는 분야를 발견한 유형(흥미를 느끼는 분야와 적성에 맞는 분야가 일치하는 사람) • 부적응형 : 흥미와 적성이 일치하는 분야를 찾지 못한 유형(흥미를 느끼는 분야도 없고 적성에 맞는 분야도 없는 사람)
결정성 (우유부단 문제)	• 다재다능형 : 재능(가능성)이 많아 흥미와 적성에 맞는 직업 사이에서 결정을 내리지 못하는 유형 • 우유부단형 : 흥미와 적성에 관계없이 어떤 직업을 선택할지 결정을 내리지 못하는 유형
현실성 (비현실성 문제)	• 비현실형 : 자신의 적성수준보다 높은 적성을 요구하는 직업을 선택하거나, 흥미를 느끼는 분야가 있지만 그 분야에 적성이 없는 유형 • 강압형 : 적성 때문에 직업을 선택했지만 그 직업에 흥미가 없는 유형 • 불충족형 : 흥미와는 일치하지만 자신의 적성수준보다 낮은 적성을 요구하는 직업을 선택하는 유형

30 ① 과잉교정(Overcorrection) : 잘못된 행동이 과도한 양상을 보이는 경우 또는 강화로 제공될 대안행동이 거의 없거나 효과적인 강화인자가 없는 경우 유용한 기법이다.

② 모델링(Modeling) : 다른 사람의 행동을 보고 들으면서 그 행동을 따라하는 행위로 관찰학습을 의미한다.

③ 반응가(Response-cost) : 강화인자가 부적절한 경우 또는 행동이 바람직하지 않은 방향으로 전개되는 경우 부여하는 일종의 벌에 해당한다.

④ 자기지시기법(Self-instruction) : 개인이 자신에게 하는 말이 그의 행동에 직접적인 영향을 미친다는 가정에서 비롯된다.

31 ③ '은유나 비유 쓰기'는 자기인식이 부족한 내담자에게 그의 인지에 대한 통찰을 재구조화하거나 발달시킬 수 있는 이야기를 하는 것이다.

32 ② 자각에 의한 성숙과 통합의 성취는 형태주의 상담(게슈탈트 상담)의 목표에 해당한다. 형태주의 상담은 개인이 자신의 내부와 주변에서 일어나는 일들을 충분히 자각할 수 있다면, 자신이 당면하는 삶의 문제들을 개인 스스로가 효과적으로 다룰 수 있다고 가정한다.

33 특성-요인 직업상담의 과정(Williamson)

• 분석(제1단계) : 내담자에 관한 자료수집, 표준화검사, 적성 · 흥미 · 동기 등의 요소들과 관련된 심리검사가 주로 사용
• 종합(제2단계) : 내담자의 성격, 장 · 단점, 욕구, 태도 등에 대한 이해를 얻기 위해 정보를 수집 · 종합
• 진단(제3단계) : 문제의 원인들을 탐색하며, 내담자의 문제를 해결할 수 있는 다양한 방법들을 검토
• 예측(예후) 또는 처방(제4단계) : 조정 가능성, 문제들의 가능한 여러 결과를 판단하며, 대안적 조치와 중점사항을 예측
• 상담 또는 치료(제5단계) : 미래에 혹은 현재에 바람직한 적응을 위해 무엇을 해야 하는가에 대해 함께 협동적으로 상의
• 추수지도 또는 사후지도(제6단계) : 새로운 문제가 야기되었을 때 위의 단계를 반복하며, 바람직한 행동 계획을 실행하도록 계속적으로 도움

34 ② 내담자중심 직업상담은 로저스(Rogers)의 상담 경험에서 비롯된 것으로서, '비지시적 상담' 또는 '인간중심상담'으로도 불린다. 각 개인이 현실을 지각하고 구성하는 방법이 개별적이고 현상적이며 독특하다는 것에 초점을 두며, 자기구조와 주관적 경험 사이의 일치를 강조한다.

35 ④ 실존주의 상담의 주요 목표에 해당한다.

36 내담자에게 인지적 명확성이 있는 경우 바로 직업상담을 실시한다. 그러나 내담자에게 인지적 명확성이 없는 경우 우선 개인상담을 실시한 후 직업상담으로 전환한다. 이때 개인상담도 직업상담 과정에 포함한다.

37 직업상담의 일반적인 5단계 과정

제1단계 관계형성과 구조화	상호존중에 기초한 개방적이고 신뢰로운 관계를 형성하는 단계로서, 이 과정에서 구조화의 작업이 동시에 일어난다.
제2단계 진단 및 측정	표준화된 심리검사를 이용한 공식적 측정절차를 통해 내담자들이 자신의 흥미, 가치, 적성, 개인적 특성, 의사결정방식 등에 대해 자각할 수 있도록 돕는다.
제3단계 목표설정	직업상담의 목적이 문제해결 그 자체가 아닌 자기발전 및 자기개발에 있음을 인식시키면서, 내담자들의 목표가 명백해지는 경우 잠재적 목표를 밝혀 우선순위를 정한다.
제4단계 개입 또는 중재	내담자가 목표를 달성하는 데 도움이 될 수 있는 중재를 제안하여 개입한다.
제5단계 평가	상담자와 내담자는 그동안의 중재가 얼마나 효과적으로 적용되었는지를 평가한다.

38 ① '모델링(Modeling)'은 다른 사람의 행동을 보고 들으면서 그 행동을 따라하는 것으로 관찰학습을 의미한다.
② '과잉교정(Overcorrection)'은 문제행동에 대한 대안행동이 거의 없거나 효과적인 강화인자가 없을 때 유용한 기법으로서 파괴적이고 폭력적인 행동을 수정하는 데 효과적이다.
③ '내현적 가감법 또는 내면적 가감법(Covert Sensitization)'은 혐오치료의 일종으로서, 원하지 않는 행동과 그로 인해 나타날 수 있는 불쾌한 결과를 함께 상상하도록 함으로써 부적응행동을 방지하기 위한 것이다.

39 인지행동 상담의 기법(Beck)
- 정서적 기법 : 내담자의 자동적 사고는 정서 경험을 통해 분명해지므로, 정서도식의 활성화를 통해 자동적 사고를 끌어낸다.
- 언어적 기법 : 소크라테스식 질문을 통해 내담자로 하여금 자신의 자동적 사고가 현실적으로 타당한지를 평가하도록 한다.
- 행동적 기법 : 내담자가 가진 부정적 사고의 현실적 타당성을 검증하기 위해 행동실험을 적용한다.

40 ② 선택적 추상 또는 선택적 추상화(Selective Abstraction)는 다른 중요한 요소들은 무시한 채 사소한 부분에 초점을 맞추고, 그 부분적인 것에 근거하여 전체 경험을 이해하는 것이다. 특히 관심을 두는 부분은 실패와 부족한 점에 관한 것이다.

03 직업정보

41 직업분류 원칙[출처 : 한국표준직업분류(제8차)]

직업분류의 일반원칙	• 포괄성의 원칙 • 배타성의 원칙
포괄적인 업무에 대한 직업분류원칙	• 주된 직무 우선 원칙 • 최상급 직능수준 우선 원칙 • 생산업무 우선 원칙
다수 직업종사자의 분류 원칙	• 취업시간 우선의 원칙 • 수입 우선의 원칙 • 조사 시 최근의 직업 원칙
순서배열 원칙	• 한국표준산업분류(KSIC) • 특수-일반분류 • 고용자 수와 직능수준, 직능유형 고려

42 ①·③ 공공직업정보가 국내 또는 국제적으로 인정된 객관적인 분류체계(국제표준직업분류 및 한국표준직업분류 등)에 근거하여 직업을 분류하는 반면, 민간직업정보는 정보생산자의 임의적 기준이나 관심 위주로 직업을 분류한다.
② 공공직업정보가 특정 시기에 국한하지 않고 전체 산업 및 업종에 걸쳐진 직종을 대상으로 하는 반면, 민간직업정보는 필요한 시기에 최대한 활용되도록 한시적으로 신속하게 생산되어 운영된다.
④ 공공직업정보가 광범위한 이용가능성에 따라 공공직업정보체계에 대한 직접적이고 객관적인 평가가 가능한 반면, 민간직업정보는 객관적이고 공통적인 기준에 따라 분류되지 않으므로 다른 직업정보와의 비교가 적고 활용성도 낮다.

43 ④ 고용조정지원(고용유지지원)을 위한 고용안정사업에 해당한다.
①·②·③ 고용창출지원을 위한 고용안정사업에 해당한다.
고용창출지원을 위한 고용안정사업의 종류
- 일자리함께하기 사업
- 시간선택제일자리 지원사업
- 고용환경개선 지원사업
- 지역·성장산업 고용지원사업
- 전문인력채용 지원사업
- 정규직전환 지원사업

44 직업정보의 주요 유형별 특징

종류(유형)	비용	학습자 참여도	접근성
인쇄물	저	수동	용이
시청각자료	고	수동	제한적
면접	저	적극	제한적
관찰	고	수동	제한적
직업경험	고	적극	제한적
직업체험	고	적극	제한적

45 한국표준산업분류의 분류구조 및 부호체계[출처 : 한국표준산업분류(2024)]
- 분류구조는 대분류(알파벳 문자 사용/Sections), 중분류(2자리 숫자 사용/Divisions), 소분류(3자리 숫자 사용/Groups), 세분류(4자리 숫자 사용/Classes), 세세분류(5자리 숫자 사용/Sub-Classes)의 5단계로 구성된다.
- 부호처리를 할 경우에는 아라비아 숫자만을 사용토록 했다.
- 권고된 국제분류 ISIC Rev.4를 기본체계로 하였으나, 국내 실정을 고려하여 국제 분류의 각 단계 항목을 분할, 통합 또는 재그룹화하여 독자적으로 분류항목과 분류부호를 설정하였다.
- 분류항목 간에 산업내용의 이동을 가능한 억제하였으나 일부 이동내용에 대한 연계분석 및 시계열연계를 위하여 부록에 수록된 신구 연계표를 활용하도록 하였다.
- 중분류의 번호는 "01"부터 "99"까지 부여하였으며, 대분류별 중분류 추가 여지를 남겨놓기 위하여 대분류 사이에 번호 여백을 두었다.
- 소분류 이하 모든 분류의 끝자리 숫자는 "0"에서 시작하여 "9"에서 끝나도록 하였으며, "9"는 기타 항목을 의미하며 앞에서 명확하게 분류되어 남아 있는 활동이 없는 경우에는 "9" 기타 항목이 필요 없는 경우도 있다. 또한 각 분류단계에서 더 이상 하위분류가 세분되지 않을 때 "0"을 사용한다(예 중분류 02 임업/소분류 020 임업).

46 한국직업사전의 부가 직업정보 중 정규교육의 6단계 수준

수 준	교육정도
1	6년 이하(초졸 정도)
2	6년 초과~9년 이하(중졸 정도)
3	9년 초과~12년 이하(고졸 정도)
4	12년 초과~14년 이하(전문대졸 정도)
5	14년 초과~16년 이하(대졸 정도)
6	16년 초과(대학원 이상)

47 워크넷 채용정보 상세검색에서의 기업형태
- 대기업
- 강소기업
- 중견기업
- 일학습병행기업
- 청년친화강소기업
- 공무원/공기업/공공기관
- 코스피/코스닥
- 외국계기업
- 벤처기업
- 가족친화인증기업

48 직업(활동) 성립의 일반요건
- 계속성 : 계속해서 하는 일이어야 한다.
- 경제성 : 노동의 대가로 그에 따른 수입이 있어야 한다.
- 윤리성 : 비윤리적인 직업이 아니어야 한다.
- 사회성 : 사회적으로 가치 있고 쓸모 있는 일이어야 한다.

49 워크넷 채용정보 중 기업형태별 검색
- 대기업
- 강소기업
- 중견기업
- 일학습병행기업
- 청년친화강소기업
- 공무원/공기업/공공기관
- 코스피/코스닥
- 외국계기업
- 벤처기업
- 가족친화인증기업

50 직업정보시스템의 정보관리 순서
- 수집 : 정보사용자가 무엇을 요구하는지에 대한 명확한 목표를 세우고, 항상 최신의 자료를 수집하여야 한다. 자료를 수집하면 자료의 출처와 저자, 발행연도, 수집일자를 기입한다.
- 분석 : 사용자가 요구하는 목적에 부합하도록 분석기간의 길이, 양과 질 등을 고려하여 자료의 내용을 파악하며, 이를 체계적으로 분류하여 제공하기에 편리하도록 배열한다.
- 가공 : 수집·분석된 정보를 기초로 이를 재편집함으로써 내담자가 사용하기에 편리하도록 요약·정리한다.
- 체계화 : 필요도에 따라 수집되어 분석된 정보라도 오래되거나 불필요하게된 정보는 폐기하고, 항상 최신의 자료인지 확인하여 체계화하도록 한다.
- 제공 : 직업정보는 사용자의 요구에 부합하도록 생산되어야 하며, 그 과정은 공개하도록 한다.
- 축적 : 정보관리시스템을 적용하여 정보를 제공·교환하며, 보급된 정보를 축적하는 과정이다.
- 평가 : 직업정보가 사용자의 요구사항에 근접하게 맞추어졌는지(형태효용), 필요한 때에 필요한 정보를 사용할 수 있는지(시간효용), 정보에 대한 접근 및 전달이 용이한지(장소효용), 정보소유자가 타인에 대한 정보 전달을 통제할 수 있는지(소유효용) 등을 평가한다.

51 한국표준직업분류(KSCO) 제8차 개정(2025)의 대분류별 직능수준

대분류	대분류 항목	직능수준
1	관리자	제4직능수준 혹은 제3직능수준 필요
2	전문가 및 관련 종사자	제4직능수준 혹은 제3직능수준 필요
3	사무 종사자	제2직능수준 필요
4	서비스 종사자	제2직능수준 필요
5	판매 종사자	제2직능수준 필요
6	농림·어업 숙련 종사자	제2직능수준 필요
7	기능원 및 관련 기능 종사자	제2직능수준 필요
8	장치·기계 조작 및 조립 종사자	제2직능수준 필요
9	단순노무 종사자	제1직능수준 필요
A	군 인	제2직능수준 이상 필요

52 직업정보의 평가 기준(Hoppock)
- 언제 만들어진 것인가?
- 어느 곳을 대상으로 한 것인가?
- 누가 만든 것인가?
- 어떤 목적으로 만든 것인가?
- 자료를 어떤 방식으로 수집하고 제시했는가?

53 워크넷(채용정보)의 우대 채용정보 분류
- 청년층 우대 채용정보
- 여성 우대 채용정보
- 장년 우대 채용정보
- 장애인 우대 채용정보

54 취업자(Employed Person)의 기준(출처 : 통계청)
- 조사대상기간에 수입을 목적으로 1시간 이상 일한 자
- 동일가구 내 가구원이 운영하는 농장이나 사업체의 수입을 위하여 주당 18시간 이상 일한 무급가족종사자
- 직업 또는 사업체를 가지고 있으나 일시적인 병 또는 사고, 연가, 교육, 노사분규 등의 사유로 일하지 못한 일시휴직자

55 한국표준산업분류상 사업체 단위와 기업체 단위[출처 : 한국표준산업분류(2024)]

사업체 단위	• 공장, 광산, 상점, 사무소 등으로 산업활동과 지리적 장소의 양면에서 가장 동질성이 있는 통계단위이다. • 일정한 물리적 장소에서 단일 산업활동을 독립적으로 수행하며, 영업잉여에 관한 통계를 작성할 수 있고 생산에 관한 의사결정에 있어서 자율성을 갖고 있는 단위이므로, 장소의 동질성과 산업활동의 동질성이 요구되는 생산통계 작성에 가장 적합한 통계단위라고 할 수 있다.
기업체 단위	• 재화 및 서비스를 생산하는 법적 또는 제도적 단위의 최소결합체로서 자원배분에 관한 의사결정에서 자율성을 갖고 있다. • 기업체는 하나 이상의 사업체로 구성될 수 있다는 점에서 사업체와 구분되며, 재무 관련 통계작성에 가장 유용한 단위이다.

56 예술, 스포츠 및 여가관련 서비스업[출처 : 한국표준산업분류(2024)]
- 기타 사행시설 관리 및 운영업은 카지노 운영업과 기타 사행시설 관리 및 운영업으로 세분하였다.
- 공연 및 제작관련 대리업은 그 외 기타 창작 및 예술관련 서비스업으로 통합하였다.

57 한국표준직업분류(KSCO)의 포괄적인 업무에 대한 직업분류 원칙

주된 직무 우선 원칙	2개 이상의 직무를 수행하는 경우는 수행되는 직무내용과 관련 분류 항목에 명시된 직무내용을 비교·평가하여 관련 직무 내용상의 상관성이 가장 많은 항목에 분류한다. 예 교육과 진료를 겸하는 의과대학 교수는 강의, 평가, 연구 등과 진료, 처치, 환자상담 등의 직무내용을 파악하여 관련 항목이 많은 분야로 분류한다.
최상급 직능수준 우선 원칙	수행된 직무가 상이한 수준의 훈련과 경험을 통해서 얻어지는 직무능력을 필요로 한다면, 가장 높은 수준의 직무능력을 필요로 하는 일에 분류하여야 한다. 예 조리와 배달의 직무비중이 같을 경우에는, 조리의 직능수준이 높으므로 조리사로 분류한다.
생산업무 우선 원칙	재화의 생산과 공급이 같이 이루어지는 경우는 생산단계에 관련된 업무를 우선적으로 분류한다. 예 한 사람이 빵을 생산하여 판매도 하는 경우에는, 판매원으로 분류하지 않고 제빵사 및 제과원으로 분류한다.

58 ③ 취업알선을 위한 구인·구직안내 기준으로 사용되는 것은 한국표준직업분류(KSCO)에 해당한다.

59 한국직업전망의 직업별 정보 구성체계

일반 직업정보	• 대표 직업명 • 하는 일 • 근무환경 • 성별/연령/학력 분포 및 평균 임금 • 되는 길 • 적성 및 흥미 • 경력 개발
일자리 전망	• 고용전망 결과 • 고용전망 요인
부가 직업정보	• 관련 직업 • 분류 코드 • 관련 정보처

60 ④ 재화의 생산과 공급이 같이 이루어지는 경우는 생산단계에 관련된 업무를 우선적으로 분류한다. 예를 들면, 한 사람이 빵을 생산하여 판매도 하는 경우에는, 판매원으로 분류하지 않고 제빵사 및 제과원으로 분류하여야 한다(포괄적인 업무에 대한 직업분류 원칙 중 생산업무 우선 원칙).

04 노동시장

61 실업률은 다음의 공식으로 나타낼 수 있다.

$$실업률(\%) = \frac{실업자\ 수^*}{경제활동인구\ 수^*} \times 100$$

* 경제활동인구 수 = 15세 이상 인구 수 - 비경제활동인구 수
              = 취업자 수 + 실업자 수

* 실업자 수 = 경제활동인구 수 - 취업자 수(임금근로자 + 비임금근로자)

$$x = \frac{6(\%)}{54(\%) + 6(\%)} \times 100 = \frac{6(\%)}{60(\%)} \times 100 = 10.0(\%)$$

$$\therefore 10.0\%$$

62 ① 교육수준의 차이, 근속연수의 차이, 직장 경력의 차이 등 인적자본 축적의 차이로 임금격차를 설명할 수 있다.

63 이윤극대화 노동수요의 조건

기업은 노동을 1단위 추가로 고용했을 때 얻게 되는 노동의 한계생산물가치(VMP_L)와 기업이 노동자에게 지급하는 한계비용으로서의 임금률(W)이 같아질 때까지 고용량을 증가시킬 때 이윤을 극대화할 수 있다. 이를 공식으로 나타내면 다음과 같다.

> 노동의 한계생산물가치($VMP_L = P \cdot MP_L$) = 임금률(W)
> (단, P는 생산물가격, MP_L은 노동의 한계생산량)

문제상에서 최종적으로 고용된 14번째 노동자의 하루 임금(W)이 50,000원이고 제품의 생산물가격(P)이 100원이므로, 최종적으로 고용된 14번째 노동자가 생산해야 할 생산량으로서 노동의 한계생산량(MP_L)은 노동의 한계생산물가치(MP_L) = 임금률(W)/생산물가격(P) = 50,000(원)/100(원) = 500

$$\therefore 50,000(원)/100(원) = 500$$

$$\therefore 500개$$

64 ② 임금수준의 변화는 노동수요의 결정요인이기는 하나 노동수요곡선을 이동시키는 것이 아닌 노동수요곡선상의 이동으로 나타난다. 즉, 임금의 상승은 노동수요의 감소를 유발하여 우하향하는 노동수요곡선상 좌측(A)으로 이동하는 반면, 임금의 하락은 노동수요의 증가를 가져옴으로써 노동수요곡선상 우측(B)으로 이동한다.

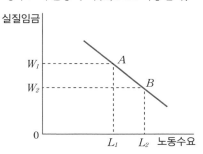

65 ② 총생산비에 대한 노동비용의 비중이 클수록 노동수요는 탄력적으로 된다. 요컨대, 총생산비 중에서 노동비용이 차지하는 비중이 낮다면 임금이 상승하더라도 상품의 가격에 미치는 영향이 적으므로 노동수요에 대한 영향 또한 적을 것이다. 만약 노동집약적 산업으로 생산비 중에서 노동비용이 차지하는 부분이 큰 경우, 임금의 상승은 상품가격 상승에 큰 영향을 미치는 동시에 노동수요의 감소에도 영향을 줄 것이다.

66　노동시장의 균형

- 노동시장은 노동수요곡선(D)과 노동공급곡선(S)으로 묘사되며, 이 두 곡선이 만나는 지점(E)에서 균형임금(W_0)과 균형고용량(L_0)이 결정된다.
- 만약 가구원 노동소득의 감소 등으로 여성의 경제활동참가가 높아진다면, 노동공급곡선은 이동(S')하여 지점에서 새롭게 균형을 이루게 되며, 이에 대응하는 임금은 W_1, 고용량은 L_1이 된다.
- 결국 해당 직종에 대한 노동공급량의 증가는 다른 조건이 동일한 상태임을 가정할 때 균형임금의 하락($W_0 - W_1$), 균형고용량의 증가($L_0 - L_1$)를 초래하게 된다.

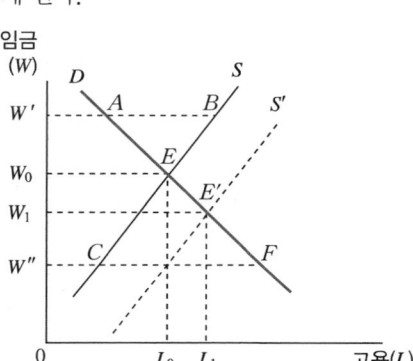

노동공급곡선의 이동과 균형

67　③ 인적자본이론에 대한 가장 결정적인 비판점은 교육과 훈련이 실제로 생산성 증대로 이어지는가에 관한 인과관계의 실증적 근거가 불분명하다는 것이다. 다만, 교육과 훈련을 많이 받은 사람이 일반적으로 보다 높은 노동수익을 가져온다는 것만을 실증적으로 입증하고 있을 뿐이다.

68　③ 수요곡선 DD는 임금이 하락하면 고용량이 증가하고 임금이 상승하면 고용량이 감소함을 나타낸다. 즉, 임금과 기업의 고용량 간에 부의 관계가 성립함을 의미한다.

69　④ 연공급은 경직적인 임금인상으로 인해 기업의 인건비 부담을 가중시킨다.

70　③ 임금교섭은 단기적인 관점에서 노사 어느 일방에게 유리한 방향으로 전개될 수 있으나, 장기적인 관점에서 노사의 교섭력 크기보다는 노동시장요인, 즉 시장의 균형화 세력에 의해 영향을 받는다. 이는 노사 어느 일방에게 유리한 임금교섭이 장기간 지속될 수 없음을 의미한다. 예를 들어, 다른 조건이 일정한 경우 임금수준이 너무 높은 기업은 상품의 가격경쟁력이 약화되어 시장에서 퇴출될 것이며, 임금수준이 너무 낮은 기업은 생산성이 높은 근로자들의 이직을 막지 못하므로 기업의 존립이 어려울 수 있다.

71　④ 연공급은 주로 근로자에게 지급되는 기본급의 수준이 개인의 근속연수에 의해 결정되는 임금체계이다. 즉, 장기고용과 장기근속을 전제로 근속연수, 학력, 연령, 성별 등 완전한 속인적 요소를 기준으로 개인 간의 임금격차가 결정되는 임금체계이다.

72　임금 패리티(Parity)지수

임금 패리티지수는 국민총생산(GNP ; Gross National Product) 수준을 고려하여 한국을 100으로 하였을 때 각국의 임금수준이 한국의 임금수준에서 차지하는 비율을 표시한 것이다.

73　직종별 임금격차(Occupational Wage Differentials)

직종별(직종 간) 임금격차는 수많은 직종(생산직, 사무직, 기술직 등) 간에 요구하는 교육수준, 노동조건, 안정성, 중요성 등이 다름으로써 발생하는 임금의 격차를 말한다. 직종별 임금격차가 발생하는 주요 요인으로는 근로환경의 차이, 노동조합 조직률의 차이, 노동자의 특정 직종 회피·선호 경향의 차이, 그리고 직종 간 정보흐름의 미흡 등이 있다.

74　최저임금제도의 기본취지 및 기대효과

- 소득분배의 개선(산업 간, 직업 간 임금격차 해소, 저임금 노동자의 생활보호)
- 노동력의 질적 향상
- 기업의 근대화 및 산업구조의 고도화 촉진
- 공정경쟁의 확보
- 산업평화의 유지
- 경기 활성화에 기여(유효수요의 창출)
- 복지국가의 실현

75　① 소득정책(Incomes Policy)은 물가나 임금의 과도한 상승을 억제하기 위해 정부가 동원할 수 있는 반강제적 또는 설득적인 모든 조치를 포함한다.

76　실질임금(Real Wages)

기준연도와 비교연도 사이에 소비자물가가 상승한 경우 물가 상승의 효과를 제거한 실질적인 임금액 또는 임금의 실질적인 구매력으로 평가한 것이다.

77　② 노동공급의 임금탄력성 값이 '0'인 경우 노동공급곡선의 형태는 '수직'이며, 이는 완전비탄력적인 노동공급이 이루어지고 있음을 나타낸다.

78　실업-결원곡선 또는 베버리지 곡선(Beveridge Curve)

실업의 구조와 완전고용실업률에 대해 설명하는 곡선으로서, 종축은 결원 수를, 횡축은 실업자 수를 표시하며, 이 두 가지 변수 간의 관계를 나타내는 우하향 곡선으로 나타낸다. 이는 실업자 수가 증가하는 경우 결원 수가 감소하며, 그 역의 관계도 성립됨을 의미한다.

79　① 임금의 구성과 관련된 가장 중요한 노동문제는 고정적 임금부분으로서 기본급과 제수당이 전체 임금에서 차지하는 상대적인 비중에 관한 것이다. 보통 기본급이 차지하는 비중이 높을수록 근로자의 매월 노동소득이 안정적일 수 있다. 또한 기본급은 대개의 경우 수당, 상여금, 퇴직금 등을 산정하는 데 있어서 기초가 되므로, 근로자의 노동소득을 보다 높일 수 있다.

80　고임금·저인건비 전략은 특히 연공급제하에서 형성된 고임금구조를 극복하고 기업의 경쟁력을 위한 것으로서, 이를 위해서는 인력의 정예화와 고생산성이 뒷받침되어야 한다.

05 노동관계법규(Ⅰ)

81 노동기본권(근로기본권)
- 근로의 권리(근로권) : 모든 국민은 근로의 권리를 가진다(헌법 제32조 제1항).
- 노동3권(근로3권) : 근로자는 근로조건의 향상을 위하여 자주적인 단결권·단체교섭권 및 단체행동권을 가진다(헌법 제33조 제1항).

82 ④ 근로의 권리는 소위 자연인의 권리이므로 법인은 근로의 권리의 주체가 될 수 없다.

83 ④ 여자의 근로는 특별한 보호를 받으며, 고용·임금 및 근로조건에 있어서 부당한 차별을 받지 아니한다(헌법 제32조 제4항).
① · ② 모든 국민은 근로의 권리를 가진다. 국가는 사회적·경제적 방법으로 근로자의 고용의 증진과 적정임금의 보장에 노력하여야 하며, 법률이 정하는 바에 의하여 최저임금제를 시행하여야 한다(헌법 제32조 제1항).
③ 헌법 제32조 제6항

84 ① 여자의 근로는 특별한 보호를 받으며, 고용·임금 및 근로조건에 있어서 부당한 차별을 받지 아니한다(헌법 제32조 제4항).
② 연소자의 근로는 특별한 보호를 받는다(헌법 제32조 제5항).
④ 국가유공자·상이군경 및 전몰군경의 유가족은 법률이 정하는 바에 의하여 우선적으로 근로의 기회를 부여받는다(헌법 제32조 제6항).

85 야간근로(근로기준법 제56조 제3항 참조)
근로기준법상 야간근로는 "오후 10시부터 다음 날 오전 6시 사이의 근로"를 말한다. 근로기준법에 따라 사용자는 야간근로에 대하여 통상임금의 100분의 50 이상을 가산하여 근로자에게 지급하여야 한다.

86 직업소개의 원칙(직업안정법 제11조)
- 직업안정기관의 장은 구직자에게는 그 능력에 알맞은 직업을 소개하고, 구인자에게는 구인조건에 적합한 구직자를 소개하도록 노력하여야 한다.
- 직업안정기관의 장은 가능하면 구직자가 통근할 수 있는 지역에서 직업을 소개하도록 노력하여야 한다.

87 남녀고용평등과 일·가정 양립 지원에 관한 법률의 목적(법 제1조)
이 법은 대한민국헌법의 평등이념에 따라 고용에서 남녀의 평등한 기회와 대우를 보장하고 모성 보호와 여성 고용을 촉진하여 남녀고용평등을 실현함과 아울러 근로자의 일과 가정의 양립을 지원함으로써 모든 국민의 삶의 질 향상에 이바지하는 것을 목적으로 한다.

88 ② '정액불의 원칙'이 아닌 '전액불의 원칙'이 옳다.
임금 지급 원칙(근로기준법 제43조 참조)
- 통화불·직접불·전액불의 원칙 : 임금은 통화로 직접 근로자에게 그 전액을 지급하여야 한다.
- 매월 1회 이상 정기불의 원칙 : 임금은 매월 1회 이상 일정한 날짜를 정하여 지급하여야 한다.

89 ① 사용자는 야간근로(오후 10시부터 다음 날 오전 6시 사이의 근로를 말한다)에 대하여는 통상임금의 100분의 50 이상을 가산하여 근로자에게 지급하여야 한다(동법 제56조 제3항).
② 사용자는 연장근로에 대하여는 통상임금의 100분의 50 이상을 가산하여 근로자에게 지급하여야 한다(동법 제56조 제1항).
④ 연장근로의 규정에도 불구하고 사용자는 휴일근로에 대하여는 8시간 이내의 휴일근로의 경우 통상임금의 100분의 50 이상, 8시간을 초과한 휴일근로의 경우 통상임금의 100분의 100 이상을 가산하여 근로자에게 지급하여야 한다(동법 제56조 제2항).

90 ② 사용자는 취업규칙의 작성 또는 변경에 관하여 해당 사업 또는 사업장에 근로자의 과반수로 조직된 노동조합이 있는 경우에는 그 노동조합, 근로자의 과반수로 조직된 노동조합이 없는 경우에는 근로자의 과반수의 의견을 들어야 한다. 다만, 취업규칙을 근로자에게 불리하게 변경하는 경우에는 그 동의를 받아야 한다(근로기준법 제94조 제1항).
① 동법 제93조
③ 동법 제96조 제2항
④ 동법 제97조

91 균등한 처우(근로기준법 제6조)
사용자는 근로자에 대하여 남녀의 성(性)을 이유로 차별적 대우를 하지 못하고, 국적·신앙 또는 사회적 신분을 이유로 근로조건에 대한 차별적 처우를 하지 못한다.

92 ② 이 법은 「선원법」의 적용을 받는 선원과 선원을 사용하는 선박의 소유자에게는 적용하지 아니한다(최저임금법 제3조 제2항).
③ 「기간제 및 단시간근로자 보호 등에 관한 법률」의 적용을 받는 단시간근로자는 원칙상 「최저임금법」의 적용 대상이다(동법 제3조 참조).
④ 최저임금은 근로자의 생계비, 유사 근로자의 임금, 노동생산성 및 소득분배율 등을 고려하여 정한다. 이 경우 사업의 종류별로 구분하여 정할 수 있다(동법 제4조 제1항).

93 구직자 취업지원 기본계획의 수립·시행(구직자 취업촉진 및 생활안정지원에 관한 법률 제5조 제1항)
고용노동부장관은 관계 중앙행정기관의 장과 협의하여 구직자의 취업을 지원하기 위한 구직자 취업지원 기본계획을 5년마다 수립하고 시행하여야 한다.

94 남녀의 평등한 기회보장 및 대우(남녀고용평등과 일·가정 양립 지원에 관한 법률 제2장 제1절 관련)
- 모집과 채용(제7조)
- 임금(제8조)
- 임금 외의 금품 등(제9조)
- 교육·배치 및 승진(제10조)
- 정년·퇴직 및 해고(제11조)

95 남녀고용평등과 일·가정 양립 지원에 관한 법률상 모성 보호 및 일·가정의 양립 지원에 관한 주요 조항

모성 보호 (제3장)	• 출산전후휴가 등에 대한 지원(제18조)
	• 배우자 출산휴가(제18조의2)
	• 난임치료휴가(제18조의3)
일·가정의 양립 지원 (제3장의2)	• 육아휴직(제19조)
	• 육아기 근로시간 단축(제19조의2)
	• 육아지원을 위한 그 밖의 조치(제19조의5)
	• 직장복귀를 위한 사업주의 지원(제19조의6)
	• 일·가정의 양립을 위한 지원(제20조)
	• 직장어린이집 설치 및 지원 등(제21조)
	• 그 밖의 보육 관련 지원(제21조의2)
	• 공공복지시설의 설치(제22조)
	• 근로자의 가족 돌봄 등을 위한 지원(제22조의2)
	• 가족돌봄 등을 위한 근로시간 단축(제22조의3)
	• 일·가정 양립 지원 기반 조성(제22조의5)

96 ④ 이 법은 상시 30명 이상의 근로자를 사용하는 사업 또는 사업장의 채용절차에 적용한다. 다만, 국가 및 지방자치단체가 공무원을 채용하는 경우에는 적용하지 아니한다(채용절차의 공정화에 관한 법률 제3조).

97 ④ 결정은 심사청구인 및 직업안정기관의 장 또는 근로복지공단에 결정서의 정본을 보낸 날부터 효력이 발생한다. 결정은 원처분 등을 행한 직업안정기관의 장 또는 근로복지공단을 기속(羈束)한다(고용보험법 제98조 제1항 및 제2항).

① 고용보험법에 따른 피보험자격의 취득·상실에 대한 확인, 실업급여 및 육아휴직 급여와 출산전후휴가 급여 등에 관한 처분에 이의가 있는 자는 고용보험심사관에게 심사를 청구할 수 있고, 그 결정에 이의가 있는 자는 고용보험심사위원회에 재심사를 청구할 수 있다(동법 제87조 제1항).

② 심사청구인 또는 재심사청구인은 법정대리인 외에 청구인의 배우자, 직계존속·비속 또는 형제자매, 청구인인 법인의 임원 또는 직원, 변호사나 공인노무사, 고용보험심사위원회의 허가를 받은 자 가운데 어느 하나에 해당하는 자를 대리인으로 선임할 수 있다(동법 제88조).

③ 동법 제96조

98 ② 사업주는 동일한 사업 내의 동일 가치 노동에 대하여는 동일한 임금을 지급하여야 한다. 동일 가치 노동의 기준은 직무수행에서 요구되는 기술, 노력, 책임 및 작업조건 등으로 하고, 사업주가 그 기준을 정할 때에는 노사협의회의 근로자를 대표하는 위원의 의견을 들어야 한다(남녀고용평등과 일·가정 양립 지원에 관한 법률 제8조 제1항 및 제2항).

① 사업주는 여성 근로자를 모집·채용할 때 그 직무의 수행에 필요하지 아니한 용모·키·체중 등의 신체적 조건, 미혼 조건, 그 밖에 고용노동부령으로 정하는 조건을 제시하거나 요구하여서는 아니 된다(동법 제7조 제2항).

③ 사업주가 임금차별을 목적으로 설립한 별개의 사업은 동일한 사업으로 본다(동법 제8조 제3항).

④ 사업주는 근로자의 정년·퇴직 및 해고에서 남녀를 차별하여서는 아니 된다(동법 제11조 제1항).

99 ① 사업주는 임신 중인 여성 근로자가 모성을 보호하거나 근로자가 만 8세 이하 또는 초등학교 2학년 이하의 자녀(입양한 자녀를 포함)를 양육하기 위하여 휴직(이하 "육아휴직")을 신청하는 경우에 이를 허용하여야 한다. 다만, 대통령령으로 정하는 경우에는 그러하지 아니하다(남녀고용평등과 일·가정 양립 지원에 관한 법률 제19조 제1항).

100 ① 개인정보 보호법상 개인정보는 살아 있는 개인에 관한 정보이다. 따라서 개인정보의 주체는 자연인이어야 하며, 법인 또는 단체에 관한 정보는 개인정보에 해당하지 않는다(개인정보 보호법 제2조 제1호 참조).

2회 정답 및 해설

제1과목	01	02	03	04	05	06	07	08	09	10	11	12	13	14	15	16	17	18	19	20
	②	④	②	③	①	②	④	②	②	②	④	①	③	③	③	④	④	①	④	④
제2과목	21	22	23	24	25	26	27	28	29	30	31	32	33	34	35	36	37	38	39	40
	①	①	③	③	④	③	④	①	③	④	④	②	④	④	②	②	③	②	④	①
제3과목	41	42	43	44	45	46	47	48	49	50	51	52	53	54	55	56	57	58	59	60
	①	④	④	③	④	①	③	①	③	②	①	③	②	②	④	②	②	②	②	③
제4과목	61	62	63	64	65	66	67	68	69	70	71	72	73	74	75	76	77	78	79	80
	②	④	①	③	④	④	①	③	①	④	①	②	②	③	①	②	②	④	①	②
제5과목	81	82	83	84	85	86	87	88	89	90	91	92	93	94	95	96	97	98	99	100
	④	②	①	②	④	②	②	③	③	③	①	④	②	④	④	③	④	③	④	①

01 직업심리

01 ② 대답이 "예" 또는 "아니요"만으로 나오는 질문을 삼가고 보다 상세한 응답이 나오도록 질문한다.

02 직위분석질문지 또는 직책분석설문지(PAQ)
- 작업자 중심 직무분석의 대표적인 예로서 표준화된 분석도구이다.
- 직무수행에 요구되는 지식, 기술, 능력 등의 인간적 요건들을 밝히는 데 목적을 두며, 194개의 문항(작업자 활동과 관련된 187개 항목 및 임금 관련 7개 항목)으로 구성된다.
- 정보입력, 정신과정, 작업결과, 타인들과의 관계, 직무맥락, 직무요건 등 6가지 주요 범주로 평정한다.
- 각 직무마다 어느 정도 수준의 인간적인 능력이나 기술들이 요구되는지를 양적으로 알려준다.

03 ② 경력개발을 위한 교육훈련을 실시하는 경우 대상자에게 어떠한 훈련이 필요한지에 대한 요구분석이 우선되어야 한다. 요구분석은 경력개발 프로그램을 설계할 때 누구를 대상으로, 어떤 프로그램을 만들 것인지 우선적으로 알아보는 평가이다.

04 직무분석 방법
- 최초분석법 : 면접법(면담법), 관찰법, 체험법, 설문지법(질문지법), 녹화법, 중요사건 기법(결정적 사건법)
- 비교확인법
- 데이컴법 등

05 ② 직무순환(Job Rotation)은 종업원들이 완수해야 하는 직무는 그대로 둔 채 종업원들의 자리를 교대 이동시키는 방법으로서, 업무세분화에 의해 야기되는 고유 업무 반복의 문제를 해소하고 종업원으로 하여금 다양한 직무경험을 쌓도록 하기 위한 제도이다.
③ 사내공모제(Job Posting)는 기업에서 특정 프로젝트나 신규 사업을 위한 인력배치 또는 결원충원 등을 위해 사내에서 필요한 인재를 모으는 제도이다.
④ 조기발탁제(Promotability Forecasts)는 잠재력이 높은 종업원을 조기에 발견하여 그들에게 특별한 경력경험을 제공하는 제도이다.

06 ② 내담자는 목표에 부합하지 않는 적성이나 자신의 흥미와 관계없는 목표를 가지고 있을 수 있다. 또한 직업적응을 어렵게 하는 성격적 특징이나 특권에 대한 갈망을 가지고 있을 수도 있다. 이러한 요인들로 인해 내담자는 현명하지 못한 선택을 내리기도 한다. 윌리암슨(Williamson)은 이를 진로선택 문제유형 중 '어리석은 선택(현명하지 못한 직업선택)'으로 제시하였다.

07 수퍼(Super)의 직업(진로)발달단계
- 성장기(출생~14세) : 환상기(4~10세), 흥미기(11~12세), 능력기(13~14세)
- 탐색기(15~24세) : 잠정기(15~17세), 전환기(18~21세), 시행기(22~24세)
- 확립기(25~44세) : 시행기(25~30세), 안정기(31~44세)
- 유지기(45~64세)
- 쇠퇴기(65세 이후)

08 ② 니즈평가(Needs Analysis)는 요구분석(요구조사)과 같은 의미로, 경력개발을 위한 교육훈련을 실시할 때 가장 먼저 고려해야 하는 사항이다.

09 ② 상담자는 적응상의 문제와 재취업의 현실성을 고려하여 내담자로 하여금 올바른 판단을 내릴 수 있도록 도와야 한다. 그러나 내담자의 적응상의 문제가 개인의 적성과 흥미 또는 성격과 직업적 요구와의 차이로 인한 것인 경우 재취업이 바람직할 것이다. 이때 재취업이 직장만을 옮길 것인지 아니면 직업 자체를 바꿀 것인지를 판단하기 위해서는 여러 가지 현실적인 문제들(예 사회적 여건, 보유기술, 적성과 흥미, 연령 등)을 함께 고려해야 한다.

10 ② 직업선택 단계(제2단계)에서 이루어진다.
직업지도 프로그램의 과정
직업탐색 및 정보수집(제1단계) → 직업선택(제2단계) → 조직문화 조사(제3단계) → 직업상담(제4단계) → 취업준비(제5단계) → 직업적응(제6단계)

11 ④ 생활의 변화(Life Change)는 결혼, 이사, 군입대, 이혼, 사별 등 생활의 급작스런 변화, 즉 평소 익숙하던 생활환경이 바뀔 때 경험하는 정서 상태이다.

12 스트레스에 대처하기 위한 포괄적인 노력
- 가치관을 전환시켜야 한다.
- 목표지향적 초고속심리에서 과정중심적 사고방식으로 전환해야 한다.
- 스트레스에 정면으로 도전하는 마음가짐이 있어야 한다.
- 가슴속에 쌓인 한을 털어내야 한다.
- 균형 있는 생활을 해야 한다.
- 취미 · 오락을 통해 생활장면을 전환하는 활동을 규칙적으로 해야 한다.
- 운동을 통해 스트레스를 적절히 해소한다.

13 ③ 타이드만과 오하라(Tiedeman & O'Hara)는 직업발달을 직업정체감 형성과정으로 보며, 의사결정 과정을 인지적인 구조의 분화와 통합에 의한 의식적인 문제해결 행동으로 보았다. 그에 따라 의사결정 과정을 예상기와 실천기로 나누고, 각 하위범주로서 예상기에는 '탐색', '구체화', '선택', '명료화'의 하위단계를, 실천기에는 '순응', '개혁', '통합'의 하위단계를 분류하였다.
① 수퍼(Super)는 진로선택을 자아개념(자기개념)의 실행과정으로 보며, 이와 같은 자아개념이 유아기에서부터 형성되어 평생 발달한다고 보았다. 그에 따라 직업발달의 과정을 '성장기', '탐색기', '확립기', '유지기', '쇠퇴기'로 구분하였다.
② 긴즈버그(Ginzberg)는 직업선택 과정을 바람과 가능성 간의 타협으로 보며, 그와 같은 타협을 선택의 본질적인 측면으로 간주하였다. 그에 따라 직업발달 및 직업선택의 과정을 '환상기', '잠정기', '현실기'로 구분하였다.
④ 고트프레드슨(Gottfredson)은 개인의 성(性), 인종, 사회계층 등 사회적 요인과 함께 개인의 언어능력, 추론능력 등 인지적 요인을 통합하여 직업포부의 발달에 관한 이론을 개발하였다. 그리고 직업포부 발달단계를 '힘과 크기 지향성', '성역할 지향성', '사회적 가치 지향성', '내적, 고유한 자아(자기) 지향성'으로 구분하였다.

14 우선 Z점수와 T점수의 산출 공식은 다음과 같다.

> - Z점수 $= \dfrac{\text{원점수} - \text{평균}}{\text{표준오차}}$
> - T점수 $= 10 \times Z$점수 $+ 50$

ㄱ. 원점수 65점을 Z점수로 변환하면,
Z점수 $= \dfrac{65점 - 50점}{10} = 1.5$
∴ 이 경우 Z점수는 1.5

ㄴ. 평균 50, 표준편차 10에서 Z점수 0을 백분위로 환산하면 50%, Z점수 1을 백분위로 환산하면 약 84%이다. 백분위 약 70%는 그 중간에 해당하며, Z점수로 약 0.5에 해당한다.

ㄷ. 보기에서 표준점수로 Z점수를 1.0으로 제시하고 있다.

ㄹ. T점수 75점을 Z점수로 변환하면, 75점 $= 10 \times Z$점수 $+ 50$
∴ 이 경우 Z점수는 2.5

15 스트레스에 의한 일반적응증후군의 3단계(Selye)
경고(경계)단계(경고반응단계) → 저항단계(저항반응단계) → 소진단계(탈진단계)

16 ④ 직업선택에 필요한 정보 및 환경, 개인적인 장애가 무엇인지 알려주는 것은 개인직업상황검사(MVS)에 해당한다. 반면, 경력태도검사(CBI)는 내담자로 하여금 자아인식 및 세계관에 대한 문제를 확인하도록 돕기 위한 것으로서 크롬볼츠(Krumboltz)가 개발하였다.

17 ④ 캘리포니아 성격검사(CPI ; California Psychological Inventory)는 정신병리에 대한 진단적 성격이 강한 미네소타 다면적 인성검사(MMPI ; Minnesota Multiphasic Personality Inventory)와 달리 일반인의 심리적 특성을 이해하기 위해 제작된 것으로서, 4개의 척도군과 20개의 하위척도를 포함한 성격검사이다.

직업흥미검사의 주요 종류
- 스트롱과 캠벨(Strong & Campbell)이 개발한 스트롱-캠벨흥미검사(SCII ; Strong-Campbell Interest Inventory)
- 쿠더와 다이아몬드(Kuder & Diamond)가 개발한 쿠더 직업흥미검사(KOIS ; Kuder Occupational Interest Survey)
- 홀랜드의 직업선택이나 적응이론을 기반으로 한 자기방향탐색 혹은 자가흥미탐색(SDS ; Self Directed Search), 직업선호도검사(VPI ; Vocational Preference Inventory) 등

18 ① 사회학습이론은 진로발달 및 진로경정 과정에 있어서 유전적 요인과 특별한 능력, 환경조건과 사건, 학습 경험, 과제접근 기술 등 4가지 요인의 상호작용에 주목한다. 특히 '유전적 요인과 특별한 능력'은 개인의 진로기회를 제한하는 타고난 특질을 말하는 것으로서 인종, 성별, 신체적 특징, 지능, 예술적 재능 등이 해당한다.

19 ④ 코티졸(Cortisol)은 부신피질에서 방출되는 호르몬으로서 이른바 '스트레스 호르몬' 또는 '스트레스 통제호르몬'으로 널리 알려져 있다. 장기간 스트레스에 노출되거나 무리한 운동을 하는 경우 코티졸이 과다 분비되어 피로감, 근육통, 기억력 및 집중력 저하 등 만성피로 증후군을 유발한다.
① 스트레스 수준과 수행은 역 U형 관계를 가진다.
② 관상동맥성 질환과 밀접한 관련이 있는 것은 A유형 행동이다.
③ 일반적으로 내적 통제자는 문제 중심의 대응행동을 통해 스트레스 상황에 적절히 대처하는 반면, 외적 통제자는 부정적 사건에 민감하게 반응하고 자기방어적인 성향을 보임으로써 스트레스 상황에 대한 대처능력이 떨어지고 실제 생활에서 비교적 높은 수준의 스트레스를 경험한다.

20 비소외적 상태와 소외 양상(Blauner)

비소외적 상태	소외 양상
· 자유와 통제(Freedom and Control) · 목적(Purpose) · 사회적 통합(Social Integration) · 자기몰입(Self-involvement)	· 무기력감(Powerlessness) · 무의미감(Meaninglessness) · 고립감(Isolation) · 자기상실감 혹은 자기소원감(Self-estrangement)

02 직업상담 및 취업지원

21 보딘(Bordin)의 분류에 따른 직업 문제의 심리적 원인
- 의존성 : 자신의 문제에 대한 해결이나 생애발달 과제의 달성을 자기 스스로 주도하기 어려워하는 경우
- 정보의 부족 : 경제적 결핍 및 교육적 기회의 결여로 인해 적당한 정보를 접할 기회가 없었거나, 현재 직업결정에 대한 정보를 얻지 못하는 경우
- 자아갈등 : 둘 이상의 자아개념과 관련된 반응기능들 사이에서 갈등하거나, 하나의 자아개념과 다른 자아개념 사이에서 갈등하는 경우
- 직업(진로)선택에 대한 불안 : 한 개인이 어떤 일을 하고 싶은데 중요한 타인이 다른 일을 해 주기를 원하거나, 직업들과 관련된 긍정적 유인가와 부정적 유인가 사이에서 내적 갈등을 경험함으로써 불안을 느끼는 경우
- 확신의 부족(결여) 또는 문제없음 : 내담자가 현실적인 직업선택을 하고도 자신의 선택에 대한 확신이 부족하여 상담자를 찾는 경우

22 ① 크라이티스(Crites)는 직업상담의 과정에 '진단 → 문제분류 → 문제구체화 → 문제해결'의 단계가 포함된다고 보았다. 또한 직업상담의 목적에 '진로선택, 의사결정기술의 습득, 일반적 적응의 고양' 등이 포함된다고 보았다. 그리고 이와 같은 목적을 달성하기 위해 직업상담 과정에 '면담기법, 검사해석, 직업정보' 등이 포함되어야 한다고 강조하였다.

23 수퍼(Super)의 발달적 직업상담 단계
- 제1단계[문제탐색 및 자아(자기)개념 묘사] : 비지시적 방법으로 문제를 탐색하고 자아(자기)개념을 묘사한다.
- 제2단계(심층적 탐색) : 지시적 방법으로 심층적 탐색을 위한 주제를 설정한다.
- 제3단계(자아수용 및 자아통찰) : 자아수용 및 자아통찰을 위해 비지시적 방법으로 사고와 느낌을 명료화한다.
- 제4단계(현실검증) : 심리검사, 직업정보, 과외활동 등을 통해 수집된 사실적 자료들을 지시적으로 탐색한다.
- 제5단계(태도와 감정의 탐색과 처리) : 현실검증에서 얻어진 태도와 감정을 비지시적으로 탐색하고 처리한다.
- 제6단계(의사결정) : 대안적 행위들에 대한 비지시적 고찰을 통해 자신의 직업을 결정한다.

24 생애진로사정(Life Career Assessment)의 구조
- 진로사정
- 전형적인 하루
- 강점과 장애
- 요 약

25 ④ 격려(Encouragement)는 개인심리학의 아들러(Adler) 학파 상담자들이 가장 보편적으로 사용하는 중재기법 중 하나로서, 내담자의 자신감과 심리적 강인성을 촉진시키는 작업이다. 내담자의 생활양식에 접근하고 관계를 형성하는 데 유용한 기법으로, 특히 내담자로 하여금 열등감과 낮은 자기개념을 극복하도록 도움으로써 기꺼이 위험을 무릅쓰려는 새로운 시도를 지지하게 된다.
　① 정신분석에서 해석(Interpretation)은 내담자가 직접 진술하지 않은 내용이나 개념을 그의 과거 경험이나 진술을 토대로 하여 추론해서 말하는 것으로서, 미래지향적 혹은 목적지향적 성격보다는 과거지향적 성격이 강하다.

② 내담자의 심리내적인 갈등, 즉 무의식적 갈등이나 욕망을 중시하는 것은 정신분석이다. 반면, 개인심리학은 열등감의 극복과 우월성의 추구를 중시한다.
③ 전이(Transference)는 내담자가 어린 시절 어떤 중요한 인물에 대해 가졌던 관계를 상담자에게 표출하는 일종의 투사현상으로서, 어린 시절 의미 있는 대상과의 관계에서 발생했으나 억압되어 무의식에 묻어두었던 감정, 신념, 욕망을 자기도 모르게 상담자에게 표현하는 것이다.

26 상호역할관계 사정의 주요 기법
- 질문을 통해 사정하기 : 내담자가 개입하고 있는 생애역할들을 나열하기, 각각의 역할에 소요되는 시간의 양을 추정하기, 내담자의 가치들을 이용하여 순위 정하기, 상충적·보상적·보완적 역할들을 찾아내기 등에 초점을 둔다.
- 동그라미로 역할관계 그리기 : 역할관계상의 문제, 즉 가치갈등, 역할 과부하 등을 파악하는 동시에 이를 최소화할 수 있는 이상적인 역할관계를 그려보도록 한다.
- 생애-계획연습으로 전환시키기 : 각 생애단계에서 내담자의 가치와 시간의 요구 간의 갈등이 발생하는지, 이 경우 갈등의 속성은 무엇인지, 내담자 또한 삶의 다양한 역할들 간의 관계를 파악할 수 있는지, 마음속에 떠오르는 생애계획을 토대로 개선욕구를 알 수 있는지 등을 탐색한다.

27 집단상담의 주요 단점
- 내담자의 개인적인 문제를 등한시할 수 있다.
- 집단 내 개별성원의 사적인 경험을 집단성원 모두가 공유하게 되므로 비밀유지가 어렵다.
- 집단성원 모두에게 만족을 줄 수는 없다.
- 시간적으로나 문제의 복잡성으로 인해 집단을 구성하기가 쉽지 않다.
- 집단 내 개별성원에게 집단의 압력이 가해지는 경우 구성원 개인의 개성이 상실될 우려가 있다.

28 ① 직장을 처음 구하는 사람 또는 자신의 진로를 처음 선택하는 사람과 직업전환 또는 직업적응 중에 있는 사람에 대해서는 직업상담의 사정 과정이 서로 다르다. 특히 직업상담사는 직장을 처음 구하는 내담자를 대상으로 상담하는 경우 내담자의 자기인식 정도, 직업세계에 대한 지식, 적절한 직업기회를 인식하는 정도, 직업선택에서의 자신감 및 보유기술 등을 구별할 수 있어야 한다.
② 내담자의 직장인으로서의 역할이 다른 생애 역할과 복잡하게 얽혀 있다. 이러한 역할은 상호의존적이어서 어느 한 역할의 변화가 다른 역할에도 영향을 미치게 된다. 따라서 직업계획이나 재적응을 생각할 때 다른 생애역할의 맥락을 함께 고려해야 한다.
③ 직업상담에서는 상담 과정을 완수하려는 내담자의 동기가 반드시 필요하다. 동기의 문제는 정신건강상의 문제나 단순정보 결핍, 상담 과정에서의 복잡한 문제 등에 의해서도 유발될 수 있다. 이와 같은 문제는 목표설정 과정에 앞서 우선적으로 확인되고 해결되어야 한다.
④ 내담자가 우울증과 같은 심리적인 문제를 가지고 있다면 직업선택 및 적응결정을 적절하게 할 수 없다. 따라서 이와 같은 심리적 문제로 인지적 명확성이 부족한 경우 진로문제에 대한 결정은 당분간 보류하는 것이 좋다.

29 대안개발과 의사결정 시 사용하는 인지치료의 과정(Yost, Beutler, Corbishley & Allender)
- 제1단계 : 내담자가 느끼는 감정의 속성이 무엇인지 확인한다.
- 제2단계 : 내담자의 감정과 연합된 사고, 신념, 태도 등을 확인한다.
- 제3단계 : 내담자의 사고 등을 한두 가지의 문장으로 요약·정리한다.
- 제4단계 : 내담자를 도와 현실과 사고를 조사해 보도록 개입한다.
- 제5단계 : 내담자에게 과제를 부여하여 사고와 신념들의 적절성을 검증한다.

30 상담 윤리강령의 기능
- 상담자가 직무수행 중의 갈등을 어떻게 처리해야 할지에 관한 기본지침을 제공한다.
- 내담자의 복리를 증진시키고 내담자의 인격을 존중하는 의무기준을 제시한다.
- 상담자의 활동이 전문직으로서의 상담기능 및 목적에 저촉되지 않도록 보장한다.
- 상담자의 활동이 사회윤리와 지역사회의 도덕적 기대를 존중할 것임을 보장한다.
- 상담자 자신의 사생활과 인격을 보호하는 근거를 제공한다.

31 ④ '감정이입'은 초기면담의 특정 유형에서 사용하는 기법이 아닌 초기면담의 주요 요소에 해당한다. 초기면담의 다른 주요 요소로는 신뢰관계(Rapport) 형성, 언어적·비언어적 행동, 상담자 노출하기, 즉시성, 유머, 직면, 계약, 리허설 등이 있다.
① '폐쇄형 질문'은 '예/아니요'와 같이 제한된 응답을 요구하는 질문으로, 짧은 시간에 상당한 양의 정보를 추출해 내는 데 효과적이다. 그러나 내담자가 대답할 수 있는 범위를 제한함으로써 보다 정교화된 정보를 입수하기 어렵다.
② '개방형 질문'은 폐쇄형 질문과 대조적인 것으로, 보통 '무엇을, 어떻게'로 질문을 시작한다. 내담자로 하여금 말할 수 있는 시간을 충분히 부여하며, 가능한 한 많은 대답을 선택할 기회를 제공한다. 그러나 이와 같은 질문에 익숙지 않은 내담자에게 오히려 답변에 대한 부담감을 줄 수도 있다.
③ '탐색하기' 또는 '탐색해 보기'는 '누가, 무엇을, 어디서, 어떻게'로 시작되는 질문으로, 한두 마디 단어 이상의 응답을 요구한다. 예를 들어, "일자리를 구하기 위해서 당신은 어떤 계획을 가지고 있나요?"라고 묻는 것이다. 대부분의 질문에서 '왜'라는 표현은 삼가는데, 이는 어떤 이유를 캐묻는 듯한 인상을 주어 내담자의 방어적인 반응을 유발할 수 있기 때문이다.

32 ② 가계도(Genogram)는 내담자를 이해하는 기초적인 자료로서, 일차적으로 직업상담 과정에서 하나의 사정전략으로 사용된다. 즉, 직업가계도는 내담자의 직업선택을 위한 도구로 사용되는 것이 아닌 내담자의 생애진로 사정을 위한 도구로 사용된다.

33 ④ 행동적 상담기법 중 불안감소기법으로서 체계적 둔감화는 혐오스러운 느낌이나 불안한 자극에 대한 위계목록을 작성한 다음, 낮은 수준의 자극에서 높은 수준의 자극으로 상상을 유도함으로써 불안이나 공포에서 서서히 벗어나도록 하는 것이다. 특히 이러한 체계적 둔감화는 근육의 긴장이완(근육이완훈련), 불안위계목록 작성, 체계적 둔감화 실행의 3단계로 시행된다.

34 ① 상담자는 특별한 경우를 제외하고는 내담자와 상담실 밖에서 사적인 관계를 유지하지 않도록 한다.

② 상담자는 이전에 성적인 관계를 가졌던 사람을 내담자로 받아들이지 않는다.
③ 법, 규제 혹은 제도적 절차에 따라, 상담자는 내담자에게 전문적인 서비스를 제공하기 위해서 반드시 기록을 보존한다.

35 동기·역할사정을 위한 자기보고법
- 자기보고법은 내담자의 동기와 역할을 사정하는 데 일반적으로 가장 많이 사용되는 방법이다.
- 내담자로 하여금 스스로 자기를 탐색해 보도록 하는 것으로서, 특히 인지적 명확성이 있는 내담자에게 매우 효과적이다.
- 인지적 명확성이 낮은 내담자의 경우 보고에 익숙하지 못하고 명료성이 낮아 해석이 어려우므로, 먼저 개인상담을 한 후 직업상담을 실시하는 것이 바람직하다.

36 6개의 생각하는 모자(Six Thinking Hats)
- 창의적 사고의 대가인 에드워드 드 보노(Edward de Bono)에 의해 개발된 것으로서, 가장 단순명료하게 효과적으로 사고하기 위한 것이다.
- 의사결정 시 사고양상 즉, 감정, 논리, 정보, 독창성 등을 분류하여 한 번에 한 가지만을 사고하도록 함으로써 의사결정에 도움이 되도록 사고를 체계화하는 데 목적이 있다.
- 브레인스토밍(Brain Storming) 시 특별한 아이디어가 떠오르지 않은 채 회의가 지루하게 전개되는 경우 사용할 수 있다.
- 하나의 아이디어를 심화시키고자 하는 경우, 복잡한 상황이나 도전에 대한 서로 다른 관점을 탐구하고자 하는 경우 사용할 수 있다.
- 백색, 적색, 흑색, 황색, 녹색, 청색 등 각각의 모자는 하나의 이슈를 바라보는 다양한 관점을 의미한다.

37 ③ 상호역할관계의 사정방법 중 '동그라미로 역할관계 그리기'에 해당한다.
상호역할관계의 사정방법 중 질문을 통해 사정하기
- 내담자가 개입하고 있는 생애역할들을 나열하기
- 개개 역할에 소요되는 시간의 양을 추정하기
- 내담자의 가치들을 이용해서 순위 정하기
- 상충적·보상적·보완적 역할들을 찾아내기

38 정신분석적 상담에서 훈습 단계의 절차(Weinshel)
환자의 저항 → 분석자의 저항에 대한 해석 → 환자의 해석에 대한 반응

39 ④ 전이의 분석은 정신분석적 상담의 상담기법에 해당한다. 내담자는 상담을 통해 이전에 자신이 가지고 있다가 억압했던 감정·신념·소망 등을 표현하게 되는데, 상담자는 이러한 전이(Transference)를 분석·해석함으로써 내담자의 무의식적 갈등과 문제의 의미를 통찰하도록 돕는다.

40 ① 상담자는 내담자가 이해·수용할 수 있는 한도에서 상담의 기법을 활용한다(한국카운슬러협회 윤리강령 中 상담관계).
② 상담자는 내담자 개인 및 사회에 임박한 위험이 있다고 판단될 때 극히 조심스러운 고려 후에만 내담자의 사회생활정보를 적절한 전문인 혹은 사회 당국에 공개한다(동 윤리강령 中 개인정보의 보호).
③ 상담자는 내담자가 자기로부터 도움을 받지 못하고 있음이 분명할 경우에는 상담을 종결하려고 노력한다(동 윤리강령 中 내담자의 복지).
④ 내담자에 관한 정보를 교육장면이나 연구용으로 사용할 경우에는 내담자와 합의한 후 그의 정체가 전혀 노출되지 않도록 해야 한다(동 윤리강령 中 개인정보의 보호).

03 직업정보

41 워크넷의 채용정보검색의 주요 검색조건
- 일자리 키워드
- 희망직종
- (최저)희망임금
- 학 력
- 우대조건
- 근무형태
- 식사(비)제공
- 채용구분
- 자격면허
- 근무지역
- 기업형태
- 경 력
- 고용형태
- 장애인 희망채용
- 교대근무여부
- 복리후생
- 병역특례
- 기타 우대사항 등

42 ④ 컨벤션기획사 1·2급은 직무분야 중 경영·회계·사무에 해당한다.

43 워크넷(www.work.go.kr)
- 워크넷은 고용노동부와 한국고용정보원이 운영하는 구직·구인정보 및 직업·진로 정보를 제공하는 대표적인 취업정보 사이트이다.
- 고용노동부가 1998년 범정부적 실업해소대책의 일환으로 서비스를 개시하였으며, 2011년 7월부터 민간취업포털과 지자체의 일자리정보를 워크넷 한 곳에서 쉽고 빠르게 검색할 수 있도록 통합 일자리 서비스를 제공하고 있다.
- 개인구직자를 위한 취업지원 서비스, 구인기업을 위한 채용지원 서비스는 물론 직업심리검사, 직업·학과정보검색, 직업탐방, 진로상담 등 직업·진로 서비스와 잡맵(Job Map), 일자리/인재 동향, 통계간행물/연구자료 등의 고용동향 서비스를 제공한다.

44 HRD-Net(직업훈련포털[+] 또는 직업능력지식포털[+])
- 직업능력개발 관련 훈련기관·훈련과정 정보를 수집 및 가공하여 국민에게 제공하고, 구직자의 취업능력 제고와 근로자의 능력개발 향상을 위하여 이러닝(e-Learning) 등 무료 학습 콘텐츠를 제공한다.
- 훈련기관, 훈련과정, 훈련생, 훈련비용 등 직업능력개발 관련 행정업무를 신속·정확하게 처리하고 이력을 관리하는 등 직업훈련포털(직업능력지식포털)로서의 역할을 수행한다.

45 서비스 분야 국가기술자격의 단일등급
- 국제의료관광코디네이터
- 게임그래픽전문가
- 게임기획전문가
- 게임프로그래밍전문가
- 멀티미디어콘텐츠제작전문가
- 스포츠경영관리사
- 워드프로세서
- 전자상거래운용사
- 텔레마케팅관리사
- 이러닝운영관리사
- 경영정보시각화능력

46 ① '안경광학과'는 공학계열에 해당한다.

47 한국표준직업분류에 따른 직능 수준 구분[출처 : 한국표준직업분류(2025)]
- 제1직능수준 : 일반적으로 단순하고 반복적이며 때로는 육체적인 힘을 요하는 과업을 수행한다. 간단한 수작업 공구나 진공청소기, 전기장비들을 이용한다.
- 제2직능수준 : 일반적으로 완벽하게 읽고 쓸 수 있는 능력과 정확한 계산능력, 그리고 상당한 정도의 의사소통 능력을 필요로 한다.
- 제3직능수준 : 복잡한 과업과 실제적인 업무를 수행할 정도의 전문적인 지식을 보유하고 수리계산이나 의사소통 능력이 상당히 높아야 한다.
- 제4직능수준 : 매우 높은 수준의 이해력과 창의력 및 의사소통 능력이 필요하다.

48 ① 표준화 면접은 비표준화 면접보다 신뢰도가 높지만 타당도는 낮다.
표준화 면접과 비표준화 면접
- 표준화 면접(구조화된 면담)
  - 면접자(면담자)가 면접조사표를 만들어서 상황에 구애됨이 없이 모든 응답자에게 동일한 질문순서와 동일한 질문내용에 따라 수행하는 방법이다.
  - 비표준화 면접에 비해 응답 결과에 있어서 상대적으로 신뢰도가 높지만 타당도는 낮다.
  - 반복적인 면접이 가능하며, 면접 결과에 대한 비교가 용이하다.
  - 면접의 신축성·유연성이 낮으며, 깊이 있는 측정을 도모할 수 없다.
- 비표준화 면접(비구조화된 면담)
  - 면접자가 면접조사표의 질문 내용, 형식, 순서를 미리 정하지 않은 채 면접상황에 따라 자유롭게 응답자와 상호작용을 통해 자료를 수집하는 방법이다.
  - 표준화 면접에 비해 응답 결과에 있어서 상대적으로 타당도가 높지만 신뢰도는 낮다.
  - 면접의 신축성·유연성이 높으며, 깊이 있는 측정을 도모할 수 있다.
  - 반복적인 면접이 불가능하며, 면접 결과에 대한 비교가 어렵다.

49 통계단위[출처 : 한국표준산업분류(2024)]
'통계단위'란 생산단위의 활동(예 생산, 재무활동 등)에 관한 통계작성을 위하여 필요한 정보를 수집 또는 분석할 대상이 되는 관찰 또는 분석단위를 말한다. 이러한 통계단위는 생산활동과 장소의 동질성의 차이에 따라 다음과 같이 구분된다.

구 분	하나 이상 장소	단일 장소
하나 이상 산업활동	기업집단 단위	지역 단위
	기업체 단위	
단일 산업활동	활동유형 단위	사업체 단위

50   ① · ② '작업강도'는 해당 직업의 직무를 수행하는 데 필요한 육체적 힘의 강도를 나타낸 것으로 5단계로 분류하였다. 그러나 '작업강도'는 심리적 · 정신적 노동강도는 고려하지 않았다.

③ '보통 작업'은 최고 20kg의 물건을 들어 올리고 10kg 정도의 물건을 빈번히 들어 올리거나 운반한다. 참고로 최고 40kg의 물건을 들어 올리고 20kg 정도의 물건을 빈번히 들어 올리거나 운반하는 것은 '힘든 작업'에 해당한다.

④ '운반'이란 손에 들거나 팔에 걸거나 어깨에 메고 물체를 한 장소에서 다른 장소로 옮기는 작업을 의미한다. 참고로 물체를 주어진 높이에서 다른 높이로 올리거나 내리는 작업은 '들어올림'에 해당한다.

51   직업정보의 일반적인 정보관리 순서

수집 → 분석 → 가공 → 체계화 → 제공 → 평가

52   질문 문항 순서 결정 시 유의사항
- 민감한 질문이나 개방형 질문은 가급적 질문지의 후반부에 배치한다.
- 답변이 용이한 질문들은 전반부에 배치한다.
- 계속적인 기억이 필요한 질문들을 전반부에 배치한다.
- 질문 문항들을 논리적 순서에 따라 자연스럽게 배치한다.
- 응답의 신뢰도를 묻는 질문 문항들은 분리시켜야 한다.
- 동일한 척도항목들은 모아서 배치한다.
- 질문 문항들을 길이와 유형에 따라 변화 있게 배치한다.
- 여과 질문을 적절하게 배치하여 사용한다.
- 특별한 질문은 일반질문 뒤에 놓는다.

53   ① 직업상담사는 직업정보의 본래적 기능과 정보 활용의 효율성을 위해 내담자의 필요와 자발적 의사를 고려하여 직업정보를 제공한다.

③ 직업상담사는 진로정보(직업정보) 제공 후 작업과 일에 대한 내담자의 태도 및 감정을 자유롭게 표현할 수 있도록 하며, 그에 대한 피드백을 상담에 효과적으로 활용한다.

④ 직업상담사는 내담자 개인은 물론 내담자의 직업선택에 영향을 미칠 수 있는 환경에 대해서도 충분히 고려하여 내담자의 흥미와 적성에 부합하는 직업정보를 제공한다.

54   구인배수는 다음의 공식으로 나타낼 수 있다.

$$구인배수 = \frac{신규구인인원}{신규구직건수}$$

$$구인배수 = \frac{210,000(명)}{324,000(건)} ≒ 0.648$$

∴ 약 0.65(소수3째자리에서 반올림)

55   ④ 축전지 제조업은 운송장비용 이차전지 제조업과 기타 이차전지 제조업으로 세분하였다.

56   국가기술자격 산업기사 등급의 응시자격(국가기술자격법 시행령 제14조 제7항 및 별표4의2 참조)
- 기능사 등급 이상의 자격을 취득한 후 응시하려는 종목이 속하는 동일 및 유사 직무분야에 1년 이상 실무에 종사한 사람
- 응시하려는 종목이 속하는 동일 및 유사 직무분야의 다른 종목의 산업기사 등급 이상의 자격을 취득한 사람
- 관련학과의 2년제 또는 3년제 전문대학졸업자 등 또는 그 졸업예정자
- 관련학과의 대학졸업자 등 또는 그 졸업예정자
- 동일 및 유사 직무분야의 산업기사 수준 기술훈련과정 이수자 또는 그 이수예정자
- 응시하려는 종목이 속하는 동일 및 유사 직무분야에서 2년 이상 실무에 종사한 사람
- 고용노동부령으로 정하는 기능경기대회 입상자
- 외국에서 동일한 종목에 해당하는 자격을 취득한 사람

57   ② 복합적인 활동단위는 우선적으로 최상급 분류단계(대분류)를 정확히 결정하고, 순차적으로 중 · 소 · 세 · 세세분류 단계 항목을 결정하여야 한다.

58   ② '민간자격정보서비스(pqi.or.kr)'는 한국직업능력개발원이 민간자격제도의 관리 및 운영의 효율성을 도모하기 위해 국가민간자격지원센터를 통해 운영하고 있다.

59   ② 직업정보는 '수집 → 분석 → 가공 → 체계화 → 제공 → 축적 → 평가' 등의 단계를 거쳐 처리된다.

60   작업강도[출처 : 한국직업사전(2020)]
- 아주 가벼운 작업 : 최고 4kg의 물건을 들어 올리고, 때때로 장부, 소도구 등을 들어 올리거나 운반한다.
- 가벼운 작업 : 최고 8kg의 물건을 들어 올리고, 4kg 정도의 물건을 빈번히 들어 올리거나 운반한다.
- 보통 작업 : 최고 20kg의 물건을 들어 올리고, 10kg 정도의 물건을 빈번히 들어 올리거나 운반한다.
- 힘든 작업 : 최고 40kg의 물건을 들어 올리고, 20kg 정도의 물건을 빈번히 들어 올리거나 운반한다.
- 아주 힘든 작업 : 40kg 이상의 물건을 들어 올리고, 20kg 이상의 물건을 빈번히 들어 올리거나 운반한다.

04 노동시장

61 ② 이익분배제 또는 이윤참가제(Profit-sharing Plan)는 기업에 이윤이 발생하는 경우 노사의 교섭에 의해 정해진 방식에 따라 이윤을 종업원에게 분배하는 제도이다.
① 표준시간제(Standard Hour Plan)는 사전에 설정된 과업 단위당 시간기준에 따라 시간급을 지급하는 장려금 성격의 시간급제를 말한다.
③ 할시제 또는 할시할증제(Halsey Plan)는 과거의 경험을 통해 정한 표준작업시간보다 시간을 단축하여 작업을 완수하는 경우 절약된 시간만큼 시간당 일정비율의 임률을 적용하여 임금을 추가로 지급하는 제도이다. 이때 빠른 작업완수에 따라 절약된 직접비용의 일정비율(1/2 또는 1/3)은 회사에게 배분하며, 나머지 일정비율은 종업원들에게 배분하게 된다.
④ 테일러제 또는 테일러식 차별적 성과급제(Taylor Differential Piece-rate Plan)는 과학적 관리론의 창안자 테일러(Taylor)가 고안한 방식이다. 테일러는 시간과 동작의 연구를 통해 종업원의 1일 표준작업량으로서 과업(Task)을 설정하고 이를 토대로 차별적인 임률을 정하였다. 그리고 만약 종업원이 표준 성과기준 이상의 과업수행실적을 나타내는 경우 정상적인 임률보다 높은 임률을 적용하는 반면, 그에 미치지 못하는 저조한 과업수행 실적을 나타내는 경우 낮은 임률을 적용하여 임금을 지급하도록 하였다.

62 ④ 공공부문 유연성 확립은 고용창출정책에 해당한다.
실업대책(실업정책)의 일반적인 구분

구 분	사업내용
고용안정정책	• 취업정보망 구축 • 고용서비스 제공 • 직업훈련의 효율성 제고 • 기업의 고용유지에 대한 지원 및 법제도 구축 • 바우처 제도 등
고용창출정책	• 창업을 위한 인프라 구축 • 노동시장의 유연성 확보 • 공공투자사업 확충 • 외국인 투자유치 확보 등
사회안전망(형성)정책	• 사전적 안전망정책(예 직업능력개발, 고등교육기관의 정원자율화 등) • 사후적 안전망정책(예 실업급여, 실업부조금 등)

63 ① 마찰적 실업은 실업과 미충원상태에 있는 공석이 공존하는 경우의 실업, 즉 노동시장의 정보가 불완전하여 구직자와 구인처가 적절히 대응되지 못하기 때문에 발생하는 실업이다.

64 ④ 구조적 실업을 해소하기 위한 정책에 해당한다.
마찰적 실업(Frictional Unemployment)을 해소하기 위한 정책
• 구인 · 구직에 대한 전국적인 전산망 연결
• 구인 · 구직 정보제공시스템의 효율성 제고
• 직업안내 및 직업상담 등 직업알선기관의 활성화
• 고용실태 및 전망에 대한 자료제공
• 기업의 퇴직예고제
• 구직자 세일즈 등

65 ① 구조적 실업은 구인처 또는 미충원공석에서 요구하는 자격을 갖춘 근로자가 없거나 혹은 해당 지역 내에 없는 경우에 발생한다.
② 잠재적 실업은 구직의 가능성이 높은 경우 노동시장에 참가하여 최소한 구직활동을 했을 사람이 그와 같은 전망이 없거나 낮다고 판단하여 비경제활동인구화됨으로써 발생한다.
③ 마찰적 실업은 미충원공석에서 요구하는 자격을 갖춘 근로자가 실업자로 존재하고 있더라도 취업이 즉각적으로 이루어지지 않는 데서 발생한다.
④ 자발적 실업은 자신의 적성에 맞는 일자리를 찾지 못한 경우, 근로자가 현행임금을 승인하지 않거나 임금이 조금이라도 저하되는 것을 승인하지 않는 경우 발생한다.

66 **사용자가 부가급여를 선호하는 이유**
• 정부의 임금규제 강화 시 이를 회피하는 수단으로서, 임금인상 대신 부가급여 수준을 높인다.
• 전반적인 임금통제시기에 양질의 근로자 혹은 사용자가 선호하는 근로자를 채용할 수 있게 한다.
• 근로자의 장기근속을 유도하며, 생산성을 향상시킬 수 있다.
• 임금액의 증가를 부가급여로 대체하여 조세나 보험료의 부담이 감소된다.

67 **직종별 임금격차가 존재하는 이유**
• 근로환경의 차이
• 노동조합 조직률의 차이
• 직종 간 정보흐름의 미흡
• 노동자의 특정 직종 회피 · 선호 경향의 차이 등

68 ① 연공급 임금체계의 장점에 해당한다.
② 직무급 임금체계의 특징에 해당한다.
④ 연공급 임금체계의 단점에 해당한다.

69 **노동수요의 결정요인**
• 노동의 가격(임금)
• 상품(서비스)에 대한 소비자의 수요
• 다른 생산요소의 가격변화
• 노동생산성의 변화
• 생산기술의 진보

70 ① · ② 고용안정정책, ③ 고용창출정책

71 ① 임금은 노동수요의 결정요인이지만 다른 요인들과 달리 노동수요곡선을 이동(Shift)시키는 것이 아닌 노동수요곡선상의 이동으로 나타난다.

72 ① 구조적 실업은 자동화나 새로운 산업의 등장 등 경제구조자체의 변화로 인해 새로운 산업이 요구하는 기술이 부족하여 발생하거나, 지역 간 또는 산업 간 노동력 수급의 불균형현상으로 인해 발생하는 실업이다.
② 계절적 실업은 농업, 건설업, 관광산업 등 기후나 계절의 변화에 따라 노동수요의 변화가 심한 부문 또는 의류, 식음료처럼 계절성이 비교적 강한 상품의 생산부문에서 발생하는 일시적인 실업이다.
③ 경기적 실업은 생산물시장에서의 총수요 감소가 노동시장에서 노동의 총수요 감소로 이어지면서 발생하는 실업이다.
④ 마찰적 실업은 신규 또는 전직자가 노동시장에 진입하는 과정에서 직업정보의 부족으로 인해 일시적으로 발생하는 실업이다.

73 실업률과 경제활동참가율

- 경제활동인구 수＝취업자 수＋실업자 수
- 경제활동인구 수＝취업자 수＋실업자 수
  ＝1,500만＋500만＝2,000만(명)
- 실업률(%)＝$\dfrac{\text{실업자 수}}{\text{경제활동인구 수}}\times100$

  ＝$\dfrac{500\text{만}}{2,000\text{만}}\times100＝25(\%)$

- 경제활동참가율(%)＝$\dfrac{\text{경제활동인구 수}}{\text{생산가능인구 수(15세 이상 인구 수)}}\times100$

  ＝$\dfrac{2,000\text{만}}{5,000\text{만}-1,000\text{만}}\times100＝50(\%)$

74 ③ 급속한 산업화 과정에서 필요로 하는 기능직 숙련 노동은 인력 부족 현상이 나타나는 반면, 미숙련 단순노동은 과잉현상이 나타나는데, 그로 인해 구조적 실업이 발생하게 된다. 인력정책은 이와 같은 구조적 실업문제를 해결하기 위한 정책으로서, 인적자본의 질을 향상시켜 실업을 예방하는 정책이다.

75 ① 노동시장의 수요독점(Monopsony) 상태는 어떤 작은 지역사회에 비교적 대규모의 기업이 있어서 그 지역의 노동력 대부분을 수요하는 경우를 예로 들 수 있다. 이와 같이 노동시장이 수요독점 상태인 경우 수요독점기업이 임의로 시장임금을 조정할 수 있을 것이며, 이러한 조건하에서 고용량은 수요곡선과 공급곡선에 의해 결정되는 것이 아닌 노동의 한계비용(한계요소비용)과 노동의 한계수입생산물이 일치하는 수준에서 결정된다. 이러한 상황에서 정부에 의해 강제적인 최저임금법이 시행되는 경우, 기업은 최저임금 이하로 시장임금을 내리지 못할 것이며, 그렇다고 해서 무작정 고용량을 감소시키지도 않을 것이다. 그 이유는 기업의 경우 이윤의 극대화를 위해 노동의 한계수입생산물과 노동의 한계비용이 일치하는 지점까지 노동을 수요할 것이기 때문이다. 이는 최저임금의 인상에도 불구하고 고용이 오히려 증가할 수 있음을 시사한다.

76 노동수요의 임금탄력성(The Own-Wage Elasticity of Demand)은 임금 1%의 증가에 의해 유발되는 고용의 변화율을 말하는 것으로서, 다음의 공식으로 나타낼 수 있다.

$$\text{노동수요의 (임금)탄력성}＝\dfrac{\text{노동수요량의 변화율(\%)}}{\text{임금의 변화율(\%)}}$$

즉, $0.6＝\dfrac{x}{1.5\%}$(단, x는 노동수요량의 변화율)

$x＝0.6\times15＝9$

$\therefore\ 9(\%)$

77 ② 성과급은 기본적으로 종업원의 업적 향상을 보수와 연관시킴으로써 근로의 능률을 자극하려는 능률급제 임금형태에 해당한다. 이러한 성과급 제도는 근로자의 동기유발은 물론 보상의 형평성을 기할 수 있는 장점이 있다. 그러나 근로자가 임금액을 올리고자 무리하게 노동한 결과 심신의 과로를 가져오기 쉬우며, 작업량에만 치중하여 제품 품질이 조악해지는 단점도 있다.

① · ③ · ④ 고정급 제도의 장점에 해당한다.

78 실망노동자효과와 부가노동자효과

- 실망노동자효과(Discouraged Worker Effect)
  - 경기침체 시 구인자의 수보다 구직자의 수가 많으므로 상당수가 취업의 기회를 얻지 못하고 실망한 결과 경제활동가능인력이 구직활동을 단념함으로써 비경제활동인구로 전락하는 것을 말한다.
  - 이 경우 실업자의 수는 비경제활동인구화된 실망실업자를 포함하지 않으므로 실제로 과소평가되어 있다.
- 부가노동자효과(Added Worker Effect)
  - 가구주가 불황으로 실직하게 되면서 가족구성원 중 주부나 학생과 같이 비경제활동인구로 되어 있던 2차적 노동력이 구직활동을 함으로써 경제활동인구화되는 것을 말한다.
  - 이 경우 구직활동 중 경기가 좋지 않아 취업이 쉽지 않으므로 실직 상태에 놓이게 되어 실업률이 증가한다. 따라서 그 시점의 실업자 수는 사실상의 고용기회의 수보다 과대평가되어 있을 수 있다.

79 ① 연공급은 임금이 근속연수, 학력, 연령 등 인적요소 기준에 따라 변화하므로 위계질서의 확립 및 사기 유지에 유리하다.

② 연공급은 직무가치와 업무능력에 따른 유연한 임금조정이 어려우므로 근로의욕 및 동기부여가 미약하다.

③ 연공급은 경직적인 임금인상으로 인해 기업의 인건비 부담을 가중시키는 등 비합리적인 인건비 지출을 유발한다.

④ 연공급은 동일 직무에 대해 동일 임금을 지급할 수 없으며, 능력 · 업무와의 연계성이 미약하다.

80 내부노동시장의 형성요인

- 숙련의 특수성 : 기업의 고유한 숙련은 기록이나 문서로 전수가 불가능하며, 기업 내의 내부노동력에 의해 시간이 흐를수록 축적된다.
- 현장훈련 : 현장훈련에서는 문서화되지 않은 실제 현장의 담당자만이 아는 노하우(Know-how)를 전임자가 후임자에게 생산과정을 통해 직접 전수하게 된다.
- 관습 : 노동현장에서의 관습은 근로자의 진입 · 보수 · 전환배치 · 승진 · 퇴직 등 노동관계의 각종 사항을 규율한다. 관습은 고용의 안정성에서 형성된 것으로서, 고용의 안정성은 사용자나 근로자 양측에 모두 중요한 의미를 가진다.
- 장기근속과 기업의 규모 : 기업에 대한 정확한 정보를 입수하기 어려운 근로자들로서는 기업의 규모가 크고 역사가 오래된 기업일수록 장기근속이 유리하다는 인식을 가지기 마련이다. 규모가 큰 기업은 조직 내 업무분담과 함께 이를 관리하기 위한 관리조직이 형성됨으로써 내부노동시장이 형성된다.

05 노동관계법규(Ⅰ)

81 최저임금의 결정기준(최저임금법 제4조 제1항)

최저임금은 근로자의 생계비, 유사 근로자의 임금, 노동생산성 및 소득분배율 등을 고려하여 정한다. 이 경우 사업의 종류별로 구분하여 정할수 있다.

82 수습근로자의 최저임금 감액(최저임금법 제5조 제2항 및 시행령 제3조)

1년 이상의 기간을 정하여 근로계약을 체결하고 수습 중에 있는 근로자로서 수습을 시작한 날부터 3개월 이내인 사람에 대하여는 시간급 최저임금액에서 100분의 10을 뺀 금액을 그 근로자의 시간급 최저임금액으로 한다. 다만, 단순노무업무로 고용노동부장관이 정하여 고시한 직종에 종사하는 근로자는 제외한다.

83 ① 「국민기초생활 보장법」의 목적에 해당한다.

구직자 취업촉진 및 생활안정지원에 관한 법률의 목적(법 제1조)

이 법은 근로능력과 구직의사가 있음에도 불구하고 취업에 어려움을 겪고 있는 국민에게 통합적인 취업지원서비스를 제공하고 생계를 지원함으로써 이들의 구직활동 및 생활안정에 이바지함을 목적으로 한다.

84 배우자 출산휴가(남녀고용평등과 일·가정 양립 지원에 관한 법률 제18조의2)

- 사업주는 근로자가 배우자 출산휴가를 청구하는 경우에 10일의 휴가를 주어야 한다. 이 경우 사용한 휴가기간은 유급으로 한다(제1항).
- 배우자 출산휴가는 근로자의 배우자가 출산한 날부터 90일이 지나면 청구할 수 없다(제3항).

85 직업안정기관의 장이 하는 직업소개 및 직업지도 등(직업안정법 제2장)

- 통칙(제1절)
- 직업소개(제2절)
- 직업지도(제3절)
- 고용정보의 제공(제4절)

86 ② 사용자는 근로자가 출산, 질병, 재해, 그 밖에 대통령령으로 정하는 비상(非常)한 경우의 비용에 충당하기 위하여 임금 지급을 청구하면 지급기일 전이라도 이미 제공한 근로에 대한 임금을 지급하여야 한다(근로기준법 제45조).

① 임금은 통화(通貨)로 직접 근로자에게 그 전액을 지급하여야 한다. 다만, 법령 또는 단체협약에 특별한 규정이 있는 경우에는 임금의 일부를 공제하거나 통화 이외의 것으로 지급할 수 있다(동법 제43조 제1항).

③ 임금은 매월 1회 이상 일정한 날짜를 정하여 지급하여야 한다. 다만, 임시로 지급하는 임금, 수당, 그 밖에 이에 준하는 것 또는 대통령령으로 정하는 임금에 대하여는 그러하지 아니하다(동법 제43조 제2항).

④ 동법 제44조 제1항

87 ② 직업안정법 시행규칙 제3조 제4항

① 수리된 구직신청의 유효기간은 3개월로 한다. 다만, 구직급여 수급자, 직업훈련 또는 직업안정기관의 취업지원 프로그램에 참여하는 구직자의 구직신청의 유효기간은 해당 프로그램의 종료시점을 고려하여 직업안정기관의 장이 따로 정할 수 있고, 국외 취업희망자의 구직신청의 유효기간은 6개월로 한다(동법 시행규칙 제3조 제2항).

③ 직업안정기관의 장은 접수된 구인신청서 및 구직신청서를 1년간 관리·보관하여야 한다(동법 시행규칙 제3조 제3항).

④ 수리된 구인신청의 유효기간은 15일 이상 2개월 이내에서 구인업체가 정한다(동법 시행규칙 제3조 제1항).

88 ③ 무료직업소개사업은 소개대상이 되는 근로자가 취업하려는 장소를 기준으로 하여 국내 무료직업소개사업과 국외 무료직업소개사업으로 구분하되, 국내 무료직업소개사업을 하려는 자는 주된 사업소의 소재지를 관할하는 특별자치도지사·시장·군수 및 구청장에게 신고하여야 하고, 국외 무료직업소개사업을 하려는 자는 고용노동부장관에게 신고하여야 한다. 신고한 사항을 변경하려는 경우에도 또한 같다(직업안정법 제18조 제1항).

① 동법 제19조 제4항

② 동법 제33조 제2항 참조

④ 동법 시행령 제34조 참조

89 ③ 사용자는 근로시간이 4시간인 경우에는 30분 이상, 8시간인 경우에는 1시간 이상의 휴게시간을 근로시간 도중에 주어야 한다(근로기준법 제54조 제1항).

① 동법 제50조 제1항

② 동법 제50조 제2항

④ 동법 제54조 제2항

90 ③ 이 법에 따라 유료직업소개사업의 등록을 하고 유료직업소개사업을 하는 자 및 그 종사자는 구직자에게 제공하기 위하여 구인자로부터 선급금을 받아서는 아니 된다(직업안정법 제21조의2).

① 유료직업소개사업은 소개대상이 되는 근로자가 취업하려는 장소를 기준으로 하여 국내 유료직업소개사업과 국외 유료직업소개사업으로 구분하되, 국내 유료직업소개사업을 하려는 자는 주된 사업소의 소재지를 관할하는 특별자치도지사·시장·군수 및 구청장에게 등록하여야 하고, 국외 유료직업소개사업을 하려는 자는 고용노동부장관에게 등록하여야 한다. 등록한 사항을 변경하려는 경우에도 또한 같다(동법 제19조 제1항).

② 등록을 하고 유료직업소개사업을 하는 자는 고용노동부장관이 결정·고시한 요금 외의 금품을 받아서는 아니 된다. 다만, 고용노동부령으로 정하는 고급·전문인력을 소개하는 경우에는 당사자 사이에 정한 요금을 구인자로부터 받을 수 있다(동법 제19조 제3항).

④ 무료직업소개사업 또는 유료직업소개사업을 하는 자와 그 종사자는 구직자의 연령을 확인하여야 하며, 18세 미만의 구직자를 소개하는 경우에는 친권자나 후견인의 취업동의서를 받아야 한다(동법 제21조의3 제1항).

91 ① 「고용보험 및 산업재해보상보험의 보험료징수 등에 관한 법률」의 규정에 따른 보험관계 성립일 전에 고용된 근로자의 경우에는 그 보험관계가 성립한 날에 피보험자격을 취득한 것으로 본다(고용보험법 제13조 제1항 참조).

② 동법 제14조 제1항 제3호

③ 동법 제18조

④ 동법 제17조 제1항

92 ④ 취업촉진 수당에는 조기(早期)재취업 수당, 직업능력개발 수당, 광역구직활동비, 이주비가 있다(고용보험법 제37조 제2항).

93 ② 구직급여의 산정 기초가 되는 임금일액[이하 "기초일액(基礎日額)"이라 한다]이 근로기준법에 따른 그 근로자의 통상임금보다 적을 경우에는 그 통상임금액을 기초일액으로 한다. 다만, 마지막 사업에서 이직 당시 일용근로자였던 사람의 경우에는 그러하지 아니하다(고용보험법 제45조 제2항).
① 동법 제45조 제1항 참조
③ 동법 제45조 제3항
④ 동법 제45조 제4항

94 ② 근로조건은 근로자와 사용자가 동등한 지위에서 자유의사에 따라 결정하여야 한다(근로기준법 제4조).
① 동법 제3조
③ 동법 제5조
④ 동법 제6조

95 고용보험기금의 용도(고용보험법 제80조 제1항)
• 고용안정 · 직업능력개발 사업에 필요한 경비
• 실업급여의 지급
• 국민연금 보험료의 지원
• 육아휴직 급여 및 출산전후휴가 급여 등의 지급
• 보험료의 반환
• 일시 차입금의 상환금과 이자
• 이 법과 고용산재보험료징수법에 따른 업무를 대행하거나 위탁받은 자에 대한 출연금
• 그 밖에 이 법의 시행을 위하여 필요한 경비로서 대통령령으로 정하는 경비와 고용안정 · 직업능력개발 사업 및 실업급여 사업의 수행에 딸린 경비

96 육아휴직 급여의 신청(고용보험법 제70조 제2항)
육아휴직 급여를 지급받으려는 사람은 육아휴직을 시작한 날 이후 1개월부터 육아휴직이 끝난 날 이후 12개월 이내에 신청하여야 한다. 다만, 해당 기간에 대통령령으로 정하는 사유로 육아휴직 급여를 신청할 수 없었던 사람은 그 사유가 끝난 후 30일 이내에 신청하여야 한다.

97 ③ 상시 10명 미만의 근로자를 고용하는 사업이나 사업주 및 근로자 모두가 남성 또는 여성 중 어느 한 성(性)으로 구성된 사업의 사업주는 교육자료 또는 홍보물을 게시하거나 배포하는 방법으로 직장 내 성희롱 예방 교육을 할 수 있다(남녀고용평등과 일 · 가정 양립 지원에 관한 법률 시행령 제3조 제4항).
① 동법 시행령 제3조 제1항
② 동법 제13조의2 제1항
④ 사업주는 근로자가 고객 등에 의한 성희롱의 피해를 주장하거나 고객 등으로부터의 성적 요구 등에 따르지 아니하였다는 것을 이유로 해고나 그 밖의 불이익한 조치를 하여서는 아니 된다(동법 제14조의2 제2항).

98 직업능력개발훈련이 중요시되어야 할 대상자(국민 평생 직업능력 개발법 제3조 제4항)
• 고령자 · 장애인
• 「국민기초생활 보장법」에 따른 수급권자
• 「국가유공자 등 예우 및 지원에 관한 법률」에 따른 국가유공자와 그 유족 또는 가족이나 「보훈보상대상자 지원에 관한 법률」에 따른 보훈보상대상자와 그 유족 또는 가족
• 「5 · 18민주유공자예우 및 단체설립에 관한 법률」에 따른 5 · 18민주유공자와 그 유족 또는 가족
• 「제대군인지원에 관한 법률」에 따른 제대군인 및 전역예정자
• 여성근로자
• 「중소기업기본법」에 따른 중소기업의 근로자
• 일용근로자, 단시간근로자, 기간을 정하여 근로계약을 체결한 근로자, 일시적 사업에 고용된 근로자
• 「파견근로자 보호 등에 관한 법률」에 따른 파견근로자
• 「학교 밖 청소년 지원에 관한 법률」에 따른 학교 밖 청소년

99 ② 직업능력개발훈련을 실시하는 자는 직업능력개발훈련에 관한 상담 · 취업지도, 선발기준 마련 등을 함으로써 국민이 자신의 적성과 능력에 맞는 직업능력개발훈련을 받을 수 있도록 노력하여야 한다(국민 평생 직업능력 개발법 제4조 제5항).
① 국가와 지방자치단체는 국민의 생애에 걸친 직업능력개발을 위하여 사업주 · 사업주단체 및 근로자단체 등이 하는 직업능력개발사업과 국민이 자율적으로 수강하는 직업능력개발훈련 등을 촉진 · 지원하기 위하여 필요한 시책을 마련하여야 한다(동법 제4조 제1항).
③ 사업주단체, 근로자단체, 지역인적자원개발위원회 및 산업부문별 인적자원개발협의체 등은 직업능력개발훈련이 산업현장의 수요에 맞추어 이루어지도록 지역별 · 산업부문별 직업능력개발훈련 수요조사 등 필요한 노력을 하여야 한다(동법 제4조 제4항).
④ 동법 제4조 제3항

100 ㄱ · ㄷ. 주휴일에 관한 규정(근로기준법 제55조 제1항), 해고의 예고에 관한 규정(동법 제26조)은 상시 4명 이하의 근로자를 사용하는 사업 또는 사업장에 적용한다.
ㄴ · ㄹ. 연차 유급휴가에 관한 규정(동법 제60조), 부당해고 등의 구제신청에 관한 규정(동법 제28조)은 상시 4명 이하의 근로자를 사용하는 사업 또는 사업장에 적용하지 않는다.

3회 정답 및 해설

제1과목	01	02	03	04	05	06	07	08	09	10	11	12	13	14	15	16	17	18	19	20
	①	④	③	②	④	②	③	③	②	③	④	④	④	①	①	③	④	①	②	④
제2과목	21	22	23	24	25	26	27	28	29	30	31	32	33	34	35	36	37	38	39	40
	②	④	②	②	④	①	①	②	②	④	③	③	③	④	①	③	③	③	③	④
제3과목	41	42	43	44	45	46	47	48	49	50	51	52	53	54	55	56	57	58	59	60
	④	②	②	③	②	①	①	③	①	③	③	④	②	④	①	②	③	④	③	③
제4과목	61	62	63	64	65	66	67	68	69	70	71	72	73	74	75	76	77	78	79	80
	③	②	①	③	②	②	④	③	②	②	③	②	①	②	③	②	②	②	①	②
제5과목	81	82	83	84	85	86	87	88	89	90	91	92	93	94	95	96	97	98	99	100
	②	②	④	②	①	④	④	③	②	④	②	②	①	④	④	②	③	④	②	④

01 직업심리

01 ② 치환 : 만족되지 않은 충동 에너지를 다른 대상으로 돌림으로써 긴장을 완화시키는 방어기제이다.
③ 승화 : 무의식적이든 의식적이든 사회적으로 잘 용납되지 않는 충동 및 욕구가 사회적으로 바람직한 형태로 변형되어 적응에 도움을 주는 것이다.
④ 퇴행 : 인생의 초기에 성공적으로 작용했던 생각이나 만족스러웠던 행동양식에 다시 의지함으로써 현 상황에서의 위협이나 불안을 해소시키는 대처이다. 즉, 현재의 문제를 해결하는 데 과거의 경험을 끌어들이는 것이다.

02 **직업적응이론에서의 성격양식 차원(Lofquist & Dawis)**
• 민첩성 : 반응속도 및 과제 완성도와 연관되며, 정확성보다는 속도를 중시한다.
• 지구력 : 환경과의 상호작용 시간과 연관되며, 다양한 활동수준의 기간을 의미한다.
• 리듬 : 활동에 대한 다양성을 의미한다.
• 역량 : 에너지 소비량과 연관되며, 작업자의 평균활동 수준을 의미한다.

03 ③ 능력기는 수퍼의 진로발달 이론에서 성장기에 해당한다.
수퍼(Super)의 진로발달 이론
• 성장기(출생~14세) : 환상기, 흥미기, 능력기
• 탐색기(15~24세) : 잠정기, 전환기, 시행기
• 확립기(25~44세) : 시행기, 안정기
• 유지기(45~66세)
• 쇠퇴기(65세 이후)

04 홀랜드는 사람을 6가지 유형 중에 단 하나에 속하도록 특징지을 수 있다고 생각하였다. 이에 따라 현실형, 탐구형, 예술형, 사회형, 설득형, 관습형으로 나누었다. 이 중에서 현실적 성격의 소유자는 확실한 것을 다루거나, 현재 지향적인 측면이 있다. 이들은 자신이 운동신경이나 기계적 능력을 갖고 있다고 믿으며, 직접 손으로 공구 또는 기계를 조작하거나 동물 등과 옥외에서 일하기 등을 좋아한다.

05 **보딘(Bordin)의 정신역동적 직업상담모형 진단분류**
• 의존성 : 내담자는 자신의 진로문제를 해결하고 책임지는 것을 어렵다고 느끼며, 문제해결이나 의사결정을 위해 적극적인 노력을 하지 못한다.
• 정보의 부족 : 적합한 정보에 접할 기회가 없기 때문에 현명한 선택을 하지 못하는 경우로 체험 폭의 제한, 체험의 부적절성, 필요한 기술을 습득할 기회의 부족 등도 포함된다.
• 내적 갈등 : 심리적 요소들 간의 갈등이나 자아개념과 환경과의 차이가 심하다.
• 선택에 대한 불안 : 여러 가지 대안들 중에 선택을 못하고 불안해한다. 특히 자신이 하고 싶어 하는 일과 중요한 타인이 기대하는 일이 다를 경우 불안과 갈등을 심하게 느끼게 된다.
• 확신의 부족 : 선택 후 확신을 갖지 못해 타인들로부터 확신을 구한다.

06 ② 규준의 종류는 발달규준과 집단 내 규준으로 구분되고 발달규준은 연령규준, 학년규준으로 구분된다.
집단 내 규준
• 백분위점수 : 특정 개인의 점수가 규준 집단 내에서 다른 사람들의 점수와 비교해서 어느 정도의 수준에 있는지를 알려준다.
• 표준점수 : 점수분포의 표준편차를 이용하여 개인이 평균으로부터 벗어난 거리를 표시한 것으로, Z점수와 T점수로 구분된다.
• 표준등급 : 스테나인(Stanine)이라고도 하며 원점수를 1~9까지의 범주로 나누는 것으로, 학교에서 실시하는 성취도검사나 적성검사의 결과를 나타낼 때 주로 사용한다.
• 편차 IQ : 표준점수 개념을 이용한 것으로 평균이 100이고 표준편차는 16에 근접하는 표준점수를 말한다.

07 ③ 홀랜드(Holland)의 인성이론의 기본 가정이다.

특성-요인이론의 기본적인 가설(Klein & Weiner)

- 인간은 신뢰롭고 타당하게 측정할 수 있는 독특한(고유한) 특성을 지니고 있다.
- 다양한 특성을 지닌 개인들이 주어진 직무를 성공적으로 수행해 낸다고 할지라도, 직업은 그 직업에서의 성공을 위한 매우 구체적인 특성을 지닐 것을 요구한다.
- 진로선택은 다소 직접적인 인지과정이므로 개인의 특성과 직업의 특성을 짝짓는 것이 가능하다.
- 개인의 특성과 직업의 요구사항이 서로 밀접한 관계를 맺을수록 직업적 성공의 가능성은 커진다.

08 ③ 긴즈버그(Ginzberg)는 진로발달의 단계를 환상기, 잠정기, 현실기로 나누어 제시하고 있다. 그의 직업발달이론에 의하면 사람은 일반적으로 11세쯤에 시작해서 짧게는 17세 후반이나 성인 초기에 끝나는 발달과정을 거친다.

09 ② 실천기에 해당한다.

직업정체감 형성과정(의사결정 과정)

- 예상기(Anticipation Period)는 '전직업기(Preoccupation Period)'라고도 불리며, 다음과 같이 문제를 한정하고 정보를 수집하며 대안들을 평가하고 선택하는 과정인 4가지 하위단계로 구분된다.

탐색기 (Exploration)	• 자신의 진로목표 및 대안을 탐색해 본다 • 자신의 진로목표를 성취할 수 있는 능력과 여건이 갖추어져 있는지에 대해 예비평가한다.
구체화기 (Crystallization)	• 개인은 구체적으로 자신의 진로를 준비하기 시작한다. • 대안적 진로들의 보수나 보상 등을 고려하여 진로 방향을 구체화한다.
선택기 (Choice)	• 구체적인 의사결정에 임하게 되는 시기이다. • 자기가 하고 싶어 하는 일과 그렇지 않은 일을 확실히 알게 되며, 자신에게 적합하지 않은 진로를 탈락시킨다.
명료화기 (Clarification)	• 이미 내린 선택을 보다 신중히 분석 및 검토해 본다. • 검토 과정에서 미흡한 점이나 의심스러운 사항이 있는 경우 이를 명확히 한다.

- 실천기(Implementation Period)는 '적응기(Adjustment Period)'라고도 하며, 이 단계는 앞에서 내린 잠정적 결정을 실천에 옮기는 과정으로 다음의 3가지 하위단계로 구분된다.

순응기 (Induction)	• 개인은 새로운 상황에 들어가서 인정과 승인을 받고자 수용적인 자세로 업무에 임한다. • 새 집단이나 조직의 풍토에 적응하기 위해 자신의 일면을 수정하거나 버리기도 한다.
개혁기 (Reformation)	• 수용적이던 이전과 달리 자신의 역할에 대해 보다 강경하고 주장적인 태도를 보이기 시작한다. • 조직 내에서 자신의 의지를 펼쳐 조직을 개혁하고자 하는 마음을 가지게 된다.
통합기 (Integration)	• 개인은 집단에 소속된 일원으로서의 자기 자신에 대해 새로운 자아개념을 형성하게 된다. • 개인의 욕구와 조직의 요구를 균형 있게 조절할 수 있게 되어 타협과 통합을 이루게 된다.

10 **직무분석의 단계**

- 직업분석
  - 채용, 임금결정, 조직관리 등을 목적으로 직업행렬표를 작성하여, 인력의 과부족과 분석대상 직업들의 상호관련성을 분석한다.
  - 그다음 채용하는 직업이 요구하는 연령, 성, 교육과 훈련의 경험, 정신적·신체적 특질, 채용 후의 책임과 권한 등을 명시한 직업명세서를 작성하여야 한다.
- 직무분석
  - 직무기술과 작업들을 열거한 작업알림표를 기술하기 위해 직무명세서를 작성한다.
  - 직무명세서를 토대로 각 작업마다 작업명세서를 작성하는데, 작업요소, 작업표준, 작업조건, 사용하는 기계 및 공구, 재료, 전문지식, 일반지식, 안전 등에 관한 사항으로 구성된다.
- 작업분석 : 직무가 수행되는 작업환경이 그 직무의 담당자에게 어떠한 영향을 미치는가를 밝힌다.

11 ④ 레빈슨(Levinson)의 발달이론에 대한 설명이다.

크롬볼츠(Krumboltz)의 사회학습이론

- 크롬볼츠(Krumboltz)는 학습이론의 원리를 직업선택의 문제에 적용하여 행동주의 방법을 통해 진로선택을 도와야 한다고 주장하였다.
- 사회학습이론은 개인의 독특한 학습경험을 통해 그의 성격과 행동을 설명할 수 있다고 가정하고 있다. 개인의 학습경험이 긍정적 또는 부정적으로 강화된 사건들에 대한 개인의 직접적 경험을 비롯하여 사건들에 대한 인지적 분석으로 이루어진다고 강조하고 있는데, 이는 기존의 강화이론, 고전적 행동주의이론, 인지적 정보처리이론에 영향을 받은 바가 크다고 말할 수 있다.
- 사회학습이론은 개인의 교육적·직업적 선호 및 기술이 어떻게 획득되며 교육프로그램, 직업, 현장의 일들이 어떻게 선택되는지 설명한다.
- 개인의 진로결정에 영향을 미치는 요인으로 '유전적 요인과 특별한 능력', '환경조건과 사건', '학습경험', '과제접근기술'을 제시한다.

12 **허즈버그의 2요인이론(동기-위생이론)**

동기요인	직무만족과 관련된 보다 직접적인 요인으로서, 동기요인이 충족되지 않아도 불만족은 생기지 않으나 이 요인을 좋게 하면 일에 대해 만족하게 되어 직무성과가 올라간다.
위생요인	일과 관련된 환경요인으로서, 위생요인을 좋게 하는 것은 불만족을 감소시킬 수는 있으나 만족감을 산출할 힘은 갖고 있지 못하다.

13 **진로성숙도검사(CMI) 중 태도척도의 하위영역**

결정성	선호하는 진로방향에 대한 확신의 정도 예) 나는 선호하는 진로를 자주 바꾸고 있다.
참여도 (관여도)	진로선택 과정에 대한 능동적 참여의 정도 예) 나는 졸업할 때까지는 진로선택문제에 별로 신경을 쓰지 않겠다.
독립성	진로선택을 독립적으로 할 수 있는 정도 예) 나는 부모님이 정해주지 않는 직업을 선택하겠다.
성 향 (지향성)	진로결정에 필요한 사전이해와 준비의 정도 예) 일하는 것이 무엇인지에 대해 생각해 본 바가 거의 없다.
타협성	진로선택 시에 욕구와 현실에 타협하는 정도 예) 나는 하고 싶기는 하나 할 수 없는 일을 생각하느라 시간을 보내곤 한다.

14 ① 인지적 정보처리이론(CIP ; Cognitive Information Processing) 의 기본 가정 중 하나이다.

진로선택에 대한 가치중심적 모델의 기본 명제
- 개인이 우선권을 부여하는 가치들은 얼마 되지 않는다.
- 우선순위가 높은 가치들은 아래의 조건들을 만족시킬 경우 생애역할 선택에서 가장 중요한 결정요인이 된다.
  - 생애역할 가치를 만족시키려면 한 가지의 선택권만 이용할 수 있어야 한다.
  - 생애역할 가치를 실행하기 위한 선택권은 명확하게 그려져야 한다.
  - 각 선택권을 실행에 옮기는 난이도는 동일하다.
- 가치는 환경 속에서 가치를 담은 정보를 획득함으로써 학습되며, 개인의 세습된 특성과 상호작용하면서 인지적으로 처리된다. 사회적 상호작용 및 기회에 영향을 주는 또 다른 요인들로는 문화적 배경, 성별, 사회 · 경제적 수준 등이 있으며, 진로선택과 생애역할 선택에 영향을 미치게 된다.
- 생애만족은 모든 필수적인 가치들을 만족시키는 생애역할에 달려있다.
- 한 역할의 현저성(특이성)은 역할 내에 있는 필수적인 가치들의 만족 정도와 직접 관련된다.
- 생애역할에서의 성공은 많은 요인들에 의해 결정되는데, 이들 중에는 학습된 기술도 있고 인지적 · 정의적 · 신체적 적성 등도 있다.

15 **에릭슨의 성격발달이론의 단계**
- 제1단계(0~1세) : 기본적 신뢰감 대 불신감
- 제2단계(1~3세) : 자율성 대 수치심과 의심
- 제3단계(3~5세) : 주도성 대 죄책감
- 제4단계(5~12세) : 근면성 대 열등감
- 제5단계(청소년기) : 자아정체감 대 역할혼란
- 제6단계(청년기) : 친밀감 대 고립감
- 제7단계(장년기) : 생산성 대 침체감
- 제8단계(노년기) : 통합성 대 절망감

16 **여성의 진로유형**

구 분	세부내용
안정된 가정주부형	여성이 학교를 졸업하고 신부수업을 받은 다음, 곧바로 결혼하여 가정생활을 영위하는 진로유형
전통적인 진로형	여성이 학교를 졸업하고 결혼하기 전까지 직업을 갖다가 결혼과 동시에 직장을 그만두고 가정생활을 영위하는 진로유형
안정적인 진로형	여성이 학교를 졸업하고 직업을 가진 뒤 결혼 여부는 무관하게 정년 시까지 직업을 갖는 유형
이중진로형	여성이 학교를 졸업하고 곧바로 결혼하여 직장을 갖는 유형
단절진로형	여성이 학교를 졸업하고 일을 하다가 결혼을 하면 직장을 그만두고 자녀교육에 전념하며, 자녀가 어느 정도 성장하면 재취업해서 자아실현과 사회봉사를 하는 유형
불안정한 진로형	여성이 가정생활과 직장생활을 번갈아가며 시행하는 진로유형
충동적 진로형	그때그때의 기분에 따라 직장도 가졌다가 그만두고 결혼, 이혼 등의 일관성 없는 진로를 추구하는 유형

17 ④ 스트레스는 주로 자신의 내부적 요인으로 인해 발생한다는 것을 인식해야 한다.

18 ① 직업전환 상담 시 내담자가 변화에 대한 인지능력이 없다면 직업전환이 불가능하므로 직업상담사는 전환될 직업에 대한 내담자의 성공기대 수준이나 기존 직업에 대한 애착 수준보다 앞서 내담자의 변화에 대한 인지능력을 탐색하여야 한다. 또한 내담자의 전환될 직업에 대한 기술과 능력, 내담자의 건강과 나이, 직업전환에 대한 동기화 수준을 일차적으로 고려해야 한다.

19 ② 개인의 지적능력을 정신연령(MA ; Mental Age)과 생활연령 또는 신체연령(CA ; Chronological Age)의 대비를 통해 비율로써 나타내는 것은 비율지능지수(Ratio IQ)이다.

20 **직무평가**
직무분석의 결과 작성된 직무기술서와 직무명세서에 의하여 기업 내의 각종 직무의 숙련, 책임, 작업조건 등을 비교 · 평가함으로써, 기업 전반에 쓰이는 각종 직무기간의 상대적인 서열을 결정하는 절차이다.

02 직업상담 및 취업지원

21 보기와 같이 내담자가 가정된 불가능 · 불가피성을 보일 때 상담자는 내담자를 격려하고 내담자가 당면한 문제를 논리적으로 분석함으로써 개입할 수 있다. 논리적 분석은 내담자의 개념이나 주장이 논리적으로 타당한지 분석하여 오류가 있는 경우 이를 지적하고 개선하도록 유도하는 기법이다.

22 ① 정보의 부족
② 직업(진로)선택의 불안
③ 확신의 결여(문제없음)

23 ② 상담의 목표가 달성되어서 종결할 수도 있으나, 상담목표가 달성되지 않은 상태에서도 종결이 일어날 수 있다. 이때 무엇을 해결하고 무엇을 해결하지 못했는지에 대해 검토하는 시간이 필요하다.

24 ② 직업상담은 개인의 직업목표를 명백히 해주는 과정이며, 내담자가 자기자신과 직업세계에 대해 알지 못했던 사실을 발견하도록 도와주는 것이다. 의사결정능력을 배양하고, 협동적 사회행동을 추구하지만 순응적 태도를 함양하는 것은 아니다.

25 **6개의 생각하는 모자(Six Thinking Hats)**

색 상	사고유형
백색(하양)	본인과 직업들에 대한 사실들만을 고려한다.
적색(빨강)	직관에 의존하고, 직감에 따라 행동한다.
흑색(검정)	비관적 · 비판적이며, 모든 일이 잘 안 될 것이라고 생각한다.
황색(노랑)	낙관적이며, 모든 일이 잘 될 것이라고 생각한다.
녹색(초록)	새로운 대안들을 찾으려 노력하고, 문제들을 다른 각도에서 바라본다.
청색(파랑)	합리적으로 생각한다(사회자로서의 역할 반영).

26 형태주의 상담의 인간관
- 인간은 신체적, 심리적, 환경적 요소를 가지고 환경 속에서 역동적으로 상호관련 되면서 하나의 전체로 작용하여 행동한다.
- 인간은 생물학적인 욕구, 사회적인 욕구 등을 지닌다.
- 인간은 환경의 영향을 받지 않으며 자신의 욕구가 무엇인지 정확히 알고, 그 충족 방법을 연구한다.
- 인간은 자신의 생활에 책임을 질 수 있으며 통합된 인간으로 충분히 생활하고 변화할 수 있는 능력을 지니고 있다.

27 ② 저항의 분석(Analysis of Resistance) : 상담자는 내담자의 저항을 분석·해석함으로써 그가 무의식적으로 숨기고자 하는 것, 피하고자 하는 것, 불안해하거나 두려워하는 대상 등에 대한 정보를 얻고 그러한 저항과 무의식적인 갈등의 의미를 파악하여 내담자로 하여금 통찰을 얻게 한다.
③ 꿈의 분석(Analysis of Dream) : 내담자는 상담 도중 꿈 이야기를 자주하게 되는데, 꿈의 분석을 통해 내담자의 억압된 욕망과 무의식적 동기가 무엇인지 진단할 수 있다. 현재몽에 대한 자유연상을 통해 잠재몽을 더 쉽게 이해할 수 있으므로, 이를 통해 꿈의 내용 속에 잠재된 상징적 의미를 찾아낸다.
④ 통찰(Insight) : 상담자는 해석을 통해 내담자로 하여금 현실과 환상, 과거와 현재를 구분하도록 해주며, 아동기의 무의식적이고 환상적인 소망의 힘을 깨닫도록 유도한다.

28 ② 효과(E ; Effect) : 논박으로 인해 나타나는 효과로서, 내담자가 가진 비합리적인 신념을 철저하게 논박하여 합리적인 신념으로 대체한다.
① 비합리적 신념체계(B ; Belief System) : 선행사건에 대한 내담자의 비합리적 신념체계나 사고체계를 의미한다.
③ 논박(D ; Dispute) : 내담자가 가지고 있는 비합리적 신념이나 사고에 대해 그것이 사리에 부합하는 것인지 논리성·실용성·현실성에 비추어 반박하는 것으로서, 내담자의 비합리적 신념체계를 수정하기 위한 것이다.
④ 결과(C ; Consequence) : 선행사건을 경험한 후 자신의 비합리적 신념체계를 통해 그 사건을 해석함으로써 느끼게 되는 정서적·행동적 결과를 말한다.

29 윌리암슨(Williamson)의 직업(진로)선택의 문제유형
- 직업 무선택 : 내담자는 자신의 선택의사를 표현할 수 없으며, 자신이 무엇을 원하는지조차 모른다고 대답한다.
- 직업선택의 확신부족(불확실한 선택) : 내담자는 교육수준 부족, 자기 이해 부족, 직업세계에 대한 이해 부족, 실패에 대한 두려움, 자신의 적성에 대한 불신 등으로 인해 직업선택에 대해 확신을 가지지 못한다.
- 흥미와 적성의 불일치 : 흥미를 느끼는 직업에 적성이 없거나, 적성을 가지고 있는 직업에 흥미를 느끼지 못하는 등 흥미와 적성이 일치하지 않는 경우를 말한다.
- 현명하지 못한 직업선택(어리석은 선택) : 내담자는 목표에 부합하지 않는 적성이나 자신의 흥미와 관계없는 목표를 가지고 있을 수 있다. 또한 직업 적응을 어렵게 하는 성격적 특징이나 특권에 대한 갈망을 가지고 있을 수도 있다. 이러한 요인들로 인해 내담자는 현명하지 못한 선택을 내리기도 한다.

30 ④ 형태주의 상담의 목표 중 '자각에 의한 성숙과 통합의 성취'에 대한 설명이다.
형태주의 상담의 목표
- 자각에 의한 성숙과 통합의 성취
  - 형태주의 상담은 사람들이 스스로 성숙·성장할 수 있도록 도우며, 이를 통해 통합(Integration)에 이르도록 하는 것을 기본적인 목표로 한다.
  - 상담자는 내담자로 하여금 현재의 경험을 더욱 명료하게 하고 자각을 증진시킴으로써 '여기-지금'의 삶에 충실하도록 도와야 한다. 이러한 과정을 통해 내담자는 감정, 지각, 사고, 신체가 모두 하나의 전체로서 통합된 기능을 발휘할 수 있게 된다.
- 자신에 대한 책임감 증진
  - 자신의 경험에 대한 주체가 곧 '자기(Self)'라는 태도를 가질 것을 강조한다.
  - 상담자는 외부환경에 의존하던 내담자로 하여금 책임의 방향을 내담자 자신에게 돌리도록 함으로써 자신의 행동의 결과를 수용하고 그에 대한 책임감을 가지도록 도와야 한다.
- 잠재력의 실현에 따른 변화와 성장
  - 형태주의 상담은 내담자의 잠재력을 어떻게 실현할 수 있는가에 초점을 둔다.
  - 상담자는 내담자로 하여금 자신에 대한 각성과 함께 외부 지지에서 자기 지지(Self-support)로 전환하도록 함으로써 삶을 더욱 풍요롭게 하고 변화와 성장을 향해 나아가도록 도와야 한다.

31 ③ 내담자중심 상담(인간중심 상담)에 대한 설명이다.
내담자중심 상담(인간중심 상담)
- 칼 로저스(Carl Rogers, 1951)가 창시한 이론으로 초기에는 비지시적 상담이론, 중기에는 내담자중심 상담이론, 최근에 와서는 '인간중심 상담이론'으로 불리고 있으며 인본주의 심리학에 뿌리를 두고 있다.
- 칼 로저스는 지시적 접근과 정신분석적 접근에 대한 반동으로 비지시적 상담을 개발했다.
- 이 이론은 모든 인간은 합리적이고 건설적이며, 성장과 자아실현에 힘쓴다는 것을 전제로 하고 있다. 따라서 상담과 심리상담은 개인의 잠재력과 성장능력을 개발해 주는 데 그 목적이 있다는 입장을 취한다. 또한 인간은 자신의 삶 속에서 스스로를 불행하게 만드는 요인이 무엇인가를 이해할 수 있을 뿐만 아니라 자신이 나아갈 방향을 찾고 건설적인 변화를 이끌 수 있다고 가정한다.
- 상담자에게 필수적인 조건은 공감, 무조건적 수용, 진실성(일치)으로 내담자중심이론에서는 상담자의 태도를 중시했다.

32 개인정보의 보호(한국카운슬러협회 '카운슬러의 윤리강령' 참고)
- 카운슬러는 내담자 개인 및 사회에 임박한 위험이 있다고 판단될 때 극히 조심스러운 고려 후에만, 내담자의 사회생활 정보를 적정한 전문인 혹은 사회 당국에 공개한다.
- 카운슬링에서 얻은 임상 및 평가 자료에 관한 토의는 사례 당사자에게 도움이 되는 경우 및 전문적 목적에 한하여 할 수 있다.
- 내담자에 관한 정보를 교육장면이나 연구용으로 사용할 경우에는 내담자와 합의한 후 그의 정체가 전혀 노출되지 않도록 해야 한다.

33 ① 공감 : 다른 사람의 경험을 마치 자신의 '경험인 것처럼' 이해하되, '마치 …인 것처럼'이라는 속성을 잃지 않고 객관성을 유지하는 태도이다. 내담자의 위치에서 그의 정서를 같이 경험하는 동정 (Sympathy)과는 다르다.

③ 명료화 : 내담자 이야기의 핵심을 요약해 내담자의 문제를 분명하게 하는 작업이다.

④ 요약 : 이미 언급된 사항들을 상담이 끝날 무렵 한데 묶어 요약해 주는 것이다.

34 **수퍼(Super)의 발달적 직업상담 단계**

• 제1단계 – 문제탐색 및 자기개념 묘사 : 비지시적 방법으로 문제를 탐색하고 자기개념을 묘사한다.

• 제2단계 – 심층적 탐색 : 지시적 방법으로 심층적 탐색을 위한 주제를 설정한다.

• 제3단계 – 자아수용 및 자아통찰 : 자아수용 및 자아통찰을 위해 비지시적 방법으로 사고와 느낌을 명료화한다.

• 제4단계 – 현실검증 : 심리검사, 직업정보, 과외활동 등을 통해 수집된 사실적 자료들을 지시적으로 탐색한다.

• 제5단계 – 태도와 감정의 탐색과 처리 : 현실검증에서 얻어진 태도와 감정을 비지시적으로 탐색하고 처리한다.

• 제6단계 – 의사결정 : 대안적 행위들에 대한 비지시적 고찰을 통해 자신의 직업을 결정한다.

35 ① 비언어적 행동이란 내담자의 표정, 목소리 톤, 몸짓, 눈의 움직임, 우는 것, 웃는 것, 얼굴이 붉어지는 것, 안절부절 못하는 것, 손놀림 등이다.

36 ③ 보상 : 어떤 분야에서 탁월하게 능력을 발휘하여 인정을 받음으로써 다른 분야의 실패나 약점을 보충하여 자존심을 고양시키는 것

① 대치 : 받아들여질 수 없는 욕구나 충동 에너지를 원래의 목표에서 대용목표로 전환시킴으로써 긴장을 해소하는 것

② 전위(전치) : 자신이 어떤 대상에 대해 느낀 감정을 보다 덜 위협적인 다른 대상에게 표출하는 것

④ 반동형성 : 자신이 가지고 있는 무의식적 소망이나 충동을 본래의 의도와 달리 반대되는 방향으로 바꾸는 것

37 내담자중심 상담에서 제시하는 3가지 자아 유형은 현재 자신의 모습에 대한 인식으로서 '현실적 자아(Real Self)', 앞으로 자신이 어떤 존재가 되어야 하며 어떤 존재가 되기를 원하고 있는지에 대한 인식으로서 '이상적 자아(Ideal Self)', 그리고 객체로서의 나에 대한 인식으로서 '타인이 본 자아(Perceived Self)'이다.

로저스(Rogers)의 내담자중심 상담

현재 경험이 자아구조와 불일치할 때 개인이 불안을 경험한다고 보았다. 따라서 자아구조와 주관적 경험 사이의 일치를 강조하며, 이 양자가 일치하는 경우 적응적이고 건강한 성격을 가지게 되는 반면, 불일치하는 경우 부적응적이고 병적인 성격을 가지게 된다고 주장하였다.

38 **자기감찰**

관찰자 스스로 자신의 행동을 관찰하고 기록하는 방법으로서, 특히 행동치료에서 내담자로 하여금 스스로의 행동을 유심히 관찰할 기회를 제공하여 행동상의 변화를 주기 위한 것이다.

39 **직업상담사에게 요구되는 지식**

• 폭넓은 직업세계에 관한 직무과제, 기능, 보수, 요구조건, 장래 전망 등에 대한 정보를 제공주는 교육훈련, 고용동향, 노동시장, 진로자원 등에 관련된 지식

• 직업발달, 직업유형 등 직업상담에 관한 기본개념에 대한 지식

• 직업발달 및 의사결정이론에 관한 지식

• 남성과 여성의 변화하는 역할과 일, 가족, 여가의 관련성에 대한 지식

• 특수집단을 돕기 위해 사용하도록 고안된 상담기술과 기법에 관한 지식

• 진로정보를 수집하고 보충하며 전달하는 전략에 관한 지식

40 ④ 아들러의 개인주의 상담은 행동수정보다는 동기수정에 관심을 가지며 기본적인 삶의 전제들, 즉 생의 목표나 기본개념에 도전하려 한다. 따라서 상담과정은 정보제공, 교육, 지도, 낙담한 내담자에 대한 격려에 초점을 맞춘다.

03 직업정보

41 ④ 사회계열

①·②·③ 인문계열

42 직업안정기관에서 담당하는 업무는 크게 취업지원, 고용보험 및 직업능력 개발사업으로 나눌 수 있다.

43 ② 공공직업정보의 특징이다.

민간직업정보와 공공직업정보의 특징

• 민간직업정보

– 필요한 시기에 최대한 활용되도록 한시적으로 신속하게 생산되어 운영된다.

– 노동시장환경, 취업상황, 기업의 채용환경 등을 반영한 직업정보가 상대적으로 단기간에 조사되어 집중적으로 제공된다.

– 특정한 목적에 맞게 해당 분야 및 직종이 제한적으로 선택된다.

– 정보생산자의 임의적 기준 또는 시사적인 관심이나 흥미를 유도할 수 있도록 해당 직업을 분류한다.

– 정보 자체의 효과가 큰 반면, 부가적인 파급효과는 적다.

• 공공직업정보

– 정부 및 공공단체와 같은 비영리기관에서 공익적 목적으로 생산·제공된다.

– 특정한 시기에 국한되지 않고 지속적으로 조사·분석하여 제공되며 장기적인 계획 및 목표에 따라 정보체계의 개선작업 수행이 가능하다.

– 특정 분야 및 대상에 국한되지 않고 전체 산업 및 업종에 걸친 직종(업)을 대상으로 한다.

– 국내 또는 국제적으로 인정되는 객관적인 기준(예 국제표준직업분류 및 한국표준직업분류 등)에 근거한 직업분류다.

– 직업별로 특정한 정보만을 강조하지 않고 보편적인 항목으로 이루어진 기초적인 직업정보 체계로 구성된다.

– 관련 직업정보 간의 비교·활용이 용이하고, 공식적인 노동시장통계 등 관련 정보와 결합하여 제반 정책 및 취업알선과 같은 공공목적에 사용가능하다.

– 정부 및 공공기관 주도로 생산·운영되므로 무료로 제공된다.

– 광범위한 이용가능성에 따라 공공직업정보체계에 대한 직접적이며 객관적인 평가가 가능하다.

44 워크넷 채용정보 상세검색에서 기업형태

- 대기업
- 강소기업
- 중견기업
- 일학습병행기업
- 청년친화강소기업
- 공무원/공기업/공공기관
- 코스피/코스닥
- 외국계기업
- 벤처기업
- 가족친화인증기업

45 직업정보의 평가 기준에는 ① · ③ · ④ 외에 '언제 만들어진 것인가?', '어떤 목적으로 만든 것인가?' 등이 있다.

46 ① 애완동물장묘 및 보호 서비스업은 반려동물 장묘 및 보호 서비스업으로 명칭을 변경하였다.

47 ① 현장훈련으로 훈련방법에 따른 내용이다.
② 향상훈련
③ 전직훈련
④ 양성훈련

48 ③ 고용방법 및 기준은 직업에 관한 정보이다.

49 통계단위[출처 : 한국표준산업분류(2024)]
'통계단위'란 생산단위의 활동(예 생산, 재무활동 등)에 관한 통계작성을 위하여 필요한 정보를 수집 또는 분석할 대상이 되는 관찰 또는 분석단위를 말한다. 이러한 통계단위는 생산 활동과 장소의 동질성의 차이에 따라 다음과 같이 구분된다.

구 분	하나 이상의 장소	단일 장소
하나 이상 산업활동	기업집단 단위	지역 단위
	기업체 단위	
단일 산업활동	활동유형 단위	사업체 단위

50 ③ 배치 · 배치전환 · 승진에 있어서 수행하는 직무를 고려해야 하고 이를 위해서는 경영에 있어서 충원을 필요로 하는 직무에 필요한 자격, 성질 및 기능을 명확히 파악하고 그러한 요건을 충족시킬 수 있는 노동력 수급원을 찾아 모집하여야 한다.

51 ① 국가기간 · 전략산업직종 훈련은 실업자 등 직업능력개발훈련 구분의 하나로, 고용센터의 상담을 거쳐 훈련의 필요성이 인정된 구직자와 영세자영업자 등에게 내일배움카드를 발급하여 훈련비를 지원한다.
② 사업주 직업능력개발훈련은 사업주가 소속근로자 등의 직무수행능력을 향상시키기 위하여 훈련을 실시할 때, 이에 소요되는 비용의 일부를 지원해주는 제도로 '사업주 훈련'이라고도 한다.
④ 일학습병행은 산업현장의 실무형 인재양성을 위하여 기업이 취업을 원하는 청년 등을 학습근로자로 채용하여 맞춤형 체계적 훈련을 제공하고, 훈련종료 후 학습근로자 역량평가 및 자격인정을 통한 노동시장의 통용성을 확보한다.

52 한국표준산업분류의 산업분류 기준
- 산출물(생산된 재화 또는 제공된 서비스)의 특성 : 산출물의 물리적 구성 및 가공단계, 산출물의 수요처, 산출물의 기능 및 용도
- 투입물의 특성 : 원재료, 생산 공정, 생산기술 및 시설 등
- 생산 활동의 일반적인 결합형태

53 ② 기업회원은 워크넷에서 인재정보를 검색할 수 있다. 구인신청서 작성은 워크넷 사이트를 통해 이루어지며, 구인신청 후 고용센터 담당자의 인증을 받게 된다. 고용센터의 인증을 받은 구인신청서는 워크넷 [채용정보]에 공개된다.

54 ④ 한국표준산업분류(2024)에서 말하는 산업활동의 범위에는 영리적 · 비영리적 활동이 모두 포함되나, 가정 내의 가사활동은 제외된다.

55 훈련목적에 따른 훈련방법
- 양성(養成)훈련 : 근로자에게 직업에 필요한 기초적 직무수행능력을 습득시키기 위하여 실시하는 직업능력개발훈련
- 향상훈련 : 양성훈련을 받은 자 또는 직업에 필요한 기초적 직무수행능력을 가지고 있는 자에게 더 높은 직무수행능력을 습득시키거나 기술발전에 대응하여 지식 · 기능을 보충하기 위하여 실시하는 직업능력개발훈련
- 전직(轉職)훈련 : 근로자에게 종전의 직업과 유사하거나 새로운 직업에 필요한 직무수행능력을 습득시키기 위하여 실시하는 직업능력개발훈련

56 ② 복합적인 활동 단위는 우선적으로 최상급 분류단계(대분류)를 정확히 결정하고, 순차적으로 중 · 소 · 세 · 세세분류 단계 항목을 결정해야 한다.

57 워크넷 제공 성인 대상 심리검사 중 구직준비도검사, 직업가치관검사, 성인용 직업적성검사

구직준비도검사	성인 구직자(고등학교 졸업예정자 포함)를 대상으로, 구직활동과 관련한 특성을 측정하여 실직자에게 구직활동에 유용한 정보를 제공한다.
직업가치관검사	만 18세 이상을 대상으로, 직업선택 시 중요하게 생각하는 직업가치관을 측정하여 자신의 직업가치를 확인하고 그에 적합한 직업분야를 안내한다.
성인용 직업적성검사	만 18세 이상을 대상으로, 직업선택 시 중요한 능력과 적성을 토대로 적합한 직업을 선택할 수 있도록 돕는다.

58 워크넷(직업 · 진로)의 '직업정보 찾기' 하위 메뉴
- 분류별 찾기
- 지식별 찾기
- 업무수행능력별 찾기
- 통합 찾기(지식, 능력, 흥미)
- 신직업 · 창직 찾기
- 대상별 찾기
- 이색직업별 찾기
- 테마별 찾기

59 통계단위[출처 : 한국표준산업분류(2024)]
'통계단위'란 생산단위의 활동(예 생산, 재무활동 등)에 관한 통계작성을 위하여 필요한 정보를 수집 또는 분석할 대상이 되는 관찰 또는 분석단위를 말한다. 이러한 통계단위는 생산 활동과 장소의 동질성의 차이에 따라 다음과 같이 구분된다.

구 분	하나 이상의 장소	단일 장소
하나 이상 산업활동	기업집단 단위	지역 단위
	기업체 단위	
단일 산업활동	활동유형 단위	사업체 단위

60 ③ 잡맵(Job Map)에 대한 설명이다.

04 노동시장

61　③ 개발도상국과 선진국의 임금수준에 격차가 발생하는 이유는 생산성의 차이와 소득분배구조의 차이 때문이다.

62
- 취업자 : 200명(여성 : 50명, 남성 : 150명)
- 실업자 : 5명(여성 : 2명, 남성 : 3명)
- 비경제활동인구 : 100명(여성 : 60명, 남성 : 40명)
  (*비경제활동인구 : 만 15세가 넘은 인구 가운데 취업자도 실업자도 아닌 사람)
- 경제활동참가율＝경제활동인구(취업자＋실업자)÷15세 이상 인구×100
  ＝(50＋2)÷(50＋2＋60)×100

63　① 노동의 한계생산가치가 현재의 임금보다 높으면 기업은 근로자를 추가로 고용하여 이윤을 증가시키고, 노동의 한계생산가치가 현재의 임금보다 낮으면 고용을 줄임으로써 이윤을 증가시킨다.

64　③ 연봉제는 구성원 상호 간의 불필요한 경쟁심이나 위화감을 조성하여 불안감을 증대하는 등 문제점이 있다.

연봉제의 장점
- 능력과 실적이 임금과 직결되어 종업원들에게 동기를 부여(조직의 사기 진작)
- 국제적 감각을 가진 인재를 확보하기 쉬움
- 연공급의 복잡한 임금체계를 단순화시켜 임금관리의 효율성 증대

65　③ 대체효과는 임금이 상승하게 되는 경우 여가에 활용하는 시간이 상대적으로 비싸지게 됨으로써 근로자가 여가시간을 줄이는 동시에 노동시간을 늘리는 것이다. 반면, 소득효과는 임금 상승에 따라 실질소득이 증가하여 근로자가 노동시간을 줄이는 동시에 여가시간과 소비재 구입을 늘리는 것이다. 따라서 대체효과가 소득효과보다 클 경우 임금의 상승은 노동공급을 증가시키는 반면, 소득효과가 대체효과보다 클 경우 노동공급이 감소하게 되어 노동공급곡선은 후방굴절하는 양상을 보이게 된다.

66　**직무급체계**
각 직무의 중요도·난이도·책임도 등에 의하여 직무가치를 평가해서 그 가치에 맞게 결정하는 체계

67　④ 직무급은 각각의 직무에 소요되는 노력도, 숙련도, 작업조건, 직무의 곤란도, 직무의 중요도, 직무지식, 책임도 등의 제요소에 의해서 직무의 상대적 가치를 평가하고 그 결과에 따라 결정하는 직무중심형의 임금이다.

68　③ 경제 전체적으로는 고용의 변화가 없다.

69
① 우리나라 청년층의 경제활동참가율은 선진국에 비해 매우 낮은 편이다. 이는 우리나라의 경우 높은 대학 진학률, 국방의 의무로 인한 특수성, 일자리 부족 등 다양한 이유에서 비롯된다.
② 우리나라 노년층의 경제활동참가율은 다른 선진국들에 비해 매우 높은 편이다. 이는 우리나라의 경우 선진국들에 비해 사회보장제도가 미흡하여 공적연금제도의 혜택을 받는 노인들이 많지 않으므로 생계를 위해 원하지 않더라도 경제활동에 참가할 수밖에 없기 때문이다.
④ 우리나라 여성의 연령대별 경제활동참가율은 20대 후반과 30대 초반에서 현저히 함몰되는 M자형 곡선의 형태를 취하고 있다. 그러나 스웨덴, 독일, 프랑스 등의 선진국들은 역U자형 곡선에 근접한 형태를 취하고 있다. 우리나라나 일본에서 나타나는 M자형 패턴은 여성이 출산 및 자녀 양육 부담이 집중되는 시기에 경제활동을 포기하게 됨을 의미한다.

70　② 소득정책은 행정적 관리비용이 많이 소요된다. 이는 노사 간의 협약 등을 심사하는 데 있어서 많은 인력과 재원을 필요로 하기 때문이다.

71　**노동수요의 특징**
- 유량(Flow)의 개념
- 파생수요 또는 유발수요(Derived Demand)
- 결합수요(Joint Demand)

72　② 개인의 여가-소득 간의 무차별곡선이 수직에 가까울 때 노동공급을 포기할 가능성이 높다.

73　① 연공급 임금체계는 배치전환 등 인력관리가 용이한 것이 장점이다.
연공급 임금체계 장·단점

장점	단점
• 위계질서확립이 가능 • 정기승급에 의한 생활보장으로 기업에 대한 귀속의식이 강함 • 배치전환 등 인력관리 및 평가가 용이	• 동기부여가 미약 • 능력과 업무와의 연계성이 미약 • 비합리적인 인건비 지출을 하게 됨 • 무사안일주의·적당주의를 초래 • 전문인력확보가 어려움

74　**경쟁시장가설에서 노동시장의 불균형을 초래하는 원인**
내부자와 외부자 간의 경쟁 제한, 정보의 불완전성과 기업의 고임금정책, 노동조합의 영향, 최저임금제도의 영향, 후한 사회보장의 영향, 과도한 소득세 징수를 들고 있다.

75　**루이스(Lewis)의 무제한 노동공급이론**
개발도상국은 농업을 중심으로 한 전통부문과 제조업을 중심으로 한 근대화 부문이 공존하는 양상을 보인다. 전통부문과 근대화 부문의 이중구조는 완전탄력적인 노동공급 양상을 보인다. 이는 무제한적인 노동공급으로 인해 총 노동수요가 증가하더라도 높은 임금을 지불할 필요가 없는 노동시장 조건을 형성하기 때문이다. 이와 같이 노동공급이 완전탄력적인 경우 노동공급곡선은 수평이 된다.
※ 참고 : 노동공급의 탄력성이 무한대(완전탄력적)인 경우 노동공급곡선은 수평이 되는 반면, 노동공급의 탄력성이 0(완전비탄력적)인 경우 노동공급곡선은 수직이 된다.

76　② 완전경쟁기업에서의 노동수요곡선은 곧 노동의 한계생산가치곡선으로 이어진다.

77   **임금상승의 소득효과**

임금률이 상승하면 소득이 증가되어 여가와 다른 재화를 더 구매하려 하는 것이다. 즉, 임금상승의 소득효과로 여가를 더 많이 구매하고 노동공급을 줄이게 된다.

78   ① · ③ · ④ 실업자에게 직접 제공되는 실업급여, 실업보조금 등은 소극적 노동시장정책(PLMP)에 해당한다.

79   ① 효율임금정책이란 기업주가 경영효율을 높이는 방안으로, 근로자에게 시장임금 이상의 높은 임금을 지불하는 정책을 말한다. 이 이론에서는 고임금이 고생산을 가져오는 원인으로 다음의 네 가지를 지적하고 있다.
- 고임금은 근로자의 직장 상실 비용을 증대시켜 근로자로 하여금 작업 중에 태만하지 않게 한다.
- 고임금은 근로자의 이직을 감소시켜 신규 근로자의 채용과 훈련에 따르는 비용이 감소된다.
- 고임금에 따라 기업의 명성이 높아지면 신규 근로자의 채용 시에 지원 근로자의 평균적인 질이 높아져서 보다 우수한 근로자를 고용할 수 있게 된다.
- 고임금은 근로자의 기업에 대한 충성심과 귀속감을 증대시킨다.

80   ② 경험과 능력이 있는 사원은 그 회사에서 나오더라도 새로운 직장을 구할 수 있기 때문에 특별 퇴직금을 더 받는 명예퇴직을 신청하게 되고, 그렇지 않은 사람들은 명예퇴직을 되도록 기피하는 경향이 있다.

05 노동관계법규(Ⅰ)

81   ② 직업능력개발훈련은 모든 국민에게 평생에 걸쳐 직업에 필요한 직무수행능력을 습득 · 향상시키기 위하여 실시하는 훈련을 말한다. 여기서 '근로자'란 사업주에게 고용된 사람과 취업할 의사가 있는 사람을 말한다(국민 평생 직업능력 개발법 제2조 제1호 및 제4호).
① 직업능력개발훈련의 대상 연령에 대한 규정은 있으나 제한 연령에 대한 규정은 없다. 참고로 직업능력개발훈련은 15세 이상인 사람에게 실시한다(동법 시행령 제4조 참조).
③ 고용노동부장관은 직업능력개발훈련의 상호호환 · 인정 · 교류가 가능하도록 직업능력개발훈련과 관련된 기술 · 자원 · 운영 등에 관한 표준을 정할 수 있다(동법 제8조 제1항).
④ 직업능력개발훈련을 실시하는 자는 해당 훈련시설에서 직업능력개발훈련을 받는 국민이 직업능력개발훈련 중에 그 직업능력개발훈련으로 인하여 재해를 입은 경우에는 재해 위로금을 지급하여야 한다. 다만, 산업재해보상보험법을 적용받는 사람은 제외한다(동법 제11조 제1항 참조).

82   **헌법에 명시된 노동법의 이념 및 내용**
- 모든 국민의 근로권과 근로의무
- 국가유공자 등의 근로기회 우선 부여
- 여성근로의 특별보호
- 연소자 근로의 특별보호
- 노동3권의 보장

83   ④ 차별행위의 입증책임은 사업주에게 있다. 민사소송법상 입증책임은 권리를 주장하는 자가 부담하는 것이 원칙이다. 그런데 고용차별과 관련한 분쟁에 있어 그 판단자료가 될 수 있는 인사 및 경영자료 등을 일반적으로 기업이 공개하지 않는다는 점에서 근로자가 그 차별여부를 입증하는 것은 매우 어렵다. 이에 따라 차별을 주장하는 근로자나 구직자는 차별 받았음을 법관 등 판단자들이 추측할 수 있을 정도의 심증을 주거나 증거를 제출하는 소명(疎明)을 하면 된다. 우리나라에서는 1989. 4. 1. 고용평등법의 제2차 개정 시에 "이 법과 관련된 분쟁해결에서의 입증책임은 사업주가 부담한다"는 규정(남녀고용평등과 일 · 가정 양립 지원에 관한 법률 제30조)을 신설하였다. 그리고 제4차 개정 시에 간접차별개념에서 사용자에게 적용하는 조건이나 기준이 성차별적 의도가 있는 것이 아니라 직무와 관련하여 정당하게 취해진 것임을 입증해야 할 책임을 부과하였다.

84   ② 구직급여의 산정 기초가 되는 임금일액(이하 "기초일액"이라 한다)이 근로기준법에 따른 그 근로자의 통상임금보다 적을 경우에는 그 통상임금액을 기초일액으로 한다. 다만, 마지막 사업에서 이직 당시 일용근로자였던 사람의 경우에는 그러하지 아니하다(고용보험법 제45조 제2항).
① 동법 제45조 제1항 참조
③ 동법 제45조 제3항
④ 동법 제45조 제4항

85   ① 임금채권은 3년간 행사하지 아니하면 시효로 소멸한다(근로기준법 제49조).
② 명시된 근로조건이 사실과 다를 경우에 근로자는 근로조건 위반을 이유로 손해의 배상을 청구할 수 있으며 즉시 근로계약을 해제할 수 있다(동법 제19조 제1항). 근로자가 손해배상을 청구할 경우에는 노동위원회에 신청할 수 있으며, 근로계약이 해제되었을 경우에는 사용자는 취업을 목적으로 거주를 변경하는 근로자에게 귀향 여비를 지급하여야 한다(동법 제19조 제2항).
③ 동법 제21조
④ 동법 제20조

86   ④ 주요 방위산업체에서 종사하는 근로자의 경우 단체행동권은 법률로 제한될 수 있지만, 단결권은 보장된다.

87   ④ 사용자는 근로계약 불이행에 대한 위약금 또는 손해배상액을 예정하는 계약을 체결하지 못한다(근로기준법 제20조). 위약 예정의 금지 규정을 위반한 자는 500만원 이하의 벌금에 처한다(동법 제114조 제1호 참조).
① 동법 제15조 제1항
② 동법 제16조
③ 동법 제18조 제1항

88   ③ 단체교섭의 주체는 근로자 개인이 아닌 노동조합이다. 근로자 개인은 동시에 단결권의 보유 및 행사의 주체가 될 수 있으나, 단체교섭권 및 단체행동권에 대하여는 보유의 주체만이 될 수 있을 뿐 행사의 주체가 될 수는 없다.

89 ② 고용서비스 우수기관으로 인증을 받은 자가 재인증을 받으려면 유효기간 만료 60일 전까지 고용노동부장관에게 신청하여야 한다(직업안정법 시행령 제2조의6).
① 동법 제4조의5 제4항 제2호
③ 동법 제4조의5 제5항
④ 동법 제4조의5 제3항

90 ④ 사업주는 성희롱 예방교육을 고용노동부장관이 지정하는 기관(성희롱 예방 교육기관)에 위탁하여 실시할 수 있다(남녀고용평등과 일 · 가정 양립 지원에 관한 법률 제13조의2 제1항).
※ 참고 : '하여야 한다'가 아니라 '할 수 있다'이다.

91 상시 10명 이상의 근로자를 사용하는 사용자는 취업규칙을 작성하여 고용노동부장관에게 신고하여야 한다. 이를 변경하는 경우에도 또한 같다(근로기준법 제93조).

92 ② 근로자가 업무상 사망한 경우에는 사용자는 근로자가 사망한 후 지체 없이 그 유족에게 평균임금 1,000일분의 유족보상을 하여야 한다(근로기준법 제82조 제1항).

93 ① 직업소개는 직업지도의 내용이 아니다.
• '직업소개'란 구인 또는 구직의 신청을 받아 구직자 또는 구인자를 탐색하거나 구직자를 모집하여 구인자와 구직자 간에 고용계약이 성립되도록 알선하는 것을 말한다(직업안정법 제2조의2 제2호).
• '직업지도'란 취업하려는 사람이 그 능력과 소질에 알맞은 직업을 쉽게 선택할 수 있도록 하기 위한 직업적성검사, 직업정보의 제공, 직업상담, 실습, 권유 또는 조언, 그 밖에 직업에 관한 지도를 말한다(동법 제2조의2 제3호).

94 직업소개의 절차(직업안정법 시행령 제4조)
구인 · 구직에 필요한 기초적인 사항의 확인 → 구인 · 구직 신청의 수리 → 구인 · 구직의 상담 → 직업 · 구직자의 알선 → 취직 · 채용 여부의 확인

95 직업정보제공사업자의 준수사항(직업안정법 시행령 제28조)
직업정보제공사업을 하는 자 및 그 종사자가 준수하여야 할 사항은 다음과 같다.
• 구인자의 업체명, 성명 또는 사업자등록증 등을 확인할 수 없거나 구인자의 연락처가 사서함 등으로 표시되어 구인자의 신원 또는 정보가 확실하지 않은 구인광고를 게재하지 않을 것
• 직업정보제공매체의 구인 · 구직의 광고에는 구인 · 구직자의 주소 또는 전화번호를 기재하고, 직업정보제공사업자의 주소 또는 전화번호는 기재하지 아니할 것
• 직업정보제공매체 또는 직업정보제공사업의 광고문에 "(무료)취업상담", "취업추천", "취업지원" 등의 표현을 사용하지 아니할 것
• 구직자의 이력서 발송을 대행하거나 구직자에게 취업추천서를 발부하지 아니할 것
• 직업정보제공매체에 정보이용자들이 알아보기 쉽게 직업정보제공사업의 신고로 부여받은 신고번호를 표시할 것
• 「최저임금법」에 따라 결정 고시된 최저임금에 미달되는 구인정보, 「성매매 알선 등 행위의 처벌에 관한 법률」에 따른 금지행위가 행하여지는 업소에 대한 구인광고를 게재하지 아니할 것

96 ② 취업지원서비스기간 중 취업 또는 창업한 경우 : 고용노동부령으로 정하는 기준 이상의 일자리(→ 주 30시간 이상 근무하는 일자리)에 취업한 날 또는 영리 목적으로 사업을 하기 시작한 날(구직자 취업촉진 및 생활안정지원에 관한 법률 제29조 제1항 제2호)

97 취업지원 재참여(구직자 취업촉진 및 생활안정지원에 관한 법률 제29조 제3항 및 시행령 제13조 제1항)
취업지원의 종료에 따라 취업지원을 하지 아니하게 된 경우에는 원칙상 그날부터 3년 이내의 범위에서 대통령령으로 정하는 기간(→ 3년)이 지나야 취업지원 신청을 할 수 있다.

98 ④ 구직급여는 수급자격과 관련된 이직일의 다음 날부터 계산하기 시작하여 12개월 내에 소정급여일수를 한도로 하여 지급한다(고용보험법 제48조 제1항).

99 채용서류의 주요 유형(채용절차의 공정화에 관한 법률 제2조 참조)
• 기초심사자료 : 응시원서, 이력서, 자기소개서 등
• 입증자료 : 학위증명서, 경력증명서, 자격증명서 등
• 심층심사자료 : 작품집, 연구실적물 등

100 ① 개인정보 보호에 관한 사무를 독립적으로 수행하기 위하여 국무총리 소속으로 개인정보 보호위원회를 둔다(개인정보 보호법 제7조 제1항).
② 개인정보 보호위원회는 상임위원 2명(위원장 1명, 부위원장 1명)을 포함한 9명의 위원으로 구성한다(동법 제7조의2 제1항).
③ 위원의 임기는 3년으로 하되, 한 차례만 연임할 수 있다(동법 제7조의4 제1항).

4회 정답 및 해설

제1과목	01	02	03	04	05	06	07	08	09	10	11	12	13	14	15	16	17	18	19	20
	②	④	④	④	③	②	②	①	②	①	①	③	③	④	②	④	①	①	③	①
제2과목	21	22	23	24	25	26	27	28	29	30	31	32	33	34	35	36	37	38	39	40
	②	②	②	④	②	④	④	③	④	④	④	④	④	③	④	③	①	①	②	②
제3과목	41	42	43	44	45	46	47	48	49	50	51	52	53	54	55	56	57	58	59	60
	③	②	②	④	④	②	①	③	④	③	②	③	②	①	②	④	④	③	②	①
제4과목	61	62	63	64	65	66	67	68	69	70	71	72	73	74	75	76	77	78	79	80
	①	④	②	③	④	②	④	②	①	④	③	①	④	②	④	③	③	④	④	①
제5과목	81	82	83	84	85	86	87	88	89	90	91	92	93	94	95	96	97	98	99	100
	④	②	④	①	④	①	③	④	④	③	①	③	④	③	①	②	②	③	③	③

01 직업심리

01 ① 속도검사 : 일종의 숙련도를 측정하는 검사
③ 수행검사 : 수검자가 대상이나 도구를 직접 다루어야 하는 검사
④ 개인검사 : 한 사람씩 실시하는 검사

02 홀랜드(Holland)의 6가지 직업모형 중 관습형
• 구조화된 상황에서 구체적인 정보를 토대로 정확하고 세밀한 작업을 요하는 일을 선호한다.
• 정확성을 요하는 활동, 회계 등과 같이 숫자를 이용하는 활동을 선호한다.
• 보수적 · 안정적이며, 성실하고 꼼꼼하다.
• 자기통제를 잘하며, 인내심을 가지고 주어진 일을 묵묵히 수행한다.
• 사무직 근로자, 경리사원, 컴퓨터 프로그래머, 사서, 은행원, 회계사, 법무사, 세무사 등이 적합하다.

03 ④ 경력상담과 경력목표설정은 개발단계에 속한다.

04 ④ 인간관계훈련 프로그램의 내용이다.

05 유지단계
개인은 이 단계를 원만히 거쳐 나감으로써 계속적인 경력발전을 달성할 수 있는 반면, 심리적 충격을 극복하지 못하고 침체될 가능성도 존재한다.

06 ② 인사고과 프로그램은 재직자를 위한 직업지도 프로그램이다.

07 브룸은 인간이 서로 다른 욕구와 열망 그리고 목적을 가지고 있으며, 결과에 대한 자신들의 인지를 통해 행동을 결정한다는 진로의사결정에 관한 이론을 제시하였다.

08 ① 모든 직무는 언어를 매개로 정보와 의견교환 등이 이루어지기 때문에 직무능력검사의 기초라고 할 수 있다.

09 직무 자체의 내용보다 직무요건 중 특히 인적 요건을 중점적으로 다루는 직무명세서는 작업자 중심 직무분석을 통해 작성된다.

10 ① 변별성 : 개인이나 작업환경을 분명하게 구분할 수 있는 정도를 말한다.

11 내담자의 정보 및 행동에 대한 이해와 해석을 위한 9가지 기법(Gysbers & Moore)
• 가정 사용하기
• 의미 있는 질문 및 지시 사용하기
• 전이된 오류 정정하기
• 분류 및 재구성하기
• 저항감 재인식하기 및 다루기
• 근거 없는 믿음 확인하기
• 왜곡된 사고 확인하기
• 반성의 장 마련하기
• 변명에 초점 맞추기

12 ① 관찰법으로는 완전한 직무의 모습을 파악할 수 없고 단기적인 직무의 순환을 필요로 하는 생산직, 기능직의 직무에 적합하다.
② 면접법으로는 수량화된 정보를 얻기가 쉽지 않다.
④ 중요 사건법은 직무를 수행하는 행동 가운데 중요하고 가치 있는 면을 통해 직무에 관한 정보를 수집하는 방법이다.

13 후광효과로 인한 오류, 관용의 오류, 중앙집중경향의 오류 등은 심리검사의 자유 반응형 검사를 채점(평정)하는 과정에서 채점자(평정자)가 범할 수 있는 오류이다. 반면, 혼착성(Confusion)의 오류는 심리검사 과정에서 측정하고자 하는 내용이 아닌 다른 불순물이 개입되어 검사점수에 영향을 미침으로써 발생하는 오류이다.

14 ④ 요인분석(Factor Analysis)은 검사의 구성타당도(Construct Validity)를 알아보기 위해 가장 널리 사용되는 방법으로서, 검사를 구성하는 문항들의 상관관계를 분석하여 상관이 높은 문항들을 묶어주는 통계적 방법이다. 예를 들어, 수학과 과학 문항들을 혼합하여 하나의 시험으로 치르는 경우, 수학을 잘하는 학생은 수학 문항들에 대해, 과학을 잘하는 학생은 과학 문항들에 대해 좋은 결과를 나타내 보일 것이므로 해당 문항들은 두 개의 군집, 즉 요인으로 추출될 것이다.

15 ② 고객에게 최대한 신속히 서비스를 제공해야 한다는 부담감을 줄이기 위해 새로운 시스템을 도입하는 등 직무와 관련된 조직적 스트레스의 요인을 수정하는 것이므로 스트레스 요인 중심의 출처지향적 관리전략에 해당한다.

16 전환단계는 자신이 주관적으로 판단한 내적인 조건에서 일보 진전하여 특정 직업에서 요구하는 현실적, 외적 요인에 관심을 돌리게 되는 단계이다.

17 정신분석적 상담(Freud)

인간의 행동은 어렸을 때의 경험에 의해 크게 좌우하므로 어렸을 때 이미 형성된 무의식적 갈등을 자유연상이나 꿈의 해석 등을 통해 의식으로 끌어올려 갈등을 해소하고, 자아를 강하게 하여 자신에 대한 통찰력을 얻도록 하는 것이 목적이다. 이를 위해 상담자는 해석, 자유연상, 꿈의 분석, 저항 및 전이의 분석 등의 기법을 사용한다.

18 요소비교법의 단점
- 기준직무에 대한 직무평가의 정확성이 결여되면 전체조직의 평가에 영향을 미친다.
- 기준직무의 평가에 정확성을 기하기 어렵다.
- 평가의 척도에 편견이 개입될 가능성이 있다.
- 가치척도의 구성이 복잡하여 종업원이 이해하기 어렵다.

19 ③ 작업자가 말하는 내용에 대립적인 태도를 보이거나 권위적인 태도를 보여서는 안 된다.

20 한국판 웩슬러 성인지능검사(K-WAIS)의 구성

하위검사명		측정내용 문항구성	문항구성
언어성 검사	기본지식	개인이 가진 기본지식의 정도	29
	숫자외우기	청각적 단기기억, 주의력	14
	어휘문제	일반지능의 주요 지표, 학습능력과 일반개념정도	36
	산수문제	수 개념 이해와 주의력 집중	16
	이해문제	일상경험의 응용능력, 도덕적·윤리적 판단능력	16
	공통성문제	유사성 파악능력과 추상적 사고능력	14
동작성 검사	빠진곳찾기	사물의 본질과 비본질 구분 능력, 시각예민성	20
	차례맞추기	전체상황에 대한 이해와 계획능력	10
	토막짜기	지각적 구성능력, 공간표상능력, 시각·운동 협응능력	9
	모양맞추기	지각능력과 재구성능력, 시각·운동 협응능력	4
	바꿔쓰기	단기기억 및 민첩성, 시각·운동 협응능력	93

02 직업상담 및 취업지원

21 ② 직무분석은 직무를 구성하는 내용 및 직무수행을 위해 요구되는 조건들을 조직적으로 밝히는 과정이다. 해당 직무에서 어떤 활동이 이루어지고 작업조건이 어떠한지를 기술하며, 직무를 수행하는 사람에게 요구되는 지식, 기술, 능력 등의 정보를 활용하기 위한 것으로서, 보통 인적자원관리 및 인적자원개발 분야 전문가에 의해 수행된다.

직업상담의 일반적인 분류
- 구인·구직 상담
- 진학상담
- 진로경로개척상담
- 직업적응상담
- 직업전환상담
- 은퇴 후 상담 등

22 ① 내담자 개인 및 사회에 임박한 위험이 있다고 판단될 때 극히 조심스러운 고려 후에만, 개인정보와 상담내용을 관련 전문인 혹은 사회 당국에 공개한다.
③ 직무수행에서 습득한 내담자의 비밀을 철저히 유지해야 한다.
④ 내담자가 자기로부터 도움을 받지 못하고 있음이 분명할 경우에는 상담을 종결하려고 노력한다.

23 ② 내적 금지 또는 금지조건형성은 내담자에게 충분히 불안을 일으킬 수 있을 만한 단서를 어떠한 추가적인 강화 없이 지속적으로 제시하는 것이다. 즉, 불안야기단서의 계속적인 제시에도 불구하고 반응 중지 현상이 나타나는 것으로서, 학습촉진기법이 아닌 불안감소기법에 해당한다.

24 집단상담에 적합한 사람
- 지나친 의존심을 타인에게 확산할 필요가 있는 사람
- 자신의 능력·특성에 대해 타인과 지나치게 다르게 평가하고 있는 사람
- 사회적 기술을 습득할 필요가 있는 사람
- 교육적 목적으로 집단을 활용하고 싶은 사람
- 유사한 특정 외상의 경험자 등

25 ② 구조화는 상담이 방향이나 초점을 잃지 않고 효율적으로 진행될 수 있게 돕는 것으로, 상담자는 상담 초기에 상담의 특성, 한계, 조건, 목표 등에 대해 언급할 수 있다.

26 리허설은 일단 계약이 설정되면 상담자가 내담자에게 선정된 행동을 연습하거나 실천하도록 함으로써 계약을 실행하는 기회를 최대화하도록 돕는 것이다.

27 ④ 시간상 제약이 있을 경우에는 흥미검사만으로도 직업선정이 가능하다.

28 ③ 청소년 내담자의 진로발달 및 성숙정도를 반영하며 지도가 이루어져야 한다. 청소년 직업지도의 기본원리를 묻고 있지만 일반적인 직업상담의 기본원리와 그 내용은 동일하다.

29 ④ 내담자에 따라서는 상담에 대한 기대가 비현실적으로 높은 경우가 있다. 상담자는 우선 초기면접에서의 구조화 과정을 통해 내담자의 기대가 어느 정도인지 파악하여 상담에 대한 기대를 결정하는 동시에 초기 목표를 명확히 해야 한다. 다만, 이와 같은 구조화 과정은 공감의 분위기에서 상담자와 내담자 간의 자연스러운 합의로 전개되어야 한다.

30 내담자가 가져야 할 목표의 특징에는 ① · ② · ③ 외에 '내담자가 원하고 바라는 것이어야 한다'가 있다.

31 위기상담은 내담자로 하여금 위기가 삶의 정상적인 일부임을 인식시키며, 급작스러운 사고와 그로 인한 현재 상황에 대해 다른 조망을 획득하도록 돕는 것으로 직업적성을 이해시키는 것은 일반 실직자 내담자를 대상으로 하는 것이다.

32 ④ 인간의 행동은 모두 학습에 의한 것이며, 학습을 통해 변화가 가능하다고 가정하는 것은 행동주의 상담에 대한 설명이다.

33 ④ 보상, 강화, 벌은 조건화 학습에 속한 기제라고 할 수 있다.

34 실존주의 상담
다른 상담이론에 비해 철학적인 면이 강조되며 상담기술보다는 인간관에 더 많은 관심을 가지는 상담이다. 상담자는 내담자를 유일하고 독특한 인간으로 생각하고 내담자에게 영향을 주는 기법보다는 내담자의 세계를 그대로 이해하려고 한다.

35 상담자의 자질 중에는 내담자의 문제이해 및 진단을 위해 요구되는 전문적 자질과 상담의 진행과정에서 요구되는 전문적 자질이 있다.

36 직업상담의 전이된 오류에는 정보의 오류, 한계의 오류, 논리의 오류가 있다.
③ '제한된 일반화'는 논리의 오류에 해당한다.

37 분명하고 구체적인 피드백이 더 효과적이며, 내담자의 성격 특성보다는 행동에 초점을 맞추어야 한다.

38 집단상담의 과정은 '집단준비단계 → 초기단계 → 과도적 단계 → 작업단계 → 종결단계 → 추수작업'의 여섯 단계로 구분된다. 과도적 단계는 저항이 다루어지는 단계로, 집단 카운슬러의 역할과 능력에 도전하는 행동이나 말 등 집단원들의 저항이 다양한 형태로 표현되기도 한다.

39 ② 어린아이부터 은퇴한 70세 이상의 노인을 대상으로 하는 상담은 직업상담이 아니라 진로상담이다. 직업상담은 직업 준비 시부터 필요하다.

40 진로상담의 과정
관계수립 및 문제의 평가 → 상담 목표의 설정 → 문제의 해결을 위한 개입 → 훈습 → 종결 및 추수지도

03 직업정보

41 '경제성'은 직업이 경제적인 거래 관계가 성립하는 활동을 수행해야 함을 의미한다. 비윤리적 영리행위나 반사회적인 활동을 통한 경제적인 이윤추구를 직업활동으로 인정하지 않는 것은 '윤리성' 및 '사회성'에 해당한다.

42 다수직업 종사자의 분류
한 사람이 전혀 상관성 없는 두 가지 이상의 직업에 종사할 경우 그 직업을 결정하는 일반적인 원칙은 다음과 같다.
 • 취업시간이 많은 직업을 택함
 • 위의 경우로 분별하기 어려운 경우에는 수입이 많은 직업을 택함
 • 위의 두 가지 경우가 분명치 못할 경우에는 조사 시 최근의 직업을 택함

43 한국직업전망에서 정의한 고용변동 요인

확실성 요인	• 인구구조 및 노동인구 변화 • 산업특성 및 산업구조 변화 • 과학기술 발전 • 기후변화와 에너지 부족 • 가치관과 라이프스타일 변화
불확실성 요인	• 대내외 경제 상황 변화 • 기업의 경영전략 변화 • 정부정책 및 법 · 제도 변화

44 청소년 직업흥미검사의 하위척도(출처 : 워크넷)
 • 활동척도 : 다양한 직업 및 일상생활 활동을 묘사하는 문항들로 구성되어 있으며, 해당 문항 활동을 얼마나 좋아하는지 혹은 싫어하는지의 선호를 측정한다.
 • 자신감척도 : 활동척도와 동일하게 직업 및 일상생활활동을 묘사하는 문항들로 구성되어 있으며, 다양한 문항의 활동들에 대해서 개인이 얼마나 잘 할 수 있다고 느끼는지의 자신감 정도를 측정한다.
 • 직업척도 : 다양한 직업명의 문항들로 구성되어 있으며, 각 문항의 직업명에는 해당 직업에서 수행하는 일에 관한 설명이 함께 제시된다.

45 ④ '고용상 연령차별금지 및 고령자고용촉진에 관한 법률'이 시행됨에 따라 채용정보에서 연령이 삭제되었다.

46 ① 기능원 및 관련 기능 종사자 – 제2직능수준 필요
③ 군인 – 제2직능수준 이상 필요
④ 장치 · 기계 조작 및 조립 종사자 – 제2직능수준 필요
한국표준직업분류(KSCO) 제8차 개정(2025)의 대분류별 직능수준

대분류	대분류 항목	직능수준
1	관리자	제4직능수준 및 제3직능수준 필요
2	전문가 및 관련 종사자	제4직능수준 및 제3직능수준 필요
3	사무 종사자	제2직능수준 필요
4	서비스 종사자	제2직능수준 필요
5	판매 종사자	제2직능수준 필요
6	농림 · 어업 숙련 종사자	제2직능수준 필요
7	기능원 및 관련 기능 종사자	제2직능수준 필요
8	장치 · 기계 조작 및 조립 종사자	제2직능수준 필요
9	단순노무 종사자	제1직능수준 필요
A	군 인	제2직능수준 이상 필요

47 ① 정보제공의 불연속성은 민간직업정보의 특징이다. 공공직업정보는 지속적으로 조사·분석하여 제공되며 장기적인 계획 및 목표에 따라 정보체계의 개선작업 수행이 가능하다. 또한 전체 산업 및 업종에 걸친 직종을 대상으로 한다.

48 ③ 조사자의 비관여적인 접근을 통해 조사대상자(정보제공자)의 반응성을 유발하지 않는 것이 내용분석법의 장점이다.

49 실기시험만 실시할 수 있는 종목
- 토목 : 석공기능사, 지도제작기능사, 도화기능사, 항공사진기능사
- 건축 : 조적기능사, 미장기능사, 타일기능사, 온수온돌기능사, 유리시공기능사, 비계기능사, 건축목공기능사, 거푸집기능사, 건축도장기능사, 도배기능사, 철근기능사, 방수기능사
- 기초사무 : 한글속기 1·2·3급
- 판금·제관·새시분야 : 금속재창호기능사

50 외국인고용관리시스템(eps.go.kr)
- 고용노동부 산하 한국고용정보원에서 2004년 8월 외국인근로자 고용허가제 시행에 따라 서비스를 개시하였다.
- 국내 거주 사업주와 외국인근로자에게 각종 민원신청 및 신청현황조회 등 채용 및 취업지원 서비스를 제공하고 있다.
- 우리나라와 송출국가와의 구직자 명부 전송 및 송출국가 구직자를 위한 구직상태 조회 등의 서비스를 제공하고 있다.

51 ④ 직업 및 진로 관련 개인정보는 자기평가, 직업지식, 할 수 있을 것으로 생각되는 직업명, 가족경험, 교육경험, 작업경험, 자신이 발견한 기능 및 능력, 흥미 및 적성, 자신의 가치 등을 포함한다. 물론 직업정보관리에 있어서 개인의 자세한 신상정보를 제공하는 것에는 주의를 기울일 필요가 있으나, 보다 직접적으로 직업 및 진로선택과 관련된 다양한 경험 및 경력에 관한 정보들을 제한적으로 제공하여 관련정보에 대한 접근을 어렵게 하는 것은 효율적이지 못하다.

52 ① 양성훈련 : 근로자에게 작업에 필요한 기초적 직무수행능력을 습득시키기 위하여 실시하는 방법
② 향상훈련 : 양성훈련을 받은 사람 또는 직업에 필요한 기초적 직무수행 능력을 가지고 있는 사람에게 더 높은 직무수행 능력을 습득시키거나 기술발전에 대응하여 지식·기능을 보충하기 위하여 실시하는 방법
④ 혼합훈련 : 집체훈련, 현장훈련, 원격훈련 중 2개 이상 병행하여 실시하는 방법

53 ② 커리어넷-'개인의 삶의 질 향상'과 '국가의 경쟁력 강화'라는 두 테마의 중요한 연결고리인 국민의 진로개발을 지원하기 위해 다양한 역할을 수행한다.

취업, 훈련 및 자격 관련 유용한 사이트

월드잡플러스 (WORLDJOB⁺)	• 한국산업인력공단에서 운영한다. • 청년들의 도전적인 해외진출을 지원하는 국정과제 'K-MOVE' 사업의 일환으로서, 흩어져 있는 해외취업·창업·인턴·봉사 등의 해외진출 관련 정보들을 통합적으로 제공하는 해외통합정보망이다.
일모아 (ILMOA)	• 한국고용정보원에서 운영한다. • 정부 및 지방자치단체에서 추진하는 일자리 사업 및 참여자선발의 체계적 관리지원을 위한 업무지원시스템이다.

커리어넷 (CareerNet)	• 한국직업능력개발원에서 운영한다. • '개인의 삶의 질 향상'과 '국가의 경쟁력 강화'라는 두 테마의 중요한 연결고리인 국민의 진로개발을 지원하기 위해 다양한 역할을 수행한다.
민간자격 정보서비스 (pqi)	• 한국직업능력개발원에서 운영한다. • 국민 개개인의 능력개발에 필요한 자격정보를 제공하고 민간자격제도 등을 지원하기 위해 민간자격 국가공인제도 및 등록제도의 시행, 민간자격 광고모니터링 조사, 민간자격제도 관련 상담, 기타 자격제도 관련 정책연구 등의 역할을 수행한다.
공공데이터포털 (DATA)	• 한국정보화진흥원에서 운영한다. • 공공기관이 생성 또는 취득하여 관리하고 있는 공공데이터를 한 곳에서 제공하는 통합 창구로서, 누구라도 쉽고 편리한 검색을 통해 원하는 공공데이터를 빠르고 정확하게 찾을 수 있도록 고안된 시스템이다.

54 ② 기능장 – 해당 국가기술자격의 종목에 관한 최상급 숙련기능을 가지고 산업현장에서 작업관리, 소속 기능인력의 지도 및 감독, 현장훈련, 경영자와 기능인력을 유기적으로 연계시켜 주는 현장관리 등의 업무를 수행할 수 있는 능력 보유
③ 산업기사 – 해당 국가기술자격의 종목에 관한 기술기초이론 지식 또는 숙련기능을 바탕으로 복합적인 기초기술 및 기능업무를 수행할 수 있는 능력 보유
④ 기능사 – 해당 국가기술자격의 종목에 관한 숙련기능을 가지고 제작·제조·조작·운전·보수·정비·채취·검사 또는 작업관리 및 이에 관련되는 업무를 수행할 수 있는 능력 보유기술·기능 분야 국가기술자격 검정의 기준

등급	검정의 기준
기술사	해당 국가기술자격의 종목에 관한 고도의 전문지식과 실무경험에 입각한 계획·연구·설계·분석·조사·시험·시공·감리·평가·진단·사업관리·기술관리 등의 업무를 수행할 수 있는 능력 보유
기능장	해당 국가기술자격의 종목에 관한 최상급 숙련기능을 가지고 산업현장에서 작업관리, 소속 기능인력의 지도 및 감독, 현장훈련, 경영자와 기능인력을 유기적으로 연계시켜 주는 현장관리 등의 업무를 수행할 수 있는 능력 보유
기사	해당 국가기술자격의 종목에 관한 공학적 기술이론 지식을 가지고 설계·시공·분석 등의 업무를 수행할 수 있는 능력 보유
산업기사	해당 국가기술자격의 종목에 관한 기술기초이론 지식 또는 숙련기능을 바탕으로 복합적인 기초기술 및 기능업무를 수행할 수 있는 능력 보유
기능사	해당 국가기술자격의 종목에 관한 숙련기능을 가지고 제작·제조·조작·운전·보수·정비·채취·검사 또는 작업관리 및 이에 관련되는 업무를 수행할 수 있는 능력 보유

55 직업정보수집 시 유의사항
- 명확한 목표를 세운다.
- 계획적으로 수집하여야 한다.
- 자료의 출처 및 수집일자를 반드시 기록한다.
- 항상 최신자료인가를 확인해야 하며 사용 시기를 고려해야 한다.
- 직업정보의 수집 시 신뢰성 있는 직업정보원을 개발·확보하여야 한다.
- 직업정보수집에 필요한 도구를 사용한다.

56 ④ 계절에 따라 정기적으로 산업을 달리하는 사업체의 경우에는 조사시점에서 경영하는 사업과는 관계없이 조사대상기간 중 산출액이 많았던 활동에 의하여 분류된다.

57 ④ 산업기사의 응시자격은 응시하려는 종목이 속하는 동일 및 유사 직무분야에서 2년 이상 실무에 종사한 사람이다.

58 서비스 분야 국가기술자격의 응시자격

- 직업상담사, 사회조사분석사, 전자상거래관리사

1급	• 해당 종목의 2급 자격을 취득한 후 해당 실무에 2년 이상 종사한 사람 • 해당 실무에 3년 이상 종사한 사람
2급	제한 없음

- 소비자전문상담사

1급	• 해당 종목의 2급 자격 취득 후 소비자상담 실무경력 2년 이상인 사람 • 소비자상담 관련 실무경력 3년 이상인 사람 • 외국에서 동일한 종목에 해당하는 자격을 취득한 사람
2급	제한 없음

- 임상심리사

1급	• 임상심리와 관련하여 2년 이상 실습수련을 받은 사람 또는 4년 이상 실무에 종사한 사람으로서 심리학 분야에서 석사학위 이상의 학위를 취득한 사람 및 취득 예정자 • 임상심리사 2급 자격 취득 후 임상심리와 관련하여 5년 이상 실무에 종사한 사람 • 외국에서 동일한 종목에 해당하는 자격을 취득한 사람
2급	• 임상심리와 관련하여 1년 이상 실습수련을 받은 사람 또는 2년 이상 실무에 종사한 사람으로서 대학졸업자 및 그 졸업예정자 • 외국에서 동일한 종목에 해당하는 자격을 취득한 사람

- 컨벤션기획사

1급	• 해당 종목의 2급 자격을 취득한 후 응시하려는 종목이 속하는 동일 직무분야(유사 직무분야 포함)에서 3년 이상 실무에 종사한 사람 • 응시하려는 종목이 속하는 동일 및 유사 직무분야에서 4년 이상 실무에 종사한 사람 • 외국에서 동일한 종목에 해당하는 자격을 취득한 사람
2급	제한 없음

59 Q-Net에서는 미국, 영국, 일본, 프랑스, 독일, 호주의 국가별 자격제도 운영현황에 관한 정보를 제공하고 있다.

60 ② 향상훈련 : 훈련을 받은 근로자나 그 외에 직업에 필요한 지식·기능을 갖춘 근로자에 대하여 직업에 필요한 직무수행능력을 추가로 습득시켜 근로자의 능력을 향상시키는 훈련이다.
③ 전직훈련 : 직업훈련을 필요로 하는 기능근로자 또는 사무서비스직에 종사하는 자에 대하여 새로운 유사직종에 필요한 최소한의 기능과 지식을 습득시켜 잠재된 종전의 능력을 최대한 활용할 수 있는 기회를 마련함으로써 재취업을 용이하게 유도하기 위해 실시하는 훈련이다.
④ 교육훈련 : 적절한 관습이나 태도를 향상시키고 효과적으로 직무를 수행할수 있도록 도와주는 계획적이고 조직적인 교육적 활동이다.

04 노동시장

61 임금수준의 변화는 노동수요의 결정요인이기는 하나 노동수요곡선을 이동시키는 것이 아닌 노동수요곡선상의 이동으로 나타난다.

62 ④ 우리나라의 경우 노동시장정보자료의 수집·분석·가공은 주로 고용노동부에서 담당하고 있다.

63 임금 변동이 노동수요량에 미치는 영향의 크기를 나타내는 개념이 노동수요탄력성이다. 즉, 노동수요탄력성은 임금과 노동수요량 간의 관계를 나타낸다. 일반적으로 임금이 상승하면 노동에 대한 수요가 감소하므로 노동수요의 임금탄력성은 항상 마이너스(-)의 값을 갖게 된다.

64 ③ 가정주부의 가사는 비경제활동에 속하고, 가정부와 파출부의 가사는 취업, 즉 경제활동에 속한다.

65 후방굴절형 곡선
근로자들의 임금이 일정한 수준 이상으로 상승하면 고소득으로 인한 여가의 증가, 즉 노동시간의 감소를 나타낸다. 이 경우 개인의 노동공급 곡선이 일정한 수준 이상의 높은 임금에서는 뒤쪽으로 굽어지는 형태를 보이는데 이를 후방굴절형 곡선이라 한다.

66 ② 근로소득세가 인상될 때 대체효과는 노동공급을 감소시키는 데 비하여 소득효과는 노동공급을 증가시키므로 노동공급의 증감 여부는 대체효과와 소득효과의 상대적인 크기에 의존하게 된다. 즉, 대체효과가 소득효과보다 크면 노동공급이 감소하나, 소득효과가 대체효과보다 크면 오히려 노동공급이 증가한다. 따라서 근로소득세의 인상에 따른 노동공급의 증감 여부는 알 수 없다.

67 ④ 장기노동수요는 노동만을 가변요소로 하는 단기노동수요보다 더욱 탄력적이 된다. 예를 들어 만약의 사태에 단기적으로 대처하는 사람이 동원할 수 있는 방법은 극히 제한적(비탄력적)이지만 이를 장기적으로 대처하는 사람이 동원할 수 있는 방법은 보다 많다(탄력적).

68 다른 조건이 일정할 때 공급이 증가하면 임금은 하락하고 고용량은 증가함으로써 노동시장은 균형에 도달하게 된다.

69 ① 실업보험은 소극적 노동시장정책의 형태이다.
적극적 노동시장정책은 실업자에게 사후적으로 소득지원을 해주는 소극적 노동시장정책과 대비되는 개념으로, 노동의 신속한 재배치와 구직자를 위한 새로운 기술 및 고용기회 개발을 추구하는 적극적이고 예방적인 대책을 의미한다.

70 효율임금이론
근로자의 생산성을 높이기 위해서 균형임금보다 더 높은 임금을 지불하는 것이 이윤극대화를 추구하는 기업에 더 이익이 된다는 이론이다.

71 개별근로자의 교섭력
근로자가 현재 취업 중인 회사에 불만을 품었을 때 주저 없이 사직할 수 있는 능력의 정도로 결정된다. 근로자의 이러한 능력은 그 근로자에게 열려 있는 다른 기회에 의해 좌우되는데, 이 대안은 근로자가 속해 있는 직종에 대한 노동수요와 근로자의 숙련 정도에 달려있다. 개별근로자는 생산성의 향상을 통해 자신의 교섭력을 높일 수 있다.

72 임금격차의 경쟁적 요인
- 인적 자본량
- 기업의 합리적 선택으로서의 효율성 임금정책
- 보이지 않는 질적 차이
- 보상적 임금격차
- 단기적 불균형 과정에서 임금격차

73 고임금정책을 채용해야 할 필요성은 일반적으로 중소기업보다 대기업이 더 높다. 대기업에서 근로자의 업무수행을 일일이 감독하고 점검하는 것은 대단히 어려울 뿐 아니라 비용도 많이 든다. 또한 대기업은 일반적으로 근로자에게 훈련투자를 많이 하기 때문에 효율임금정책으로부터 얻는 이익이 중소기업보다 크다.

74 **경기적 실업**
현대자본주의 사회에서 경기순환과정의 불황기에 생산감소에 따른 기업의 고용감소로 인한 유효수요의 부족으로 발생하는 실업현상이다. 경기적 대책으로는 경기보양을 위한 총수요 확대정책으로 재정금융정책과 고용창출 사업 등을 들 수 있다.

75 ④ 임금세력설 : 노동자의 단결력이나 정의력과 같은 사회적 세력에 의해 임금이 결정된다는 학설로, 일본의 다카다 야스마가 발전시켰다.
① 노동가치설 : 노동 역시 일반상품과 마찬가지로 노동력의 재생산에 필요한 필수품을 만드는 데 소요되는 노동시간에 의해 결정된다는 학설로, 막스(K. Marx)에 의해 완성되었다.
② 잔여청구설 : 고용주가 노동의 생산물 중 그 자신이 이윤으로 획득하는 부분을 공제한 나머지가 임금이 된다는 학설로, 워커(F. Walker)가 주장했다.
③ 임금생존비설 : 임금은 생존비의 크기에 의해 결정된다는 학설로, 스미스(A. Smith), 맬서스(T.R. Malthus), 리카르도(D. Ricardo) 등이 주장했다.

76 ① · ④ 연공급에 관한 설명이다.
② 직무급에 관한 설명이다.

77 **이윤극대화 노동수요의 조건**

$$노동의 \ 한계생산물가치(VMP_L = P \cdot MP_L) = 임금률(W)$$
$$(단, \ P는 \ 생산물가격, \ MP_L은 \ 노동의 \ 한계생산량)$$

위의 공식을 이용하여 노동의 한계생산량(MP_L)을 구하면,
노동의 한계생산량$(MP_L) = \dfrac{임금률(W)}{생산물가격(P)} = \dfrac{12,000}{2,000} = 6$
만일 현재의 고용수준에서 아이스크림 가격이 3,000원으로 오를 경우 노동의 한계생산물가치(VMP_L)는,
노동의 한계생산물가치$(VMP_L) = 생산물가격(P) \cdot 노동의 \ 한계생산량(MP_L)$
$$= 3,000 \cdot 6 = 18,000(원)$$
이는 시간당 임금 12,000원보다 높은 금액이므로, 노동의 투입량을 증가시킴으로써 이윤을 극대화할 수 있다.

78 ④ 최저임금제는 일반적으로 고용 감소 및 실업 증가의 부정적인 효과를 가지는 것으로 알려져 있다.

79 • 소득효과(Income Effect) : 두 재화의 가격은 항상 일정한데 소비자의 소득이 늘어나는 경우
• 대체효과(Substitution Effect) : 소비자의 만족 수준은 불변이면서 오직 상대가격만이 변화할 때 소비자가 상대적으로 가격이 상승한 재화의 구매를 감소시키고 가격이 하락한 재화의 구매를 증가시키는 것

80 **내부노동시장의 일반적인 특징**
• 내부노동시장은 기업특수적 교육훈련과 장기적 고용관계의 결합에 의해 형성된 연공서열형 임금제도와 내부승진제도를 특징으로 하며, 신규 채용이나 복직 그리고 능력 있는 자의 초빙 시에만 외부노동시장과 연결된다.
• 개별노동자는 정년제에서 일정기간 동안 한계생산물가치 이하의 임금을 지급 받다가 일정한 근속연수에 도달하여 정년퇴임에 이를 때까지 한계생산물가치 이상의 임금을 지급받게 됨으로써 장기근속과 고임금을 특징으로 하는 내부노동시장을 유지하게 된다.

05 노동관계법규(Ⅰ)

81 ④ 금고 이상의 형의 집행유예를 선고받고 그 유예기간 중에 있는 자(국민 평생 직업능력 개발법 제29조 제4호)는 지정직업훈련시설을 지정받을 수 없다.

82 연예인을 대상으로 하는 국외 근로자공급사업의 허가를 받을 수 있는 자는 「민법」에 따른 비영리법인으로 한다(직업안정법 제33조 제3항 제2호 참조).

83 ④ 실업급여는 구직급여와 취업촉진수당으로 구분하고, 취업촉진수당은 다시 조기(早期)재취업수당, 직업능력개발수당, 광역구직활동비, 이주비로 나뉜다(고용보험법 제37조).

84 **직업능력개발훈련시설을 설치할 수 있는 공공단체(국민 평생 직업능력 개발법 시행령 제2조)**
• 「한국산업인력공단법」에 따른 한국산업인력공단(한국산업인력공단이 출연하여 설립한 학교법인 포함)
• 「장애인고용촉진 및 직업재활법」에 따른 한국장애인고용공단
• 「산업재해보상보험법」에 따른 근로복지공단

85 ④ 사용증명서에는 근로자가 요구한 사항만을 적어야 한다(근로기준법 제39조 제2항).

86 ① 누구든지 법률에 따르지 아니하고는 영리로 다른 사람의 취업에 개입하거나 중간인으로서 이익을 취득하지 못한다(근로기준법 제9조).

87 **임산부의 보호(근로기준법 제74조 제1항)**
사용자는 임신 중의 여성에게 출산 전과 출산 후를 통하여 90일(한 번에 둘 이상 자녀를 임신한 경우에는 120일)의 출산전후휴가를 주어야 한다. 이 경우 휴가 기간의 배정은 출산 후에 45일(한 번에 둘 이상 자녀를 임신한 경우에는 60일) 이상이 되어야 한다.

88 ④ 근로자나 그의 수입으로 생계를 유지하는 자가 부득이한 사유로 1주 이상 귀향하게 되는 경우 비용에 충당하기 위하여 임금 지급을 청구하면 지급기일 전이라도 이미 제공한 근로에 대한 임금을 지급하여야 한다(근로기준법 제45조 및 동법 시행령 제25조).

89 ④ 노동위원회는 구제명령을 받은 자가 구제명령을 이행하면 새로운 이행강제금을 부과하지 아니하되, 구제명령을 이행하기 전에 이미 부과된 이행강제금은 징수하여야 한다(근로기준법 제33조 제6항).

90　③ 사용자는 정신 또는 신체의 장애가 업무수행에 직접적으로 현저한 지장을 주는 것이 명백하다고 인정되는 사람으로서 고용노동부장관의 인가를 받은 사람에 대하여는 최저임금의 적용을 제외할 수 있다(최저임금법 제7조 및 시행령 제6조 참조).

91　**근로시간, 휴게 및 휴일규정에 적용 제외되는 근로자(근로기준법 제63조)**
- 토지의 경작 · 개간, 식물의 식재 · 재배 · 채취사업, 그 밖의 농림사업
- 동물의 사육, 수산동식물의 채취 · 포획 · 양식사업, 그 밖의 축산 · 양잠 · 수산사업
- 감시 또는 단속적으로 근로에 종사하는 사람으로서 사용자가 고용노동부장관의 승인을 받은 사람
- 대통령령으로 정하는 업무(사업의 종류에 관계없이 관리 · 감독 업무 또는 기밀을 취급하는 업무)에 종사하는 근로자

92　**취업지원서비스의 수급 요건(구직자 취업촉진 및 생활안정지원에 관한 법률 제6조 제1항)**
- 근로능력과 구직의사가 있음에도 취업하지 못한 상태일 것
- 취업지원을 신청할 당시 15세 이상 64세 이하일 것
- 가구단위의 월평균 총소득이 기준 중위소득의 100분의 100 이하일 것 [단, 15세 이상 34세 이하(병역의무를 이행한 경우 법령에 따른 복무기간 중 3년의 범위에서 실제 복무한 병역의무 이행기간을 가산)인 사람은 가구단위의 월평균 총소득이 기준 중위소득의 100분의 120 이하일 것]

93　③ 국내 유료직업소개사업을 하려는 자는 주된 사업소의 소재지를 관할하는 특별자치도지사 · 시장 · 군수 및 구청장에게 등록하여야 하고, 국외 유료직업소개사업을 하려는 자는 고용노동부장관에게 등록하여야 한다. 등록한 사항을 변경하고자 하는 경우에도 또한 같다(직업안정법 제19조 제1항).

94　④ 직업안정기관의 장이 장애인에 대하여 직업지도를 하는 경우에는 소속 직원 중에서 이에 대한 특별한 지식과 기능을 가진 자로 하여금 담당하게 하여야 한다(직업안정법 시행령 제9조 제1항).

95　**구인신청(직업안정법 제8조)**
직업안정기관의 장은 구인신청의 수리(受理)를 거부하여서는 아니 된다. 다만, 다음의 어느 하나에 해당하는 경우에는 그러하지 아니하다.
- 구인신청의 내용이 법령을 위반한 경우
- 구인신청의 내용 중 임금, 근로시간, 그 밖의 근로조건이 통상적인 근로조건에 비하여 현저하게 부적당하다고 인정되는 경우
- 구인자가 구인조건을 밝히기를 거부하는 경우
- 구인자가 구인신청 당시 「근로기준법」에 따라 명단이 공개 중인 체불사업주인 경우

96　직업능력개발훈련의 기본원칙에는 ① · ③ · ④와 함께 '성별, 연령, 신체적 조건, 고용형태, 신앙 또는 사회적 신분 등에 따라 차별하여 실시되어서는 아니 되며, 모든 국민에게 균등한 기회가 보장되도록 노력하여야 한다'가 있다.
직업능력개발훈련이 중요시되어야 하는 대상자(국민 평생 직업능력 개발법 제3조 제4항)
- 고령자 · 장애인
- 「국민기초생활 보장법」에 따른 수급권자
- 「국가유공자 등 예우 및 지원에 관한 법률」에 따른 국가유공자와 그 유족 또는 가족이나 「보훈보상대상자 지원에 관한 법률」에 따른 보훈보상대상자와 그 유족 또는 가족

- 「5 · 18민주유공자예우 및 단체설립에 관한 법률」에 따른 5 · 18민주유공자와 그 유족 또는 가족
- 「제대군인지원에 관한 법률」에 따른 제대군인 및 전역예정자
- 여성근로자
- 「중소기업기본법」에 따른 중소기업의 근로자
- 일용근로자, 단시간근로자, 기간을 정하여 근로계약을 체결한 근로자, 일시적 사업에 고용된 근로자
- 「파견근로자 보호 등에 관한 법률」에 따른 파견근로자
- 「학교 밖 청소년 지원에 관한 법률」에 따른 학교 밖 청소년

97　**구직촉진수당의 수급 요건(구직자 취업촉진 및 생활안정지원에 관한 법률 제7조 제1항)**
- 취업지원서비스의 수급 요건을 갖출 것
- 가구단위의 월평균 총소득이 기준 중위소득의 100분의 60 이내의 범위에서 최저생계비 및 구직활동에 드는 비용 등을 고려하여 대통령령으로 정하는 수준 이하일 것
- 가구원이 소유하고 있는 토지 · 건물 · 자동차 등 재산의 합계액이 6억원 이내의 범위에서 대통령령으로 정하는 금액 이하일 것
- 취업지원 신청일 이전 2년 이내의 범위에서 대통령령으로 정하는 기간 이상 취업한 사실이 있을 것

98　③ 구인자는 채용심사를 목적으로 구직자에게 채용서류 제출에 드는 비용 이외의 어떠한 금전적 비용도 부담시키지 못한다. 채용심사비용에서 채용서류 제출에 드는 비용은 구직자가 부담하는 것이 원칙이다(채용절차의 공정화에 관한 법률 제9조 참조).

99　③ 기간제근로자 또는 파견근로자의 육아휴직 기간은 「기간제 및 단시간근로자 보호 등에 관한 법률」에 따른 사용기간 또는 「파견근로자 보호 등에 관한 법률」에 따른 근로자파견기간에서 제외한다(남녀고용평등과 일 · 가정 양립 지원에 관한 법률 제19조 제5항).
① 동법 제19조 제2항
② 사업주는 육아휴직을 마친 후에는 휴직 전과 같은 업무 또는 같은 수준의 임금을 지급하는 직무에 복귀시켜야 한다. 또한 육아휴직 기간은 근속기간에 포함한다(동법 제19조 제4항).
④ 사업주는 육아휴직을 이유로 해고나 그 밖의 불리한 처우를 하여서는 아니 되며, 육아휴직 기간에는 그 근로자를 해고하지 못한다. 다만, 사업을 계속할 수 없는 경우에는 그러하지 아니하다(동법 제19조 제3항).

100　**개인정보 보호 기본계획의 수립(개인정보 보호법 제9조 제1항)**
개인정보 보호위원회는 개인정보의 보호와 정보주체의 권익 보장을 위하여 3년마다 개인정보 보호 기본계획을 관계 중앙행정기관의 장과 협의하여 수립한다.

5회 정답 및 해설

제1과목	01	02	03	04	05	06	07	08	09	10	11	12	13	14	15	16	17	18	19	20
	②	④	③	②	①	③	④	②	①	①	②	①	④	④	②	①	③	②	②	③
제2과목	21	22	23	24	25	26	27	28	29	30	31	32	33	34	35	36	37	38	39	40
	②	③	②	④	④	①	④	④	②	③	③	②	③	③	①	②	②	③	①	③
제3과목	41	42	43	44	45	46	47	48	49	50	51	52	53	54	55	56	57	58	59	60
	③	①	③	③	③	③	④	③	③	④	③	④	①	③	②	③	②	②	①	②
제4과목	61	62	63	64	65	66	67	68	69	70	71	72	73	74	75	76	77	78	79	80
	②	④	③	②	②	②	②	②	④	③	④	④	②	④	②	④	④	④	④	③
제5과목	81	82	83	84	85	86	87	88	89	90	91	92	93	94	95	96	97	98	99	100
	①	①	①	②	②	②	①	①	④	④	①	①	③	①	②	④	③	④	②	②

01 직업심리

01 직위와 직무
- 직위(Position)
  - 몇 가지의 일을 모으면 한 사람 또는 한 사람 이상의 작업자가 필요하게 된다. 이 한 사람의 작업자에게 할당된 일의 집단을 '직위'라고 한다.
  - 한 사람의 작업자에게 할당된 일의 총체이므로 작업자의 수만큼 직위의 수가 존재한다. 가령 사무실에 4명의 타자원이 근무하고 있다면 4개의 '타자원'이라는 직위가 있는 것이다.
- 직무(Job)
  - 여러 직위 가운데서 주요한 일이나 특징적인 일이 대체로 같은 한 무리의 직위라고 할 수 있다.
  - 4개의 타자원이라는 직위는 그 조직 속에서 '타자원'이라는 1개의 직무를 구성하고 있는 것이다. 그러므로 직무 수는 직위 수와 같거나 또는 직위 수보다 적게 된다.

02 ④ 기능저하는 심리적 결과의 형태에 속한다.

03 ③ 교류분석 상담(TA ; Transactional Analysis)에서는 사람들이 숨겨진 동기를 가지고 이면 교류를 하는 것을 '게임(Game)'이라고 한다. 이러한 게임은 반복적이고 무의식적으로 이루어지며, 보통 교류 당사자들 간에 좋지 않은 결과를 초래한다. 예를 들어, 어린아이는 종종 토라지는 모습을 보임으로써 부모의 관심을 끈다. 이는 부모에게서 애정이나 인정 자극을 얻기 위해 게임을 하는 것인데, 게임이 긍정적 인정 자극은 아니더라도 최소한 무관심보다는 낫기 때문이다.
① '각본(Script)'에 해당한다.
② 교류분석 상담에서 제시하는 교류 유형은 '상보교류', '교차교류', '이면교류'로 구분된다. 그중 '상보교류'는 발신자의 기대대로 수신자가 반응하는 교류로서 가장 건강하다고 할 수 있다.
④ '교류 또는 의사교류(Transaction)'는 두 사람의 자아 상태 사이에서 이루어지는 자극과 그에 관련된 반응으로서 의사소통의 단위이다.

04 ② 문항 수가 많은 경우 신뢰도는 어느 정도 높아진다. 그러나 문항 수를 무작정 늘린다고 해서 검사의 신뢰도가 정비례하여 커지는 것은 아니다.

05 ② 탐구적 유형은 추상적인 문제나 애매한 상황에 대한 분석적·논리적 탐구활동과 새로운 지식이나 이론을 추구하는 학문적 활동을 선호한다.
③ 관습적 유형은 질서정연하거나 수를 다루는 작업을 선호한다.
④ 사회적 유형은 다른 사람과 함께 일하거나 다른 사람을 돕는 것을 즐기지만 도구와 기계를 포함하는 질서정연하고 조직적인 활동을 싫어한다.

06 비교확인법(Verification Method)
분석대상이 되는 직무의 폭이 넓어 단시간 내에 관찰을 통해서 파악하기 어려운 경우, 대상직무에 대한 참고문헌과 자료가 충분하고 널리 알려진 직무에 적합하다.

07 역할 모호성
개인의 책임한계나 직무의 목표가 명료하지 않을 때, 개인이 직무와 관련해서 무엇을 해야 할지에 관한 정보가 부적절하거나 잘못된 정보가 있을 때 발생한다. 또한 조직의 복잡성, 조직의 급속한 성장, 빈번한 기술 변화, 잦은 인사이동, 조직 환경의 변화요구, 정보에 대한 제재 등에 의해 발생한다.

08 심리검사의 사용목적에 따른 분류
- 규준참조검사(Norm-referenced Test)
  개인의 점수를 해석하기 위해 유사한 다른 사람들의 점수를 비교하여 평가하는 상대평가 목적의 검사로 개인의 점수를 규준이 되는 집단 내에서 상대적으로 비교·평가할 수 있다.
- 준거참조검사(Criterion-referenced Test)
  개인이 알고 있거나 행동하는 바를 해당 영역에 비교하여 절대적 위치를 평가한다.

09 ① 직업적응이론 중 직업성격적 측면에 속하는 '지구력'에 대한 설명으로, 끈기는 개인이 자신에게 맞지 않는 직업환경에서 오랫동안 견뎌낼 수 있는 정도를 말한다.

10 ① 심리검사 결과는 내담자를 이해할 때 대략적인 판단의 자료로 활용되는 것이지 검사결과를 얻는 것 자체가 심리검사의 목적이라 볼 수 없다.

11 ・ $Z점수 = \dfrac{원점수 - 평균}{표준편차} = 110 = 100/10 = 1$
　　・ $T점수 = 10 \times Z점수 + 50 = 60$　　　$\therefore 60$

12 **수퍼(Super)의 진로직업발달단계**
- 성장기 : 욕구와 환상이 지배적이나 사회참여활동이 증가하고 현실검증이 생김에 따라 흥미와 능력을 중시한다.
- 탐색기 : 학교・여가생활, 시간제, 일 등을 통한 경험으로 자신에 대한 탐색과 역할에 대해 수행해야 할 것을 찾으며 직업에 대한 탐색을 시도한다.
- 확립기 : 자신에게 적합한 직업분야를 발견하고 자기생활의 안정을 위해 노력한다.
- 유지기 : 직업세계에서 자신의 위치가 확고해지고 자신의 자리를 유지하기 위해 노력하며 안정된 삶을 살아간다.
- 쇠퇴기 : 모든 기능이 쇠퇴함에 따라 직업세계에서 은퇴하게 되며 자신이 해오던 일의 활동이 변화되고 또 다른 일을 찾게 된다.

13 ④ 역할모호성에 대한 내용에 해당한다.
　① 개인 간 역할갈등, ② 개인 내 역할갈등, ③ 송신자 간 갈등

14 **직무분석의 출처**
- 직무 현직자 : 현재 직무에 종사하고 있는 사람으로서, 직무정보를 얻기 위해 가장 널리 사용되는 출처이다.
- 현직자의 상사 : 상사는 현직자들이 직무를 통해 어떠한 일을 하는지 알려준다.
- 직무 분석가 : 훈련받은 직무 분석가는 직무분석 방법에 익숙하므로 다양한 직무들을 비교할 때 유리하며, 여러 직무들에 대해 가장 일관된 평정을 내릴 수 있다.

15 ② 일정한 수의 반응을 한 뒤에 강화가 주어진다.
　① 바로 앞의 강화로부터 일정 기간이 경과한 뒤의 첫 번째 반응에 강화가 주어진다.
　③ 지난 강화로부터 일정한 시간이 경과한 뒤의 첫 번째 반응에 강화가 주어지는데, 강화 간의 시간 간격이 어떤 평균을 중심으로 변동한다.
　④ 일정한 수의 반응을 한 뒤에 강화가 주어지지만 강화와 강화 간의 반응 수가 어떤 평균수에 따라 변동한다.

16 ① 직업전환 상담 시 직업상담사가 아무리 직업전환을 유도하려해도 내담자가 변화에 대한 인지능력이 없다면 전환이 불가능하게 된다. 따라서 직업상담사는 전환될 직업에 대한 내담자의 성공기대 수준이나 기존 직업에 대한 애착 수준보다 앞서 내담자의 변화에 대한 인지능력을 탐색하여야 한다.

17 ① 로(Roe)는 고정된 연령 구분에 따른 직업발달단계를 제시하지는 않았다.
　② 직업선택에 있어서 부모와 자녀 간의 상호작용에 의한 영향력을 강조한 학자는 로(Roe)이다.
　④ 홀랜드(Holland)는 직업적 흥미를 성격의 일부분으로 간주하여, 개인의 직업적 흥미가 곧 개인의 성격을 반영한다고 주장하였다.

18 **내용타당도(Content Validity)**
- 측정하고자 하는 내용영역을 얼마나 잘 반영하고 있는지를 평가한다.
- 측정도구가 측정대상이 가지고 있는 많은 속성 중의 일부를 대표성 있게 포함하는 경우 타당도가 있다고 본다.
- 논리적 사고에 입각한 논리적인 분석과정으로 판단하는 주관적인 타당도로서, 객관적인 자료에 근거하지 않는다.
- 흔히 성취도검사의 타당도를 평가하는 방법으로 많이 쓰인다.

19 **집단 내 규준**
- 백분위점수 : 특정 개인의 점수가 규준집단 내에서 다른 사람들의 점수와 비교해서 어느 정도의 수준에 있는지를 알려준다.
- 표준점수 : 점수분포의 표준편차를 이용하여 개인이 평균으로부터 벗어난 거리를 표시한 것으로, Z점수와 T점수로 구분된다.
- 표준등급 : '스테나인(Stanine)'이라고도 하며, 원점수를 1~9까지의 범주로 나누는 것이다.

20 ①・②・④ 스트레스의 심각도에 영향을 주는 적응적 요구의 특징이다.
- 적응적 요구의 특징 : 요구의 중요성, 수량, 기간, 문제의 갑작스러움과 낯설음, 예기된 스트레스의 임박성, 갈등의 정도
- 개인의 특징 : 지각의 개인차, 능력의 개인차, 스트레스 내성의 개인차

02 직업상담 및 취업지원

21 직업지도 프로그램의 선정 시에는 정치성은 고려하지 않으며, ①・③・④ 외에 프로그램 효과의 평가기능을 고려해야 한다.

22 ③ 진로탐색에서 주의할 점은 정보나 전략을 제시하는 것이 아니라 진로를 찾을 때에 주의하여야 할 태도, 진로전환의 책임 등이다.

23 ② 합리적・정서적 상담(REBT)에 대한 설명이다.

24 ④ 내담자들의 우유부단함의 일반적인 이유 중 하나는 좋은 직업들의 부재로 자신이 선택하려는 직업 중에 좋은 직업이 없는 경우이다.

25 ④ 실직자를 심리상담 측면에서 바라본 내용이다.

26 ① 특성-요인 상담은 내담자의 의사결정 능력을 향상시키며, 합리적인 과정을 통해 자신의 학문적・직업적 능력에 부합하는 직업을 선택하도록 돕는 것을 목표로 한다.

27 ① 직업상담에서는 내담자의 내면 동기를 고려하여 상담이 이루어져야 한다.
　② 직장을 처음 구하는 사람 또는 자신의 진로를 처음 선택하는 사람과 직업전환 또는 직업적응 중에 있는 사람에 대해서는 직업상담의 사정과정이 서로 다르다.
　③ 내담자가 우울증과 같은 심리적 문제로 인지적 명확성이 부족한 경우, 진로문제에 대한 결정은 당분간 보류하는 것이 좋다.

28 ④ 우리나라에서는 눈을 바라보는 것이 무례한 것으로 오해될 소지가 있으므로 내담자가 편안하게 느끼는 정도를 잘 관찰하여 자연스러운 눈맞춤을 하는 것이 좋다.

29 상담 초기단계에 상담자가 할 일
내담자의 문제에 대한 이해, 내담자의 인적·사회적 배경 이해, 촉진적 상담관계의 형성, 내담자의 비현실적 기대의 수정, 상담에서의 구조화 등

30 ③ 상담 초기의 구조화에서는 비밀보장 문제, 상담기간과 횟수, 예상하는 상담회기의 수, 내담자와 상담자의 의미, 앞으로 기대되는 결과 등에 대해 언급한다.

31 즉시적 반응
즉시성이란 '상담관계에서 상담자와 내담자 간에 현재 이루어지는 상호작용'을 의미한다. 따라서 즉시적 반응이란 현재 내담자와 대화하며 상담자가 내적으로 경험하는 것을 활용하여 피드백을 주는 것을 의미한다.

32 ③ 직업흥미 및 직업선택에 있어서 유아기 및 아동기 초기 경험을 강조한 관점은 욕구이론에 해당한다.

33 논리적 반박
인지상담이론의 주개념 중 하나로, 자신과 외부 현실에 대한 내담자의 왜곡된 사고와 신념을 논리성, 실용성, 현실성에 비추어 반박하는 것이다.

34 ③ 인간중심 이론에 기초한 상담에서 상담목표는 내담자의 개인적 독립성과 통합성을 구현하여 한 개인이 완전히 기능하는 사람이 되도록 하는 것이다.

35 제노그램(Genogram), 즉 직업가계도는 직업과 관련된 내담자의 가계력을 알아보는 기법이다. 내담자의 직업의식, 직업선택, 직업태도에 대한 가족의 영향력을 분석하는 대표적인 질적 평가기법이다.

36 지나친 일반화
한두 개의 고립된 사건에 근거해서 일반적인 결론을 내리고 그것을 서로 관계없는 상황에 적용하는 것을 의미한다. 즉, 어떤 특정 사건을 여러 가지 사건 중 한 가지로 생각하지 않고 일반적인 현상으로 지각하는 것이다.

37 ① 자극 일반화 : 자극의 유사성에 대한 반응
③ 고전적 조건형성 : 파블로프
④ 작동적 조건형성 : 스키너

38 ③ 행동요법 상담이론에서 상담자는 내담자의 부적응 행위를 제거하고 건설적인 행동 원형을 형성할 수 있게 도와준다. 행동변화의 특별한 목적은 내담자가 정하며 보편적인 목표는 간단명료한 작은 목표들로 새롭게 규정해야 한다.

39 ① 전형적인 하루는 내담자가 자신의 일상생활을 어떻게 조직하는지를 시간의 흐름에 따라 단계적으로 발견하는 것이 주목적이다.

40 ② 자기수용은 자기 자신을 있는 그대로 받아들이고 인정하는 것이다. 즉, 자신의 강점뿐만 아니라 약점도 수용하고 이를 기꺼이 드러내는 것이다. 집단상담자가 스스로 완벽한 존재가 아님을 인정하고 자기수용을 통해 집단성원들과 상호작용을 할 때 집단과정은 촉진된다. 이러한 자기수용은 자신의 내면에 대한 깊이 있는 반성과 성찰을 전제로 한다.

03 직업정보

41 한국표준직업분류(KSCO) 제8차 개정(2025)의 대분류별 직능수준

대분류	대분류 항목	직능수준
1	관리자	제4직능수준 및 제3직능수준 필요
2	전문가 및 관련 종사자	제4직능수준 및 제3직능수준 필요
3	사무 종사자	제2직능수준 필요
4	서비스 종사자	제2직능수준 필요
5	판매 종사자	제2직능수준 필요
6	농림·어업 숙련 종사자	제2직능수준 필요
7	기능원 및 관련 기능 종사자	제2직능수준 필요
8	장치·기계 조작 및 조립 종사자	제2직능수준 필요
9	단순노무 종사자	제1직능수준 필요
A	군 인	제2직능수준 이상 필요

42 서비스 분야 국가기술자격의 등급

등급	직종
단일등급	국제의료관광코디네이터, 게임그래픽전문가, 게임기획전문가, 게임프로그래밍전문가, 멀티미디어콘텐츠제작전문가, 스포츠경영관리사, 워드프로세서, 전자상거래운용사, 텔레마케팅관리사, 이러닝운영관리사, 경영정보시각화능력
1·2급	사회조사분석사, 소비자전문상담사, 임상심리사, 전자상거래관리사, 직업상담사, 컨벤션기획사, 컴퓨터활용능력
1·2·3급	비서, 전산회계운용사, 한글속기

43 ③ 직무란 여러 직위 가운데서 주요한 일이나 특징적인 일이 대체로 같은 한 무리의 직위라고 할 수 있다. 따라서 문제에서 직무는 배달원, 판매원, 회계원으로 3개이고, 직위는 6개이다.

44 질문 문항 순서 결정 시 유의사항
• 민감한 질문이나 개방형 질문은 가급적 질문지의 후반부에 배치한다.
• 답변이 용이한 질문들을 전반부에 배치한다.
• 계속적인 기억이 필요한 질문들을 전반부에 배치한다.
• 질문 문항들을 논리적 순서에 따라 자연스럽게 배치한다.
• 응답의 신뢰도를 묻는 질문 문항들은 분리시켜야 한다.
• 동일한 척도항목들은 모아서 배치한다.
• 질문 문항들을 길이와 유형에 따라 변화 있게 배치한다.
• 여과 질문을 적절하게 배치하여 사용한다.
• 특별한 질문은 일반질문 뒤에 놓는다.

45 ① 소비자전문상담사 1급 : 소비자상담 관련 실무경력 3년 이상인 사람
② 사회조사분석사 2급 : 제한 없음
④ 임상심리사 1급 : 임상심리와 관련하여 2년 이상 실습수련을 받은 사람으로서 심리학 분야에서 석사학위 이상의 학위를 취득한 사람 및 취득 예정자

46 ③ '용접'은 과거 기계 직무분야로 분류되었으나 국가기술자격법령 개정에 따라 현재 재료 직무분야(17 재료)의 중직무분야(174 용접)로 분류되고 있다.

47 ①·②·③ 실기시험만 시행할 수 있는 국가기술자격 종목에 정보처리기능사, 미용사, 한복기능사 등은 해당되지 않는다.

실기시험만 시행할 수 있는 종목(실기능력이 중요하여 필기시험이 면제되는 종목)

직무분야	중직무분야	자격종목
02 경영 · 회계 · 사무	023 사무	한글속기 1 · 2 · 3급
14 건설	141 건축	거푸집기능사, 건축도장기능사, 건축목공기능사, 도배기능사, 미장기능사, 방수기능사, 비계기능사, 온수온돌기능사, 유리시공기능사, 조적기능사, 철근기능사, 타일기능사
	142 토목	도화기능사, 석공기능사, 지도제작기능사, 항공사진기능사
17 재료	172 판금 · 제관 · 새시	금속재창호기능사

48 ③ 사업장에서 이루어지는 사내 교육훈련으로 볼 수 있다.

49 ③ 국민내일배움카드는 실업, 재직, 자영업 여부에 관계없이 카드를 발급하고 일정 금액의 훈련비를 지원함으로써 직업능력개발훈련에 참여할 수 있도록 하며, 직업능력개발 훈련이력을 종합적으로 관리하는 제도이다.

50 ④ 공공기관 종사원과 민간기업 종사원 간 직무의 차별성이 없어 기업 종사원(각 분야별 관리자 · 전문가 · 사무원)으로 통합하였다.

51 구인배수는 다음의 공식으로 나타낼 수 있다.

$$구인배수 = 신규구인인원 \div 신규구직건수$$

구인배수 = 246,381(명) ÷ 399,056(건) ≒ 0.61741
∴ 0.62(소수점 셋째자리에서 반올림)

52 **포괄적인 업무에 대한 직업분류 원칙**
- 생산업무 우선 원칙 : 재화의 생산과 공급이 같이 이루어지는 경우는 생산단계에 관련된 업무를 우선적으로 분류한다.
- 주된 직무 우선 원칙 : 2개 이상의 직무를 수행하는 경우는 수행되는 직무내용과 관련 분류 항목에 명시된 직무내용을 비교 · 평가하여 관련 직무 내용상의 상관성이 가장 많은 항목에 분류한다.
- 최상급 직능수준 우선 원칙 : 수행된 직무가 상이한 수준의 훈련과 경험을 통해서 얻어지는 직무능력을 필요로 한다면 가장 높은 수준의 직무능력을 필요로 하는 일에 분류하여야 한다.

53 ① 대한상공회의소
②·③·④ 한국산업인력공단

54 **국민내일배움카드제(직업능력개발계좌제)**
- 구직자(신규실업자, 전직실업자)에게 일정한 금액을 지원, 그 범위 이내에서 직업능력개발훈련에 참여할 수 있도록 하고, 훈련이력 등을 개인별로 통합관리하는 제도이다.
- 계좌발급 신청 대상자는 현재 구직 중에 있는 전직실업자(고용보험 가입 이력이 있는 자) 및 신규실업자(고용보험가입 이력이 없는 자)이다.
- 훈련 상담을 통해 훈련 목적, 훈련 필요성, 대상자 적격 여부 등을 판단하고 계좌발급 적합/부적합을 결정한다.

55 ② 국가기술자격에서 서비스 분야는 1급, 2급, 3급, 단일종목으로 나뉜다.
국가기술자격과 국가전문자격
- 국가기술자격은 국가기술자격법에 의해 운영되는 자격으로 크게 '기술 · 기능 분야(기술사, 기능장, 기사, 산업기사, 기능사)'와 '서비스 분야(1급, 2급, 3급, 단일종목)'로 구성되어 있다.
- 국가전문자격은 정부 부처별 소관 법령에 의해 운영되는 자격으로 의사, 변호사, 공인노무사, 사회복지사, 문화재수리기술자 등의 자격이 있다.

56 서비스업으로 분류되며, SNA 측면에서는 고정자본의 일부로 고려된다.

57 **국가직무능력표준(NCS ; National Competency Standards)**
산업현장에서 직무를 수행하기 위해 요구되는 지식 · 기술 · 태도(소양) 등의 내용을 국가가 산업부문별 · 수준별로 체계화한 것으로, 산업현장의 직무를 성공적으로 수행하기 위해 필요한 능력(지식, 기술, 태도)을 국가적 차원에서 표준화한 것을 의미한다.
국가직무능력표준(NCS)의 특성
- 한 사람의 근로자가 해당 직업 내에서 소관 업무를 성공적으로 수행하기 위하여 요구되는 실제적인 수행능력을 의미한다.
- 해당 직무를 수행하기 위한 모든 종류의 수행능력을 포괄하여 제시한다.
- 모듈(Module) 형태로 구성한다. 즉, 한 직업 내에서 근로자가 수행하는 개별역할인 직무능력을 능력단위(Unit)화하며, 이와 같은 능력단위를 여러 개의 집합으로 구성한다.
- 산업계 단체가 주도적으로 참여하여 개발한다.

58 여성 취업률은 다음과 같으며, 남성 취업률과의 차이점은 입대자의 유무 뿐이다.

$$학과별\ 여성취업률 = \frac{여성취업자}{여성졸업자 - 여성외국인 - 여성진학자}$$

59 ① 능력단위요소는 수행준거, 지식 · 기술 · 태도로 구성된다. 참고로 국가직무능력표준(NCS)의 능력단위는 능력단위분류번호, 능력단위정의, 능력단위요소(수행준거, 지식 · 기술 · 태도), 적용범위 및 작업상황, 평가지침, 직업기초능력 등으로 구성된다.

60 **기술 · 기능 분야 국가기술자격 검정기준**

등급	검정기준
기술사	해당 국가기술자격의 종목에 관한 고도의 전문지식과 실무경험에 입각한 계획 · 연구 · 설계 · 분석 · 조사 · 시험 · 시공 · 감리 · 평가 · 진단 · 사업관리 · 기술관리 등의 업무를 수행할 수 있는 능력 보유
기능장	해당 국가기술자격의 종목에 관한 최상급 숙련기능을 가지고 산업현장에서 작업관리, 소속 기능인력의 지도 및 감독, 현장훈련, 경영자와 기능인력을 유기적으로 연계시켜 주는 현장관리 등의 업무를 수행할 수 있는 능력 보유
기사	해당 국가기술자격의 종목에 관한 공학적 기술이론 지식을 가지고 설계 · 시공 · 분석 등의 업무를 수행할 수 있는 능력 보유
산업기사	해당 국가기술자격의 종목에 관한 기술기초이론 지식 또는 숙련기능을 바탕으로 복합적인 기초기술 및 기능업무를 수행할 수 있는 능력 보유
기능사	해당 국가기술자격의 종목에 관한 숙련기능을 가지고 제작 · 제조 · 조작 · 운전 · 보수 · 정비 · 채취 · 검사 또는 작업관리 및 이에 관련되는 업무를 수행할 수 있는 능력 보유

04 노동시장

61 ② 경쟁적 기업의 단기 노동수요는 노동의 한계생산가치를 말한다. 노동 한 단위를 더 투입하여 얻는 추가수입을 한계생산가치라고 하며, 이는 노동의 한계생산에 생산물의 가격을 곱한 것이다.

62 유발수요

기업이 노동과 자본 등의 생산요소를 고용하거나 구입하는 이유는 제품의 생산에 필요하기 때문이다. 따라서 노동수요의 궁극적인 원천은 기업이 생산하는 상품(재화 및 용역)에 대한 수요에 있다. 이러한 의미에서 노동에 대한 수요를 흔히 유발수요라고 한다. 이러한 노동수요의 특징 때문에 기업이나 산업의 노동수요는 그 상품에 대한 수요의 크기에 따라서 달라진다.

63 2차 노동시장의 특징

2차 노동시장은 1차 노동시장에 비해 저임금, 열악한 근로조건, 고용의 불안정과 높은 이직률을 나타낸다.

64 ③ 일반적으로 임금률이 상승하면 근로자는 근로시간을 늘리므로 노동 공급량이 증가한다. 근로자가 임금률의 변화에 대응하여 근로시간을 늘리는 행동을 할 때, 개인의 노동공급곡선은 우상향하는 기울기를 갖는다.

65 ② 가계생산의 기술이 향상될수록 기혼여성의 경제활동참가율은 상승한다.

66
- 경제활동인구＝(취업자＋실업자)＝2,000만명
- 실업률(A)
  ＝(실업자 수/경제활동인구)×100
  ＝(500만명/2,000만명)×100
  ＝25%
- 경제활동참가율(B)
  ＝(경제활동인구÷생산활동가능인구)×100
  ＝2,000만명÷(5,000만명－1,000만명)×100
  ＝50%

67 자발적 노동이동에 따른 순수익의 현재가치를 결정해주는 요인
- 구 직장과 신 직장 간의 효용 내지 수익의 차
- 새로운 직장에서의 예상근속년수
- 장래의 기대되는 수익과 현 직장에서의 수익의 차를 현재가치로 할인해 주는 할인율
- 노동이동에 따라 발생하는 직접비용 및 심리적 비용 등

68 ④ 노동공급이 증가하면 임금은 하락하게 되고, 임금이 하락하면 기업은 고용을 증가시킨다.

69 ① 주부 A씨는 조사대상 주간에 수입을 목적으로 1시간 이상 근로하였으므로 취업자에 해당한다.

70 수요독점의 노동시장

노동시장이 수요독점 상태인 경우 수요독점기업이 임의로 시장임금을 조정할 수 있을 것이며, 이러한 조건하에서 고용량은 수요곡선과 공급곡선에 의해 결정되는 것이 아닌 노동의 한계비용, 즉 한계요소비용(MFC)과 수요독점기업의 노동수요(D)에 해당하는 노동의 한계수입생산물(MRP_L)이 일치하는 수준($\to E_L$)에서 결정된다. 이때 기업은 결정된 고용량 수준에 해당하는 공급곡선(S)의 높이만큼 임금을 지불하게 된다($\to W_M$).

71 효율임금정책

기업주가 경영효율을 높이는 방안으로, 근로자에게 시장임금 이상의 높은 임금을 지불하는 정책을 말한다.

72 의중임금(Reservation Wage)

노동자가 기꺼이 일하려고 하는 최저한의 주관적 요구 임금수준이다. 근로자의 취업 여부를 결정하는 핵심적 요인으로서, 근로자는 제의된 일자리의 임금수준과 자신의 의중임금을 비교하여 일자리의 취업 여부를 결정하게 된다.

73 ④ 구조적 실업을 해소하기 위한 정책에 해당한다.

74 ② 외국근로자가 국내로 유입되면 그만큼의 국내 비숙련공의 취업률이 크게 떨어질 것으로 예상된다.

75 ② 한계생산력설에서는 근로자의 생산에 대한 기여에 의해 임금이 결정된다고 본다.

76 ④ 노동조합의 활동은 경쟁 외적 요인이다.

임금격차의 경쟁적 요인

근로자의 생산성 격차, 임금의 보상격차, 시장의 단기적 불균형

77 임금결정이론
- 임금기금설 : 19세기 밀(Mill, J.S.)에 의해서 주창된 이론으로 여러 이론에 영향을 주었는데 고임금은 실업을 야기한다는 고용이론과 임금상승운동은 반드시 물가상승을 야기하여 명목임금의 상승을 초래한다는 임금-물가 악순환론, 임금은 기업의 지불능력에 의해 의존한다고 하는 지불능력설, 생산력의 증가에 의해 임금이 상승한다는 생산력임금론, 한계생산력설 등이 대표적이다.
- 노동가치설 : 마르크스(Marx, K.H.)에 의해 주장된 것으로 노동력의 가치는 노동자 계급의 유지와 재생산에 필요한 생존수단을 생산하는데 필요한 노동시간에 의해 결정된다는 이론이다.
- 임금생존비설 : 리카도(Ricardo, D.)에 의해 주창된 이론으로 임금수준이 생존비(자연임금) 수준에서 결정된다는 것으로 임금철칙설이라고도 한다.

78 ④ 정부의 인위적인 자원배분에의 개입은 긍정적인 효과와 부정적인 효과를 동시에 가지고 있으므로, 정부의 인위적인 개입에 따라 발생할 수 있는 경제적 비효율로서 사중손실(Dead Weight Loss)에 의한 총 경제후생의 확대 혹은 축소 여부를 일률적으로 단정하기는 어렵다.

79 보상적 임금격차는 직종의 불리성이나 부담이 발생하는 원인에 따라 위신, 명성 등 비금전적 차이에서 비롯되는 것, 소득보장의 불안정성에서 비롯되는 것 그리고 학교훈련의 차이에서 비롯되는 것이 있다.

80 생산성 임금제에서 임금결정 방식
생산성 임금제에서는 명목임금 증가율을 명목생산성 증가율과 연계하여 임금인상을 결정한다. 특히 명목생산성 증가율을 산정할 때 실질생산성 증가율에 가격증가율(여기서는 물가상승률)을 반영하여야 하므로,

$$명목생산성증가율 = 실질생산성증가율 + 가격증가율(물가상승률)$$
$$= 7\% + 3\% \qquad \therefore \ 10\%$$

이와 같이 생산성 임금제에 따라 명목생산성이 10% 증가하였으므로, 명목임금도 10% 인상되어야 한다.

05 노동관계법규(Ⅰ)

81 경영상의 이유에 의한 해고 계획의 신고 시 포함하여야 하는 사항(근로기준법 시행령 제10조 제2항)
- 해고 사유
- 해고 예정 인원
- 근로자대표와 협의한 내용
- 해고 일정

82 ① 직업능력개발훈련은 민간의 자율과 창의성이 존중되도록 하여야 하며, 노사의 참여와 협력을 바탕으로 실시되어야 한다(국민 평생 직업능력 개발법 제3조 제2항).
② 동법 제3조 제1항
③ 직업능력개발훈련은 성별, 연령, 신체적 조건, 고용형태, 신앙 또는 사회적 신분 등에 따라 차별하여 실시되어서는 아니 되며, 모든 국민에게 균등한 기회가 보장되도록 노력하여야 한다(동법 제3조 제3항).
④ 동법 제3조 제6항

83 자영업자인 피보험자의 실업급여의 종류(고용보험법 제69조의2)
자영업자인 피보험자의 실업급여의 종류는 제37조(실업급여의 종류)에 따른다. 다만, 법령에 따른 훈련연장급여, 개별연장급여, 특별연장급여 등의 연장급여와 함께 조기재취업 수당은 제외한다.

84 당사자 간에 합의하면 1주간에 12시간을 한도로 제51조 및 제51조의2의 근로시간을 연장할 수 있고, 제52조 제1항 제2호의 정산기간을 평균하여 1주간에 12시간을 초과하지 아니하는 범위에서 제52조 제1항의 근로시간을 연장할 수 있다(근로기준법 제53조 제2항).

85 직업능력개발훈련이 중요시되어야 하는 대상자(국민평생직업능력개발법 제3조 제4항)
- 고령자 · 장애인
- 「국민기초생활 보장법」에 따른 수급권자
- 「국가유공자 등 예우 및 지원에 관한 법률」에 따른 국가유공자와 그 유족 또는 가족이나 「보훈보상대상자 지원에 관한 법률」에 따른 보훈보상대상자와 그 유족 또는 가족
- 「5 · 18민주유공자예우 및 단체설립에 관한 법률」에 따른 5 · 18민주유공자와 그 유족 또는 가족
- 「제대군인지원에 관한 법률」에 따른 제대군인 및 전역예정자
- 여성근로자
- 「중소기업기본법」에 따른 중소기업의 근로자
- 일용근로자, 단시간근로자, 기간을 정하여 근로계약을 체결한 근로자, 일시적 사업에 고용된 근로자
- 「파견근로자 보호 등에 관한 법률」에 따른 파견근로자
- 「학교 밖 청소년 지원에 관한 법률」에 따른 학교 밖 청소년

86 임금지급의 4대 원칙
통화불의 원칙, 직접불의 원칙, 전액불의 원칙, 매월 1회 이상 정기불의 원칙을 임금지급의 4대 원칙이라고 한다(근로기준법 제43조 참조). 임금을 매달 정액(고정급)으로 지불하여야 하는 것은 아니며, 임금을 일시적으로 지급하여야 하는 것도 아니다. 즉, 일시불의 원칙이나 정액불의 원칙은 근로기준법상의 임금지급의 원칙이 아니다.

87 ② 임금은 매월 1회 이상 일정한 날짜를 정하여 지급하여야 한다. 다만, 임시로 지급하는 임금, 수당, 그 밖에 이에 준하는 것 또는 대통령령으로 정하는 임금에 대하여는 그러하지 아니하다(근로기준법 제43조 제2항).
③ 사업이 한 차례 이상의 도급에 따라 행하여지는 경우에 하수급인이 직상 수급인의 귀책사유로 근로자에게 임금을 지급하지 못한 경우에는 그 직상 수급인은 그 하수급인과 연대하여 책임을 진다. 다만, 직상 수급인의 귀책사유가 그 상위 수급인의 귀책사유에 의하여 발생한 경우에는 그 상위 수급인도 연대하여 책임을 진다.
④ 사용자는 근로자가 출산, 질병, 재해, 그 밖에 대통령령으로 정하는 비상(非常)한 경우의 비용에 충당하기 위하여 임금 지급을 청구하면 지급기일 전이라도 이미 제공한 근로에 대한 임금을 지급하여야 한다(동법 제45조).

88 근로시간, 휴게 및 휴일에 관한 규정의 적용 제외(근로기준법 제63조 및 시행령 제34조 참조)
- 토지의 경작 · 개간, 식물의 재식 · 재배 · 채취 사업, 그 밖의 농림 사업
- 동물의 사육, 수산 동식물의 채취 · 포획 · 양식 사업, 그 밖의 축산, 양잠, 수산 사업
- 감시 또는 단속적으로 근로에 종사하는 사람으로서 사용자가 고용노동부장관의 승인을 받은 사람
- 사업의 종류에 관계없이 관리 · 감독 업무 또는 기밀을 취급하는 업무에 종사하는 근로자

89 ④ 고용유지지원금은 사업주에게 지급되는 것이다.

90 ④ 사용자는 1년간 80퍼센트 이상 출근한 근로자에게 15일의 유급휴가를 주어야 한다(근로기준법 제60조 제1항).
① 동법 제54조 제1항
② 동법 제55조 제1항
③ 동법 제54조 제2항

91 ① 미성년자의 근로계약은 친권자나 후견인이 대리할 수 없으며(근로기준법 제67조 제1항), 친권자 또는 후견인의 동의를 얻어 본인이 직접 체결하여야 한다.

92 근로자공급사업의 허가를 받을 수 있는 자(직업안정법 제33조 제3항)
근로자공급사업은 공급대상이 되는 근로자가 취업하고자 하는 장소를 기준으로 하여 국내 근로자공급사업과 국외 근로자공급사업으로 구분하며, 각각의 사업의 허가를 받을 수 있는 자의 범위는 다음과 같다.
• 국내 근로자공급사업 : 「노동조합 및 노동관계조정법」에 의한 노동조합
• 국외 근로자공급사업 : 국내에서 제조업 · 건설업 · 용역업, 그 밖의 서비스업을 하고있는 자. 다만, 연예인을 대상으로 하는 국외 근로자공급사업의 허가를 받을 수 있는 자는 「민법」에 따른 비영리법인으로 함

93 ① 직업소개사업을 하는 자와 그 종사자는 구직자의 연령을 확인하여야 하며, 18세 미만의 구직자를 소개하는 경우에는 친권자나 후견인의 취업동의서를 받아야 한다(직업안정법 제21조의3 제1항).
② 국내 유료직업소개사업을 하려는 자는 주된 사업소의 소재지를 관할하는 특별자치도지사 · 시장 · 군수 및 구청장에게 등록하여야 한다(동법 제19조 제1항).
④ 직업소개사업자(법인의 임원도 포함) 또는 그 종사자는 결혼중개업, 숙박업, 식품접객업[휴게음식점영업 중 주로 다류를 조리 · 판매하는 영업(영업자 또는 종업원이 영업장을 벗어나 다류를 배달 · 판매하면서 소요 시간에 따라 대가를 받는 형태로 운영하는 경우로 한정), 단란주점영업, 유흥주점영업]에 해당하는 사업을 경영할 수 없다(동법 제26조).

94 ① 조합원이 100인 이상인 단위노동조합, 산업별 연합단체인 노동조합 또는 총연합단체인 노동조합에서 노동조합업무전담자로 2년 이상 근무한 경력이 있는 자는 유료직업소개사업등록을 할 수 있다(직업안정법 시행령 제21조 제1항 제4호).

95 ② 채용절차의 공정화에 관한 법률 시행령 제2조 제1항
① · ③ 구인자는 구직자의 채용 여부가 확정된 이후 구직자(확정된 채용대상자는 제외)가 채용서류의 반환을 청구하는 경우에는 본인임을 확인한 후 대통령령으로 정하는 바에 따라 반환하여야 한다. 다만, 법령에 따라 홈페이지 또는 전자우편으로 제출된 경우나 구직자가 구인자의 요구 없이 자발적으로 제출한 경우에는 그러하지 아니하다(동법 제11조 제1항).
④ 채용서류의 반환에 소요되는 비용은 원칙적으로 구인자가 부담한다(동법 제11조 제5항).

96 직업능력개발훈련은 성별, 연령, 신체적 조건, 고용형태, 신앙 또는 사회적 신분 등에 따라 차별하여 실시되어서는 아니 되며, 모든 국민에게 균등한 기회가 보장되도록 노력하여야 한다(국민 평생 직업능력 개발법 제3조 제3항).

97 ② · ③ 수리된 구직신청의 유효기간은 3개월로 한다. 다만, 구직급여 수급자, 직업훈련 또는 직업안정기관의 취업지원 프로그램에 참여하는 구직자의 구직신청의 유효기간은 해당 프로그램의 종료시점을 고려하여 직업안정기관의 장이 따로 정할 수 있고, 국외 취업희망자의 구직신청의 유효기간은 6개월로 한다(직업안정법 시행규칙 제3조 제2항).
① 수리된 구인신청의 유효기간은 15일 이상 2개월 이내에서 구인업체가 정한다(동법 시행규칙 제3조 제1항).
④ 직업안정기관의 장은 접수된 구인신청서 및 구직신청서를 1년간 관리 · 보관하여야 한다(동법 시행규칙 제3조 제3항).

98 ④ 평생교육시설의 설치인가취소 또는 등록취소를 처분받고 1년이 지나지 아니한 자 또는 평생교육과정의 운영정지처분을 받고 그 정지기간 중에 있는 자(국민 평생 직업능력 개발법 제29조 제7호).

99 적용범위(남녀고용평등과 일 · 가정 양립 지원에 관한 법률 제3조 제1항)
근로자를 사용하는 모든 사업 또는 사업장(사업)에 적용한다. 다만, 대통령령으로 정하는 사업에 대하여는 이 법의 전부 또는 일부를 적용하지 아니할 수 있다.

100 개인정보의 수집 · 이용(개인정보 보호법 제15조 제2항)
개인정보처리자는 개인정보의 수집 · 이용에 대해 정보주체의 동의를 받을 때에는 다음의 사항을 정보주체에게 알려야 하며, 다음의 어느 하나의 사항을 변경하는 경우에도 이를 알리고 동의를 받아야 한다.
• 개인정보의 수집 · 이용 목적
• 수집하려는 개인정보의 항목
• 개인정보의 보유 및 이용 기간
• 동의를 거부할 권리가 있다는 사실 및 동의 거부에 따른 불이익이 있는 경우에는 그 불이익의 내용

6회 정답 및 해설

제1과목	01	02	03	04	05	06	07	08	09	10	11	12	13	14	15	16	17	18	19	20
	③	①	③	③	②	①	④	②	③	④	②	②	②	③	③	②	④	①	②	④
제2과목	21	22	23	24	25	26	27	28	29	30	31	32	33	34	35	36	37	38	39	40
	②	③	①	④	①	②	①	①	④	③	④	③	③	④	①	③	①	③	③	②
제3과목	41	42	43	44	45	46	47	48	49	50	51	52	53	54	55	56	57	58	59	60
	④	②	①	③	②	④	②	③	②	③	③	④	③	③	②	①	④	①	③	④
제4과목	61	62	63	64	65	66	67	68	69	70	71	72	73	74	75	76	77	78	79	80
	④	③	①	③	②	②	②	②	③	③	①	②	②	①	③	③	④	③	③	③
제5과목	81	82	83	84	85	86	87	88	89	90	91	92	93	94	95	96	97	98	99	100
	③	②	③	②	③	②	④	②	④	③	③	③	③	③	②	③	②	③	④	④

01 직업심리

01 동기부여이론
- 내용이론 : 맥그리거의 X · Y 이론, 앨더퍼의 ERG 이론, 아지리스의 성숙-미성숙이론, 매슬로우와 셰인의 이론 등
- 과정이론 : 브룸의 선호 · 기대이론, 포터와 라울러의 업적 · 만족이론, 지오르고폴로스의 통로 · 목표이론 등

02 스트레스를 경험하는 정도의 차이를 설명할 수 있는 요인들 중의 하나가 개인의 성격이다. 인간의 성격유형은 'A 유형(Type A)'과 'B 유형(Type B)'으로 나눌 수 있는데 이는 직무스트레스를 경험하는 정도와 밀접하게 관련되어 있다.
- A 유형 : 걸음걸이나 말이 빠르고, 야심이 많고, 공격적이고, 시간적 강박관념에 사로잡혀 한꺼번에 여러 가지 일을 하려고 하고, 항상 바쁘게 지내고, 할 일이 있으면 빨리 해놓아야 직성이 풀린다.
- B 유형 : 야심도 많고 일도 열심히 하지만 마음의 여유를 가지며 조급하게 생각하지 않고 주로 작업의 질에 관심을 갖는다.

03 ① 표식검사 - 운동반응
② 계수검사 - 수리능력
④ 평면도 판단검사 - 공간적성

04 ③ 탐구적 유형에 대한 설명이다.
탐구적 유형(Investigative Type)
논리적이고 분석적이고 탐구심과 지적 호기심이 많으며, 수줍음을 잘 타고 신중하다. 물리적 · 생물학적 · 문화적 현상을 탐구하는 활동에는 흥미를 보이지만, 사회적이고 반복적인 활동에는 관심이 부족한 면이 있으며, 과학자, 생물학자 등이 속하는 유형이다.

05 ① 일반적으로 진로변경은 계획적 혹은 미계획적, 자발적 혹은 비자발적인 것으로 구분할 수 있다. 다만, 개인이 자신이 선택한 직업에 대해 만족하지 않고 보다 적극적으로 자신의 상황을 개선하기 위해 계획적 · 자발적으로 직업전환을 시도할 수도 있다.
③ 일반적인 직업발달 단계는 '소양-인식-탐색-준비-확정' 순으로 구분할 수 있다.
④ 진로탐색의 내용에 해당한다. 진로탐색은 진로발달의 한 과정으로서, 흥미를 가지고 있는 직종에 대해 여러모로 조사하고 진로계획의 수정 및 보완에 반영할 수 있도록 견학, 현장실습, 자원인사 및 산업체인사와 접촉의 기회를 가지는 것이다.

06 ① T점수는 평균이 0, 표준편차가 1인 Z점수의 단점을 보완하기 위해 Z점수에 10을 곱한 후 50을 더하여 평균이 50, 표준편차가 10인 분포로 전환시킨 것이다.

07 ④ 규준은 절대적 · 보편적 · 영구적인 것이 아니다.

08 ② 맥락주의에서는 개인과 환경의 상호작용과 다각적인 관계를 강조한다.

09 직무기술서
직무분석과정을 거쳐 가장 먼저 작성되는 것으로 직무명, 직무개요, 직무요건 등으로 구성되어 있다.

10 ④ 셀리에(Selye)가 제시한 스트레스에 의한 일반적응증후군의 3단계는 '경계단계(경고반응단계) → 저항단계(저항반응단계) → 탈진단계(소진단계)' 순으로 전개된다.

11 적응기제
욕구불만이나 갈등을 합리적으로 해결할 수 없을 경우 욕구만족을 위하여 비합리적인 양식으로라도 어떠한 반응을 구하는 것을 말한다. 적응기제는 방어기제(보상, 합리화, 동일시, 승화, 반동형성 등), 도피기제(고립, 퇴행, 억압, 백일몽 등), 공격기제(직 · 간접적인 공격기제)로 구분한다.

12 레빈슨(Levinson)의 인생구조이론
- 연령의 증가에 따라 성인의 인생구조는 일정한 '계열(Sequence)'을 형성한다고 보았다.
- 출생에서 죽음에 이르는 과정으로서 '인생구조' 또는 '인생주기'는 마치 자연의 사계절과 같은 진행과정을 나타내 보이는데, 이는 사계절의 질적인 특징이 인간발달의 양상과 유사하기 때문이다.
- 인간발달은 안정과 변화의 계속적인 과정을 통해 순환하면서 점진적으로 이루어지며, 그 변화과정은 과거 · 현재 · 미래를 연결하는 연속 선상에 놓이게 된다.

13 직업적응이론(TWA ; Theory of Work Adjustment)
- 직업적응이론은 미네소타 대학의 Dawis와 Lofquist가 1950년대 후반부터 수행해온 직업적응 프로젝트의 연구 성과를 바탕으로 정립되었다.
- 특성-요인이론의 성격을 지니는 이론으로서, 개인의 특성에 해당하는 욕구와 능력을 환경에서의 요구사항과 연관 지어 직무만족이나 직무 유지 등의 진로행동에 대해 설명하고자 한다.

14 A. 개인이 속한 연령집단 가운데 상대적 위치를 나타낸다.
D. 지능지수는 정신연령(MA)을 생활연령(CA)으로 나눈 비율에 100을 곱하여 얻어진 지수이다. 편차지능지수(DIQ)는 각 연령집단의 대표적인 표집을 중심으로 각 연령의 평균이 100이고 표준편차가 15인 표준점수로 나타내고 있다.

15 ③ 표준오차(Standard Error)는 5% 내외의 수치이므로 크건 작건 큰 차이로 받아들이지 않는다. 다만, 표준오차가 너무 큰 경우 검사 자체가 무의미해진다.
① 검사의 표준오차는 작을수록 좋다.
② 검사의 표준오차는 신뢰도를 나타내는 수치이다.
④ 표준오차는 표본추출의 과정에서 발생하는 오차와 연관된 것으로서, 표본이 모집단으로부터 얼마나 떨어져 있는지를 나타낸다. 반면, 표준편차는 점수집합 내에서 점수들 간의 상이한 정도, 즉 변수 값이 평균값에서 어느 정도 떨어져 있는지를 나타낸다.

16 ② 방과 후의 교실청소라는 부정적 자극을 제거함으로써 착한 행동을 증가시킨다. 즉, 부정적 자극을 제거함으로써 반응빈도를 증가시키는 부적 강화에 해당한다.

17 ④ 동형검사 신뢰도에 대한 내용이다.
동형검사 신뢰도
검사의 문항은 다르지만 문항 사이의 동질성이 높은 검사를 동일한 사람에게 시행한 후에 얻은 점수들 간의 상관도를 분석하는 것이다.

18 ① 부적응행동을 판별하는 절대적인 기준은 없다.

19 에릭슨의 심리사회적 발달단계
총 12단계로 구분하였으며, 그중 프로이트의 성격발달단계와 유사한 것은 4단계이다.
- 1단계(신뢰감 대 불신감) : 프로이트의 구강기와 유사한 단계로, 인간이 가장 무력한 시기인 출생 후 1년 이내에 나타난다.
- 2단계(자율성 대 의심, 수치심) : 프로이트의 항문기에 해당되는 2~3세 동안 아이들은 걷고, 기어오르고, 밀고 당기며, 사물을 관찰한다.
- 3단계(주도성 대 죄의식) : 프로이트의 생식기와 유사한 단계이다.
- 4단계(근면성 대 열등감) : 프로이트의 잠복기와 유사한 단계이다.

20 ④ 권위 있는 인물에 대한 적개심 때문에 그의 요구를 무시하거나 미룬다.

02 직업상담 및 취업지원

21 직업상담의 일반적인 5단계 과정
관계수립 및 문제의 평가 → 상담목표의 설정 → 문제해결을 위한 개입 → 훈습(Working Through) → 종결 및 추수지도

22 인지상담의 기법
- 인지적 기법 : 내담자가 가진 비합리적 신념에 대한 논박이 주를 이루고 그 밖에 토론이나 설명하기 또는 가르치거나 독서하기 등의 방법이 포함된다.
- 정서적 기법 : 논박을 통해 인지적 사고과정에 직접 개입하는 방법은 아니지만, 그렇다고 카타르시스처럼 감정을 정화하고 편안함을 경험하게 하려는 것은 아니며, 정서적 경로를 통해 내담자의 사고를 변화시키려는 방법들이다.
- 행동적 기법 : 내담자들은 그들이 싫어하거나 꺼리는 행동들을 실제로 해봄으로써 그 행동을 통해 자신의 비합리적 사고와 변화과정을 통찰하고 새로운 행동을 습득하도록 한다.

23 생애진로사정
내담자에 대한 가장 기초적인 직업상담정보를 얻는 평가 절차로 부분적으로 아들러(Adler)의 개인주의심리학에 기반을 두고 있다. 아들러는 세상에 대한 개인의 관계를 일, 사회(사회적 관계), 성(우정)이라는 세 가지 생활영역으로 나누었는데, 이 세 영역은 하나의 변화는 다른 것의 변화를 수반하는 식으로 얽혀 있어서 서로 분리해서 다룰 수 없다고 보았다. 생애진로사정을 통해 얻을 수 있는 정보들은 다음과 같다.
- 내담자의 직업경험과 교육수준을 나타내는 객관적인 사실
- 내담자 자신의 기술과 유능성에 대한 자기평가 및 상담자의 평가정보
- 내담자 자신의 가치관과 자기인식

24 ④ 내담자중심 상담의 방법은 '기법보다는 태도를 필수적으로 한다'고 보고 있다. 심리치료에 있어서 이상적인 기능을 수행하는 내담자중심의 상담자가 지녀야 할 세 가지 태도로는 일치성(진실성), 공감적 이해, 무조건적 수용(긍정적 존중)이 있다.

25 ① '질문내용 구상하기'가 아닌 '답변내용 구상하기'에 해당한다.

26 ② '내현적 가감법 또는 내면적 가감법(Covert Sensitization)'은 예를 들어 알코올중독자에게 술을 마신 자신의 모습과 함께 자신이 취한 상태에서 표출할 수 있는 난처한 상황들을 상상해보도록 함으로써 알코올중독에서 벗어나도록 하는 기법이다.

27 상담자의 윤리로서 비밀보장 원칙의 예외사항
- 내담자가 자기의 생명을 위협할 가능성이 있다고 판단되는 경우
- 내담자가 타인의 생명을 위협할 가능성이 있다고 판단되는 경우
- 미성년(연소자)이 어떠한 형태로든 학대를 받고 있다는 사실이 보고되는 경우

28 희망직업, 자신의 흥미 및 적성에 대한 이해가 부족한 내담자를 상담하게 되었을 때 상담 및 직업지도 서비스 업무과정은 '직업적성검사 및 흥미검사 실시 → 직업지도 시스템을 통한 검사결과 처리 → 적합 직업 탐색 → 직업에 관한 상세 정보 제공'이다.

29 ① 수 용
② 환 언
③ 명료화

30 내담자의 문제를 개념화하는 데 필요한 정보
- 열거된 문제들 가운데서 가장 중요하고 심각한 문제의 파악, 호소문제가 나타나는 내담자 생활의 영역들
- 양상·호소문제와 관련된 내담자의 기분이나 감정·사고, 신체화 증상·호소문제와 관련된 주요 인간관계
- 문제의 원인들(지속시켜 온 원인들 및 직접적으로 관련된 또는 선행된 사건들)
- 문제로 인한 결과 또는 상황들과 문제의 심각성 정도에 대한 본인의 지각이나 판단
- 문제의 해결이나 극복을 위해 활용될 수 있는 내담자의 강점과 사회적 지원 등

31 무조건적 존중(Unconditional Respecting Regard)
내담자를 돌보고 도와주는 것에 대해 조건을 달지 않고, 인간으로서의 가치를 무조건 존중하는 태도이다.

32 일치성
상담자가 상담 장면에서 거짓과 꾸밈이 없는 태도로 내담자를 만나고 상담에 임하는 것을 말한다.

33 엘리스(Ellis)의 인지적·정서적 상담의 기본적인 절차 'ABCDE 모델'
'A(Activating Event)'는 내담자의 감정을 동요하거나 내담자의 행동에 영향을 미치는 선행사건, 'B(Belief System)'는 선행사건에 대한 내담자의 비합리적 신념체계 또는 사고체계, 'C(Consequence)'는 선행사건을 경험한 후 자신의 비합리적 신념체계를 통해 그 사건을 해석함으로써 느끼게 되는 정서적·행동적 결과, 'D(Dispute)'는 비합리적 신념체계가 사리에 부합하는 것인지 논리성·실용성·현실성에 비추어 판단하는 논박, 'E(Effect)'는 논박으로 인해 나타나는 효과를 의미한다.

34 요 약
내담자 스스로 자신에 대해 알게 된 내용을 요약해 보도록 함으로써 자기인식을 증진 시키며, 문제 해결 및 장애 극복을 위해 목표달성계획을 세울 수 있도록 한다.

35 ②·④ 한계의 오류
③ 논리적 오류

36 즉시적 반응
즉시성이란 '상담관계에서 상담자와 내담자 간에 현재 이루어지는 상호작용'을 의미한다. 따라서 즉시적 반응이란 현재 내담자와 대화를 하며 상담자가 내적으로 경험하는 것을 활용하여 피드백을 주는 것을 의미한다.

37 ① 재진술(바꿔 말하기)과 감정의 반영(반향) 등이 주로 이용되는 초기상담의 유형은 관계지향적 면담에 해당한다.

38 ③ 인간중심적 이론에 기초한 상담에서 상담목표는 내담자의 개인적 독립성과 통합성을 구현하여 한 개인이 완전히 기능하는 사람이 되도록 하는 것이다.

39 ③ 심층적인 내면의 심리를 다루기에는 개인상담이 더 효율적이다.
집단상담의 장·단점

장 점	단 점
· 제한된 시간 내에 적은 비용으로 보다 많은 내담자들에게 접근할 수 있다. · 효과적인 집단에는 언제나 직접적인 대인적 교류가 있으며, 이것이 개인적 탐색을 도움으로써 개인의 성장과 발달을 촉진시킨다. · 집단 내 다른 사람으로부터 피드백을 받으면서 자신의 문제에 대한 통찰력을 얻는다. · 지도성과 사회성을 기르도록 함으로써 타인과의 상호교류를 증진한다. · 내담자들이 개인상담보다 집단상담을 더 쉽게 받아들이는 경향이 있다. · 직업성숙도가 낮은 사람들에게 적합하다.	· 내담자의 개인적인 문제를 등한시할 수 있다. · 집단상담은 구성원 각자의 사적인 경험을 구성원 모두가 공유하기 때문에 비밀유지가 어렵다. · 시간적으로나 문제별로 집단을 구성하기가 쉽지 않다. · 개인에게 집단의 압력이 가해지는 경우 구성원의 개성이 상실될 우려가 있다.

40 ① 직업전환 상담은 실업·실직 위기상황에 있거나 전직의 의도가 있는 직업인을 대상으로 직업경로 사항, 요구되는 전문지식, 직업전환을 위한 준비상태 등에 관한 정보를 수집 및 제공한다.
③ 구인·구직 상담은 구직표 또는 구인표에 작성된 정보가 누락되지 않았는지 확인하며, 특히 구인처의 조직문화, 요구되는 자질 및 요건, 근로 조건상의 특이사항, 우대조항, 진급 및 승진, 복지 등에 관한 상세한 정보를 수집한다.
④ 경력개발 상담은 주로 직업인을 대상으로 직무경험을 통해 경력경로를 설정하고 경력개발을 할 수 있도록 돕는다.

03 직업정보

41 ④ 시청각효과의 활용은 효과적인 직업정보가공에 도움이 된다.

42 ① 한시적으로 신속하게 생산되어 운영된다.
③ 유료로 제공된다.
④ 부가적인 파급효과는 적다.
직업정보의 종류 및 특징

구 분	민간직업정보	공공직업정보
정보제공의 지속성	불연속적·단절적	지속적
직업의 분류 및 구분	생산자의 자의성 개입	객관적·일관적인 기준에 의거
조사·수록되는 직업의 범위	제한적	포괄적(전체 직업 대상)
다른 정보와의 관계	그 자체로서 완결적인 정보, 다른 정보와의 관련성 낮음	기초정보의 성격, 다른 정보에 미치는 영향이 크며 관련성 높음
정보획득 비용	유 료	무 료

43 『2020 한국직업사전』에서 수록하고 있는 정보는 전국적인 사업체에서 유사한 직무가 어떻게 수행되는가에 대한 포괄적인 조사·분석·연구 결과를 토대로 한 것으로, 수록된 직업정보들은 '직업코드', '본직업명', '직무개요', '수행직무', '부가 직업정보' 등 크게 5가지 항목으로 구성된다.

44 **공공직업정보**
- 정부 및 공공단체와 같은 비영리기관에서 공익적인 목적으로 생산·제공된다.
- 특정한 시기에 국한되지 않고 지속적으로 조사·분석하여 제공되며 장기적인 계획 및 목표에 따라 정보체계의 개선작업 수행이 가능하다.
- 특정 분야 및 대상에 국한되지 않고 전체 산업 및 업종에 걸친 직종(업)을 대상으로 한다.
- 국내 또는 국제적으로 인정되는 객관적인 기준(예 국제표준직업분류 및 한국표준직업분류 등)에 근거한 직업 분류이다.
- 직업별로 특정한 정보만을 강조하지 않고 보편적인 항목으로 이루어진 기초적인 직업정보체계로 구성된다.
- 관련 직업정보의 비교·활용이 용이하고, 공식적인 노동시장통계 등 관련 정보와 결합하여 제반 정책 및 취업알선과 같은 공공목적에 사용이 가능하다.
- 정부 및 공공기관 주도로 생산·운영되므로 무료로 제공된다.

45 ③ 비정규직 근로자의 정규직 전환, 전일제 근로자의 시간 선택제 근로자로의 전환, 시차출퇴근제·재택근무제 등 유연근무제 도입 등은 고용안정장려금과 연관된다.

46 ④ 다른 통계와의 관련성 및 여러 측면을 고려해야 한다.

47 **취업희망자 및 근로자가 주로 사용하는 직업정보**
구인자 현황, 기업문화, 직업생활의 질, 전문가가 되는 길, 직업인의 자세, 노동시장의 변화, 취업처

48 유효구직자 수는 구직신청자 중 해당 월말 현재 알선 가능한 인원수의 합을 말한다.
유효구직자 수
(해당 월말) 등록 마감된 구직자 수−취업된 구직자 수

49 **고용보험의 사업체계**
- 고용안정사업 : 근로자를 감원하지 않고 고용을 유지하거나 실직자를 채용하여 고용을 늘리는 사업주를 지원하여 근로자의 고용안정 및 취업취약계층의 고용촉진을 지원한다.
- 직업능력개발사업 : 사업주가 근로자에게 직업훈련을 실시하거나 근로자가 자기개발을 위해 훈련을 받을 경우 사업주·근로자에게 일정 비용을 지원한다.
- 실업급여사업(실업보험사업) : 근로자가 실직하였을 경우 일정 기간 동안 실직자와 그 가족의 생활 안정 및 원활한 구직활동을 위해 실업급여를 지급한다.

50 **워크넷(직업·진로)에서 제공하는 학과정보**
- 학과소개 : 학과의 전반적인 개요, 적성 및 흥미
- 관련학과/교과목 : 관련학과, 주요 교과목, 취득자격면허(국가자격, 민간자격)
- 개설대학 : 전공별 개설대학교 및 개설전문대학교(홈페이지 링크 연결)
- 진출직업 : 학과 졸업 후 진출 가능한 직업 소개('직업정보 찾기'로 링크 연결)
- 취업현황 : 입학지원자, (성별)입학자, (성별)졸업자, (성별)취업자, 취업률 등

51 **직업정보의 사용목적**
- 동기부여 : 흥미유발, 토론자극, 태도변화, 더 나은 조사를 위한 동기부여

- 지식전달
  - 알지 못했던 직업에 대한 인식
  - 직무를 수행하는 회사나 공장 등의 유형에 대한 지식 확대
  - 한 직업에서 일하는 활동과 일의 과정, 환경 등에 관한 지식 습득

52 **구인·구직일람표**
노동력이 필요한 기업과 일자리가 필요한 구직자가 제공한 구인·구직 정보를 표로 작성한 것을 말한다. 경력과 학력이 배경인 질문 중심의 과거 지향적 정보이므로 최신 자료를 반영하지 못하여 인터넷을 이용한 취업알선보다 비효율적이다.

53 ④ 워크넷을 이용한 구인·구직자들만을 대상으로 하므로, 통계자료가 노동시장 전체의 수급상황과 일치하지 않을 수도 있으니 이점에 유의하여 통계를 사용해야 한다.

54 ① 산재보험제도 : 근로자의 업무상 재해에 대해 국가가 사업주로부터 소정의 보험료를 징수하여 그 기금으로 사업주를 대신하여 보상한다.
② 건설근로자 퇴직공제제도 : 사업주가 건설근로자를 피공제자로 하여 건설근로자공제회에 공제부금을 내고 그 피공제자가 건설업에서 퇴직하는 등의 경우에 건설근로자공제회가 퇴직공제금을 지급한다.
④ 두루누리사업(소규모사업장 저임금근로자 사회보험료 지원) : 소규모 사업장, 저임금근로자의 사회보험(고용보험·국민연금) 보험료 부담분의 일부를 지원하여 사회보험 가입 확대 및 사회안전망 강화를 도모한다.

55 **청년 대상 고용정책과 중장년 대상 고용정책**
- 청년 대상 고용정책 : 청년내일채움공제·대학창조일자리센터 운영·청년취업아카데미·일학습병행제·NCS 기반 능력중심 채용 확산·고용디딤돌프로그램·중소기업탐방프로그램·재학생 직무체험·해외취업지원·세대 간 상생 고용지원
- 중장년 대상 고용정책 : 고용연장지원금·임금피크제지원금·장년고용지원금·사회공헌활동 지원·중장년 일자리희망센터·생애경력설계서비스·고령자인재은행

56 ① 일정 요건을 충족한 신청자에게는 참여수당, 취업성공수당을 지급하며, 특히 취업성공패키지에 참여 중인 청년들에 대해 청년구직활동수당을 지원한다.
취업성공패키지의 의의 및 목적
- 일정 소득수준 이하의 저소득층의 취업지원을 목적으로 하는 통합적인 취업지원제도이다.
- 저소득층의 취업에 대한 간접적인 지원 내지 유인제도인 자활사업이나 재정에 의한 일자리 지원사업 및 근로장려세제 등과는 내용적인 측면에서 차이가 있다.
- 중위소득 60% 이하인 차차상위계층 및 중위소득 100% 이하인 중장년층까지를 정책대상으로 설정하고 있다. 즉, 차상위계층까지만을 정책대상으로 하는 자활사업이나 근로장려세제와는 정책대상의 범위에 있어서 근본적인 차이가 있다.
- 상대적 빈곤선 이상의 빈곤 위험계층까지를 포함하는 근로빈곤층 관련 포괄적인 취업지원제도이다.
- 지원대상자의 개인별 취업역량 등에 대한 정확한 진단을 토대로 통상 1년의 기간 내에서 단계별로 통합적인 취업지원을 실시한다.
- 일정 요건을 충족한 신청자에게는 참여수당, 취업성공수당을 지급하며, 특히 취업성공패키지에 참여 중인 청년들에 대해 청년구직활동수당을 지원한다.

57 직업정보(고용정보)의 처리과정(관리과정)에서 '제공' 다음에 '축적'의 과정을 제시하기도 한다. 일반적으로 6단계 과정이 널리 알려져 있으나, 직업상담사 시험에서 5단계, 6단계 혹은 7단계로 제시될 수도 있으므로, 다음과 같이 정리하기 바란다.
- 5단계 : 수집 → 분석 → 가공 → 제공 → 평가
- 6단계 : 수집 → 분석 → 가공 → 체계화 → 제공 → 평가
- 7단계 : 수집 → 분석 → 가공 → 체계화 → 제공 → 축적 → 평가

58 ① 지역차원의 고용사업 토대가 될 수 있는 인적네트워크 구성과 지역노동시장 정보체계의 기반을 구축한다.
지역산업맞춤형 일자리창출 지원사업
지역의 고용창출 및 인적자원 개발을 위해 지자체가 지역의 고용 관련 비영리법인(단체)과 협업 네트워크를 구성하여 사업을 제안하고 고용창출 등에 효과가 클 것으로 판단되는 사업을 선정하여 사업비를 보조 · 관리 · 감독하여 추진하는 사업이다.

59 ③ 공공직업정보는 정부 및 공공단체와 같은 비영리기관에서 공익적인 목적으로 생산 · 제공된다. 정부 및 공공기관 주도로 생산 · 운영되므로 정보는 무료로 제공된다.

60 ① 기능사 자격을 취득한 후 응시하려는 종목이 속하는 동일 및 유사 직무분야에서 3년 이상 실무에 종사한 사람
③ 동일 및 유사 직무분야의 산업기사 수준 기술훈련과정 이수자로서 이수 후 응시하려는 종목이 속하는 동일 및 유사 직무분야에서 2년 이상 실무에 종사한 사람
④ 2년제 전문대학 관련학과 졸업자 등으로서 졸업 후 응시하려는 종목이 속하는 동일 및 유사 직무분야에서 2년 이상 실무에 종사한 사람

04 노동시장

61 ④ 훈련연장급여는 실업급여 중 연장급여에 해당한다.

62 ③ 수요와 공급이 조절되는 기간을 길게 잡고 시장을 분석하면 노동시장에서도 경쟁을 통한 수요 · 공급의 조절이 관철된다. 어떤 제도나 관행의 힘이 경쟁에 의해 성취할 수 있는 합리성의 달성을 저해한다면 장기적으로 이러한 제도나 관행을 수정하거나 폐지할 것이기 때문이다.

63 ① 한계생산력설에서는 근로자의 생산에 대한 기여에 의해 임금이 결정된다고 본다. 이 이론은 한계혁명의 결과 등장한 신고전학파의 가격이론을 임금에 적용한 것이다.

64 ② 장기노동수요곡선은 노동 이외의 다른 생산요소를 함께 변화시켜가면서 고용량을 조정하므로 단기노동수요곡선보다 탄력적이다.
노동수요의 탄력성 결정요인
- 생산물에 대한 수요가 탄력적일수록 노동의 수요도 탄력적이다.
- 총생산비 중에서 노동비용이 차지하는 비중에 의해서도 영향을 받는다.
- 노동비용이 차지하는 비중이 클수록 노동수요의 탄력성이 크다.
- 노동을 타 요소로 대체할 수 있는 가능성이 크면 노동수요의 탄력성은 커진다.
- 노동 이외의 다른 생산요소의 공급탄력성이 클수록 노동수요의 탄력성도 커진다.

65 **구조적 실업**
노동력 공급과 수요구조가 서로 달라졌기 때문에 생기는 실업이다. 노동력 수급구조의 변동은 지역 간 발전 불균등, 산업 간 성장 불균등, 기술 변화로 인한 직업별 수요구조의 변동, 베이비 붐 세대의 노동시장 진입과 같은 노동력 공급 변동에 수요가 일치하지 않아서 생길 수 있다.

66 노동수요의 (임금)탄력성은 다음의 공식으로 나타낼 수 있다.

$$노동수요의\ (임금)탄력성 = \frac{노동수요량의\ 변화율(\%)}{임금의\ 변화율(\%)}$$

- 노동수요량의 변화율$(\%) = \frac{10,000 - 9,000}{10,000} \times 100 = 10(\%)$
- 임금의 변화율$(\%) = \frac{6,000 - 5,000}{5,000} \times 100 = 20(\%)$
- 노동수요의 임금탄력성 $= \frac{10(\%)}{20(\%)} = 0.5(\%)$ ∴ 0.5

67 **직무급체계**
각 직무의 중요도 · 난이도 · 책임도 등에 의하여 직무가치를 평가, 그 가치에 맞게 임금을 결정하는 체계이다.

68 **임금의 분류**

임금 ─┬─ 정액급여 ─┬─ 기본급 ─┐
　　　├─ 초과급여 　├─ 통상적 수당 ─┤─ 통상임금
　　　└─ 특별급여 　└─ 기타수당 ─┘

69 **노동수요의 특징으로서 파생수요 또는 유발수요(Derived Demand)**
노동의 수요주체인 기업에서는 노동을 수요함에 있어서 항상 상품시장에서의 최종생산물의 판매와 결부시켜 노동을 수요하려고 하기 때문에 기업의 노동에 대한 수요는 기업에서 생산된 상품에 대한 소비자들의 수요에 크게 영향을 받게 된다. 이와 같이 노동의 수요가 소비자들의 상품에 대한 수요에 의해 파생된다는 의미에서 '파생수요' 또는 '유발수요'라고 하는 것이다.

70 ③ 할인율이 작을수록 순수익의 현재가치는 높아진다.

71 ① 일반적으로 임금이 상승하면 여가시간은 줄고 노동공급량은 증가하므로 개인의 노동공급곡선은 우상향의 기울기를 갖는다. 그러나 임금이 일정한 수준 이상으로 상승하면 소득효과가 대체효과보다 크게 나타나 여가시간이 늘고 노동공급시간은 감소한다.

72 ② 개인의 자기부담 비용과 본인에 귀속되는 소득증가분(세후 소득)을 비교한 가치를 '개인적(사적) 수익률'이라 하고 가계 · 학교 설립자 · 정부 등이 모든 비용과 세전의 소득증가분으로부터 산출한 결과를 '사회적 수익률'이라고 한다. 교육의 사적 수익률이 사회적 수익률보다 낮은 경우 개인이 교육을 통해 얻는 이익은 상대적으로 적어지기 때문에 정부는 개인이 교육을 통한 사적 수익의 기대감을 가지고 보다 적극적으로 교육에 투자할 수 있도록 배려해야 하지만 정부가 사적 수익률을 높이는 데 초점을 두는 것은 아니다.

73 ② 현재의 실업률이 자연실업률보다 낮다면 경기가 과열된 상황이므로 물가의 상승이 예견된다.

74 임금체계 결정의 원칙

- 균등성(Equality) : 투입한 노력 여부에 관계없이 받는 보수가 비교대 상자(동일직급, 유사업무 등) 간에 같아야 공정하다고 본다(→ 생활보 장원칙).
- 공정성(Equity) : 자신이 투입한 노력과 보수의 비율이 자기와 비교 대상이 되는 사람과 동일하면 공정하다고 본다(→ 공헌도의 원칙).

75 부가노동자효과와 실망노동자효과(실망실업자효과)가 실업률에 미치는 영향
부가노동자효과는 실업자 수가 과대평가되므로 실업률을 상승시키는 효 과를 가지는 반면, 실망노동자효과(실망실업자효과)는 실업자 수가 과소 평가되므로 실업률을 감소시키는 효과를 가진다.

76 ㄱ. 취업자가 비경제활동인구로 전환되면 취업자 수의 감소로 인해 실업 률은 상승한다.
ㄹ. 비경제활동인구가 실업자로 전환되면 실업자 수의 증가로 인해 실업 률은 상승한다.

77 ③ 기술혁신으로 공장자동화가 이루어지면 노동수요는 줄어들게 된다.

78 ④ 필립스 곡선(Phillips Curve)은 실업률과 인플레이션율 즉, 물가상승 률 간의 역의 상관관계(상충관계)가 있음을 설명한다.

79 ③ 임금 상승에 의한 소득효과가 대체효과보다 크다면 임금률이 상승할 때 노동공급은 감소하게 된다.
대체효과와 소득효과
- 대체효과는 임금이 상승하게 되는 경우 여가에 활용하는 시간이 상대 적으로 비싸지게 됨으로써 근로자가 여가시간을 줄이는 동시에 노동 시간을 늘리는 것
- 소득효과는 임금 상승에 따라 소득이 증가하여 근로자가 노동시간을 줄이는 동시에 여가시간과 소비재 구입을 늘리는 것

80 ③ 비자발적 실업인 경기적 실업이 존재하지 않는 상태를 일반적으로 완 전고용이라고 부르며, 완전고용에 대응하는 실업률을 완전고용실업 률(자연실업률)이라고 한다. 따라서 완전고용실업에는 마찰적 실업과 구조적 실업이 포함된다.

05 노동관계법규(Ⅰ)

81 소멸시효(고용보험법 제107조 제1항)
다음의 어느 하나에 해당하는 권리는 3년간 행사하지 아니하면 시효로 소멸한다.
- 제3장(고용안정·직업능력개발 사업)에 따른 지원금을 지급받거나 반 환받을 권리
- 제4장(실업급여)에 따른 취업촉진 수당을 지급받거나 반환받을 권리
- 제4장에 따른 구직급여를 반환받을 권리
- 제5장(육아휴직 급여 등)에 따른 육아휴직 급여, 육아기 근로시간 단 축 급여 및 출산전후휴가 급여 등을 반환받을 권리

82 근로3권(노동3권)(헌법 제33조 제1항)
근로자는 근로조건의 향상을 위하여 자주적인 단결권·단체교섭권 및 단체행동권을 가진다.

83 직업능력개발계좌제도(국민 평생 직업능력 개발법 제18조 제1항)
고용노동부장관은 국민의 자율적 직업능력개발을 지원하기 위하여 직업 능력개발훈련 비용을 지원하는 계좌(직업능력개발계좌)를 발급하고 이 들의 직업능력개발에 관한 이력을 종합적으로 관리하는 제도를 운영할 수 있다.

84 육아휴직 급여 신청기간의 연장 사유(고용보험법 시행령 제94조)
- 천재지변
- 본인이나 배우자의 질병·부상
- 본인이나 배우자의 직계존속 및 직계비속의 질병·부상
- 「병역법」에 따른 의무복무
- 범죄혐의로 인한 구속이나 형의 집행

85 겸업 금지(직업안정법 제26조)
직업소개사업자(법인의 임원도 포함) 또는 그 종사자는 다음의 어느 하 나에 해당하는 사업을 경영할 수 없다.
- 결혼중개업
- 숙박업
- 휴게음식점영업 중 주로 다류를 조리·판매하는 영업(영업자 또는 종 업원이 영업장을 벗어나 다류를 배달·판매하면서 소요 시간에 따라 대가를 받는 형태로 운영하는 경우로 한정)
- 단란주점영업
- 유흥주점영업

86 ② 일반적으로 개인기업은 기업 소유자가 사업주인 경우도 많지만, 특히 법인 주식회사의 경우에는 기업의 소유자(주주)와 사업주(법인 자체) 가 서로 다르다. 따라서 기업의 소유자라고 하여 항상 사용자인 것은 아니다.
①·③·④ 사용자란 사업주 또는 사업경영담당자, 그 밖에 근로자에 관 한 사항에 대하여 사업주를 위하여 행위하는 자를 말한다(근로기준법 제2조 제1항 제2호).

87 ④ 사용자는 해고를 피하기 위한 방법과 해고의 기준 등에 관하여 그 사 업 또는 사업장에 근로자의 과반수로 조직된 노동조합이 있는 경우에 는 그 노동조합(근로자의 과반수로 조직된 노동조합이 없는 경우에는 근로자의 과반수를 대표하는 자를 말한다)에 해고를 하려는 날의 50 일 전까지 통보하고 성실하게 협의하여야 한다(근로기준법 제24조 제3항).
① 사용자가 경영상 이유에 의하여 근로자를 해고하려면 긴박한 경영상 의 필요가 있어야 한다. 이 경우 경영 악화를 방지하기 위한 사업의 양도·인수·합병은 긴박한 경영상의 필요가 있는 것으로 본다(동법 제24조 제1항).
②·③ 사용자는 해고를 피하기 위한 노력을 다하여야 하며, 합리적이고 공정한 해고의 기준을 정하고 이에 따라 그 대상자를 선정하여야 한 다. 이 경우 남녀의 성을 이유로 차별하여서는 아니 된다(동법 제24 조 제2항).

88 평균임금의 계산에서 제외되는 기간(근로기준법 시행령 제2조 제1항)
- 근로계약을 체결하고 수습 중에 있는 근로자가 수습을 시작한 날부터 3개월 이내의 기간
- 사용자의 귀책사유로 휴업한 기간
- 출산전후휴가 및 유산·사산휴가 기간
- 업무상 부상 또는 질병으로 요양하기 위하여 휴업한 기간
- 남녀고용평등과 일·가정 양립 지원에 관한 법률에 따른 육아휴직 기간
- 노동조합 및 노동관계조정법에 따른 쟁의행위기간
- 병역법, 예비군법 또는 민방위기본법에 따른 의무를 이행하기 위하여 휴직하거나 근로하지 못한 기간(단, 그 기간 중 임금을 지급받은 경우는 제외)
- 업무 외 부상이나 질병, 그 밖의 사유로 사용자의 승인을 받아 휴업한 기간

89 ④ 취업규칙에서 근로자에 대하여 감급의 제재를 정할 경우에 그 감액은 1회의 금액이 평균임금의 1일분의 2분의 1을, 총액이 1임금지급기의 임금 총액의 10분의 1을 초과하지 못한다(근로기준법 제95조).

90 ③ 2주 이내의 일정한 단위기간을 평균하여 1주간의 근로시간이 40시간을 초과하지 아니하는 범위에서 특정한 주에 40시간을, 특정한 날에 8시간을 초과하여 근로하게 할 수 있다. 다만, 특정한 주의 근로시간은 48시간을 초과할 수 없다(근로기준법 제51조 제1항). 3개월 이내의 단위기간을 평균하여 1주간의 근로시간이 40시간을 초과하지 아니하는 범위에서 특정한 주에 40시간을, 특정한 날에 8시간을 초과하여 근로하게 할 수 있다. 다만, 특정한 주의 근로시간은 52시간을, 특정한 날의 근로시간은 12시간을 초과할 수 없다(동법 제51조 제2항).

91 직업능력개발훈련교사의 능력개발 지원사업(국민 평생 직업능력 개발법 시행령 제29조 제1항)
고용노동부장관은 직업능력개발훈련교사 등의 능력개발을 위한 사업으로서 다음의 사업을 직접 실시하거나 이를 실시하는 자에 대하여 그 실시에 필요한 비용을 지원하거나 융자할 수 있다.
- 교육훈련사업
- 훈련매체, 훈련과정, 훈련방법 등의 개발·보급사업
- 국제교류 및 국제협력사업
- 조사·연구사업

92 지급기간(고용보험법 제76조 제1항)
출산전후휴가 급여 등은 다음의 휴가 기간에 대하여 근로기준법의 통상임금(휴가를 시작한 날을 기준으로 산정한다)에 해당하는 금액을 지급한다.
- 근로기준법 제74조에 따른 출산전후휴가 또는 유산·사산휴가 기간. 다만, 우선지원 대상기업이 아닌 경우에는 휴가 기간 중 60일(한 번에 둘 이상의 자녀를 임신한 경우에는 75일)을 초과한 일수(30일을 한도로 하되, 한 번에 둘 이상의 자녀를 임신한 경우에는 45일을 한도로 한다)로 한정한다.
- 남녀고용평등과 일·가정 양립 지원에 관한 법률 제18조의2에 따른 배우자 출산휴가 기간 중 최초 5일. 다만, 피보험자가 속한 사업장이 우선지원대상기업인 경우에 한정한다.

93 ③ 근로자공급사업을 하는 자는 사업계획서, 근로자명부, 공급 요청 접수부 또는 공급계약서, 근로자공급대장, 경리 관련 장부, 공급 근로자 임금대장 등의 장부 및 서류를 작성하여 3년간 갖추어 두어야 한다(직업안정법 시행규칙 제40조 제2항).

94 ③ 최저임금의 효력에 관한 적용 특례에 따라 매월 1회 이상 정기적으로 지급하는 상여금 및 식비, 숙박비, 교통비 등 근로자의 생활 보조 또는 복리후생을 위한 성질의 임금은 최저임금에 전부 산입한다(최저임금법 부칙 제2조 참조).

95 ② 고용노동부장관은 최저임금위원회가 심의하여 제출한 최저임금안에 따라 최저임금을 결정하기가 어렵다고 인정되면 재심의를 요청할 수 있고, 최저임금위원회가 재심의에서 재적위원 과반수의 출석과 출석위원 3분의 2 이상의 찬성으로 당초의 최저임금안을 재의결한 경우에는 그에 따라 최저임금을 결정하여야 한다(최저임금법 제8조 제3항 및 제5항).
① 동법 제8조 제2항
③ 동법 제9조 제2항
④ 동법 제10조 제2항

96 ③ 직업안정기관의 장은 가능하면 구직자가 통근할 수 있는 지역에서 직업을 소개하도록 노력하여야 한다(직업안정법 제11조 제2항).

97 고용보험기금의 적립(고용보험법 제84조)
- 고용노동부장관은 대량 실업의 발생이나 그 밖의 고용상태 불안에 대비한 준비금으로 여유자금을 적립하여야 한다.
- 여유자금의 적정규모는 다음과 같다.
  - 고용안정·직업능력개발 사업 계정의 연말 적립금 : 해당 연도 지출액의 1배 이상 1.5배 미만
  - 실업급여 계정의 연말 적립금 : 해당 연도 지출액의 1.5배 이상 2배 미만

98 훈련목적에 따른 직업능력개발훈련의 구분(국민 평생 직업능력 개발법 시행령 제3조 제1항)
- 양성(養成)훈련 : 직업에 필요한 기초적 직무수행능력을 습득시키기 위하여 실시하는 직업능력개발훈련
- 향상훈련 : 양성훈련을 받은 자 또는 직업에 필요한 기초적 직무수행능력을 가지고 있는 자에게 더 높은 직무수행능력을 습득시키거나 기술발전에 대응하여 지식·기능을 보충하게 하기 위하여 실시하는 직업능력개발훈련
- 전직(轉職)훈련 : 종전의 직업과 유사하거나 새로운 직업에 필요한 직무수행능력을 습득시키기 위하여 실시하는 직업능력개발훈련

99 ④ 남녀고용평등과 일·가정 양립 지원에 관한 법률 시행령 제10조
① 육아휴직의 기간은 1년 이내로 한다(동법 제19조 제2항).
② 사업주는 육아휴직을 이유로 해고나 그 밖의 불리한 처우를 하여서는 아니 되며, 육아휴직 기간에는 그 근로자를 해고하지 못한다. 다만, 사업을 계속할 수 없는 경우에는 그러하지 아니하다(동법 제19조 제3항).
③ 사업주는 육아휴직을 마친 후에는 휴직 전과 같은 업무 또는 같은 수준의 임금을 지급하는 직무에 복귀시켜야 한다. 또한 육아휴직 기간은 근속기간에 포함한다(동법 제19조 제4항).

100 채용서류의 반환 청구기간(채용절차의 공정화에 관한 법률 시행령 제4조)
채용서류의 반환 청구기간은 구직자의 채용 여부가 확정된 날 이후 14일부터 180일까지의 기간의 범위에서 구인자가 정한 기간으로 한다. 이 경우 구인자는 채용 여부가 확정되기 전까지 구인자가 정한 채용서류의 반환 청구기간을 구직자에게 알려야 한다.

7회 정답 및 해설

제1과목	01	02	03	04	05	06	07	08	09	10	11	12	13	14	15	16	17	18	19	20
	②	④	①	①	③	④	③	②	④	③	③	①	①	④	④	②	③	③	②	②
제2과목	21	22	23	24	25	26	27	28	29	30	31	32	33	34	35	36	37	38	39	40
	②	①	①	④	②	④	①	②	④	①	③	②	④	③	④	③	②	④	③	④
제3과목	41	42	43	44	45	46	47	48	49	50	51	52	53	54	55	56	57	58	59	60
	③	③	①	③	①	①	③	③	③	③	②	③	①	④	①	①	②	④	④	③
제4과목	61	62	63	64	65	66	67	68	69	70	71	72	73	74	75	76	77	78	79	80
	④	④	④	③	①	②	③	①	③	②	③	④	②	②	④	②	④	②	①	③
제5과목	81	82	83	84	85	86	87	88	89	90	91	92	93	94	95	96	97	98	99	100
	③	④	③	③	③	④	③	④	③	③	④	④	④	④	③	④	③	①	①	①

01 직업심리

01 ② 구체화 단계는 현실기(Realistic Period, 18세 이후)에 속하며, 직업 목표를 정하고 이와 관련된 내·외적 요인을 종합하는 단계이다.
긴즈버그의 직업선택 단계 중 잠정기(11~18세)
- 흥미단계(11~12세)
- 능력단계(13~14세)
- 가치단계(15~16세)
- 전환단계(17~18세)

02 **검사-재검사 신뢰도**
동일한 사람에게 시기를 다르게 해서 같은 검사를 두 번 실시하는 방법으로 얻어지는 검사점수들의 상관계수를 말한다. 이 계수는 검사점수가 시간의 변화에 따라 얼마나 일관성이 있는지를 뜻하므로 시간에 따른 안정성을 나타내는 안정성 계수라고도 한다. +1은 측정의 오차가 없음을 의미하는 '정적 상관', 0은 '상관없음', -1은 '부적 상관'을 의미한다.

03 **부정적 회피의 형태**
과음, 과식, 자기학대, 기물파손, 다툼 등

04 ① 직업선택에서 우유부단의 문제와 연관된다.
크라이티스(Crites)의 직업선택 문제유형 분류
적응 문제, 우유부단 문제, 비현실성 문제

05 ③ 직종이란 직무의 특수성 및 전문성에 따라 일관된 작업 또는 특수한 결과를 목표로 유사한 직무가 결합된 단위라 할 수 있다.

06 **직업상담에 사용되는 주요 질적 측정도구**
자기효능감 측정(Self-Efficacy Measurement), 직업카드분류(Vocational Card Sort), 직업가계도 또는 제노그램(Genogram), 역할놀이(역할극)

07 **라 포**
수검자에 대한 관심과 협조 그리고 격려를 통해 피검사자가 성실히 검사에 임하도록 하는 노력을 의미한다.

08 ② 관찰법은 직무분석자가 직무담당자의 직무수행을 관찰하여 직무의 내용 및 성질을 기록하는 방법으로, 현장 종업원에게 적절하다.

09 **직무평가와 직무분석**
- 직무평가 : 직무기술서와 직무명세서에 의하여 기업 내의 각종 직무의 숙련, 노력, 책임, 작업조건 등을 비교·평가함으로써 기업 전 계층에 있는 각종 직무 간의 상대적인 서열을 결정하는 절차
- 직무분석 : 직무를 수행하는 사람에게 의미와 만족을 부여하기 위해 필요한 직무내용 및 방법, 관계를 구체적으로 설계하는 활동

10 **직무명세서**
직무분석의 결과에 의거하여 직무수행에 필요한 종업원의 행동, 기능, 능력, 지식 등을 일정한 양식에 기록한 문서로서 직무요건 중 인적 요건을 중심으로 기술한 약서이다.

11 ③ 내적합치도 계수는 검사가 성질상 유사한 속성을 측정하는 문항들로 구성되어 있는 경우 높게 나타난다.
내적합치도(Internal Consistency) 계수
어떤 검사를 구성하는 문항들을 각각 독립된 검사로 간주하여 해당 문항들이 동일한 측정대상에 대해 어느 정도 일관성 있게 측정하는지를 반영한다.

12 ① 이 문제는 지문상에 편차의 개념이 언급되고 있으므로 편차지능지수(Deviation IQ)의 공식에 관한 것으로 볼 수 있다. 예를 들어, 편차지능지수(DIQ)를 사용하는 웩슬러 지능검사의 경우
$=15Z+100$(공식상의 '15'는 웩슬러 지능검사의 표준편차)

13 ① 질문지법은 질문에 대한 답의 해석상 차이로 인한 오해가 발생할 우려가 많아 정보의 정확성이 결여되기 쉽다.

14 에릭슨의 심리사회적 발달단계 구분
- 영아기 : 신뢰감 - 불신감
- 유아 전기 : 자율성 – 수치심
- 유아 후기 : 주도성 – 죄책감
- 아동기 : 근면성 – 열등감
- 청년기 : 자아정체감 – 역할 혼미
- 성인 전기 : 친밀감 – 고립
- 성인기 : 생산성 – 침체성
- 성숙기 : 자아통일 – 절망감

15 ④ 동형검사에 대한 설명이다.

16 홀랜드의 육각형 모델에서 서로 인접된 유형들이 일반적으로 더 많은 공통점을 가지고 있다. 예를 들면, 육각형 모델에서 서로 가까이 있는 예술적 모형, 탐구적 모형이 예술적 모형, 관습적 모형인 사람보다 일관성이 있다.

현실형(R) : 실행/사물지향
관습형(C) : 동조/자료지향
탐구형(I) : 사고/아이디어 연구지향
진취형(E) : 관리/과제지향
예술형(A) : 창조/아이디어(예술지향)
사회형(S) : 자선/사람지향

17 변동비율 강화계획은 강화하는 반응의 수를 변동하는 것이다.

18
- GATB : 일반적성검사
- TAT, MMPI, CPI : 성격검사

19 문항 내적 합치도
문항 하나하나를 별개의 검사로 생각하는 개념으로, 문항들이 동질적이라면 사람들이 각각의 문항에 얼마나 일관성 있게 답했는지 파악함으로써 신뢰도를 추정할 수 있다. 이 방법에는 크론바흐 a계수와 KR-20계수(쿠더-리차드슨 공식 20)가 있다.

20 ② 신입직원을 대상으로 실시한 적성검사 및 흥미검사 결과와 최근의 업무수행에 따른 성과 결과 간의 상관계수를 측정하는 것은 미래에 대해 예측한 것과 실제 나타나는 것 사이의 관계를 측정하는 예언타당도와 연관된다.

02 직업상담 및 취업지원

21 특성-요인이론의 가정
- 직업인 각자의 독특한 심리학적 특성으로 인하여 모든 근로자는 특수한 직업유형에 잘 적응한다.
- 여러 가지 다른 직업에 종사하는 근로자들은 각기 다른 심리학적 특성을 가지고 있다.
- 직업적응은 직접적으로 근로자의 특성과 직업에서 요구하는 것들 사이의 조화 정도에 따라 달라진다.

22 ① 지나칠 정도의 동정심은 상담업무를 수행하는 데 결함이 될 수 있다.

23 ② 내현적 가감법 : 혐오치료의 일종으로서, 원하지 않는 행동과 그로 인해 나타날 수 있는 불쾌한 결과를 함께 상상하도록 함으로써 부적응행동을 방지하기 위한 것이다.
③ 과잉교정 : 잘못된 행동이 과도한 양상을 보이는 경우 또는 강화로 제공될 대안행동이 거의 없거나 효과적인 강화인자가 없는 경우 유용한 기법이다.
④ 자기관리 프로그램 : 내담자가 상담자에게 의존하지 않은 채 자기관리와 자기지시적인 삶을 영위할 수 있도록 서로 정보를 공유하는 것이다.

24 ④ 인지적 명확성의 결여는 정신건강문제에 기인하므로 심각할 경우 임상 심리상담을 받아야 한다. 크롬볼츠(Krumboltz, 1983)는 인지적 명확성 사정을 위해 구조적 · 비구조적 면담, 자유연상, 선행사건의 재구성, 자기감시, 행동참조, 심리측정도구의 사용으로 통합 인지적 명확성을 사정하는 방식을 제안하였다.

25 ② 미결정자나 우유부단한 내담자가 자신에게 맞는 직업을 찾기 위해서는 자기 자신에 대한 이해가 필수적이므로, 자기 자신을 이해하도록 돕는 탐구 프로그램이 우선되어야 한다.

26 집단상담
자기 자신과 타인에 대하여 좀 더 잘 알고 받아들이는 것을 학습함으로써 자신의 인생을 보다 효과적으로 영위하기 위하여 집단상호작용을 하는 과정이다. 또한 상담자들로 하여금 친밀하고 허용적인 분위기 속에서 자신의 감정과 태도 및 자신과 외부세계와의 관계를 이해하게 함으로써 그들의 가능성을 최대로 계발시킬 수 있도록 도와준다. 하지만 개개인의 관심사에 대해서는 간과될 우려가 있다는 문제점이 있다.

27 집단상담 과정에서 나타나는 5가지 활동유형
자기탐색, 상호작용, 개인적 정보 검토, 직업적 · 교육적 정보 검토, 합리적인 의사결정

28 ② 관련 이론을 개발하는 것이 아니라 직업의식을 촉구하고, 직업생활에 대한 이해를 높이기 위한 프로그램을 개발한다.

29 수퍼(Super)의 발달적 직업상담단계
- 제1단계 : 비지시적인 방법에 의한 문제탐색과 자아개념 표출하기
- 제2단계 : 심층적 탐색을 위한 지시적인 주제 설정하기
- 제3단계 : 자아 수용과 통찰을 위한 비지시적인 숙고와 느낌 명료화하기
- 제4단계 : 현실검증을 위한 검사 직업정보 과외활동을 통해서 사실에 입각하여 자료를 직접 개발하기
- 제5단계 : 현실검증으로 발생한 태도와 느낌을 통해서 면밀하게 비지시적으로 탐색하기(태도와 감정의 탐색과 처리)
- 제6단계 : 의사결정을 돕기 위해 가능한 행동의 윤곽에 대해 비지시적으로 고찰하기

30 크라이티스의 직업선택 유형

유 형	내 용
적응형	흥미와 적성이 일치하는 분야를 발견한 유형
부적응형	흥미와 적성이 일치하는 분야를 찾지 못한 유형
다재다능형	재능이 많아 흥미와 적성에 맞는 직업 사이에서 결정을 내리지 못하는 유형
우유부단형	흥미와 적성에 관계없이 어떤 직업을 선택할지 결정을 내리지 못하는 유형
비현실형	• 흥미를 느끼는 분야는 있지만, 그 분야에 적성이 없는 유형 • 자신의 적성수준보다 높은 적성을 요구하는 직업을 선택하는 유형
강압형	적성 때문에 직업을 선택했지만, 그 직업에 흥미가 없는 유형
불충족형	흥미와는 일치하지만, 자신의 적성수준보다 낮은 적성을 요구하는 직업을 선택하는 유형

31 상담의 의미
상담은 인간과 인간의 만남 속에서 인간이 인간답게 변화되도록 하는 교육의 과정으로서, 개인적인 문제를 대화로 해결하는 것이다. 또한 생활지도를 구성하는 하나의 하위 활동이며, 정신치료와 마찬가지로 의학적 접근으로 질병모델에 근거하고 있다.

32 ② 형태주의(게슈탈트) 상담은 인간의 본성에 대한 실존주의 철학과 인본주의 관점을 토대로 '여기-지금'에 대한 자각과 개인적 책임을 강조한다. 인간을 현재의 사고, 감정, 행동의 전체성과 통합을 추구하는 존재로 보며, 개인의 발달과정에서 발생한 분노, 격분, 증오, 고통, 불안, 슬픔, 죄의식, 포기 등의 감정이 외부로 표출되거나 자각되지 못한 채 미해결 과제(Unfinished Business)로 남게 될 때 부적응이 발생된다고 주장한다.
① 정신분석학적 상담은 인간을 비합리적이고 결정론적이며, 생물학적인 충동과 본능을 만족시키려는 욕망에 의해 동기화된 존재로 가정한다.
③ 개인주의 상담은 과거사건 자체보다는 그에 대한 개인의 자각과 해석이 현재의 행동에 어떠한 영향을 미치는가에 중점을 두고 개인의 선택과 책임, 삶의 의미, 성공추구 등을 강조한다.
④ 교류분석적 상담은 개인의 현재 결정이 과거에 설정된 전제나 신념들을 토대로 이루어진다고 가정하고, 인간의 생존욕구 충족에 있어서 과거 적합했던 전제들이 현재에는 적합하지 않은 것일 수 있으므로 문제를 경험하게 된다고 본다.

33 레빈슨(Levinson)의 발달이론에 따른 인생주기모형
- 초기 성인 전환기(17~22세)
  - 성인이 되기 전 미성숙한 요소들과 결별한다.
  - 성역할과 자아정체성을 형성하며, 다양한 가능성을 탐색하고 시험적으로 수행해본다.
- 성인세계 진입기(22~28세)
  - 가족으로부터 분리되어 결혼, 가정, 친구관계를 재정립한다.
  - 새로운 도전의 시기로서 자신의 창조력과 잠재력을 표출하나, 상당수가 심각한 위기를 경험하기도 한다.
- 30세 전환기(28~33세)
  - 현실적 삶으로 가는 과도기로서, 인생구조에서의 문제점을 인식한다.
  - 자신의 삶을 재평가하고 가치관을 재확립하며, 새로운 선택을 탐색한다.
- 정착기(33~40세)
  - 두 번째 인생구조를 형성하는 시기로서, 사회에서 자신에게 적합한 자리를 찾는다.
  - 자신의 직업적 경력에서 정점에 도달하고자 역주하나, 한창의 시기에 마치 사다리에서 떨어지는 듯한 느낌을 경험하기도 한다.
- 중년 전환기(40~45세)
  - 초기와 중기의 다리역할을 하는 전환기로서, 자신에 대해 질문을 하며 자신의 역할 수행에 의문을 가진다.
  - 과거를 돌이켜보며 환멸과 무력감을 경험하기도 하지만 이와 같은 우울의 상태가 새로운 목적과 활력의 전조가 되기도 한다.
- 중기 성인 진입기(45~50세)
  - 새로운 인생구조의 형성을 위해 다양한 노력을 펼친다.
  - 인생을 전환할 수 있는 여러 가능성과 변화된 전망, 새로운 가치에 대한 인식을 통해 창조적이고 활력적인 시도를 펼치기도 한다.
- 50세 전환기(50~55세)
  - 성인 중기의 인생구조에 적응하는 과정에 해당한다.
  - 불안과 방향상실감을 경험하나, 지나친 일에의 몰두로 미처 깨닫지 못한 채 넘어가기도 한다.
- 중기 성인 절정기(55~60세)
  - 성인 중기의 인생구조를 형성하는 시기로서, 풍요로운 성취와 안정을 경험하게 된다.
  - 성공적인 절정인생구조를 형성한 경우 만족에 이르나 생산성 대 침체의 위기를 경험하기도 한다.
- 후기 성인 전환기(60~65세)
  - 은퇴와 신체적 노화에 대비하는 시기이다.
  - 발달주기에서 중요한 전환점에 해당하며, 쇠퇴감과 장래에 대한 두려움을 느끼게 된다.
- 후기 성인기(65세 이상)
  - 은퇴와 신체적 노화에 직면하는 시기이다.
  - 노화에 따른 압박과 갈등에도 불구하고 자아통합과 조화를 통해 내면적인 평화를 추구한다.

34 실존주의 철학
인간의 자기인식 능력, 자유와 책임, 자신의 정체감 발견, 다른 의미 있는 관계의 정립, 의미, 목적, 가치, 목표의 추구, 자유와 책임, 선택 등을 인간실존의 기본적 조건으로 강조한다. 경험과 관계 중심의 인간중심상담, 실존주의 상담, 형태치료 등의 발전에 영향을 미쳤다.

35 바람직한 상담자의 특성
- 인간문제를 다루는 일에 대한 관심과 열의 및 신념
- 인간 및 삶의 복합성에 대한 이해 및 관용
- 정서적 안정과 삶의 통합성
- 인간관계능력
- 인간문제의 해결에 필요한 삶의 지혜와 지식, 경험

36 장애인도 비장애인과 동등한 권리와 의무를 가져야 한다는 점을 강조하여 상담한다. 장애인에게 정상적인 생활조건과 함께 개인의 욕구에 부합하는 처우 및 교육·훈련을 제공함으로써 장애인으로 하여금 자신의 능력을 최대한 발휘할 수 있도록 한다.

37 상담의 윤리문제와 관련된 상담자의 자질
- 내담자의 복지를 최대한 보장하기 위해 내담자의 요구를 우선적으로 다루어야 하며, 지적·정서적인 내담자의 복지를 위해 최선을 다하는 태도
- 내담자가 털어놓은 정신적 고충, 가족관계, 외상, 생활문제, 갈등 등에 관해 의무감을 가지고 비밀을 보장(단, 내담자 개인 및 사회에 임박한 위험이 있다고 판단될 때 극히 조심스러운 고려 후에만, 관련 전문인 혹은 사회 당국에 공개)
- 내담자에게 필요하거나 내담자가 원하는 도움을 줄 수 없는 여건이나 상황일 때에는 내담자의 요구나 기대, 그리고 내담자의 문제해결에 도움을 줄 수 있는 적절한 상담자나 기관으로 의뢰
- 상담자와 내담자 사이에 발생하는 전이와 역전이를 효과적으로 다룰 수 있도록 자신의 정서상태를 안정되고 객관적으로 유지·조절하는 능력

38 상담의 구조화를 위해 다루어야 할 요소
상담의 목표, 상담의 성격(성질), 상담자 및 내담자의 역할과 책임, 상담 절차 및 수단, 상담시간과 장소, 상담비 등

39 공감적 이해
상담자가 내담자와 함께 느낄 수 있는 능력, 내담자의 입장과 시각에서 내담자의 감정·생각·경험·주관적 세계들을 이해하는 능력, 내담자의 세계에 들어가 내담자의 내면세계를 구성하는 많은 측면들을 이해할 수 있는 능력, 그리고 내담자로 하여금 자신이 깊이 있고 정확히 이해받았다는 느낌이 들 수 있도록 상담자가 이해한 바를 정확하게 전달할 수 있는 능력

40 역전이
상담자가 과거에 어떤 타인에게 느꼈던 감정을 내담자에게도 느끼는 것으로 내담자에게 심리적·실제적 피해를 줄 수 있다.

03 직업정보

41 다수직업 종사자의 분류
한 사람이 전혀 상관성이 없는 두 가지 이상의 직업에 종사할 경우 그 직업을 결정하는 일반적 원칙은 다음과 같다.
- 취업시간이 많은 직업을 택한다.
- 위의 경우로 분별하기 어려운 경우는 수입이 많은 직업을 택한다.
- 위의 두 가지 경우가 분명치 못할 경우, 조사 시 최근의 직업을 택한다.

42 ③ 알선율 = (알선건수 ÷ 신규구직건수) × 100

43 ① 반복적인 면접이 불가능하며, 면접 결과에 대한 비교가 어렵다.

표준화 면접과 비표준화 면접

표준화 면접 (구조화된 면담)	• 면접자(면담자)가 면접조사표를 만들어서 상황에 구애됨이 없이 모든 응답자에게 동일한 질문순서와 동일한 질문내용에 따라 수행하는 방법이다. • 비표준화 면접에 비해 응답 결과에 있어서 상대적으로 신뢰도가 높지만 타당도는 낮다. • 반복적인 면접이 가능하며, 면접 결과에 대한 비교가 용이하다. • 면접의 신축성·유연성이 낮으며, 깊이 있는 측정을 도모할 수 없다.
비표준화 면접 (비구조화된 면담)	• 면접자가 면접조사표의 질문내용, 형식, 순서를 미리 정하지 않은 채 면접상황에 따라 자유롭게 응답자와 상호작용을 통해 자료를 수집하는 방법이다. • 표준화 면접에 비해 응답 결과에 있어서 상대적으로 타당도가 높지만 신뢰도는 낮다. • 면접의 신축성·유연성이 높으며, 깊이 있는 측정을 도모할 수 있다. • 반복적인 면접이 불가능하며, 면접 결과에 대한 비교가 어렵다.

44 ①·④ 면접법의 장점, ② 질문지법의 장점

내용분석법의 장·단점

장 점	• 조사자의 비관여적인 접근을 통해 조사대상자(정보제공자)의 반응성을 유발하지 않음 • 가치, 요망, 태도, 창의성, 인간성 또는 권위주의 등 다양한 심리적 변수를 효과적으로 측정할 수 있음 • 역사적 기록물을 통해 시간의 흐름에 따른 소급조사, 장기간의 종단연구가 가능함 • 여타의 관찰 또는 측정방법에 대한 타당성 여부를 조사하기 위해 사용될 수 있음 • 여타의 연구방법과 병용이 가능함(예 실험적 연구의 결과 또는 개방형 질문의 응답내용 등에 대한 내용분석이 가능함) • 다른 조사에 비해 실패 시의 위험부담이 적으며, 필요한 경우 재조사가 가능함 • 비용과 시간 등이 절약됨
단 점	• 기록된 자료에만 의존해야 하며, 자료의 입수가 제한되어 있는 경우도 적지 않음 • 단어나 문장, 표현이나 사건을 통해 명백히 드러난 내용과 숨겨진 내용을 구분하는 데 어려움이 있음 • 분류 범주의 타당도 확보가 곤란함 • 기존자료의 신뢰도 및 자료분석에 있어서 신뢰도가 흔히 문제시됨

45 전직훈련

직업훈련을 필요로 하는 기능근로자 또는 사무서비스직에 종사하는 자에 대하여 새로운 유사직종에 필요한 최소한의 기능과 지식을 습득시켜 잠재된 종전의 능력을 최대한 활용할 수 있는 기회를 마련함으로써 재취업을 용이하게 유도하기 위해 실시하는 훈련이다.

46 ① 교통기사, 배관산업기사, 조경기사는 직무분야 중 '14 건설'에 해당하며 '14 건설'에는 '141 건축', '142 토목', '143 조경', '144 도시·교통', '145 건설·배관', '146 건설기계운전' 등의 국가기술자격 종목들이 포함된다.

47 직업정보의 부문별 기능

부 문	기 능
노동시장	• 미취업 청소년의 진로탐색 및 진로선택 시 참고자료로 이용 • 구직자에게 구직활동을 촉진
기 업	• 직업별 수행직무를 정확히 파악하여 합리적 인사관리 촉진 • 직무분석을 기초로 한 과학적인 안전관리로 산업재해 예방
국 가	• 체계적인 직업정보를 기초로 직업훈련기준 설정 • 직업훈련정책을 수립하여 고용정책 결정의 기초자료로 활용

48 국민내일배움카드제(직업능력개발계좌제)

• 실업, 재직, 자영업 여부에 관계없이 국민내일배움카드를 발급하고 일정금액의 훈련비를 지원함으로써 직업능력개발 훈련에 참여할 수 있도록 하며, 직업능력개발 훈련이력을 종합적으로 관리한다.

• 45세 미만 대기업 근로자와 특수형태근로종사자의 경우 월평균 임금 300만원 미만, 영세자영업자의 경우 연매출액 1억 5천만원 미만인 경우에 한해 지원대상에 포함한다.

• 공무원, 사학연금 대상자, 만 75세 이상인 사람 등은 지원대상에서 제외된다.

49 ① 직업정보 수집 시 유의사항이다.
② 직업정보 분석 시 유의사항이다.
④ 직업정보 제공 시 유의사항이다.

50 직업정보의 일반적인 평가 기준(Hoppock)

• 언제 만들어진 것인가?
• 어느 곳을 대상으로 한 것인가?
• 누가 만든 것인가?
• 어떤 목적으로 만든 것인가?
• 자료를 어떤 방식으로 수집하고 제시했는가?

51 경제활동인구

만 15세 이상 인구 중 조사대상기간 동안 상품이나 서비스를 생산하기 위하여 실제로 수입이 있는 일을 한 취업자와 일을 하지는 않았으나 구직활동을 한 실업자를 말한다.

> 경제활동인구 수＝15세 이상 인구 수－비경제활동인구 수
> 　　　　　　　　＝취업자 수＋실업자 수

52 워크넷 주요 분류별 채용정보 분류

• 직종별 : 건설·채굴, 경영·사무·금융·보험 등 최대 10개의 직종 선택 가능
• 근무지역별 : 지역별(최대 20개의 지역 선택 가능), 역세권별

• 기업형태별 : 전체, 대기업, 공무원/공기업/공공기관, 강소기업, 코스피/코스닥, 중견기업, 외국계기업, 일학습병행기업, 벤처기업, 청년친화강소기업, 가족친화인증기업

53 충족률(%)＝취업건수/신규구인인원×100
　　　　＝350/500×100＝70(%)

54 한국직업정보시스템의 조건별 검색(출처 : 워크넷)

평균연봉	직업전망
• 3,000만원 미만 • 3,000~4,000만원 미만 • 4,000~5,000만원 미만 • 5,000만원 이상	• 매우 밝음(상위 10% 이상) • 밝음(상위 20% 이상) • 보통(중간 이상) • 전망 안 좋음(감소예상직업)

55 경제활동인구조사기간

• 조사대상주간 : 매월 15일이 포함된 1주간(일요일~토요일)
• 조사실시기간 : 조사대상주간 다음 1주간에 조사
• 외국인은 조사대상에서 제외되었으나 현재는 외국인도 조사대상에 포함

56 다음과 같은 활동단위는 보조단위로 보아서는 안 되며 별개의 활동으로 간주하여 그 자체활동에 따라 분류하여야 한다.

• 고정자산 형성의 일부인 재화의 생산, 예를 들면 자기계정을 위한 건설 활동을 하는 경우 이에 관한 별도의 자료를 이용할 수 있으면 건설 활동으로 분류한다.

• 모 생산단위에서 사용되는 재화나 서비스를 보조적으로 생산하더라도 그 생산되는 재화나 서비스의 대부분을 다른 사업체에 판매하는 경우

• 모 생산단위가 생산하는 생산품의 구성부품이 되는 재화를 생산하는 경우, 예를 들면 모 생산단위의 생산품을 포장하기 위한 캔, 상자 및 유사 제품의 생산

• 연구 및 개발활동은 통상적인 생산과정에서 소비되는 서비스를 제공하는 것이 아니므로 그 자체의 본질적인 성질에 따라 전문과학 및 기술서비스업으로 분류

57 사회조사분석사의 응시자격(국가기술자격법 시행규칙 제10조의2 제3항 및 별표11의4 참조)

1급	다음의 어느 하나에 해당하는 사람 1. 해당 종목의 2급 자격을 취득한 후 해당 실무에 2년 이상 종사한 사람 2. 해당 실무에 3년 이상 종사한 사람 2급
2급	제한 없음

58 직업능력개발훈련

• 훈련의 방법에 따른 구분 : 집체훈련·현장훈련·원격훈련·혼합훈련
• 훈련의 목적에 따른 구분 : 향상훈련·양성훈련·전직훈련

59 워크넷 구인·구직 및 취업 동향 용어해설(출처 : 한국고용정보원)

• 신규구인인원 : 해당 월에 워크넷에 등록된 구인인원 수
• 신규구직건수 : 해당 월에 워크넷에 등록된 구직자 수
• 취업건수 : 해당 월에 워크넷에 취업 등록된 수
• 취업률 : (취업건수÷신규구직자 수)×100

60 ④ 동일단위에서 제조한 재화의 소매활동은 별개 활동으로 파악되지 않고 제조활동으로 분류되어야 한다. 그러나 자기가 생산한 재화와 구입한 재화를 함께 판매한다면 그 주된 활동에 따라 분류한다.

04 노동시장

61 ④ 임금률이 어떤 수준 이상이 되면 소득효과가 대체효과보다 더 커지기 때문에 임금률이 상승함에 따라 노동시간은 오히려 줄어드는 현상이 나타나게 된다. 이 경우 노동공급곡선이 뒤쪽으로 구부러지는 (Backward-bending) 특이한 모양을 갖게 된다.

62 ④ 비경제활동인구에는 가사 종사자, 통학자, 연로자, 심신장애자 등이 있다.

63 ④ 교육, 현장훈련, 이주와 정보수집, 건강유지 등은 인적자본을 증가시키기 위한 개인 근로자의 인적자본투자로 이해할 수 있다.

64 ③ 경제활동참가율은 만 15세 이상의 인구 중 경제활동인구가 차지하는 비율을 말한다. 이때 경제활동인구는 만 15세 이상 인구 중 조사대상 기간 동안 상품이나 서비스를 생산하기 위해 실제로 수입이 있는 일을 한 취업자는 물론 일을 하지는 않았으나 구직활동을 한 실업자까지 포함한다. 우리나라는 일정 기간 동안 취업을 위해 적극적인 구직활동을 한 사람에게 실업급여를 지급하도록 하고 있으므로, 이들의 구직활동이 곧 경제활동 참가를 증대시키는 것으로 볼 수 있다. 그러나 실업급여를 받는 실업자들이 향후 취업할 수도 있고 실업상태에 그대로 머물 수도 있으므로, 노동시간의 증감은 불분명하다.

65 **실망노동자효과와 부가노동자효과**
- 실망노동자효과 : 불경기에 취업의 기회를 얻지 못한 구직자 상당수가 구직활동을 단념함으로써 비경제활동인구로 전락하는 것으로, 통계상으로는 실업자가 아니지만 사실상의 실업자로 볼 수 있으므로 잠재실업이라고 한다.
- 부가노동자효과 : 불경기에 가구주의 실직으로 주부나 학생 등과 같이 비경제활동인구였던 2차적 노동력이 구직활동을 하게 되어 경제활동인구가 증가하는 현상을 말한다.

66 ② 연봉제는 능력과 실적이 임금과 직결되어 있으므로 능력주의 · 실적주의를 통해 종업원들에게 동기를 부여하고 의욕을 고취시킴으로써 종업원의 사기를 높일 수 있다는 장점이 있다.
연봉제의 단점
- 노동에 대한 자본의 착취 은폐
- 소수정예주의
- 잉여노동의 착취
- 개별화
- 단기적 업적 강조
- 평가의 불완전성

67 ③ 만약 정부가 비정규직의 보호 및 차별 시정을 명목으로 의료보험 가입 등의 근로조건을 법적으로 강제할 경우 기업의 비정규직 고용에 대한 유인이 감소함에 따라 비정규직의 고용은 감소할 것이며, 정규직의 근로를 확대하는 방식으로 대체하게 될 것이다.

68 **실업의 종류**
- 구조적 실업 : 노동력 공급과 수요구조가 서로 달라져서 생기는 실업
- 미시적 실업 : 개별 노동시장에 나타나는 실업으로, 현실에서는 경인지역 건설인부 노동시장이나 대전 · 충남지역 공업계고교 신규졸업자 노동시장처럼 특정한 지역 · 직업별 노동시장의 현상으로 나타남
- 마찰적 실업 : 노동력 수요와 공급의 불일치, 즉 마찰로 인한 일시적 실업
- 거시적 실업 : 한 나라의 개별 노동시장에 존재하는 실업을 모두 합계한 경제 전체의 실업

69 ② 인적자본이론의 관점에 해당한다. 인적자본이론은 교육훈련을 보다 높은 노동수익의 직접적인 원인으로 간주하며, 저소득층의 교육수준을 향상시키는 정책을 통해 그들의 빈곤 문제를 해결할 수 있다고 주장한다. 반면, 선별가설은 인적자본이론을 비판하면서 교육훈련 자체가 보다 높은 노동소득을 얻게 하는 직접적인 원인이 아니며, 그에 따라 교육기회의 평등화정책이 크게 성공하지 못할 것이라 주장한다.

70 통상임금의 산정기초가 되는 임금은 근로계약이나 취업규칙 또는 단체협약 등에 의하여 소정 근로시간(소정근로시간이 없는 경우 법정근로시간)에 대하여 근로자에게 지급하기로 정해진 기본급 임금과 정기적 · 일률적으로 1임금산정기간에 지급하기로 정해진 고정급 임금으로 한다(통상임금 산정지침 제3조 제1항).

71 ③ 최근 선진국 노동시장에서는 기업 경영관행의 변화로 고용안정성의 감소, 여성 근로자 증가, 서비스업의 고용 증가, 임금소득의 양극화, 연공적 임금 상승 둔화 등의 현상이 나타나고 있다.

72 **내부노동시장의 단점**
- 인력의 경직성
- 관리비용의 증가
- 높은 노동비용
- 핵심역량에의 집중 곤란
- 공정성 규범으로 인한 보상차등화의 곤란
- 급격한 기술변화로 인한 재훈련비용의 증대
- 노동조합과 정규직근로자에 대한 의존성 증대

73 **경력정체와 승진정체**
- 경력정체는 객관적 차원과 주관적 차원의 두 가지 관점으로 이루어진다. 전자는 직급 수준이나 연봉 수준 등 객관적이고 관찰 가능한 측면을 말하는 반면, 후자는 개인이 현재 직무에 만족하지 못함으로써 도전감이나 책임감이 증가될 가능성이 낮은 상황을 말한다.
- 승진정체는 넓은 의미의 경력정체에 포함되는 것으로서, 객관적 측면에서 기업의 구조적 특성과 연관된다. 특히 기업은 이 문제를 해결하기 위해 정년단축, 조기퇴직(명예퇴직)유도, 자회사에의 파견 외에 팀장제도, 발탁승진제도, 임금피크제, 직급정년제 등을 활용한다.

74 ② 생산물(상품)에 대한 수요가 탄력적일수록 노동수요는 더 탄력적이 된다.

75
① 제한된 합리성은 경제 행위자들이 특히 장기적인 계약에 앞서 향후 전개될 복잡한 상황조건에 대한 적절한 예측능력을 가지지 못하여 합리적인 의사결정을 내리지 못하는 경향을 말한다.
③ 역선택은 정보를 가진 사람과 정보를 가지지 못한 사람 간에 발생하는 문제로서, 정보를 가지지 못한 사람의 입장에서 볼 때 정보의 부족이 바람직하지 않게 작용하는 경향을 말한다.
④ 도덕적 해이는 대리인과 사용자 간에 발생하는 문제로서, 사용자가 대리인의 행동을 완벽하게 감시할 수 없는 경우 대리인이 사용자의 기대 수준만큼의 노력을 기울이지 않은 채 부정직하거나 바람직하지 못한 행위를 하는 경향을 말한다.

76
④ 공기업의 생산물은 대부분이 필수적 서비스(전기 · 전화 등)인데, 이러한 서비스는 수요의 가격탄력성이 낮다. 즉, 가격이 올라도 수요량은 조금밖에 감소하지 않으므로 가격 인상이 공기업의 이윤을 늘리는 결과를 가져오기도 한다.

77
② 후방굴절형 노동공급곡선의 상단부분에서 좌상향으로 굽어지는 지점은 소득효과가 대체효과를 압도한 결과이다.

78
② 실업급여, 실업부조, 기타 공공부조는 소극적 노동시장정책에 해당한다. 적극적 노동시장정책에는 ① · ③ · ④ 외에 직업훈련, 정년대책이 있다.

79
① 하나의 국민경제에서 최적 인적자원배분이 이루어졌을 때는 동일노동에 대해 동일임금이 지급될 때로, 이는 '배분의 효율성(Allocative Efficiency)'에 이르는 것이다.

80 **경쟁노동시장 경제모형의 기본 가정**
• 노동자 개인이나 개별고용주는 시장임금에 아무런 영향력을 행사할 수 없다.
• 노동시장의 진입과 퇴출이 자유롭다.
• 노사의 단체(단결조직)가 없으며, 정부의 임금규제도 없다.
• 노동자와 고용주는 완전정보를 갖는다.
• 직무의 성격은 모두 동일하며, 임금의 차이만 존재한다.
• 모든 노동자는 동질적(숙련 및 노력에서)이다.
• 모든 직무의 공석은 외부노동시장을 통해서 채워진다.

05 노동관계법규(Ⅰ)

81 **실업급여의 종류(고용보험법 제37조)**
• 구직급여
• 취업촉진 수당
 – 조기(早期)재취업 수당
 – 직업능력개발 수당
 – 광역 구직활동비
 – 이주비

82
④ 공무원인 근로자는 법률이 정하는 자에 한하여 단결권 · 단체교섭권 및 단체행동권을 가진다(헌법 제33조 제2항).

83
③ '경영상 이유에 의한 해고'에 의해 근로자 개인은 잘못이 없는데도 생존권이 중대하게 위협받는 결과가 초래될 수 있으므로 현행법은 그 요건을 다음과 같이 엄격히 하고 있다(근로기준법 제24조 참조).
• 긴박한 경영상의 필요가 있을 것
• 사용자가 해고를 피하기 위한 노력을 다할 것
• 합리적이고 공정한 해고의 기준을 정하고 이에 따라 대상자를 선정할 것
• 남녀의 성을 이유로 차별하지 말 것
• 근로자대표에 대한 사전통보(50일)와 성실협의

84
③ · ④ 사업주는 육아휴직을 마친 후에는 휴직 전과 같은 업무 또는 같은 수준의 임금을 지급하는 직무에 복귀시켜야 한다. 또한 육아휴직 기간은 근속기간에 포함한다(남녀고용평등과 일 · 가정 양립 지원에 관한 법률 제19조 제4항).
① 동법 제19조 제1항
② 동법 제19조 제2항

85
③ 쟁의권은 헌법 제33조 제1항에서 보장하는 단체행동권의 내용에 해당한다. 근로자는 근로조건의 향상을 위하여 자주적인 단결권 · 단체교섭권 및 단체행동권을 가진다(헌법 제33조 제1항).

86
④ 일용근로자는 수급자격 인정신청일이 속한 달의 직전 달 초일부터 수급자격 인정신청일까지의 근로일 수의 합이 같은 기간 동안의 총 일수의 3분의 1 미만일 것(고용보험법 제40조 제1항 제5호 가목)

87
② 사회법은 자본주의 경제의 기본적인 틀은 그대로 유지하되 근대 시민법의 원리를 수정함으로써 실질적 자유와 평등을 도모하는 한편, 자본주의 경제를 지속적으로 유지 · 발전시키고자 하는 법 원리이다. 노동법은 이와 같은 사회법의 범위에 속하는 것으로서, 사회경제적 약자인 근로자의 생존권을 보장하는 동시에 생산 활동을 촉진하여 기업의 발전에 이바지하는 것을 목표로 한다.

88 **노동기본권(근로기본권)**
• 근로의 권리(근로권) : 모든 국민은 근로의 권리를 가진다(헌법 제32조 제1항).
• 노동3권(근로3권) : 근로자는 근로조건의 향상을 위하여 자주적인 단결권 · 단체교섭권 및 단체행동권을 가진다(헌법 제33조 제1항).

89 지방자치단체의 국내 직업소개 업무(직업안정법 제4조의2)
- 지방자치단체의 장은 필요한 경우 구인자ㆍ구직자에 대한 국내 직업소개, 직업지도, 직업정보제공 업무를 할 수 있다.
- 지방자치단체의 장은 위에 따른 업무를 수행하는 데에 필요한 전문인력을 둘 수 있다.
- 고용노동부장관은 정부의 업무를 원활하게 수행하기 위하여 필요하다고 인정하면 지방자치단체의 장과 공동으로 구인자ㆍ구직자에 대한 국내 직업소개, 직업지도, 직업정보제공 업무를 할 수 있다.

90 ③ 선택적 근로시간제 대상 근로자의 범위에서 15세 이상 18세 미만의 근로자는 제외한다(근로기준법 제52조 제1항 제1호).
① 동법 제50조 제1항
② 동법 제50조 제2항
④ 동법 제53조 제1항
선택적 근로시간제(근로기준법 제52조 제1항)
사용자는 취업규칙에 따라 업무의 시작 및 종료 시각을 근로자의 결정에 맡기기로 한 근로자에 대하여 근로자 대표와의 서면 합의에 따라 다음의 사항을 정하면 1개월 이내의 정산기간을 평균하여 1주간의 근로시간이 40시간을 초과하지 아니하는 범위에서 1주간 40시간, 1일에 8시간을 초과하여 근로하게 할 수 있다.
- 대상 근로자의 범위(15세 이상 18세 미만의 근로자는 제외)
- 정산기간
- 정산기간의 총 근로시간
- 반드시 근로하여야 할 시간대를 정하는 경우에는 그 시작 및 종료 시각
- 근로자가 그의 결정에 따라 근로할 수 있는 시간대를 정하는 경우에는 그 시작 및 종료 시각
- 그 밖에 대통령령으로 정하는 사항

91 ② 생후 1년 미만의 유아를 가진 여성근로자가 청구하면 1일 2회 각각 30분 이상의 유급 수유 시간을 주어야 한다(근로기준법 제75조).

92 ④ 건설일용근로자로서 수급자격 인정신청일 이전 14일간 연속하여 근로내역이 없을 것(고용보험법 제40조 제1항 제5호 참조)

93 대리인의 선임(고용보험법 제88조)
심사청구인 또는 재심사청구인은 법정대리인 외에 다음의 어느 하나에 해당하는 자를 대리인으로 선임할 수 있다.
- 청구인의 배우자, 직계존속ㆍ비속 또는 형제자매
- 청구인인 법인의 임원 또는 직원
- 변호사나 공인노무사
- 고용보험심사위원회의 허가를 받은 자

94 구직급여의 소정급여일수(고용보험법 제50조 제1항 및 별표1 참조)

구 분		피보험기간				
		1년 미만	1년 이상 3년 미만	3년 이상 5년 미만	5년 이상 10년 미만	10년 이상
이직일 현재 연령	50세 미만	120일	150일	180일	210일	240일
	50세 이상	120일	180일	210일	240일	270일

* 단, 「장애인고용촉진 및 직업재활법」에 따른 장애인은 50세 이상인 것으로 보아 위 표를 적용한다.

95 ② 직업정보제공을 하려는 자는 고용노동부장관에게 신고하여야 한다(직업안정법 제23조 제1항).

96 유료직업소개사업자의 장부 비치 기간(직업안정법 시행규칙 제26조 참조)
종사자명부, 구인신청서, 구인접수대장, 구직신청서, 구직접수 및 직업소개대장, 소개요금약정서, 일용근로자 회원명부, 금전출납부 및 금전출납명세서 : 2년

97 ① 사업주는 육아기 근로시간 단축을 하고 있는 근로자에게 단축된 근로시간 외에 연장근로를 요구할 수 없다. 다만, 그 근로자가 명시적으로 청구하는 경우에는 사업주는 주 12시간 이내에서 연장근로를 시킬 수 있다(남녀고용평등과 일ㆍ가정 양립 지원에 관한 법률 제19조의3 제3항).

98 직업능력개발훈련이 중요시되어야 하는 대상자(국민 평생 직업능력 개발법 제3조 제4항)
- 고령자ㆍ장애인
- 「국민기초생활 보장법」에 따른 수급권자
- 「국가유공자 등 예우 및 지원에 관한 법률」에 따른 국가유공자와 그 유족 또는 가족이나 「보훈보상대상자 지원에 관한 법률」에 따른 보훈보상대상자와 그 유족 또는 가족
- 「5ㆍ18민주유공자예우 및 단체설립에 관한 법률」에 따른 5ㆍ18민주유공자와 그 유족 또는 가족
- 「제대군인지원에 관한 법률」에 따른 제대군인 및 전역예정자
- 여성근로자
- 「중소기업기본법」에 따른 중소기업의 근로자
- 일용근로자, 단시간근로자, 기간을 정하여 근로계약을 체결한 근로자, 일시적 사업에 고용된 근로자
- 「파견근로자 보호 등에 관한 법률」에 따른 파견근로자
- 「학교 밖 청소년 지원에 관한 법률」에 따른 학교 밖 청소년

99 ③ 국가와 지방자치단체는 적극적 고용개선조치 우수기업에 행정적ㆍ재정적 지원을 할 수 있다(남녀고용평등과 일ㆍ가정 양립 지원에 관한 법률 제17조의4 제4항).
① 고용노동부장관은 대통령령으로 정하는 공공기관ㆍ단체의 장이나 일정 규모 이상의 근로자를 고용하는 사업의 사업주로서 고용하고 있는 직종별 여성 근로자의 비율이 산업별ㆍ규모별로 고용노동부령으로 정하는 고용기준에 미달하는 사업주에 대하여는 차별적 고용관행 및 제도 개선을 위한 적극적 고용개선조치 시행계획을 수립하여 제출할 것을 요구할 수 있다(동법 제17조의3 제1항).
② 동법 제17조의4 제1항
④ 동법 제17조의4 제5항

100 ① 개인정보 보호에 관한 사무를 독립적으로 수행하기 위하여 국무총리 소속으로 개인정보 보호위원회를 둔다(개인정보 보호법 제7조 제1항).

8회 정답 및 해설

제1과목	01	02	03	04	05	06	07	08	09	10	11	12	13	14	15	16	17	18	19	20
	②	④	①	③	④	①	③	④	④	②	③	①	②	②	②	④	③	②	①	①
제2과목	21	22	23	24	25	26	27	28	29	30	31	32	33	34	35	36	37	38	39	40
	②	②	①	②	②	③	④	②	②	②	④	②	①	①	④	②	②	③	④	②
제3과목	41	42	43	44	45	46	47	48	49	50	51	52	53	54	55	56	57	58	59	60
	③	②	④	①	①	④	②	④	③	②	①	②	④	③	①	②	①	②	②	②
제4과목	61	62	63	64	65	66	67	68	69	70	71	72	73	74	75	76	77	78	79	80
	②	①	①	①	④	②	①	②	④	②	④	②	③	②	④	④	④	④	①	③
제5과목	81	82	83	84	85	86	87	88	89	90	91	92	93	94	95	96	97	98	99	100
	①	④	③	④	③	④	④	①	③	④	②	③	④	④	①	②	②	③	③	①

01 직업심리

01 ② 사회적 지지 또는 사회적 지원은 상황속성에 해당한다.

02 **스트레스에 의한 일반적응증후군의 3단계(Selye)**
- 경계(경고)단계(제1단계) : 스트레스 자극을 받았을 때 나타나는 신체 최초의 즉각적인 반응
- 저항단계(제2단계) : 스트레스가 지속되는 경우 신체의 전반적인 기능은 저하
- 탈진(소진)단계(제3단계) : 유해한 스트레스에 장기간 노출이 지속되어 신체 에너지가 고갈상태

03 ② 대체로 언어능력을 측정하는 검사이다.
③ 지금까지 습득한 능력수준을 측정하는 검사이다.
④ 행동의 정서적 영역 또는 비인지적 측면을 측정하는 검사이다.

04 ③ 동일한 사람에게 두 번 실시해서 얻은 점수들의 상관계수는 안정성 계수이다.

05 ④ 표준편차는 점수집합 내에서 점수들 간의 상이한 정도, 즉 변수값이 평균값에서 어느 정도 떨어져 있는지를 나타낸다. 집단의 각 점수들이 평균에서 벗어난 평균거리를 의미하므로, 표준편차가 작을수록 해당 집단의 사례들이 서로 동질적인 것으로, 표준편차가 클수록 해당 집단의 사례들이 서로 이질적인 것으로 볼 수 있다.

06 ① 훈련 정도는 수검자 요인에 해당한다.
검사점수의 오차의 원인에는 ②·③·④ 등의 측정도구 요인 외에 수검자 요인, 검사 실시 및 채점 요인이 있다.

07 ③ 경험법은 직무분석자 자신이 직무를 직접 수행해보는 방법으로 심리적·생리적 상황을 상세하게 파악할 경우 이용한다.

08 **직무분석**
어떤 특정 직무의 내용과 성질을 분석, 그 직무에 포함되어 있는 직무의 내용을 확인하고 그 직무가 요구하는 종업원의 능력, 숙련, 책임, 작업환경 등의 제요건을 명확히 하는 과정이다.

09 ④ 크롬볼츠는 사회학습이론을 통해 진로발달 과정에 영향을 미치는 요인으로서 환경적 요인과 심리적 요인을 제시하였다. 그중 심리적 요인으로서 과제접근기술은 개인이 환경을 이해하고 그에 대처하며, 미래를 예견하는 능력이나 경향성을 의미하는 것으로, 문제해결 기술, 일하는 습관, 정보수집 능력, 감성적 반응, 인지적 과정 등을 예로 들 수 있다.

10 ① 살아남은 구성원들도 종종 조직에 대한 신뢰감을 상실하고는 한다.
③ 일부 구성원들은 다른 직무나 낮은 수준의 직무로 이동하는 것을 감수한다.
④ 조직 감축으로부터 살아남은 종업원들은 감축대상이 된 동료들에 대한 미안한 마음과 자신도 언제 감축대상이 될지 모른다는 불안감으로 인해 조직 몰입에 어려움을 겪는다.

11 **와이너(Weiner)의 귀인이론**
개인이 어떤 특정한 상황에서의 성취결과, 즉 성공과 실패에 대하여 그 원인을 무엇이라고 인식함에 따라서 장차 그의 행동이 결정된다고 가정한다.

12 최초분석법의 종류에는 면접법, 관찰법, 설문지법, 경험법이 있다.

13 **인간발달의 일반적 원리**
- 인간의 성장과 발달은 생물학적·뇌생리학적 성숙과 후천적 학습이라는 두 가지 과정의 상호작용의 결과이다.
- 발달의 속도에는 개인차가 있다.
- 연령증가에 따라 성장과 발달 경향의 예측은 점점 어려워진다.
- 인간의 특징은 전체에서 특수로 발달한다.

14 ② 에릭슨(Erikson)에 의하면 성격발달단계란 일련의 변환기이며, 이 변환기들은 바람직한 것과 위험한 것을 동시에 포함한다. 청소년기에는 자아정체감을 발달시켜야 하지만 생활의 다양한 국면에서 안정감을 확립할 수 없다면 역할혼미가 오게 된다.

15 C. 가치중심적 진로이론은 인간행동이 개인의 가치에 의해 상당 부분 영향을 받는다는 가정에서 출발한다. 흥미를 진로결정에 큰 영향을 미치지 않는 것으로 보는 반면, 가치를 행동역할을 합리화하는 데 매우 강력한 결정요인으로 본다.

16 홀랜드(Holland)의 육각모형
대각선에 위치한 유형은 서로 대비되는 특성을 가진다.

현실형(R) : 실행/사물지향
(신체활동, 기계적성)

관습형(C) : 동조/자료지향
(성실성, 구체성)

탐구형(I) : 사고/아이디어(연구)지향
(사고력, 학업적성)

진취형(E) : 관리/과제지향
(외향성, 설득력)

예술형(A) : 창조/아이디어(예술)지향
(독창성, 심미성)

사회형(S) : 자선/사람지향
(사회성, 친화성)

17 ③ 긴즈버그(Ginzberg)는 직업선택을 하나의 발달과정으로 보았다. 즉, 직업선택은 단 한 번의 결정이 아닌 일련의 결정들이 계속적으로 이루어지는 것이며, 각 단계의 결정이 전 단계의 결정 및 다음 단계의 결정과 밀접한 관계를 가진다는 것이다. 이와 같이 긴즈버그는 직업선택을 단일 결정이 아닌 장기간에 걸친 일련의 결정으로 보았으며, 나중에 이루어지는 결정은 그 이전 결정의 영향을 받는다고 주장하였다.

18 타임아웃
부적절한 행동을 하면 모든 정적 강화를 차단하여 그 행동을 감소시키는 방법으로 개체가 바람직하지 않은 행동을 할 때 일정 기간 동안 다른 장소에 격리하는 방법이다.

19 ① 억압은 다른 방어기제의 기초가 되는 것으로 스트레스나 불안한 생각을 의식화하지 않으려는 잠재적·무의식적 노력으로, 예를 들면 아버지에 대한 분노를 인식하지 못하거나 충격적인 경험을 기억하지 못하는 것이다.

20 성격 5요인검사(Big-5)의 하위요인(Norman)
- 외향성(Extraversion)
- 호감성 또는 친화성(Agreeableness, Likability)
- 성실성(Conscientiousness)
- 경험에 대한 개방성(Openness to Experience)
- 정서적 불안정성(Neuroticism, Negative Affectivity)

02 직업상담 및 취업지원

21 ② 상담을 초기·중기·종결의 3단계로 구분할 때 내담자의 호소문제 및 그와 관련된 변인, 내담자의 현재 기능 상태 및 심각도 등을 평가하는 것은 상담 초기과정의 활동에 해당한다.

22 로저스는 인간의 성격을 크게 세 가지 핵심적인 요소, 즉 '유기체·현상학적인 장·자기'로 구분하였다.
- 유기체 : 한 개인의 전체(신체, 지성, 정서)를 의미한다.
- 현상학적 장 : 인간이 경험하는 모든 것을 말한다.
- 자기 : 전체적인 현상학적 장 또는 지각적 장으로부터 분화된 부분으로 '나'에 대한 일련의 인식과 가치로 이루어진다.

23 교류분석적 상담(TA ; Transactional Analysis)
1950년대 중엽 미국의 정신의학자 Eric Berne 박사가 집단치료의 한 방법으로 개발한 것이다. 그러나 오늘날 교류분석적 상담은 집단치료의 한 방법으로서뿐만 아니라 개별상담 및 심리치료의 방법으로서도 그 유용성을 인정받고 있다. 교류분석적 이론은 사람 간에 주고받는 스트로크(사람 간에 주고받는 언어적 표현 또는 반응형태)에 주목한다.

24 ② 진로집단상담의 대상이 되는 구성원은 비교적 일정한 수준의 발달단계에 있는 구성원으로 한다.

25 인지치료
부적응적 행동유형을 바꾸기 위해서는 사고유형을 변화시키는 것이 필요하다는 것에 기반을 둔 것으로 왜곡된 사고체제나 신념체제를 가진 내담자에게 효과적이다.

26 ③ 내담자의 '무심하다'는 모호한 표현에 대하여 상담자가 왜 무심한지를 되묻는 것으로, 이는 구체화 또는 명료화의 방법으로 볼 수 있다.

27 특성-요인 직업(진로)상담의 과정(Williamson)
분석(제1단계) → 종합(제2단계) → 진단(제3단계) → 예후 또는 처방(제4단계) → 상담 또는 치료(제5단계) → 추수지도(제6단계)

28 비지시적 상담 규칙
- 상담자는 인내심을 가지고 우호적으로, 그러나 지적으로는 비판적인 태도로 내담자의 말을 경청해야 한다.
- 상담자는 내담자에게 어떤 종류의 권위도 과시해서는 안 된다.
- 상담자는 내담자에게 조언이나 도덕적 훈계를 해서는 안 된다.
- 상담자는 내담자와 논쟁해서는 안 된다.
- 상담자는 특수한 경우에 한해 내담자에게 질문 또는 이야기를 할 수 있다.

29 ② 직업상담의 주요 관건은 내담자로 하여금 자신의 문제를 효과적으로 다루도록 돕는 데 있다. 따라서 상담자는 직업선택에 있어서 내담자 스스로 올바른 결정을 내릴 수 있도록 도와야 한다.

30 재구조화(Reframing)
해석이라고도 하며 내담자의 문제와 염려에 대하여 새로운 참조체제를 제공하여 내담자가 상황을 이해하고 효과적으로 대처할 수 있도록 하는 기법

31 프로이트의 정신분석이론과 에릭슨의 성격발달이론의 단계 비교

프로이트	에릭슨
구강기(0~1세)	제1단계(0~1세) : 기본적 신뢰감 대 불안감
항문기(2~3세)	제2단계(1~3세) : 자율성 대 수치심과 의심
남근기(3~5세)	제3단계(3~5세) : 주도성 대 죄책감
잠복기(6~11세)	제4단계(5~12세) : 근면성 대 열등감
해당 단계 없음	성기기(11세 이후) 제5단계(청소년기) : 자아정체감 대 역할혼란
	제6단계(청년기) : 친밀감 대 고립감
	제7단계(장년기) : 생성감 대 침체감
	제8단계(노년기) : 통합성 대 절망감

32 심리 · 성적(Psychosexual) 발달

성적 에너지 또는 리비도가 신체의 어느 부분에 축적되어 갈등을 일으키고 해결되는지를 기준으로 발달단계를 설정한다.

33 ① 억제는 자신을 괴롭히는 문제나 욕구, 감정 또는 경험을 의식적으로 생각하지 않는 것이다.

34 게슈탈트는 어떤 의미체로 통합된 전체를 의미한다. 알아차림이란 개체가 자신의 욕구나 감정을 지각하고 그것을 게슈탈트로 형성하여 전경으로 떠올리는 행위를 의미한다.

35 추론에 나타나는 체계적 오류 6가지

임의적 추론, 선택적 추상화, 지나친 일반화, 과대평가-과소평가, 사적인 것으로 받아들이기, 절대적 사고-이분법적 사고

36 ② 앨리스는(Ellis)는 한 개인이 경험하는 정서적 · 행동적 결과는 그 개인이 가지고 있는 신념(Belief)에 의해 유발된다고 보았다.

인지 · 정서 · 행동상담이론(REBT)의 ABCDEF 모델

- A : 선행사건
- B : 신념체계
- C : 결과
- D : 논박
- E : 효과
- F : 새로운 감정

37 홍수법

어떤 대상이나 상황에 대해 공포를 느끼는 사람에게 그 상황에 억지로 빠지게함으로써 둔감해지도록 하는 행동적 상담기법이다.

38 ③ 고전적 조건형성에 기초한 전략에는 체계적 둔감법(Systematic Desensitization)이 있다.

39 6개의 생각하는 모자(Six Thinking Hats)

창의적 사고의 대가인 에드워드 드보노(Edward de Bono)에 의해 개발된 것으로서 가장 단순 명료하게 효과적으로 사고하기 위한 것이다.

색 상	사고유형
백색(하양)	본인과 직업들에 대한 사실들만을 고려한다.
적색(빨강)	직관에 의존하고, 직감에 따라 행동한다.
흑색(검정)	비관적 · 비판적이며, 모든 일이 잘 안 될 것이라고 생각한다.
황색(노랑)	낙관적이며, 모든 일이 잘 될 것이라고 생각한다.
녹색(초록)	새로운 대안들을 찾으려 노력하고, 문제들을 다른 각도에서 바라본다.
청색(파랑)	합리적으로 생각한다(사회자로서의 역할 반영).

40 직업(진로)선택의 문제유형(Williamson)

직업 무선택, 직업선택의 확신부족(불확실한 선택), 흥미와 적성의 불일치, 현명하지 못한 직업선택(어리석은 선택)

03 직업정보

41 ① 숙련기간은 정규교육과정을 이수한 후 해당 직업의 직무를 평균적인 수준으로 스스로 수행하기 위하여 필요한 각종 교육, 훈련, 숙련기간을 의미한다. 숙련기간에는 향상훈련기간이 포함되지 않는다.

② '사람'과 관련된 기능은 인간과 인간처럼 취급되는 동물을 다루는 것을 포함한다.

④ 자격 · 면허는 국가자격 및 면허를 수록한다. 그러나 민간에서 부여하는 자격은 제외한다.

42
- 경제활동참가율(%)＝경제활동인구 수/15세 이상 인구 수×100

$75(\%)=x/500만\times100$

- 경제활동인구 수＝375만명
- 실업률(%)＝실업자 수/경제활동인구 수×100

$20(\%)=x/375만\times100$

∴ 실업자 수＝75만명

43 구인배수

구직자 1명에 대한 구인수를 나타내는 것으로 취업의 용이성이나 구인난 등을 판단할 수 있다.

> 구인배수＝신규구인인원/신규구직건수

※ 참고 : 과거에는 '신규구직자 수'를 이용하여 '구인배율'을 산출했으나(신규구인인원÷신규구직자 수), 최근에는 '신규구직건수'를 이용하여 '구인배수'를 산출하고 있다(신규구인인원÷신규구직건수).

44 ① 한국직업사전에서는 직업별 임금관련 정보를 제공하지 않는다.

45 한국직업정보시스템(워크넷 직업 · 진로)의 조건별 검색

평균연봉	직업전망
• 3,000만원 미만	• 매우 밝음(상위 10% 이상)
• 3,000~4,000만원 미만	• 밝음(상위 20% 이상)
• 4,000~5,000만원 미만	• 보통(중간 이상)
• 5,000만원 이상	• 전망 안 좋음(감소예상직업)

46 O 공공 행정, 국방 및 사회보장 행정[출처 : 한국표준산업분류(2024)]

국제기준을 반영하여 사회보장보험업 및 연금업을 '대분류 K'에서 '대분류 O'로 이동하였다.

47 ② 동일 단위에서 제조한 재화의 소매활동은 별개 활동으로 파악되지 않고 제조활동으로 분류되어야 한다. 그러나 자기가 생산한 재화와 구입한 재화를 함께 판매한다면 그 주된 활동에 따라 분류한다.

48 국가기술자격종목 중 응시자격에 제한이 없는 주요 종목
직업상담사 2급, 사회조사분석사 2급, 전자상거래관리사 2급, 컨벤션기획사 2급, 소비자전문상담사 2급, 텔레마케팅관리사, 스포츠경영관리사, 이러닝운영관리사, 경영정보시각화능력 등

49 ③ 내용분석법은 조사자의 관여에 따른 정보제공자의 반응성을 유발하지 않는 장점이 있다.

50 ② 구인배수 : 신규구인인원÷신규구직건수(구인배수는 구직자 1명에 대한 구인 수의 비율로, 구인 수의 많고 적음을 나타내는 수치로 취업이 용이함을 나타냄)

51 ① 직업정보의 일반적인 기능이다.
브레이필드(Brayfield)의 직업정보의 기능
• 정보제공의 기능 : 내담자로 하여금 적절한 선택이 이루어지도록 도우며, 직업선택에 대한 내담자의 지식을 증가시킨다.
• 재조정의 기능 : 내담자로 하여금 현재 상황에 비추어 자신의 진로선택이 적절했는지 여부를 점검해 보도록 한다.
• 동기화의 기능 : 직업정보 제공 과정을 통해 내담자로 하여금 의사결정에 자발적이고 적극적으로 참여하도록 유도한다.

52 실업자는 15세 이상 인구를 대상으로 한다. 조사대상 주간 중 일할 의사와 능력을 가지고 있으면서 전혀 일을 하지 못하고 일자리를 찾아 구직활동을 하는 사람과 일시적인 병 등 불가피한 사유로 구직활동을 하지 못한 사람으로 즉시 취업이 가능한 사람을 말한다.

53 민간직업정보와 공공직업정보의 차이

구 분	민간직업정보	공공직업정보
정보제공 속성	한시적	지속적
직업 분류 · 구분	생산자의 자의성	기준에 의한 객관성
조사 직업 범위	제한적	포괄적
정보의 구성	완결적 정보체계	기초적 정보체계
타 정보와의 관계	관련성 낮음	관련성 높음
비 용	보통 유료	보통 무료

54 국가기술자격제도의 체계
기술사 - 기능장 - 기사 - 산업기사 - 기능사

55 ② 산업기사 : 해당 국가기술자격의 종목에 관한 기술기초이론지식 또는 숙련기능을 바탕으로 복합적인 기초기술 및 기능 업무를 수행할 수 있는 능력 보유
③ 기사 : 해당 국가기술자격의 종목에 관한 공학적 기술이론지식을 가지고 설계 · 시공 · 분석 등의 업무를 수행할 수 있는 능력 보유
④ 기능장 : 해당 국가기술자격의 종목에 관한 최상급 숙련기능을 가지고 산업현장에서 작업관리, 소속 기능 인력의 지도 및 감독, 현장훈련, 경영자와 기능 인력을 유기적으로 연계시켜 주는 현장관리 등의 업무를 수행할 수 있는 능력 보유

56 직업안정기관에서 구인신청을 거부할 수 있는 경우
• 구인신청의 내용이 법령을 위반한 경우
• 구인신청의 내용 중 임금 · 근로시간 · 기타 근로조건이 통상의 근로조건에 비하여 현저하게 부적당하다고 인정되는 경우
• 구인자가 구인조건의 명시를 거부하는 경우

57 ② 직종별 사업체 노동력조사 : 사업체의 정상적인 경영활동에 필요한 부족 인원의 규모 등을 산업별, 규모별, 직종별로 조사하여 인력 미스매치 해소를 위한 고용정책 기초자료로 제공
③ 기업체 노동비용조사 : 근로자 고용에 소요되는 제반 비용을 종합적으로 조사 · 파악하여 복지노동행정 구현을 위한 노동정책 입안자료로 사용하고 기업의 근로자 복지증진을 위한 기초자료로 제공
④ 고용형태별 근로실태조사 : 고용형태별로 사업체의 근로시간, 임금 등의 실태를 조사하여 고용정책, 근로기준 및 노사정책 등 정책 개선 · 개발에 활용

58 ② '관련 학과'는 일반적 입직 조건을 고려하여 대학에 개설된 대표 학과명을 수록하거나, 특성화고등학교, 직업훈련기관, 직업전문학교의 학과명을 수록하였다.

59 한국표준산업분류의 분류기준
• 산출물(생산된 재화 또는 제공된 서비스)의 특성 : 산출물의 물리적 구성 및 가공단계, 산출물의 수요처, 산출물의 기능
• 투입물의 특성 : 원재료, 생산공정, 생산기술 및 시설 등
• 생산활동의 일반적인 결합형태

60 Q-Net에서 제공하는 자격정보로는 국가자격, 민간자격, 외국자격과 자격검정통계정보가 있다.

04 노동시장

61 불경기가 노동공급에 미치는 효과
- 부가노동자효과 : 불경기에 구직활동에 새로 참여하는 사람이 증가하는 현상
- 실망노동자효과 : 경기가 나빠져서 취업기회가 줄어들게 되면 이로 인해 실업자 중 일부가 구직활동을 포기함으로써 경제활동인구가 줄어드는 현상

62 ① 생산을 못하게 돼 이윤 감소를 겪는 것은 노동자 측이 아니고 기업측이다. 파업은 태업, 피케팅, 보이콧 등 노동자의 단체행동 중 가장 강력한 것이다. 파업의 경제적 손실은 노사 양자의 사적비용과 국민 전체적 입장의 사회적 비용으로 나뉜다.

노사 양자의 사적비용	국민 전체적 입장의 사회적 비용
• 사적비용은 노동자 측의 비용과 기업 측 비용의 합 • 노동자는 임금을 못 받는 소득손실, 기업은 생산을 못하게 되어 겪는 이윤 감소 • 노동자는 노조 파업수당을 적립하는 방법, 사용자는 재고량을 늘리는 방법으로 사적비용을 대비하고 완충	• 사회적 비용은 한 부문의 파업으로 타 부문에서의 생산 및 소비의 감소를 의미 • 조그마한 사업장의 파업은 사회적 비용이 거의 발생하지 않음 • 사회적 비용이 큰 부문은 공공서비스업종(전력, 상수도, 가스, 우편, 통신 등)

63 내부노동시장의 형성요인으로는 장기근속 관행과 기업의 규모, 기업 내 위계적 직무서열, 기능의 특수성과 현장훈련이 있다.

64 ① 표준시간제 : 사전에 설정된 과업단위당 시간기준에 따라 시간급을 지급하는 장려금 성격의 시간급제
③ 할시제(할시할증제) : 과거의 경험을 통해 정한 표준작업시간보다 시간을 단축하여 작업을 완수하는 경우 절약된 시간만큼 시간당 일정비율의 임률을 적용하여 임금을 추가로 지급하는 제도
④ 테일러제(테일러식 차별적 성과급제) : 테일러(Taylor)가 고안한 방식으로 테일러는 시간과 동작의 연구를 통해 종업원의 1일 표준작업량으로서 과업(Task)을 설정하고 이를 토대로 차별적인 임률을 정한 제도

65 ④ 통상임금 산정지침 제2조
① 도급금액으로 정하여진 임금에 대하여는 그 임금산정기간에 있어서 도급제에 의하여 계산된 임금의 총액(연장·야간·휴일근로 등에 대한 가산수당은 제외)으로 한다(통상임금 산정지침 제3조 제2항).
② 통상임금의 산정기초가 되는 임금은 근로계약이나 취업규칙 또는 단체협약 등에 의하여 소정근로시간(소정근로시간이 없는 경우에는 법정근로시간)에 대하여 근로자에게 지급하기로 정하여진 기본급 임금과 정기적·일률적으로 1임금산정기간에 지급하기로 정하여진 고정급 임금으로 한다(통상임금 산정지침 제3조 제1항).
③ 통상임금의 산정기초가 되는 임금을 시간급 금액으로 산정할 경우의 산정기준시간은 도급 금액으로 정하여진 경우에는 당해 임금산정기간(임금마감일이 있는 경우에는 임금마감기간)의 총 근로시간(총 근로시간 외에 유급처리되는 시간은 합산)으로 한다(통상임금 산정지침 제4조).

66 ② 내부노동시장은 신규채용이나 복직 그리고 능력 있는 자의 초빙 시에만 외부노동시장과 연결되며, 승진이나 직무배치 및 임금은 외부노동시장의 작용으로부터 단절된 채로 기업 내부에서 정해진 규칙과 절차에 의해 결정된다.

67 노동수요곡선은 임금 이외의 모든 요인을 불변이라고 가정하고 임금에 대한 노동수요의 변화를 나타내는 곡선이다. 그런데 일정불변이라 가정되었던 요인(②·③·④)이 변화하면 노동수요곡선 자체가 좌(노동수요의 감소) 또는 우(노동수요의 증가)로 이동한다.

68 산업별 노동조합은 대체로 '한 산업에 하나의 노조, 한 사업장에 하나의 노조지부'의 원칙에 맞추어 조직된다. 따라서 같은 산업에 속하는 노동자는 생산직과 사무직을 불문하고 같은 노동조합에 소속한다는 원칙으로 조직되어 있다.

69 • 경제활동인구 : 취업자·실업자
• 비경제활동인구 : 가사종사자·연로자·심신장애·기타 등

70 생산가능인구는 경제활동인구를 가늠할 때 사용하는 개념으로서, 연령을 기준으로 일할 의사와 능력이 있는지를 반영한다. 우리나라의 경우 만 15세 이상으로 본다.

71 여성취업자 증가현상의 이유
• 수요 측면 : 여성들에게 편리한 여성 직종이 다량 늘어난 반면 전통적인 남성 직종은 감소함(광공업 → 서비스업으로의 변화)
• 공급 측면 : 남성 가장의 고용이 불안정해지고 소득변동이 커짐에 따라 가계의 안전판으로서 여성의 노동시장 진출 증가. 높은 학력과 뛰어난 능력을 갖춘 여성인력이 증가하고 이들의 노동시장 진출을 촉진시키는 사회·경제적 요인들(남녀고용평등과 일·가정 양립지원에 관한 법률의 도입, 자녀수의 감소, 가사노동의 감소 등)이 강화되어 여성의 전문직 진출 증가

72 ①·③·④ 노동력대가설로 설명할 수 있는 임금이다.

73 ① 자동화나 기술혁신으로 인해 과거의 기술이 더 이상 쓸모가 없어짐으로써 나타나는 노동공급의 과잉현상, 다른 한편으로 새로운 산업의 등장에 따라 나타나는 노동공급의 부족현상은 구조적 실업과 연관된다.
② 임금의 경직성은 비자발적 실업과 연관된다. 기업은 물가 하락으로 상대적으로 임금이 높아지는 상황에서 총수요 감소에 따라 노동에 대한 수요를 감소시키게 되며, 그로 인해 노동자들의 비자발적 실업이 발생하게 된다.
④ 마찰적 실업은 신규 또는 전직자가 자신의 적성에 맞는 일자리를 찾는 동안 실업 상태에 있는 경우에 해당하므로 자발적 실업에 해당한다.

74 노동수요의 (임금)탄력성은 다음의 공식으로 나타낼 수 있다.

$$노동수요의 (임금)탄력성 = \frac{노동수요량의 \ 변화율(\%)}{임금의 \ 변화율(\%)}$$

즉, $0.5 = \dfrac{x}{5(\%)}$(단, x는 노동수요량의 변화율)

$x = 0.5 \times 5(\%) = 2.5(\%)$

∴ 2.5% 감소한다.

75 ④ 통설적 징계사유는 단체협약 및 취업규칙 등에 규정되는 것이 일반적이다. 따라서 징계권은 단체교섭이나 노사협의의 대상이 된다.

76 노동수요의 임금탄력성 결정요인
- 최종생산물에 대한 수요의 탄력성
- 다른 생산요소와의 대체가능성
- 다른 생산요소공급의 가격탄력성
- 총 비용 중 노동비용이 차지하는 비중

77 신고전학파의 경쟁노동시장가설(경쟁시장가설)이 강조한 내용에 해당한다. 경쟁노동시장가설은 기술, 숙련, 지역적 차이를 제외하고 노동력의 질적 차이가 없다는 가정하에, 동질의 노동에 대한 동일한 임금으로서 '동일노동-동일임금'을 주장하였다.

78 ④ 그 경제가치 또는 생산력을 증가시키기 위해 인적 자본투자가 진행되는데 학교 교육, 현장훈련 등이 인적자본의 투자대상이 된다.

79 효율임금이론
근로자의 생산성을 높이기 위해 시장균형임금보다 더 높은 임금을 지불하는 것이 이윤극대화를 추구하는 기업에 더욱 이익이 된다는 이론이다. 이와 같은 이론에 근거한 효율성 임금은 고임금을 통한 우수한 근로자의 채용 및 근로의 질 향상, 근로자의 사직 감소에 따른 신규채용 및 훈련에 드는 비용 감소, 대규모 사업장에서의 통제 상실 방지 등의 효과가 있다. 그러나 이와 같은 효율성 임금은 오히려 기업 간 임금격차 및 이중노동시장 형성의 원인이 되는 것은 물론, 지역 간 또는 산업 간 노동력 수급의 불균형현상에 의해 야기되는 구조적 실업의 원인이 되기도 한다.

80 ③ 우리나라 여성의 경제활동참가율은 20대 후반부터 30대에 이르기까지 현저히 함몰되는 M자형 곡선의 형태를 취하고 있다. 이는 여성이 결혼, 출산 및 자녀양육 부담이 집중되는 시기에 경제활동을 포기하게 됨을 의미한다.

05 노동관계법규(Ⅰ)

81 사용자가 근로자에게 주지시켜야 할 최저임금의 내용(최저임금법 시행령 제11조)
- 적용을 받는 근로자의 최저임금액
- 최저임금에 산입하지 아니하는 임금
- 해당 사업에서 최저임금의 적용을 제외할 근로자의 범위
- 최저임금의 효력발생 연월일

82 ④ 추상적 인격 간의 형식적 평등을 지향하는 시민법과는 달리 노동법은 구체적 인격체 간의 실질적 평등을 지향하는 법이다.
① 노동법은 근로자의 경제적·사회적 지위향상을 목적으로 한다.
② 자본주의 체제를 전제로 하는 법이다.
③ 시민법원리의 경험적·귀납적 방법에 기초한다.

83 ③ 상시 10명 미만의 근로자를 고용하는 사업이나 사업주 및 근로자 모두가 남성 또는 여성 중 어느 한 성(性)으로 구성된 사업의 사업주는 교육자료 또는 홍보물을 게시하거나 배포하는 방법으로 직장 내 성희롱 예방 교육을 할 수 있다(남녀고용평등과 일·가정 양립 지원에 관한 법률 시행령 제3조 제4항).

84 ② 고용보험법에 따른 피보험자격의 취득·상실에 대한 확인, 실업급여 및 육아휴직 급여와 출산전후휴가 급여 등에 관한 처분에 이의가 있는 자는 고용보험심사관에게 심사를 청구할 수 있고, 그 결정에 이의가 있는 자는 고용보험심사위원회에 재심사를 청구할 수 있다(고용보험법 제87조 제1항).

85 ③ 근로기준법 제21조
① 명시된 근로조건이 사실과 다를 경우에 근로자는 근로조건 위반을 이유로 손해의 배상을 청구할 수 있으며 즉시 근로계약을 해제할 수 있다(동법 제19조 제1항).
② 사용자는 근로계약에 덧붙여 강제 저축 또는 저축금의 관리를 규정하는 계약을 체결하지 못한다(동법 제22조 제1항).
④ 사용자는 근로계약 불이행에 대한 위약금 또는 손해배상액을 예정하는 계약을 체결하지 못한다(동법 제20조).

86 ① 모든 국민은 근로의 권리를 가진다. 국가는 사회적·경제적 방법으로 근로자의 고용의 증진과 적정임금의 보장에 노력하여야 하며, 법률이 정하는 바에 의하여 최저임금제를 시행하여야 한다(헌법 제32조 제1항).
② 국가유공자·상이군경 및 전몰군경의 유가족은 법률이 정하는 바에 의하여 우선적으로 근로의 기회를 부여받는다(헌법 제32조 제6항).
③ 여자의 근로는 특별한 보호를 받으며, 고용·임금 및 근로조건에 있어서 부당한 차별을 받지 아니한다(헌법 제32조 제4항). 연소자의 근로는 특별한 보호를 받는다(헌법 제32조 제5항).

87 ④ 명시된 근로조건이 사실과 다를 경우에 근로자는 근로조건 위반을 이유로 손해의 배상을 청구할 수 있으며 즉시 근로계약을 해제할 수 있다(근로기준법 제19조 제1항).

88 ① 최저임금위원회는 근로자위원 9명, 사용자위원 9명, 공익위원 9명으로 구성한다(최저임금법 제14조 제1항).

89 ㄱ. 「고용보험법」에 따른 구직급여를 받고 있거나 구직급여를 마지막으로 받은 날의 다음 날부터 6개월이 지나지 아니한 사람(구직자 취업촉진 및 생활안정지원에 관한 법률 제7조 제3항 제3호)
ㄴ. 「고용정책 기본법」에 따른 재정지원 일자리사업 중 대통령령으로 정하는 사업에 참여하고 있거나 참여기간의 마지막 날의 다음 날부터 6개월이 지나지 아니한 사람(동법 제7조 제3항 제4호)

90 ④ "6개월 미만 동안 국외에 머무는 경우"가 옳다(구직자 취업촉진 및 생활안정지원에 관한 법률 제11조 제1항 제5호).

91 야간근로와 휴일근로의 제한(근로기준법 제70조 제2항)
사용자는 임산부와 18세 미만자를 오후 10시부터 오전 6시까지의 시간 및 휴일에 근로시키지 못한다. 다만, 다음의 어느 하나에 해당하는 경우로서 고용노동부장관의 인가를 받으면 그러하지 아니다.
• 18세 미만자의 동의가 있는 경우
• 출산 후 1년이 지나지 아니한 여성의 동의가 있는 경우
• 임신 중의 여성이 명시적으로 청구하는 경우

92 ③ 선택적 근로시간제는 사용자는 취업규칙에 의하여 업무의 시작 및 종료 시각을 근로자의 결정에 맡기기로 한 근로자에 대하여 근로자대표와의 서면합의에 의하여 적용하여야 한다(근로기준법 제52조 참조).

93 구직자 취업촉진 및 생활안정지원에 관한 법률상 취업지원서비스의 주요 내용
• 취업활동계획(법 제12조)
• 취업지원 프로그램(법 제13조)
• 구직활동지원 프로그램(법 제14조)

94 구직급여의 수급요건(고용보험법 제40조 제1항)
구직급여는 이직한 근로자인 피보험자가 다음의 요건을 모두 갖춘 경우에 지급한다.
• 법령에 따른 기준기간(원칙상 이직일 이전 18개월) 동안의 피보험 단위기간이 합산하여 180일 이상일 것
• 근로의 의사와 능력이 있음에도 불구하고 취업(영리를 목적으로 사업을 영위하는 경우를 포함)하지 못한 상태에 있을 것
• 이직사유가 수급자격의 제한 사유에 해당하지 아니할 것
• 재취업을 위한 노력을 적극적으로 할 것
• 수급자격 인정신청일이 속한 달의 직전 달 초일부터 수급자격 인정신청일까지의 근로일수의 합이 같은 기간 동안의 총 일수의 3분의 1 미만이거나, 건설일용근로자로서 수급자격 인정신청일 이전 14일간 연속하여 근로내역이 없을 것(단, 최종 이직 당시 일용근로자였던 사람만 해당)
• 최종 이직 당시의 기준기간 동안의 피보험 단위기간 중 다른 사업에서 수급자격의 제한 사유에 해당하는 사유로 이직한 사실이 있는 경우에는 그 피보험단위기간 중 90일 이상을 일용근로자로 근로하였을 것(단, 최종 이직 당시 일용근로자였던 사람만 해당)

95 ① 근로자공급사업이란 공급계약에 따라 근로자를 타인에게 사용하게 하는 사업을 말한다. 다만, 근로자파견사업은 제외한다(직업안정법 제2조의2 제7호).

96 ② 무료직업소개사업은 소개대상이 되는 근로자가 취업하려는 장소를 기준으로 하여 국내 무료직업소개사업과 국외 무료직업소개사업으로 구분하되, 국내 무료직업소개사업을 하려는 자는 주된 사업소의 소재지를 관할하는 특별자치도지사 · 시장 · 군수 및 구청장에게 신고하여야 하고, 국외 무료직업소개사업을 하려는 자는 고용노동부장관에게 신고하여야 한다. 신고한 사항을 변경하려는 경우에도 또한 같다(직업안정법 제18조 제1항).

97 개인정보의 수집 · 이용(개인정보 보호법 제15조 제2항)
개인정보처리자는 개인정보의 수집 · 이용에 대해 정보주체의 동의를 받을 때에는 다음의 사항을 정보주체에게 알려야 하며, 다음의 어느 하나의 사항을 변경하는 경우에도 이를 알리고 동의를 받아야 한다.
• 개인정보의 수집 · 이용 목적
• 수집하려는 개인정보의 항목
• 개인정보의 보유 및 이용 기간
• 동의를 거부할 권리가 있다는 사실 및 동의 거부에 따른 불이익이 있는 경우에는 그 불이익의 내용

98 고용노동부장관은 직업능력개발훈련 등의 직업능력개발사업의 실시를 목적으로 하는 직업능력개발훈련법인의 설립을 허가할 수 있다(국민 평생 직업능력 개발법 제32조 제1항). 이의 설립허가를 받고자 하는 자는 출연재산이 2억원 이상일 것, 5인 이상의 이사와 1인 이상의 감사를 둘 것, 다른 직업능력개발훈련법인과 동일한 명칭이 아닐 것의 요건을 갖추어 고용노동부장관에게 신청하여야 한다(동법 시행령 제26조 제1항).

99 ③ 사업주는 고객 등 업무와 밀접한 관련이 있는 사람이 업무수행 과정에서 성적인 언동 등을 통하여 근로자에게 성적 굴욕감 또는 혐오감 등을 느끼게 하여 해당 근로자가 그로 인한 고충 해소를 요청할 경우 근무장소 변경, 배치전환, 유급휴가의 명령 등 적절한 조치를 하여야 한다(남녀고용평등과 일 · 가정 양립지원에 관한 법률 제14조의2 제1항).

100 벌칙(채용절차의 공정화에 관한 법률 제16조)
거짓 채용광고 등의 금지 규정을 위반하여 거짓의 채용광고를 낸 구인자는 5년 이하의 징역 또는 2천만원 이하의 벌금에 처한다.

9회 정답 및 해설

제1과목	01	02	03	04	05	06	07	08	09	10	11	12	13	14	15	16	17	18	19	20
	③	②	③	①	③	④	②	④	④	②	④	③	②	④	④	③	④	①	③	③
제2과목	21	22	23	24	25	26	27	28	29	30	31	32	33	34	35	36	37	38	39	40
	④	④	②	①	②	②	①	④	②	②	④	①	②	④	③	④	④	③	③	②
제3과목	41	42	43	44	45	46	47	48	49	50	51	52	53	54	55	56	57	58	59	60
	④	③	①	④	②	①	①	④	②	③	①	③	②	④	①	③	②	③	②	②
제4과목	61	62	63	64	65	66	67	68	69	70	71	72	73	74	75	76	77	78	79	80
	②	②	②	④	②	③	④	①	②	③	①	②	③	②	③	②	①	④	②	②
제5과목	81	82	83	84	85	86	87	88	89	90	91	92	93	94	95	96	97	98	99	100
	②	①	②	④	②	④	①	②	①	④	④	③	③	③	③	②	④	④	②	②

01 직업심리

01 브룸(Vroom)의 기대이론
- 오늘날 가장 널리 인정받고 있는 동기부여이론
- 동기부여의 힘을 유인성과 기대로 설명
- 직무에 열심히 일함으로써 긍정적 유인가가 높은 성과들을 얻을 확률이 높다고 지각하면 작업동기가 높아진다는 이론

02 ② 직접문제를 해결하는 것은 아니지만 스트레스적 상황에 의해 생성된 좌절감과 에너지를 없애는 작용을 한다.

03 ① 현실적 유형은 현장에서 몸으로 부대끼는 활동을 선호한다.
   예 기술직·토목직, 자동차엔지니어, 농부 등
   ② 탐구적 유형은 추상적인 문제나 애매한 상황에 대한 분석적·논리적 탐구활동과 새로운 지식이나 이론을 추구하는 학문적 활동을 선호한다.
   예 화학자, 생물학자, 물리학자, 인류학자 등
   ④ 관습적 유형은 질서정연하거나 수를 다루는 작업을 선호한다.
   예 회계직, 사무직, 행정직 등

04 ② 심리측정학에서 말하는 신뢰도란 일관성(Consistency)을 의미한다.
   ③ 타당도, ④ 규준을 의미한다.

05 ① 동형검사 신뢰도의 정의이다.
   ② 타당화에 대한 설명이다.
   ④ 표준화에 있어 집단의 크기와 동질성은 매우 중요하다.

06 ④ 데이컴법에 대한 설명이다.

07 직무분석은 특정 직무에 관한 내용과 특성이 무엇인지를 결정하기 위해 조사·분석하는 과정이므로 인력관리 전반에 걸쳐 사용할 수는 없다.

08 ④ 학년점수(학년규준)는 주로 성취검사에 이용하기 위해 학년별 평균이나 중앙치를 이용하여 규준을 제작하는 발달규준에 해당한다.

09 ④ 인지적 정보처리이론에 따른 진로문제 해결의 절차는 '의사소통(Communication) → 분석(Analysis) → 통합(Synthesis) → 가치부여 또는 평가(Valuing) → 실행 또는 집행(Execution)'으로 전개된다.

10 ② 프로이트(Freud)는 발달단계를 5단계로 구분했으며, 에릭슨(Erikson)은 프로이트의 발달단계에 3단계를 더 추가하여 8단계로 나누었다.
   - 프로이트의 성격발달단계 : 구순(강)기(출생~1세) → 항문기(1~3세) → 남근기(3~6세) → 잠복기(6~11세) → 생식기(12세 이후)
   - 에릭슨의 심리사회적 발달단계 : 신뢰감 대 불신감(출생~1세) → 자율성 대 수치감(2~3세) → 주도성 대 죄책감(4~6세) → 근면감 대 열등감(6~11세) → 자아정체감 대 자아혼돈(11~18세) → 친근감 대 고립감(성년기) → 생산성 대 침체성(장년기) → 자아통합성 대 절망감(노년기)

11 ④ 생애역할에서의 성공은 학습된 기술, 인지적·정의적·신체적 적성 등 다양한 요인들에 의해 결정된다.

12 데이컴법
   8~12명의 분석협조자(Panel Member)로 구성된 데이컴위원회가 사전에 준비한 쾌적한 장소에 모여 2박 3일 정도의 집중적인 워크숍을 통해 데이컴차트를 완성함으로써 작업을 마친다.

13 브룸(Vroom)의 기대이론
- 기술적 진로의사결정 모델로서 '기대-유인가 이론'으로도 불린다.
- 인간이 행동하는 방향과 강도가 그 성과에 대한 기대와 강도, 실제로 이어진 결과에 대해 느끼는 매력에 달려 있다고 본다. 즉, 노력과 성과, 그리고 그에 대한 보상적 결과에 대한 믿음으로 작업동기를 설명한다.
- 주요 변수로서 기대감(Expectancy), 유의성 또는 유인가(Valence), 도구성 또는 수단성(Instrumentality)이 있다.

14　④ 현실기의 하위단계에 해당한다.

　　　잠정기

　　　• 흥미단계(11~12세) : 자신의 흥미나 취미에 따라 직업을 선택하려고 한다.

　　　• 능력단계(13~14세) : 자신이 흥미를 느끼는 분야에서 성공을 거둘 수 있는 능력을 지니고 있는지 시험해 보기 시작하며 다양한 직업이 있고 직업에 따라 보수나 훈련조건, 작업조건 등이 다르다는 것을 처음으로 의식하게 된다.

　　　• 가치단계(15~16세) : 직업선택 시 다양한 요인을 고려해야 함을 인식한다. 따라서 자신이 좋아하는 직업과 관련된 모든 정보를 알아보려고 하며, 그 직업이 자신의 가치관 및 생애 목표에 부합되는지 평가해 본다.

　　　• 전환단계(17~18세) : 주관적 요소에서 현실적인 외부요인으로 관심이 전환되며, 현실적인 외부요인이 직업선택의 주요인이 된다.

15　수동조건형성의 특성

　　　• 특수한 자극은 특수한 반응을 일으킨다.

　　　• 반응은 추출된다.

　　　• 한 자극이 다른 자극을 대치한다.

　　　• 자극이 반응 앞에 온다.

　　　• 정서적·불수의적 행동이 학습된다.

16　진로성숙도검사(Career Maturity Inventory)

　　　태도척도와 능력척도로 구성되며, 진로선택과 관련된 수검자의 태도(성향)와 직업세계에 대한 지식수준 등을 측정한다. 태도척도는 선발척도와 상담척도로 구분되며, 결정성, 참여도, 독립성, 성향, 타협성 등 5개 하위영역으로 이루어져 있다. 능력척도는 수검자의 지식영역을 측정하기 위한 것으로서, 자기평가, 직업정보, 목표선정, 계획, 문제해결 등 5개 하위영역으로 이루어져 있다.

17　① 현실형 : 추상적인 것보다 확실하고 현재적인 것을 지향하며, 기계·도구·동물에 관한 체계적인 조작활동을 즐기는 유형으로, 자동차엔지니어, 조사연구원, 농부, 전기공 등이 대표적인 직업에 속한다.

　　　② 예술형 : 표현력이 풍부하고 독창적이며, 비순응적인 유형으로, 틀에 박힌 것을 싫어한다. 문학가, 작곡가, 인테리어 장식가 등이 대표적인 직업에 속한다.

　　　③ 사회적 유형 : 도구와 기계를 포함하는 질서정연하고 조직적인 활동을 싫어하고, 사람들과 함께 일하고 돕는 것을 좋아하며, 이해심이 많다. 사회복지사, 교육자, 간호사 등이 대표적인 직업에 속한다.

18　엘리스의 비합리적 신념

　　　• 당위적 사고 : "반드시 ~해야 한다"로 표현되는 강한 요구가 포함된 경직된 사고

　　　• 지나친 과장 : "~하면 큰일이다"로 표현되는 사고

　　　• 자기 및 타인 비하 : 자신이나 타인 또는 상황에 대한 극도의 비하, 파멸적 사고

　　　• 좌절에 대한 인내심 부족 : 좌절이 많은 상황을 잘 견디지 못하는 것

19　③ 성취동기가 높은 사람은 자신이 수행하는 일이 어떻게 진행되고 있으며 예상되는 결과가 어떠한가에 대해 구체적이고 객관적인 정보를 계속 추구하며 정확한 판단을 하려고 하는 경향이 있다.

20　억압

　　　프로이트가 제시한 방어기제 중에서 가장 중요한 것으로 다른 방어기제의 기초가 된다. 괴롭히는 욕구나 생각 또는 경험을 의식 밖으로 몰아냄으로써 감정적 갈등이나 내외적인 스트레스를 처리하는 것으로서, 억제가 의식적인 과정인 반면 억압은 무의식적인 과정이다.

02 직업상담 및 취업지원

21　교류분석적 상담의 성격구조 중 어린이자아(C ; Child Ego)

　　　• FC(자유로운 어린이자아) : 타인을 의식하지 않고 천진난만하고 자유롭게 감정을 표현하고 행동하는 기능

　　　• AC(순응하는 어린이자아) : 인내, 타협, 신중, 착한 아이 등의 역할을 하며 외부의 규칙이나 사회적 요구에 순응하는 기능

　　　• LP(어린이 교수자아) : 성인자아의 축소판이며, 탐구적이고 창조적인 기능을 지닌 선천적 지혜를 의미

22　④ 직무분석 자료는 직무평가(Job Evaluation), 조직합리화, 채용·배치·이동 및 교육훈련 등 여러 목적으로 사용될 수 있다.

23　① 행동주의 직업상담의 부정적 평가에 해당한다.

　　　③ 정신역동적 직업상담의 부정적 평가에 해당한다.

　　　④ 내담자중심 직업상담의 부정적 평가에 해당한다.

24　① 집단상담은 내담자의 개인적인 문제를 등한시할 수 있다는 단점이 있다.

25　문제의 내담자는 강박적 사고의 오류를 보이고 있으므로, 상담자는 REBT 기법(합리적·정서적 치료)을 활용하여 내담자의 비합리적 사고를 명확히 해야 한다.

26　② 사이버 직업상담은 내담자의 자발적 참여로 상담이 진행되는 경우가 대면상담보다 압도적으로 많아 내담자들의 문제해결에 대한 동기가 높다.

27　과도적 단계

　　　집단원들 자신의 불안감을 표현하도록 하고 갈등자체를 건강한 것으로 인식하는 긍정적이고 개방적인 태도를 가지게 함으로써 그들의 힘으로 갈등을 건설적으로 해결하도록 돕는다. 또한, 집단원들이 카운슬러에게 하는 도전과 저항에 대해 솔직하고 개방적인 태도로 접근하는 모범을 보인다.

28　④ 체계적 둔감화 또는 체계적 둔감법(Systematic Desensitization)은 행동주의 상담에서 널리 사용되고 있는 고전적 조건형성의 기법으로서, 특정한 상황이나 상상에 의해 조건형성된 불안이나 공포를 극복하도록 하기 위한 점진적 노출방식의 불안감소기법에 해당한다.

29　② 내담자의 이완을 촉진하기 위해 질문이나 요구를 하지 않는다.

30 ② 성인세계 진입 단계는 22~28세까지의 단계로서 성인생활양식을 형성하는 시기이다.

31 ④ 아들러(Adler)는 프로이트(Freud)의 생물학적 · 결정론적 관점에서 벗어나 사회학적 · 비결정론적 관점으로 전환함으로써 자신의 개인주의(개인 심리학적) 상담이론을 전개하였다. 그는 인간이 성적 동기보다 사회적 동기에 의해 동기화된다는 점을 강조하면서, 사회적 관심 및 사회적 관계를 강조하였다. 또한 열등감을 동기유발의 요인이자 자기성숙 및 자기완성의 필수적인 요소로 간주하여, 이와 같은 열등감을 긍정적으로 해결하고 우월성을 통해 자기완성에 도달하는 것을 개인의 목표로 제시하였다.

32 윤리문제와 관련된 상담자의 자질
내담자에게 필요하거나 내담자가 원하는 도움을 줄 수 없는 여건이나 상황일 때 상담자는 내담자의 요구나 기대, 그리고 내담자의 문제해결에 도움을 줄 수 있는 적절한 상담자나 기관으로 의뢰할 수 있어야 한다.

33 ② 자유연상법과 해석은 프로이트의 정신분석적 상담의 주요 상담방법이다.

34 구체성
내담자는 문제로 인해 부분적이거나 왜곡된 시각을 보이는 경우가 있다. 상담자는 내담자가 그러한 자신의 시각을 스스로 파악하여 보다 명확하고 현실적으로 생각할 수 있도록 도와준다.

35 타이드만(Tiedeman)은 에릭슨(Erikson)이 제시한 8단계의 심리사회적 위기단계를 토대로 진로발달이론을 전개하였다.

36 ④ 상담초기에 조언을 빨리 그리고 많이 할 경우 내담자의 의존성을 강화할 수 있다.

37 해석(Interpretation)은 특히 정신분석 상담에서 널리 사용하는 기법으로서, 상담자가 내담자의 자유연상이나 정신작용 가운데 명확하지 않은 부분에 대해 추리하여 이를 내담자에게 설명하는 것이다.

38 자기보고식 가치사정법의 6가지 기법
- 체크목록 가치에 순위 매기기
- 과거의 선택 회상하기
- 절정경험 조사하기
- 자유시간과 금전의 사용
- 백일몽 말하기
- 존경하는 사람 기술하기

39 ③ 반영하기는 집단성원들로 하여금 지금 자신이 하고 있는 말에 대해 보다 명확히 인식하도록 돕는 기술이다. 집단성원의 생각, 느낌, 행동 등을 마치 거울에 비추어 주듯이 되돌려 줌으로써, 집단성원이 전달하고자 하는 내용을 집단상담자가 얼마나 잘 이해하고 있는지, 세심하게 경청하고 있는지를 집단성원에게 전달하는 것이다.

40 해 석
내담자의 문제와 염려에 대해 새로운 참조체계를 제공함으로써 내담자가 그 상황을 잘 이해하고 효과적으로 해결할 수 있도록 하는 것이다.

03 직업정보

41 ④ 재화의 생산과 공급이 같이 이루어지는 경우에는 최종단계가 아니라 생산단계와 관련된 업무를 우선적으로 분류한다(생산업무 우선원칙). 예를 들면 빵을 굽는 제빵원이 빵을 제조하고 이를 판매하였다면 판매원으로 분류하지 않고 제빵원으로 분류하여야 한다.

42 직업훈련제도는 인적자원개발을 통한 경쟁력 제고 및 고용안정과 근로자의 평생능력개발을 위한 지원체제 구축, 민간자율성 확대 및 직업훈련의 질적제고, 공공훈련의 효율성 제고 및 내실화 추구가 목적이다.

43 ① 힘든 작업−최고 40kg의 물건을 들어 올리고, 20kg 정도의 물건을 빈번히 들어 올리거나 운반한다.
작업강도

구 분	정 의
아주 가벼운 작업	• 최고 4kg의 물건을 들어 올리고, 때때로 장부, 소도구 등을 들어 올리거나 운반한다. • 앉아서 하는 작업이 대부분을 차지하지만 직무수행상 서거나 걷는 것이 필요할 수도 있다.
가벼운 작업	• 최고 8kg의 물건을 들어 올리고, 4kg 정도의 물건을 빈번히 들어 올리거나 운반한다. • 걷거나 서서하는 작업이 대부분일 때 또는 앉아서 하는 작업일지라도 팔과 다리로 밀고 당기는 작업을 수반할 때에는 무게가 매우 적을지라도 이 작업에 포함된다.
보통 작업	최고 20kg의 물건을 들어 올리고, 10kg 정도의 물건을 빈번히 들어 올리거나 운반한다.
힘든 작업	최고 40kg의 물건을 들어 올리고, 20kg 정도의 물건을 빈번히 들어 올리거나 운반한다.
아주 힘든 작업	40kg 이상의 물건을 들어 올리고, 20kg 이상의 물건을 빈번히 들어 올리거나 운반한다.

44 고용보험제도의 기본구조상 고용보험의 사업체계는 크게 고용안정사업, 직업능력개발사업, 실업급여사업으로 대별된다.

45 ④ 대기환경미흡의 요소이다.
위험내재와 대기환경미흡의 정의
- 위험내재 : 신체적인 손상의 위험에 노출되어 있는 상황으로 기계적 위험, 전기적 위험, 화상, 폭발, 방사선 등의 위험이 있는 경우
- 대기환경미흡 : 직무를 수행하는 데 방해가 되거나 건강을 해칠 수 있는 냄새, 분진, 연무, 가스 등의 물질이 작업장의 대기 중에 다량 포함된 경우

46 ① 의약계열, ② · ③ · ④ 자연계열
수의학과(수의예학과)는 의학과와 달리 의약계열이 아닌 자연계열에 해당한다.

47 ② 사업장의 도산 · 폐업이 확실하거나 대량의 감원이 예정되어 있는 경우
③ 신기술의 도입, 기술혁신 등에 따른 작업형태의 변경
④ 배우자나 부양하여야 할 친족과의 동거를 위한 거소 이전(고용보험법 시행규칙 제101조 제2항 및 별표2 참조)

48 한국직업사전에서 제시하는 작업환경은 저온, 고온, 다습, 소음 · 진동, 위험내재, 대기환경미흡 등이다.

49 '일의 계속성'이란 일시적인 것을 제외한 다음에 해당하는 것을 말한다.
- 매일, 매주, 매월 등 주기적으로 행하는 것
- 계절적으로 행해지는 것
- 명확한 주기는 없으나 계속적으로 행해지는 것
- 현재 하고 있는 일을 계속적으로 행할 의지와 가능성이 있는 것

50 전자상거래관리사 1급의 응시자격
- 해당 종목의 2급 자격을 취득한 후 해당 실무에 2년 이상 종사한 사람
- 해당 실무에 3년 이상 종사한 사람

51 한국표준직업분류(KSCO) 제8차 개정(2025)에서는 속박된 상태에서의 제반활동은 경제성이나 계속성의 여부와 상관없이 직업으로 보지 않는다. 그러므로 다음과 같은 활동은 직업으로 보지 않는다.
- 이자, 주식배당, 임대료(전세금, 월세) 등과 같은 자산 수입이 있는 경우
- 연금법, 국민기초생활보장법, 국민연금법 및 고용보험법 등의 사회보장이나 민간보험에 의한 수입이 있는 경우
- 경마, 경륜, 경정, 복권 등에 의한 배당금이나 주식투자에 의한 시세차익이 있는 경우
- 예·적금 인출, 보험금 수취, 차용 또는 토지나 금융자산을 매각하여 수입이 있는 경우
- 자기 집의 가사 활동에 전념하는 경우
- 교육기관에 재학하며 학습에만 전념하는 경우
- 시민봉사활동 등에 의한 무급 봉사적인 일에 종사하는 경우
- 사회복지시설 수용자의 시설 내 경제활동
- 수형자의 활동과 같이 법률에 의한 강제노동을 하는 경우
- 도박, 강도, 절도, 사기, 매춘, 밀수와 같은 불법적인 활동

52 《워크넷 구인·구직 및 취업동향》에 따른 구인·구직 통계의 목적은 공공고용안정기관의 취업지원 서비스를 통해 산출되는 구직자, 구인업체, 취업실적 등에 관한 통계자료를 제공하여 취업지원사업의 성과분석, 인력수급, 상황보고, 노동시장 연구를 위한 통계인프라 축적 등 국가 고용정책사업 수행을 위한 기초자료를 제공하는 데 있다. 이와 같은 구인·구직 통계의 대상자는 워크넷에 구인 및 구직을 신청한 구인업체 및 구직자로서 매월 1일과 말일 기간에 등록이 마감된 자를 기준으로 한다.

53 ① 기능장 : 해당 국가기술자격의 종목에 관한 최상급 숙련기능을 가지고 산업현장에서 작업관리, 소속 기능인력의 지도 및 감독, 현장훈련, 경영자와 기능인력을 유기적으로 연계시켜 주는 현장관리 등의 업무를 수행할 수 있는 능력 보유
② 산업기사 : 해당 국가기술자격의 종목에 관한 기술기초이론 지식 또는 숙련기능을 바탕으로 복합적인 기초기술 및 기능업무를 수행할 수 있는 능력 보유
③ 기사 : 해당 국가기술자격의 종목에 관한 공학적 기술이론 지식을 가지고 설계·시공·분석 등의 업무를 수행할 수 있는 능력 보유

54 패널조사(Panel Study) '패널(Panel)'이라 불리는 특정 응답자 집단을 정해 놓고 그들로부터 비교적 긴 시간 동안 지속적으로 연구자가 필요로 하는 정보를 획득하는 방법이다. 이러한 패널조사는 사건에 대한 변화분석이 가능하고 추가적인 자료를 획득할 수 있으며, 정확한 정보획득으로 인과관계를 명백히 할 수 있다.

55 국가기술자격 검정기준(출처 : Q-Net)

등급	검정기준
기술사	해당 국가기술자격의 종목에 관한 고도의 전문지식과 실무경험에 입각한 계획, 연구, 설계, 분석, 조사, 시험, 시공, 감리, 평가, 진단, 사업관리, 기술관리 등의 기술업무를 수행할 수 있는 능력 보유
기능장	해당 국가기술자격의 종목에 관한 최상급 숙련기능을 가지고 산업현장에서 작업관리, 소속 기능인력의 지도 및 감독, 현장훈련, 경영자와 생산인력을 유기적으로 연계시켜 주는 현장관리 등의 업무를 수행할 수 있는 능력 보유
기사	해당 국가기술자격의 종목에 관한 공학적 기술이론 지식을 가지고 설계, 시공, 분석 등의 업무를 수행할 수 있는 능력 보유
산업기사	해당 국가기술자격의 종목에 관한 기술기초이론 지식 또는 숙련기능을 바탕으로 복합적인 기초기술 및 기능업무를 수행할 수 있는 능력 보유
기능사	해당 국가기술자격의 종목에 관한 숙련기능을 가지고 제작, 제조, 조작, 운전, 보수, 정비, 채취, 검사 또는 직업관리 및 이에 관련되는 업무를 수행할 수 있는 능력 보유

56 ① 직업상담사는 직업정보의 본래적 기능과 정보 활용의 효율성을 위해 내담자의 필요와 자발적 의사를 고려하여 직업정보를 제공한다.
③ 직업상담사는 진로정보(직업정보) 제공 후 작업과 일에 대한 내담자의 태도 및 감정을 자유롭게 표현할 수 있도록 하며, 그에 대한 피드백을 상담에 효과적으로 활용하여야 한다.
④ 직업상담사는 내담자의 흥미와 적성에 부합하는 직업정보를 제공해야 한다. 이와 같이 사용하려는 정보가 정보제공 대상자에게 적합한 것인지를 판단하기 위해 내담자 개인은 물론 내담자의 직업선택에 영향을 미칠 수 있는 환경에 대해서도 충분히 고려해야 한다.

57 ① 제1직능수준 – 일반적으로 단순하고 반복적이며 때로는 육체적인 힘을 요하는 과업을 수행한다.
③ 제3직능수준 – 복잡한 과업과 실제적인 업무를 수행할 정도의 전문적인 지식을 보유하고 수리계산이나 의사소통 능력이 상당히 높아야 한다.
④ 제4직능수준 – 매우 높은 수준의 이해력과 창의력 및 의사소통 능력이 필요하다.

58 직무급의 장·단점
- 장 점
  - 동일직무에 대한 동일임금의 원칙에 입각하여 직무에 상응하는 임금 지급이 가능하다.
  - 직무분석, 직무평가가 객관적으로 이루어질 수 있다면 이상적인 임금 형태이다.
  - 직무를 기준으로 한 임금이기 때문에 종업원의 납득이 용이하다. 따라서 직무 간의 임금을 둘러싼 불평·불만을 제거할 수 있다.
- 단 점
  - 직무분석, 직무평가를 실시함에 있어서 많은 시간을 요하고 직무평가 기준이 고정화될 우려가 있다.
  - 배치전환 등 인사제도의 탄력적 운영에 제약을 받는다.
  - 직무가 동일하다면 능력에 차이가 있더라도 임금이 같다고 하는 데 대해 종업원의 납득을 얻기가 어렵다.

59 취업보호제도
국가를 위하여 희생·공헌한 보훈가족이 나라의 재정형편이 열악하여 국가로부터 희생과 공헌에 상응한 충분한 예우와 보상을 받지 못했을 때 취업을 통해 생활안정을 기하고 더불어 직장생활을 통해 원활하게 사회에 정착하도록 하는 제도이다.

60　　직업정보의 분석 시 유의사항
- 동일한 정보라 할지라도 다각적이고 종합적인 분석을 시도하여 해석을 풍부하게 한다.
- 직업정보의 신뢰성, 객관성, 정확성, 효용성 등을 확보하기 위해 전문가나 전문적인 시각에서 분석한다.
- 분석과 해석은 원자료의 생산일, 자료표집방법, 대상, 자료의 양 등을 검토해야 하는 한편, 분석비교도 이에 준한다.
- 목적에 맞도록 분석하여야 하며 수차례의 재검토과정을 거쳐 객관성과 정확성을 갖춘 최신자료를 선정하여야 한다.
- 직업정보원과 제공원에 대하여 제시해야 한다.

04 노동시장

61　　② 경쟁이론에 의하면 어떤 근로자의 임금은 기본적으로 그의 생산적 기여에 따라 결정되므로, 근로자 사이의 임금격차는 결국 근로자의 생산적 기여의 차이를 반영한다. 따라서 저임금의 해소를 위해서는 저임금근로자의 생산성 증대를 위한 여러 가지 정책, 예를 들어 근로자의 교육훈련 지원이나 저소득층 자녀에 대한 장학금 확대 등을 펴나가야 한다.

62　　② '저량(Stock)'의 개념이 아닌 '유량(Flow)'의 개념이 옳다.

63　　스미스(Smith)의 임금격차를 가져오는 직업의 성격
- 고용의 안정성 여부 : 불안정할수록 높은 임금
- 작업의 쾌적함 정도 : 열악할수록 높은 임금
- 교육훈련비용 : 많이 들수록 높은 임금
- 책임의 정도 : 클수록 높은 임금
- 실패의 가능성 : 장래의 불확실성이 평균 이상일수록

64　　④ 노동공급의 (임금)탄력성 결정요인이 아닌 노동수요의 (임금)탄력성 결정요인에 해당한다.

65　　교육의 신호모형
공식교육과 같이 개인에 의해 획득될 수 있는 지표들을 신호로 간주하며, 학교교육이 단지 신호로서의 가치만 가질 뿐 인적자본을 결정적으로 향상시키는 것은 아니라고 주장한다. 또한 사용자가 근로자를 채용할 때 지원자의 실제 생산성을 알 수 없으며, 해당 지원자를 채용한 이후에도 그 생산성을 객관적으로 알지 못할 수도 있기 때문에 사용자는 생산성과 상관관계가 있을 것으로 예상되는 지표들, 즉 연령 · 경험 · 교육수준 등을 통해 근로자의 생산성을 예측하게 된다.

66　　부가노동자효과
불경기에 구직활동에 새로 참여하는 사람이 증가하는 현상을 말하며, 실망노동자효과는 경기가 나빠져서 취업기회가 줄어들게 되면 이로 인해 실업자 중 일부가 구직활동을 포기함으로써 경제활동인구가 줄어드는 현상이다. 부가노동자효과가 실망노동자효과보다 크다면 경기가 나빠질 때 경제활동인구가 늘어난다.

67　　기업이 노동과 자본 등의 생산요소를 고용하거나 구입하는 이유는 제품의 생산에 필요하기 때문이다. 따라서 노동수요의 궁극적인 원천은 기업이 생산하는 상품(재화 및 용역)에 대한 수요에 있다. 이러한 의미에서 노동에 대한 수요를 흔히 유발수요라고 한다. 이러한 노동수요의 특징 때문에 기업이나 산업의 노동수요는 그 상품에 대한 수요의 크기에 따라 달라진다.

68　　① 자동차 수입에 제한을 가한 수출입관세나 시장점유율 제한 등의 규제조치들이 해제되어 자동차 수입이 자유화되었다면, 다른 외부조건의 변수를 고려하지 않는다고 할 때 곧 국산자동차의 판매 감소에 따른 국내 자동차생산기업의 노동수요 감소를 예상할 수 있다. 다른 생산소요와의 대체가능성이 높을수록 노동수요의 탄력성은 커지므로 수입이 제한되어 있던 자동차의 수입이 자유화되면 노동의 수요탄력성은 커진다.

69　　기업의 한계생산가치곡선에서 기울기가 우하향인 부분이 완전경쟁기업의 단기노동수요곡선이 된다. 완전경쟁기업의 단기노동수요곡선은 우하향하는 부분의 한계생산가치와 같고, 독과점기업의 단기수요곡선은 한계수입생산과 같다.

70　　③ 노동수요탄력성은 상품의 수요가 탄력적일수록, 총생산비 가운데에서 노동비용의 비중이 클수록, 노동의 대체가능성이 클수록, 노동 외 생산요소의 공급탄력성이 클수록 커진다.

71　　최저임금제의 기대효과
- 산업 간 · 직종 간 · 지역 간 임금격차 해소
- 소득의 재분배로 경기활성화에 기여
- 산업구조의 고도화에 기여
- 공정거래질서의 확보
- 노동력의 질적 향상으로 생산성 향상
- 노사분규 방지

72　　④ 유보임금의 상승은 기대임금을 높아지게 하므로 직장을 구하기가 더 어려워져 실업기간을 연장시킨다.
유보임금(Reservation Wage)
한 근로자가 노동시장에 기대하는 최소한의 임금수준을 의미한다. 따라서 노동시장에서 제공되는 임금(Offered Wage)이 자신의 유보임금보다 적다면 그 근로자는 노동시장에 진입하지 않을 것이고, 반대로 노동시장에서 제공되는 임금이 자신의 유보임금보다 크다면 그 근로자는 노동시장에 진입할 것이다.

73　　② 마찰적 실업에 대한 대책이다.
구조적 실업
자동화 또는 새로운 산업의 등장 등으로 경제구조 자체가 변할 때 새로운 산업이 요구하는 기술이 부족하여 직장을 잃게 되면서 발생하고 기술혁신으로 과거의 기술이 아무런 쓸모가 없어지거나 어떤 산업이 쇠퇴함에 따라 발생하는 실업이다.

74　　③ 배우자(남편)의 소득이 증가할수록 기혼여성의 여가 선호도가 높아지는 반면, 경제활동참가율은 낮아지게 된다.

75 부가가치

기업이 경영활동을 통해 새롭게 창출한 가치를 말하는 것으로서, 매출액에서 매출원가를 제외한 금액에 해당하며, 이때 매출원가에는 원재료비, 인건비, 감가상각비 등의 비용이 포함된다. 따라서 노동자의 공헌도를 평가하는 경우 회사의 수입에 대한 노동자의 공헌도에서 인건비에 해당하는 노동자의 임금을 빼야 한다.

76 인적자본의 주요 투자범위
- 정규교육 또는 기타 학교교육(Formal Education and Schooling)
- 현장훈련(OJT ; On the Job Training)
- 이주 또는 노동의 이동(Migration)
- 건강(Health)
- 정보(Information)
- 비공식 학습(Non-formal Learning)
- 무형식 학습(Informal Learning) 등

77 집단임금제도의 단점
- 정확한 자료에 의하지 않은 과거실적 기준인 경우 향상된 성과의 원인을 알기 어렵다.
- 개인의 노력과 성과가 직접적인 관계에 있지 못한다.

78 ④ '성과급'은 근로자의 동기유발은 물론 보상의 형평성을 기할 수 있는 장점이 있다.
① '연공급'은 주로 근로자에게 지급되는 기본급의 수준이 개인의 근속연수에 의해 결정되는 임금체계이다.
② '직무급'은 각각의 직무에 소요되는 노력도, 숙련도, 작업조건 등의 제요소에 의해서 직무의 상대적 가치를 평가하며, 그 결과에 따라 임금격차를 결정하는 직무중심형의 임금체계이다.
③ '직능급'은 직능을 기준으로 하여 각 근로자의 임금을 결정하는 임금체계이다.

79 중재에 있어 중재결정 또는 재심결정의 효력은 단체협약과 동일하여 재심의 신청으로 행정소송의 제기 중 그 효력이 정지되지 않으므로 가장 강력한 쟁의조정의 방법이 된다.

80 임금형태
- 시간급제(시급제) : 작업의 양이나 질과 상관없이 근로시간을 기준으로 하여 임금을 산정·지급하는 방식
  예 일급, 주급, 월급, 연봉 등
- 성과급제 : 노동성과를 측정하여 측정된 성과에 따라 임금을 산정·지급하는 방식
  예 개인별 연봉제, 팀별 성과급, 조직의 이익분배제 등
- 추가급제 : 최저한의 임금수준을 보장하면서 표준 이상의 성과를 올린 경우 추가적으로 할증이나 상여의 형식으로 지급하는 방식
  예 상여급제, 할증제 등
- 연봉제 : 능력중시형 임금지급체계로서, 종업원의 능력 및 실적을 평가하여 계약에 의해 연간임금액을 결정하고 이를 매월 분할하여 지급하는 방식

05 노동관계법규(Ⅰ)

81 최근 3년간 최저임금 현황

연 도	2023년	2024년	2025년
시 급	9,620원	9,860원	10,030원
인상률	5.0%	2.5%	1.7%

82 겸업 금지(직업안정법 제26조)

직업소개사업자(법인의 임원도 포함) 또는 그 종사자는 다음의 어느 하나에 해당하는 사업을 경영할 수 없다.
- 결혼중개업
- 숙박업
- 휴게음식점영업 중 주로 다류를 조리·판매하는 영업(영업자 또는 종업원이 영업장을 벗어나 다류를 배달·판매하면서 소요 시간에 따라 대가를 받는 형태로 운영하는 경우로 한정)
- 단란주점영업
- 유흥주점영업

83 취업지원서비스기간(구직자 취업촉진 및 생활안정지원에 관한 법률 제15조 제1항 및 제2항)
- 수급자가 취업지원서비스를 받을 수 있는 기간은 수급자격의 인정 통지를 받은 날부터 1년이 되는 날까지로 한다.
- 고용노동부장관은 취업지원서비스기간이 종료된 후에도 수급자가 취업지원 프로그램에 계속 참여할 필요가 있다고 인정되면 6개월 이내의 범위에서 그 기간을 연장할 수 있다.

84 A. 사용자는 취업규칙에 따라 업무의 시작 및 종료 시각을 근로자의 결정에 맡기기로 한 근로자에 대하여 근로자대표와의 서면 합의에 따라 근로시간을 초과하여 근로하게 할 수 있다(근로기준법 제52조 제1항 참조).
F. 사용자는 근로자대표와의 서면 합의에 따라 3개월 이내의 단위기간을 평균하여 근로시간을 초과하여 근로하게 할 수 있다(동법 제51조 제2항 참조).
B. 여성근로자의 야간근로는 근로자의 동의가 있으면 가능하다.
C. 취업규칙의 불이익 변경은 근로자대표의 동의를 받아야 한다.
D. 해고를 피하기 위한 방법과 해고의 기준 등을 근로자대표에게 통보하고 협의하여야 한다.
E. 2주 단위기간의 탄력적 근로시간제는 취업규칙의 변경만으로 가능하다.

85 국민 평생 직업능력 개발법의 목적

모든 국민의 평생에 걸친 직업능력개발을 촉진·지원하고 산업현장에서 필요한 인력을 양성하며 산학협력 등에 관한 사업을 수행함으로써 국민의 고용창출, 고용촉진, 고용안정 및 사회·경제적 지위 향상과 기업의 생산성 향상을 도모하고 능력중심 사회의 구현 및 사회·경제의 발전에 이바지함(동법 제1조)

86 ④ 근로기준법 제18조 제3항
① 동거의 친족만을 사용하는 사업장이 적용제외사업장이다(동법 제11조 제1항).
② 일용직근로자에게도 근로기준법은 적용된다(대판).
③ 4명 이하의 근로자를 사용하는 사업 또는 사업장에는 법의 일부규정만 적용된다(동법 제11조 제2항).

87 ① 고용노동부장관은 구직촉진수당의 수급 요건에 해당하지 아니하는 수급자격자가 취업지원서비스에 참여하는 경우 고용노동부령으로 정하는 바에 따라 취업활동비용의 일부를 예산의 범위에서 지원할 수 있다(구직자 취업촉진 및 생활안정지원에 관한 법률 제16조).

88 국외 공급 근로자의 보호 등(직업안정법 시행규칙 제41조 제1항)
국외 근로자공급사업자는 다음의 기준에 따라 국외 공급 근로자를 보호하고 국외 근로자공급사업을 관리하여야 한다.
- 공급대상 국가로부터 취업자격을 취득한 근로자만을 공급할 것
- 공급 근로자를 공급계약 외의 업무에 종사하게 하거나 공급계약기간을 초과하여 체류하게 하지 아니할 것
- 국외의 임금수준 등을 고려하여 공급 근로자에게 적정임금을 보장할 것
- 임금은 매월 1회 이상 일정한 기일을 정하여 통화로 직접 해당 근로자에게 그 전액을 지급할 것
- 다음의 사항을 작성·관리할 것
  - 공급 근로자의 출국일자, 국외 취업기간, 현 근무처 및 귀국일자 등을 기록한 명부
  - 공급 근로자별 임금, 월별 임금 지급방법 및 지급일자 등을 기록한 임금대장
  - 공급 근로자의 고충처리 상황

89 ① 근로기준법 제47조는 도급근로자에게 지급되어야 하는 임금액을 근로시간에 응하는 일정액의 임금이라고 규정하고 있을 뿐 구체적인 지급액은 제시하지 않는다. 일정액의 임금은 휴업수당에 상당한 평균임금의 70% 수준이라는 것이 다수설이다.

90 근로의 권리는 모든 국민에게 일을 통해 스스로 생활의 기본적인 수요를 충족시킬 수 있는 기회를 제공함으로써, 생활 무능력자에 대한 국가의 보호 의무를 덜어주는 기능을 갖는다.

91 ④ 사용자는 산후 1년이 지나지 아니한 여성에 대하여는 단체협약이 있는 경우라도 1일에 2시간, 1주에 6시간, 1년에 150시간을 초과하는 시간외근로를 시키지 못한다(근로기준법 제71조).

92 ① 개인정보처리자는 보유기간의 경과, 개인정보의 처리 목적 달성, 가명정보의 처리 기간 경과 등 그 개인정보가 불필요하게 되었을 때에는 지체 없이 그 개인정보를 파기하여야 한다(개인정보 보호법 제21조 제1항).

93 ③ 직업능력개발훈련을 실시하는 자는 해당 훈련시설에서 직업능력개발훈련을 받는 국민이 직업능력개발훈련 중에 그 직업능력개발훈련으로 인하여 재해를 입은 경우에는 재해 위로금을 지급하여야 한다. 다만, 「산업재해보상보험법」의 적용을 받는 사람은 제외한다(국민 평생 직업능력 개발법 제11조 제1항 참조).

94 ③ 구인신청은 구인자의 사업장소재지를 관할하는 직업안정기관에 하여야 한다. 다만, 사업장소재지관할 직업안정기관에 신청하는 것이 적절하지 아니하다고 인정되는 경우에는 인근의 다른 직업안정기관에 신청할 수 있다(직업안정법 시행령 제5조 제1항).
①·②·④ 직업안정기관의 장은 구인신청의 수리를 거부할 수 있다(동법 제8조 참조).

95 ③ 유료직업소개사업은 소개대상이 되는 근로자가 취업하려는 장소를 기준으로 하여 국내 유료직업소개사업과 국외 유료직업소개사업으로 구분하되, 국내 유료직업소개사업을 하려는 자는 주된 사업소의 소재지를 관할하는 특별자치도지사·시장·군수 및 구청장에게 등록하여야 하고, 국외 유료직업소개사업을 하려는 자는 고용노동부장관에게 등록하여야 한다. 등록한 사항을 변경하려는 경우에도 또한 같다(직업안정법 제19조 제1항).

96 취업촉진수당(고용보험법 제37조 제2항)
- 조기(早期)재취업 수당
- 직업능력개발 수당
- 광역 구직활동비
- 이주비

97 개인정보처리자가 원칙적으로 처리할 수 없는 고유식별정보(개인정보 보호법 시행령 제19조 참조)
- 「주민등록법」에 따른 주민등록번호
- 「여권법」에 따른 여권번호
- 「도로교통법」에 따른 운전면허의 면허번호
- 「출입국관리법」에 따른 외국인등록번호

98 직업능력개발훈련에 있어 중요시되어야 할 근로자에는 ①·②·③ 외에도 여성근로자 등이 포함된다(국민 평생 직업능력 개발법 제3조 제4항).

99 ② 상시 10명 미만의 근로자를 고용하는 사업의 사업주는 근로자가 알 수 있도록 교육자료 또는 홍보물을 게시하거나 배포하는 방법으로 직장 내 성희롱 예방교육을 할 수 있다(남녀고용평등과 일·가정 양립 지원에 관한 법률 시행령 제3조 제4항 참조).
① 동법 시행령 제3조 제1항
③ 동법 시행령 제3조 제3항
④ 동법 제14조의2 제1항

100 ② 개인정보 보호법 제34조 제1항 참조
① 개인정보처리자는 개인정보의 처리에 관한 업무를 총괄해서 책임질 개인정보 보호책임자를 지정하여야 한다(동법 제31조 제1항).
③ 개인정보처리자는 개인정보의 유출 등이 있음을 알게 되었을 때에는 개인정보의 유형, 유출 등의 경로 및 규모 등을 고려하여 대통령령으로 정하는 바에 따라 지체 없이 개인정보 보호위원회 또는 대통령령으로 정하는 전문기관(→ 한국인터넷진흥원)에 신고하여야 한다(동법 제34조 제3항 참조).
④ 개인정보처리자는 1천명 이상의 정보주체에 관한 개인정보가 유출 등이 되었음을 알게 되었을 때에는 72시간 이내에 개인정보 유출 등의 신고 사항을 서면 등의 방법으로 개인정보 보호위원회 또는 한국인터넷진흥원에 신고해야 한다(동법 시행령 제40조 제1항 참조).

10회 정답 및 해설

제1과목	01	02	03	04	05	06	07	08	09	10	11	12	13	14	15	16	17	18	19	20
	①	③	④	①	②	②	④	②	①	④	③	②	②	①	④	④	②	②	②	①
제2과목	21	22	23	24	25	26	27	28	29	30	31	32	33	34	35	36	37	38	39	40
	④	①	④	①	④	④	④	②	②	④	③	①	④	①	③	①	③	②	②	①
제3과목	41	42	43	44	45	46	47	48	49	50	51	52	53	54	55	56	57	58	59	60
	④	①	④	①	①	①	④	①	④	①	④	④	②	①	③	②	③	②	①	③
제4과목	61	62	63	64	65	66	67	68	69	70	71	72	73	74	75	76	77	78	79	80
	②	③	②	①	③	③	③	③	①	②	②	②	④	①	①	④	①	②	③	①
제5과목	81	82	83	84	85	86	87	88	89	90	91	92	93	94	95	96	97	98	99	100
	①	②	②	④	③	③	②	①	②	①	④	④	①	②	②	④	①	③	②	②

01 직업심리

01 수퍼(Super)의 진로(직업)발달단계
- 성장기(출생~14세) : 욕구와 환상이 지배적이나 사회참여활동이 증가하고 현실검증이 생김에 따라 흥미와 능력을 중시한다.
- 탐색기(15~24세) : 학교 · 여가생활, 시간제 일 등을 통한 경험으로 자신에 대한 탐색과 역할에 대해 수행해야 할 것을 찾으며 직업에 대한 탐색을 시도한다.
- 확립기(25~44세) : 자신에게 적합한 직업분야를 발견하고 자기생활의 안정을 위해 노력한다.
- 유지기(45~64세) : 직업세계에서 자신의 위치가 확고해지고 자신의 자리를 유지하기 위해 노력하며 안정된 삶을 살아간다.
- 쇠퇴기(65세 이후) : 모든 기능이 쇠퇴함에 따라 직업세계에서 은퇴하게 되며, 자신이 해오던 일의 활동이 변화되고 또 다른 일을 찾게 된다.

02 ③ 개인과 환경 간의 상호작용하는 인과적 영향을 분류하고 개념화하기 위해 3축 호혜성 인과적 모형, 즉 개인적 · 신체적 속성, 외부환경 요인, 외형적 행동의 상보적 인과관계를 연구한 것은 사회인지적 진로이론에 해당한다.

03 ④ 조직적 차원에서의 경력개발의 목적이다.

04 • 태도척도 : 결정성, 참여도, 독립성, 성향 또는 지향성, 타협성
- 능력척도 : 자기평가, 직업정보, 목표선정, 계획, 문제해결

05 ② 자아비판의 증진이 아닌 자기이해의 증진을 해야 한다.

06 ① 근육이완훈련은 근육이완 상태에서는 불안이 일어나지 않는다는 원리에 따라 내담자가 자유롭게 근육의 긴장을 이완시킬 수 있도록 훈련시키는 것이다.
③ 인지적 재구조화는 내담자의 부정적인 자기패배적 사고 대신에 긍정적인 자기진보적 사고를 갖도록 교수하는 체계적인 기법이다.
④ 스트레스 접종은 내담자에게 비교적 약한 자극을 주어 잘 견디도록 한 다음 점차적으로 자극의 강도를 높임으로써 스트레스에 대처할 수 있는 능력을 향상하도록 하는 것이다.

07 ④ 인간중심적 이론에 기초한 상담에서 상담목표는 내담자의 개인적 독립성과 통합성을 구현하여 한 개인이 완전히 기능하는 사람이 되도록 하는 것이다.

08 게슈탈트 상담의 기법
질문과 직면, 머물러 있기, 빈 의자 기법, 과장하기, 꿈 작업

09 ① 선택적 추상화 : 다른 중요한 요소들은 무시하고 사소한 부분에 초점을 맞추고 그 부분적인 것에 근거하여 전체 경험을 이해하는 것

10 ① 확립기 : 자신에게 적합한 직업분야를 발견하고 자신의 생활의 안정을 위해 노력하는 단계로 시행기와 안정기로 구분된다.
② 탐색기 : 학교 · 여가생활, 시간제의 일 등을 통한 경험으로 자신에 대한 탐색과 역할에 대해 수행해야 할 것을 찾으며 직업에 대한 탐색을 시도하려는 단계로 잠정기와 전환기, 시행기로 구분된다.
③ 유지기 : 직업세계에서 자신의 위치가 확고해지고 자신의 자리를 유지하기 위해 노력하며 안정된 삶을 살아가는 시기를 말한다.

11 긴즈버그(Ginzberg)의 직업선택단계 중 현실기(Realistic Period, 18~22세)
- 탐색단계(Exploration Substage) : 직업선택의 다양한 가능성을 탐색하며, 직업선택의 기회와 경험을 가지기 위해 노력한다.
- 구체화단계(Crystallization Substage) : 직업목표를 정하기에 이르며, 자신의 결정과 관련된 내적 · 외적 요인을 종합한다.
- 특수화단계(Specialization Substage) : 자신의 결정에 대해 세밀한 계획을 세우며, 고도로 세분화 · 전문화된 의사결정을 하게 된다.

12 ② 고정간격 스케줄 : 개체가 한 일과는 관계없이 일정한 시간이 지나면 강화를 주는 것

13 ② 사회형(S)은 현실형(R)과 대비되는 특성을 지닌다.

14 관찰학습의 과정
반두라에 의하면 관찰학습은 관찰자가 모델의 행동에 주의를 기울이는 주의집중단계, 재생하기 위해서 머릿속에 일정 시간 동안 저장해 두는 파지단계, 관찰자가 모델의 행동에 대해 내면적으로 모델을 만들고 있다가 그것을 재생하는 재생단계, 관찰을 통해 학습한 행동이 실행되기 위해 강화받는 동기화단계로 구분된다.

15 한국판 웩슬러 성인지능검사(K-WAIS)의 구성

구 분	하위검사명	
언어성 검사	• 기본지식 • 어휘문제 • 이해문제	• 숫자외우기 • 산수문제 • 공통성문제
동작성 검사	• 빠진 곳 찾기 • 토막짜기 • 바꿔쓰기	• 차례맞추기 • 모양맞추기

16 ④ 직업선호도 검사의 결과를 토대로 개인에게 적합한 직업에 대한 상세한 직업정보를 탐색할 수 있도록 한다.

17 ② 백분위는 개인의 점수가 규준집단 내의 다른 사람들과 비교해서 어느 수준에 있는지를 이해하기 쉽게 알려준다. 그러나 백분위는 원점수와 선형관계에 있지 않으므로, 원점수에서 1점의 차이가 백분위에서는 전혀 다른 크기의 차이로 나타날 수 있다.

18 ② 재직자를 위한 프로그램에 속한다.

19 다운사이징 시대의 경력개발
- 다운사이징 시대에는 장기고용이 어려워지며, 고용기간이 점차 짧아진다.
- 경력개발은 다른 부서나 분야로의 수평이동에 중점을 두어야 한다.
- 조직구조의 수평화로 개인의 자율권 신장과 능력개발에 초점을 두어야 한다.
- 기술, 제품, 개인의 숙련주기가 짧아져서 단기적인 학습단계를 계속적으로 훈련하는 경력개발이 요구된다.
- 직무를 통해 다양한 능력을 학습할 수 있도록 다양한 프로젝트의 참여가 요구된다.
- 일시적이 아니라 계속적인 평생학습으로의 경력개발이 요구된다.
- 새로운 직무를 수행하는 데 요구되는 능력 및 지식과 관련된 재교육이 요구된다.
- 불가피하게 퇴직한 사람들을 위한 퇴직자 관리 프로그램의 운영이 요구된다.

20 ② 생애계획 프로그램 : 생애주기의 변화를 파악하고 그에 따른 중장기 생애계획을 구축하여 이를 추가 · 수정 · 보완함으로써 보다 발전적이고 합리적인 생애계획이 이루어지도록 하는 것이다.
③ 직장스트레스 대처 프로그램 : 직무에서 오는 긴장 및 불안에 대한 문제인식과 함께 이를 해결하기 위한 적절한 기술을 발견하고 여가활용을 계획하며, 건강한 삶을 유지하기 위한 태도를 기르도록 하는 것이다. 전직을 예방하기 위한 직업상담프로그램이므로 직무에 대한 불만을 해소하도록 하고 좀 더 나은 직무환경을 제공하는 직장스트레스 대처 프로그램이 적합하다.
④ 실업충격완화 프로그램 : 실업에서 오는 정신적인 충격을 치유하고 이를 완화하기 위한 기술을 제공하는 것이다. 또한 스트레스 해소를 위해 여가활용의 방법을 제시하며, 나아가 실업에 대한 대처능력과 긍정적인 태도를 갖도록 하는 것이다.

02 직업상담 및 취업지원

21 직업상담의 단계
- 관계형성 : 상호존중에 기초한 개방적이고 신뢰가 있는 관계형성
- 진단 및 측정 : 표준화된 심리검사를 이용한 공식적 측정절차를 통해 내담자들이 자신의 흥미, 가치, 적성, 개인적 특성, 의사결정방식 등에 대해 자각할 수 있도록 돕는 단계
- 목표설정 : 직업상담의 목적이 문제해결이 아니라 자기발전 · 개발임을 분명히 밝히고 내담자들의 목표들이 명백해지면 잠재적 목표를 밝혀 우선순위를 결정
- 개입(중재) : 내담자가 목표를 달성하는 데 도움이 될 수 있는 중재를 제안하여 개입
- 평가 : 그동안의 중재가 얼마나 효과적으로 적용되었는지를 평가

22 ① 아들러는 프로이트의 리비도 이론에서 나오는 성에 대한 강한 강조를 반대했다.

23 내담자 중심 직업상담에서 상담자의 태도
① 일치성(진실성) : 내담자와의 신뢰 있는 관계형성을 위해서 상담자가 경험하는 것을 충분하고 정확하게 인식하여 솔직하게 표현해야 한다.
② 무조건적 · 긍정적 수용 : 내담자를 하나의 인격체로서 존중하고, 있는 그대로의 모습으로 따뜻하게 수용할 수 있어야 한다.
③ 공감적 이해 : 내담자가 느끼는 감정에 대해 빠져들지 않으면서 자신의 감정인 것처럼 느끼고 이해하도록 노력해야 한다.

24 상담의 진행단계에 따른 일반적인 고려사항
- 초기 단계 : 상담관계 형성, 심리적 문제파악(내담자의 문제평가), 상담 목표 및 전략 수립, 상담의 구조화 등
- 중기 단계 : 내담자의 문제해결을 위한 구체적인 시도, 내담자의 저항 해결, 내담자의 변화를 통한 상담과정 평가
- 종결 단계 : 합의한 목표달성, 상담종결 문제 다루기, 이별 감정 다루기

25 ④ 내담자의 정보 및 행동에 대한 이해와 해석을 위한 상담기법으로서 '저항감 재인식 및 다루기'는 내담자가 동기화되지 않거나 저항감을 나타내는 경우, 방어기제를 사용하거나 의도적으로 의사소통을 방해하는 경우 내담자를 이해하는 방법이다.

26 라. 내담자는 선행사건(A ; Activation Event)에 대한 비합리적 신념(B ; Belief System)에 의해 부적응적인 정서적 · 행동적 결과(C ; Consequence)를 일으킨다. 이는 논리성 · 실용성 · 현실성에 의한 반박(D ; Dispute)에 의해 합리적인 신념으로 대치될 수 있으며, 그에 따라 적응적인 정서적 · 행동적 결과로서 긍정적인 효과(E ; Effect)에 도달할 수 있다. 보기에서 내담자는 자신이 계획한 대로 일이 진행되어야 하며(당위적 사고), 그렇지 못할 경우 끔찍할 것이라는 파국화(재앙화) 사고를 하고 있다. 이는 곧 비합리적 신념의 특징에 해당한다.

27 Butcher의 집단직업상담을 위한 3단계 모델
- 탐색단계 : 자기 개방, 흥미와 적성에 대한 측정, 측정 결과에 대한 피드백, 불일치의 해결 등이 이루어진다.
- 전환단계 : 자아상과 피드백 간의 일치가 이루어지면, 집단구성원들은 자기 지식을 직업세계와 연결하며, 일과 삶의 가치를 조사한다. 또한 자신의 가치에 대해 피드백을 받고, 가치명료화를 위해 또다시 자신의 가치와 피드백 간의 불일치를 해결한다.

• 행동단계 : 목표설정, 행동계획의 개발, 목표달성을 촉진하기 위한 자원의 탐색, 정보의 수집과 공유, 즉각적 또는 장기적 의사결정 등이 이루어진다.

28 ② A는 예후(처방)의 단계이다.
① 분석, ③ 진단, ④ 추수지도

29 6개의 생각하는 모자(Six Thinking Hats)

색 상	사고유형
백색(하양)	본인과 직업들에 대한 사실들만을 고려한다.
적색(빨강)	직관에 의존하고, 직감에 따라 행동한다.
흑색(검정)	비관적 · 비판적이며, 모든 일이 잘 안 될 것이라고 생각한다.
황색(노랑)	낙관적이며, 모든 일이 잘 될 것이라고 생각한다.
녹색(초록)	새로운 대안들을 찾으려 노력하고, 문제들을 다른 각도에서 바라본다.
청색(파랑)	합리적으로 생각한다(사회자로서의 역할 반영).

30 ④ 방어기제에는 보상, 동일시, 합리화, 승화, 반동형성, 치환, 투사 등이 있다. 그중 승화는 원시적 · 충동적인 욕구를 사회적으로 용인될 수 있는 문화적 · 창조적 · 지적인 활동으로 바꾸어서 본래의 욕구 긴장을 해소 · 발산시키는 행동양식이다.

31 생애진로사정(Career Assessment)의 구조

구 조	구성내용
진로사정	• 내담자의 직업경험, 교육훈련경험, 여가활동에 대해 사정한다. • 내담자가 일의 경험 또는 훈련 및 학습 과정에서 가장 좋았던 것과 싫었던 것에 대해 질문하며, 여가시간의 활용, 우정관계 등을 탐색한다.
전형적인 하루	• 내담자가 생활을 어떻게 조직하는지를 시간의 흐름에 따라 체계적으로 기술한다. • 내담자가 의존적인지 또는 독립적인지, 자발적(임의적)인지 또는 체계적인지 자신의 성격차원을 파악하도록 돕는다.
강점 및 장애	• 내담자에게 자신의 장점과 단점, 잘하는 일과 못하는 일이 무엇인지 질문한다. • 내담자가 어떠한 장점도 내세우지 않는다면, 내담자의 숨겨진 장점을 찾아내어 높은 자아존중감을 가질 수 있도록 돕는다.
요 약	• 내담자의 주도로 생애주제, 강점과 장애를 반복적으로 검토하도록 한다. • 수집된 정보를 강조하며, 진로계획의 향상을 도모한다. 또한 상담을 통해 목표를 성취하도록 자극한다.

32 ① 정체감 확립은 청소년기(12~18세)의 중요한 발달과업이다.
② 자신의 성격의 동일성과 계속성을 주위로부터 인정받으면 정체감이 안정된다.
④ 부모나 교사의 권유에 따라 자신의 진로와 역할 방향을 성급히 선택한 상태는 정체감 유실의 예이다.

33 포괄적 직업상담
• 크라이티스(Crites)는 정신분석이론, 행동주의이론, 인간중심이론 등 다양한 상담이론을 절충 · 통합하여 포괄적 진로상담을 고안하였다.
• 크라이티스는 윌리엄슨의 변별진단을 보완하여 적응문제, 우유부단의 문제, 비현실성의 문제를 진단체계로서 제시하였다.
• 포괄적 직업상담은 '진단 → 명료화 및 해석 → 문제해결'의 단계를 거친다.

• 변별진단과 정신역동적 진단, 성숙도 검사를 통해 내담자의 문제 상황에 대해 진단하고, 문제의 원인과 지속기제의 역동을 명확히 파악하며, 강화기법 등을 사용하여 문제 해결에 개입한다.
• 여러 직업상담을 포괄적으로 다룸으로써 진학상담 및 취업상담과 관련된 다양한 문제에 적용할 수 있으나, 취업 후 직업적응 문제들을 깊이 있게 다루지는 못한다.

34 ④ 논리적 분석이란 내담자의 개념이나 주장이 논리적으로 타당한지 분석하여, 오류가 있는 경우 이를 지적하고 개선하도록 하는 기법이다.

인지적 명확성이 부족한 내담자의 주요 유형 및 상담자의 개입방법

유 형	예 시	개입방법
단순 오정보	부자들만 대학을 갈 수 있어요. 대학은 강남 출신이 대부분이에요.	정보 제공
복잡한 오정보	난 아직도 결정을 못했어요. 대학에 다니는 4명의 학생들을 아는데 그들은 모두가 똑같아요.	논리적 분석
가정된 불가능	난 의대를 마칠 수 없을 것 같아요.	논리적 분석, 격려
원인과 결과의 착오	난 사업을 할까 생각 중이에요. 그런데 그 분야에서 일하는 여성들은 대부분 이혼을 한다고 합니다.	논리적 분석
파행적 의사소통	제가 작업하는 데에 어떤 문제가… 오늘 저는 새 차를 하나 보아둔 것이 있어요.	저항에 초점 맞추기
강박적 사고	전 변호사가 될 거예요. 우리 아빠도, 할아버지도 형도 변호사예요.	합리적 · 정서적 치료
양면적 사고	나는 기계공학 전공 말고는 아무것도 생각할 수 없어요. 낙제할 것 같아요.	역설적 사고

35 자기보고식 가치사정법
• 체크목록 가치에 순위 매기기
• 과거의 선택 회상하기
• 절정경험 조사하기
• 자유시간과 금전의 사용
• 백일몽 말하기
• 존경하는 사람 기술하기

36 ① 칭찬이라는 긍정적인 자극을 제시함으로써 착한 행동을 증가시키기 위한 것으로, 정적인 강화물을 제공하여 반응의 빈도를 증가시키는 정적 강화에 해당한다.

37 ③ 상담자는 내담자가 수집한 대안목록의 직업들이 실현 불가능한 경우, 그 부적절성을 논리적이고 명확하게 설명해야 한다. 또한 상담자는 내담자에게 대안직업에 대한 인식의 폭을 넓히도록 유도해야 한다. 이를 통해 내담자는 보다 확장된 직업탐색의 기회를 얻음으로써 자신이 바라는 직업 분야를 효과적으로 선택할 수 있다. 다만, 상담자는 최종적인 의사결정이 내담자에 게 있음을 확실히 인식시켜야 한다.

38 보딘(Bordin)의 직업선택 문제유형
의존성, 정보의 부족, 내적 갈등(자아갈등), 진로 선택의 불안, 문제없음(확신의 결여) 등

39 ② 가정된 불가능 · 불가피성은 내담자의 위축, 자신감 및 용기부족 등으로 인해 내담자가 근거 없이 자신의 능력과 역량에 대해 부정적인 심상을 가지는 것이다. 이 경우 상담자는 내담자가 그와 같이 생각하는 이유에 대해 논리적으로 분석하고 내담자를 격려하여 자신에 대해 자긍심을 가지도록 도울 수 있다.

40 ③ 남근기 : 부모에 대한 무의식적 소망을 억압하기 위해 동성의 부모를 숭배하거나 모방하는 동일시 현상이 일어난다. 이러한 동일시를 통해 아동은 성역할을 학습하고 부모의 가치관을 내면화한다.

03 직업정보

41 ④ 독학, 검정고시 등을 통해 정규교육 과정을 이수하였다고 판단되는 기간도 포함된다.

42 ① 실업보험 등 실업자의 생계보호에 주력하는 정책은 소극적 노동시장 정책(Passive Labor Market Policy)에 해당한다.

43 ④ 기능사 자격 응시는 제한이 없다.

44 신규채용자 훈련
기초훈련으로서 조직의 안내를 위해 실시하며, 새로운 직원에게 조직과 조직의 서비스 및 지역사회를 소개하는 과정이다. 조직의 역사와 미션, 목적, 기본정책, 규정, 조직구조, 급여, 보상체계 등이 소개된다.

45 ① 여러 세분류 직업들이 합쳐진 경우에는 소분류 수준의 명칭을 사용하였다.

46 사회조사분석사 1급의 응시자격
• 해당 종목의 2급 자격을 취득한 후 해당 실무에 2년 이상 종사한 사람
• 해당 실무에 3년 이상 종사한 사람

47 ④ 주된 활동과 부차활동은 보조활동의 지원 없이는 수행될 수 없으며 보조활동에는 회계, 창고, 운송, 구매, 판매촉진, 수리업무 등이 포함된다.

48 ② 일자리경쟁배수＝신규구직건수÷신규구인인원
③ 취업률＝(취업건수÷신규구직건수)×100
④ 충족률＝(취업건수÷신규구인인원)×100

49 직업훈련 절차
구직등록 → 직업선호도검사 → 훈련직종의 선택 → 훈련기관의 선택 및 훈련신청 → 훈련대상자의 선발

50 직업정보의 유형별 장 · 단점

유 형	비 용	학습자 참여도	접근성
인쇄물	저	수 동	용 이
시청각자료	고	수 동	제 한
면 접	저	적 극	제 한
관 찰	고	수 동	제 한
직업경험	고	적 극	제 한

51 ④ 구직취약성 적응도검사는 워크넷(직업 · 진로)에서 제공하는 구직준비도검사의 하위검사에 해당한다. 구직준비도검사는 구직취약성 적응도검사, 구직동기검사, 구직기술검사의 3가지 하위검사로 구성되었다.

52 직업정보 분석 시 유의사항
• 동일한 정보라 할지라도 다각적이고 종합적인 분석을 시도하여 해석을 풍부하게 한다.
• 직업정보의 신뢰성, 객관성, 정확성, 효용성 등을 확보하기 위해 전문가나 전문적인 시각에서 분석한다.
• 분석과 해석은 원자료의 생산일, 자료표집방법, 대상, 자료의 양 등을 검토하여야 하는 한편, 분석비교도 이에 준한다.
• 목적에 맞도록 분석하여야 하며, 수차례의 재검토과정을 거쳐 객관성과 정확성을 갖춘 최신자료를 선정하여야 한다.
• 직업정보원과 제공원에 대하여 제시한다.

53 R&D 투자 및 전문인력 양성 직업
인공지능전문가, 감성인식기술전문가, 정밀농업기술자, 도시재생전문가, 빅데이터전문가, 홀로그램전문가, BIM디자이너 등

54 ① 고용변동 요인의 8가지 범주 중 확실성 요인에 해당한다.
고용변동 요인의 8가지 범주
• 확실성 요인

인구구조 및 노동인구 변화	저출산, 고령화, 1인 가구의 증가 등 거시적 인구구조 변화, 생산가능인구 감소, 여성의 경제활동 증가, 외국인근로자의 증가 등 국내 노동인구 변화
산업특성 및 산업구조 변화	산업구조의 고도화, 타 산업과의 융합 등 산업 육성을 위한 정부의 전략적 지원(예 공유경제, 핀테크 활성화 등)
과학기술 발전	4차 산업혁명에 따른 과학기술 발전(예 로봇화와 자동화, IoT, 자율주행, AI, 빅데이터, 3D프린팅, 드론, IT 발전, 기술의 융복합화 등)
기후변화와 에너지 부족	환경 요인(예 환경오염, 기후변화, 자연재해 등)과 에너지자원 요인(예 자원고갈, 국가 간 자원경쟁 등)으로 인한 (국제)규제 강화, 산업육성, 전문가 양성 등
가치관과 라이프스타일 변화	사회의 복잡화, 개인화, 생활수준의 질 향상 등으로 인한 건강, 미용, 여가에 대한 관심 증가, 온라인상의 소통 증대 등

• 불확실성 요인

대내외 경제상황 변화	세계 및 국내 경기 전망
기업의 경영전략 변화	기업 생산시설의 해외 이전 또는 국내로의 유턴, 특정 분야 또는 직무의 아웃소싱, 기업 인수/합병 등
정부정책 및 법 · 제도 변화	각종 규제 완화(예 튜닝 등), 신직업 육성 및 자격제도 신설, 대학구조 조정, 복지서비스 강화 등 정부정책에 따른 고용 영향, 법 · 제도(예 로스쿨 등)의 변화에 따른 고용 영향

55 ① 부호처리를 할 경우에는 아라비아 숫자만을 사용하도록 하였다.
② 소분류 이하 모든 분류의 끝자리 숫자는 0에서 시작하여 9에서 끝나도록 하였다.
④ 중분류의 번호는 01부터 99까지 부여하였으며, 대분류별 중분류 추가 여지를 남겨놓기 위하여 대분류 사이에 번호 여백을 두었다.

56 직업전망은 크게 '매우 밝음(상위 10% 이상)/밝음(상위 20% 이상)/보통(중간 이상)/전망 안 좋음(감소예상직업)'으로 나뉜다.

57 ① 대분류 '관리자'의 하위 직업이다.
② 대분류 '사무 종사자'의 하위 직업이다.
④ 대분류 '서비스 종사자'의 하위 직업이다.

58 취업지원프로그램의 집단상담프로그램에서 장기간은 '3~5일', 단기간은 '3~4시간'의 기간을 말한다. 해당 프로그램들은 고용센터에서 담당한다.

59 ① 전문가 및 관련 종사자 : 제4직능수준 혹은 제3직능수준 필요
② 판매 종사자 : 제2직능수준 필요
③ 사무 종사자 : 제2직능수준 필요
④ 기능원 및 관련 기능 종사자 : 제2직능수준 필요

60 • 경제활동참가율(%)＝경제활동인구 수/15세 이상 인구 수×100

$$85 = x/1,000만 \times 100$$

∴ 경제활동인구 수＝850만명

• 실업률(%)＝실업자 수/경제활동인구 수×100

$$5 = x/850만 \times 100$$

∴ 실업자 수＝42만 5천명

• 취업자 수＝경제활동인구 수－실업자 수

$$x = 850만 - 42만 5천$$

∴ 취업자 수＝807만 5천명

04 노동시장

61 ② 내부노동시장은 관리비용이 증가한다는 단점이 있다.
내부노동시장의 장점
• 인적자본 확보와 유지
• 재직에 대한 동기유발 효과
• 장기고용유지를 위한 지불능력
• 기업 특수적 훈련, 고임금, 고용안정, 좋은 근로조건, 승진가능성 등

62 효율임금정책
기업주가 경영효율을 높이는 방안으로 근로자에게 시장임금 이상의 높은 임금을 지불하는 정책을 말한다.

63 ② 직종 간 노동이동이 자유롭지 못할수록 직종별 임금격차는 크게 발생할 것이다.

64 인적자본이론의 노동이동
기업의 입장에서 인적자본은 교육 및 훈련을 통한 근로자의 생산성 향상 과정이다. 따라서 기업특수적 인적자본을 다방면에 걸쳐 오랜 기간 동안 축적한 근로자는 기업의 입장에서 생산성 향상을 위한 중요한 요인이 되며, 그로 인해 높은 임금률에도 불구하고 해고율은 상대적으로 낮게 나타난다.

65 ③ 마찰이란 노동력이 노동시장에 새로 진출하거나 이동과정에서 발생하는 수급의 불일치 현상을 말하는데, 그 크기는 노동력의 이동속도와 노동시장 정보의 완전성에 따라 달라진다. 마찰적 실업은 노동력 수요와 공급의 불일치, 즉 마찰로 인한 일시적 실업을 말한다.

66 ① 노동시장에 대한 규제나 노조의 강력한 교섭력은 고용을 확대하기보다는 기존 노동자의 임금인상과 그로 인한 기업의 과도한 노동비용 상승을 초래하는 경우가 많다. 이러한 현상이 지속되면 신규 채용 감소로 인한 청소년 실업의 증가와 직장을 상실한 근로자의 장기실업을 가져온다.

67 ③ 신고전학파는 노동시장의 정보가 완벽하다는 전제하에 최저임금수준의 상향 조정이 실업률의 상승으로 이어진다고 주장하였으며, 이는 아직까지 경제학에서 하나의 정설로 간주되고 있다.

68 ③ 임금 상승은 대체효과에 의해 노동공급의 증가를 유발할 수도, 소득효과에 의해 노동공급의 감소를 유발할 수도 있다.

69 ③ 비정규직의 확대가 고학력 비정규취업자를 증가시키는 것이지, 고학력 취업자의 증가가 비정규직을 증가시키는 직접적인 원인이라 할 수 없다.

70 최저임금제의 기대효과
• 산업 간, 직종 간, 지역 간 임금격차 해소
• 소득의 재분배로 경기활성화에 기여
• 산업구조의 고도화에 기여
• 공정거래 질서의 확보
• 노동력의 질적 향상으로 생산성 향상
• 노사분규 방지

71 이윤극대화 노동수요의 조건

> 노동의 한계생산물가치$(VMP_L = P \cdot MP_L) =$ 임금률(W)
> (단, P는 생산물가격, MP_L은 노동의 한계생산량)

문제상에서 치킨 1마리의 가격(P)이 14,000원,
시간당 임금(W)이 7,000원이므로,

노동의 한계생산량$(MP_L) = \dfrac{임금률(W)}{생산물가격(P)} = \dfrac{7,000(원)}{14,000(원)} = 0.5(개)$

∴ 시간당 치킨 1/2마리

72 ① 고임금은 노동자의 사직을 감소시켜 신규노동자의 채용 및 훈련비용을 감소시킨다.

73 보상적 임금격차의 발생요인(Smith)
• 고용의 안정성 여부(금전적 위험)
• 작업의 쾌적함 정도(비금전적 차이)
• 교육훈련 비용의 여부(교육훈련 기회의 차이)
• 책임의 정도
• 성공 또는 실패의 가능성

74 ③ 선진국 노동시장에서 고용유연성이 증가하는 주요 원인으로는 지속적인 기술혁신과 세계화, 소비자 기호의 다양화와 유행의 급변, 직접 금융시장 발달과 주식가격의 중요성 증대, 노동공급의 다양화 등이 있다.

75 ① 독과점시장의 한계수입곡선은 기존의 수요곡선(즉, 완전시장하의 한계생산물가치곡선)보다 하방에 위치하고 그 기울기는 더 급격하다. 상품 한 단위를 팔기 위해서 추가적인 단위에서의 수입 감소뿐만 아니라 전체적인 상품의 가격까지도 낮추어야 하기 때문이다.

76 ④ 마찰적 실업은 신규 또는 전직자가 노동시장에 진입하는 과정에서 직업정보의 부족으로 인해 일시적으로 발생하는 실업의 유형에 해당한다. 이때 직업정보의 부족은 구직 및 구인의 탐색 과정상 나타나는 정보의 불완전성을 의미하므로, 정보제공의 효율성을 제고함으로써 마찰적 실업을 최소화할 수 있다.

77 ① 연공급 임금체계는 임금이 근속을 중심으로 변화하는 것으로 연령, 근속, 학력, 성별 등의 요소에 따라 결정되어 평가가 용이하다는 장점이 있다.

연공급 임금체계의 장·단점

장점	단점
• 위계질서 확립이 가능	• 동기부여가 미약
• 기업에 대한 귀속의식 강함	• 능력과 업무와의 연계성이 미약
• 인력관리가 용이	• 비합리적인 인건비 지출
• 평가가 용이	• 전문인력 확보 어려움
	• 무사안일주의, 적당주의 초래할 가능성

78 노동의 평균생산량과 노동의 한계생산량

노동의 평균생산량(AP_L)과 노동의 한계생산량(MP_L)의 공식은 다음과 같다.

> • 노동의 평균 생산량$(AP_L)=\dfrac{총생산량(TP)}{노동투입량(L)}$
>
> • 노동의 한계 생산량$(MP_L)=\dfrac{총생산량의\ 증가분(\Delta TP)}{노동투입량의\ 증가분(\Delta L)}$

• 노동자(L) 7명의 평균생산량(AP_L)이 20단위이므로 이때 총생산량(TP)은
총생산량$(TP)=$노동투입량$(L)\times$노동의 평균생산량$(AP_L)=7\times20=140$
∴ 140단위

• 노동자(L) 8명의 평균생산량(AP_L)이 18단위이므로 이때 총생산량(TP)은
총 생산량$(TP)=$노동투입량$(L)\times$노동의 평균생산량$(AP_L)=8\times18=144$
∴ 144단위

• 따라서 추가로 고용된 노동자의 한계생산량은
노동의 한계생산량$(MP_L)=\dfrac{144-140}{8-7}=\dfrac{4}{1}=4$　　∴ 4단위

79 임금관리의 주요 구성요소

임금수준, 임금체계, 임금형태

80 의중임금(Reservation Wage)

'보상요구임금, 유보임금, 희망임금 또는 눈높이임금'이라고도 하며, 노동을 시장에 공급하기 위해 노동자가 요구하는 최소한의 주관적 요구임금 수준을 말한다.

05 노동관계법규(Ⅰ)

81 사용자가 근로계약 체결 시 명시하여야 할 사항(근로기준법 제17조 및 시행령 제8조 참조)
• 임금(구성항목·계산방법·지급방법)
• 소정근로시간
• 휴일(주휴일)
• 연차 유급휴가
• 취업의 장소와 종사하여야 할 업무에 관한 사항
• 취업규칙에서 정한 사항
• 사업장의 부속 기숙사에 근로자를 기숙하게 하는 경우에는 기숙사 규칙에서 정한 사항

82 근로조건 기준의 법정주의(헌법 제32조 제2항)

모든 국민은 근로의 의무를 진다. 국가는 근로의 의무의 내용과 조건을 민주주의원칙에 따라 법률로 정한다.

83 ② 근로기준법 제28조 제1항 및 제2항, 제29조 제1항 참조
① 증명서에는 근로자가 요구한 사항만을 적어야 한다(근로기준법 제39조 제1항 및 제2항 참조).
③ 근로자 명부에 적을 사항이 변경된 경우에는 지체 없이 정정하여야 한다(동법 제41조 제1항 및 제2항 참조).
④ 특별한 사정이 있을 경우에는 당사자 사이의 합의에 의하여 기일을 연장할 수 있다(동법 제36조 참조).

84 '차별'의 정의(남녀고용평등과 일·가정 양립 지원에 관한 법률 제2조 제1호 참조)
• '차별'이란 사업주가 근로자에게 성별, 혼인, 가족 안에서의 지위, 임신 또는 출산 등의 사유로 합리적인 이유 없이 채용 또는 근로의 조건을 다르게 하거나 그 밖의 불리한 조치를 하는 경우를 말한다.
• 사업주가 채용조건이나 근로조건은 동일하게 적용하더라도 그 조건을 충족할 수 있는 남성 또는 여성이 다른 한 성(性)에 비하여 현저히 적고 그에 따라 특정 성에게 불리한 결과를 초래하며 그 조건이 정당한 것임을 증명할 수 없는 경우도 포함한다.
• 다만, 다음의 어느 하나에 해당하는 경우는 차별로 보지 않는다.
　− 직무의 성격에 비추어 특정 성이 불가피하게 요구되는 경우
　− 여성 근로자의 임신·출산·수유 등 모성보호를 위한 조치를 하는 경우
　− 그 밖에 이 법 또는 다른 법률에 따라 적극적 고용개선조치를 하는 경우

85 사업주 및 사업주단체 등에 대한 지원 대상으로서 직업능력개발 지원(국민 평생 직업능력 개발법 제20조 제1항 및 시행령 제19조 참조)
• 근로자 직업능력개발훈련(위탁하여 실시하는 경우를 포함)
• 근로자를 대상으로 하는 자격검정사업
• 우선지원 대상기업 또는 중소기업과 공동으로 우선지원 대상기업 또는 중소기업에서 근무하는 근로자 등을 위하여 실시하는 직업능력개발사업
• 직업능력개발훈련을 위하여 필요한 시설(기숙사를 포함) 및 장비·기자재를 설치·보수하는 등의 사업
• 직업능력개발에 대한 조사·연구, 직업능력개발훈련 과정 및 매체의 개발·보급 등의 사업
• 기업의 학습조직·인적자원 개발체제를 구축하기 위하여 실시하는 사업
• 근로자의 경력개발관리를 위하여 실시하는 사업
• 근로자의 직업능력개발을 위한 정보망 구축사업
• 직업능력개발사업에 관한 교육 및 홍보 사업
• 건설근로자의 직업능력개발 지원사업
• 피보험자에 해당하지 않는 사람의 직업능력개발 지원사업
• 직업능력개발훈련교사 및 인력개발담당자의 능력개발사업
• 그 밖에 근로자의 직업능력개발을 촉진하기 위하여 실시하는 사업으로서 고용노동부장관이 정하여 고시하는 사업

86 ③ 사용자는 대통령령으로 정하는 일정한 규모 이상의 인원을 해고하려면 대통령령으로 정하는 바에 따라 고용노동부장관에게 신고하여야 한다(근로기준법 제24조 제4항).

87 ② 적용 제외 근로자였던 사람이 고용보험법의 적용을 받게 된 경우에는 그 적용을 받게 된 날에 피보험자격을 취득한 것으로 본다(고용보험법 제13조 제1항 참조).

88 ① 근로자를 모집하려는 자와 그 모집업무에 종사하는 자는 어떠한 명목으로든 응모자로부터 그 모집과 관련하여 금품을 받거나 그 밖의 이익을 취하여서는 아니 된다. 다만, 유료직업소개사업을 하는 자가 구인자의 의뢰를 받아 구인자가 제시한 조건에 맞는 자를 모집하여 직업소개한 경우에는 그러하지 아니하다(직업안정법 제32조).

89 ② 근로시간은 시업시각부터 종업시각 사이에서 휴게시간을 제외한 시간이다(근로기준법 제50조 참조).

90 ① 근로기준법상 근로자에 대한 정의가 아닌 노동조합 및 노동관계조정법상 근로자에 대한 정의에 해당한다(노동조합 및 노동관계조정법 제2조 제1호 참조).

91 ④ 근로기준법 제27조 제1항
① 사용기간이 30일 미만의 일용근로자에 대하여는 근로자명부를 작성하지 아니할 수 있다(동법 시행령 제21조).
② 사용자는 재해보상에 관한 중요한 서류를 재해보상이 끝나지 아니하거나 재해보상청구권이 시효로 소멸되기 전에 폐기하여서는 아니 된다(동법 제91조).
③ 사용자는 이 법과 이 법에 따른 대통령령의 주요 내용과 취업규칙을 근로자가 자유롭게 열람할 수 있는 장소에 항상 게시하거나 갖추어 두어 근로자에게 널리 알려야 한다(동법 제14조 제1항).

92 ④ 최저임금위원회가 사업의 종류별 또는 특정 사항별로 두는 전문위원회는 근로자위원, 사용자위원 및 공익위원 각 5명 이내의 같은 수로 구성한다(최저임금법 제19조 제1항 및 제3항).

93 근로자공급사업 허가 범위(직업안정법 제33조 제3항)
• 국내 근로자공급사업의 경우 : 「노동조합 및 노동관계조정법」에 따른 노동조합
• 국외 근로자공급사업의 경우 : 국내에서 제조업·건설업·용역업, 그 밖의 서비스업을 하고 있는 자. 다만, 연예인을 대상으로 하는 국외 근로자공급사업의 허가를 받을 수 있는 자는 비영리법인으로 함

94 ② 노동위원회는 이행강제금을 부과하기 30일 전까지 이행강제금을 부과·징수한다는 뜻을 사용자에게 미리 문서로써 알려주어야 한다(근로기준법 제33조 제2항).
① 노동위원회는 구제명령(구제명령을 내용으로 하는 재심판정 포함)을 받은 후 이행기한까지 구제명령을 이행하지 아니한 사용자에게 3천만원 이하의 이행강제금을 부과한다(동법 제33조 제1항).
③ 노동위원회는 최초의 구제명령을 한 날을 기준으로 매년 2회의 범위에서 구제명령이 이행될 때까지 반복하여 이행강제금을 부과·징수할 수 있다. 이 경우 이행강제금은 2년을 초과하여 부과·징수하지 못한다(동법 제33조 제5항).
④ 노동위원회는 구제명령을 받은 자가 구제명령을 이행하면 새로운 이행강제금을 부과하지 아니하되, 구제명령을 이행하기 전에 이미 부과된 이행강제금은 징수하여야 한다(동법 제33조 제6항).

95 ② 구인신청은 구인자의 사업장 소재지를 관할하는 직업안정기관에 하여야 한다. 다만, 사업장 소재지 관할 직업안정기관에 신청하는 것이 적절하지 아니하다고 인정되는 경우에는 인근의 다른 직업안정기관에 신청할 수 있다(직업안정법 시행령 제5조 제1항). 따라서 ②는 신청 수리 거부 사유가 아니다.

96 ④ 하나의 수급자격에 따라 구직급여를 지급받을 수 있는 날(소정급여일수)은 대기기간이 끝난 다음날부터 계산하기 시작하여 피보험기간 및 연령에 따라 정한 일수가 되는 날까지로 한다(고용보험법 제50조 제1항).
① 직업안정기관의 장은 직업능력개발훈련 등을 받도록 지시한 경우에는 당해 직업능력개발훈련 등을 받는 기간 중 실업의 인정을 받은 날에 대하여는 소정급여일수를 초과하여 구직급여를 연장지급할 수 있다(동법 제51조 제2항 참조).
② 실업급여를 받을 권리는 양도 또는 압류하거나 담보로 제공할 수 없다(동법 제38조 제1항).
③ 구직급여의 산정기초가 되는 임금일액(기초일액)은 수급자격의 인정과 관련된 마지막 이직 당시 근로기준법에 따라 산정된 평균임금으로 한다(동법 제45조 제1항 참조).

97 ① 구직자 취업촉진 및 생활안정지원에 관한 법률 제27조 제2항
② 고용노동부장관은 거짓이나 그 밖의 부정한 방법으로 구직촉진수당 등을 지급받은 수급자에게 반환명령을 하는 경우에 지급받은 구직촉진수당에 해당하는 액수 이하의 금액을 추가로 징수할 수 있다(동법 제28조 제2항).
③ 고용노동부장관은 수급자 또는 수급자였던 사람에게 잘못 지급된 구직촉진수당 등이 있으면 그 지급금의 반환을 명할 수 있다(동법 제28조 제4항).
④ 거짓이나 그 밖의 부정한 방법으로 구직촉진수당 등을 받거나 다른 사람으로 하여금 받게 한 사람은 1년 이하의 징역 또는 1천만원 이하의 벌금에 처한다(동법 제38조 제2항).

98 ③ 교육관계법에 따른 학교교육 및 산업현장과 긴밀하게 연계될 수 있도록 하여야 한다(국민 평생 직업능력 개발법 제3조 제5항).

99 ② 여성의 무급 생리휴가에 대한 규정을 두고 있는 것은 근로기준법이다. 근로기준법 제73조는 "사용자는 여성 근로자가 청구하면 월 1일의 생리휴가를 주어야 한다"고 규정하고 있다.

100 ② 개인정보 보호법 제40조 제4항
① 분쟁조정위원회는 위원장 1명을 포함한 30명 이내의 위원으로 구성하며, 위원은 당연직위원과 위촉위원으로 구성한다(동법 제40조 제2항).
③ 분쟁조정위원회는 분쟁조정 신청을 받은 날부터 60일 이내에 이를 심사하여 조정안을 작성하여야 한다(동법 제44조 제1항).
④ 조정안을 제시받은 당사자가 제시받은 날부터 15일 이내에 수락 여부를 알리지 아니하면 조정을 수락한 것으로 본다(동법 제47조 제3항).

좋은 책을 만드는 길, 독자님과 함께하겠습니다.

직업상담사 2급 1차 필기 최종모의고사

개정17판1쇄 발행	2025년 01월 10일 (인쇄 2024년 10월 29일)
초 판 발 행	2007년 05월 11일 (인쇄 2007년 05월 11일)
발 행 인	박영일
책 임 편 집	이해욱
편 저	직업상담연구소
편 집 진 행	노윤재 · 한주승
표지디자인	조혜령
편집디자인	김예슬 · 채현주
발 행 처	(주)시대고시기획
출 판 등 록	제10-1521호
주 소	서울시 마포구 큰우물로 75 [도화동 538 성지 B/D] 9F
전 화	1600-3600
팩 스	02-701-8823
홈 페 이 지	www.sdedu.co.kr

I S B N	979-11-383-7955-7 (13320)
정 가	23,000원